Bürgerschaftliches Engagement in ambulant betreuten Wohngemeinschaften

Die Autorin

Christine Schwendner, Dr. phil., Dipl.-Gerontologin, Dipl.-Sozialpädagogin (FH), Industriekauffrau (IHK), langjährige Berufserfahrung in unterschiedlichen Feldern der Seniorenarbeit, seit 2003 Referentin für Seniorenarbeit und Seniorenpolitik im Bayerischen Staatsministerium für Arbeit und Soziales, Familie und Integration, seit 2010 stellvertretende Referatsleiterin, darüber hinaus Dozentin für neue Wohn- und Betreuungsformen sowie Teilhabe älterer Menschen.

Christine Schwendner

Bürgerschaftliches Engagement in ambulant betreuten Wohngemeinschaften

Mabuse-Verlag
Frankfurt am Main

Bibliografische Information der Deutschen Nationalbibliothek

Die Deutsche Nationalbibliothek verzeichnet diese Publikation in der
Deutschen Nationalbibliografie; detaillierte bibliografische Angaben
sind im Internet unter http://dnb.d-nb.de abrufbar.

Informationen zu unserem gesamten Programm, unseren AutorInnen und zum
Verlag finden Sie unter: www.mabuse-verlag.de.

Wenn Sie unseren Newsletter zu aktuellen Neuerscheinungen und anderen
Neuigkeiten abonnieren möchten, schicken Sie einfach eine E-Mail mit dem
Vermerk „Newsletter" an: online@mabuse-verlag.de.

© 2014 Mabuse-Verlag GmbH
Kasseler Str. 1 a
60486 Frankfurt am Main
Tel.:   069 – 70 79 96-13
Fax: 069 – 70 41 52
verlag@mabuse-verlag.de
www.mabuse-verlag.de

Umschlaggestaltung: Marion Ullrich, Frankfurt am Main
Umschlagabbildung: Michael Hagedorn, Hamburg

Druck: Faber, Mandelbachtal
ISBN: 978-3-86321-169-1
Printed in Germany
Alle Rechte vorbehalten

Inhalt

Danksagung

Die Idee zu dieser Dissertation begleitet mich bereits seit vielen Jahren und ist aus dem Anliegen heraus entstanden, meine Praxiserfahrung mit der angewandten gerontologischen Forschung zu verbinden. In einem kontinuierlichen Prozess hat sich der Wunsch verfestigt, mich systematisch und fundiert mit einer gerontologischen Fragestellung auseinanderzusetzen. Durch die Aufnahme in das DoktorandInnenkolleg an der Alpen-Adria Universität Klagenfurt, Fakultät für Interdisziplinäre Forschung und Fortbildung, Abteilung Palliative Care und OrganisationsEthik in Wien, wurde ein Rahmen geschaffen, der es mir ermöglicht hat, neben meiner aktuellen beruflichen Tätigkeit, an einer Dissertation zu arbeiten.

Ganz besonderer Dank gilt vor allem meiner „Doktormutter" Frau Prof. Dr. Katharina Heimerl und meinem „Doktorvater" Prof. Dr. Thomas Klie, für deren Begleitung und fachlichen Rat auch über „schwere Zeiten" hinweg. Ich danke außerdem meinen Kolleginnen und Vorgesetzten im Bayerischen Staatsministerium für Arbeit und Soziales, Familie und Integration, die durch die flexible Handhabung meiner Arbeitszeit eine Teilnahme am DoktorandInnenkolleg ermöglicht haben. Ein Dankeschön geht auch an meine Kolleginnen und Kollegen des DoktorandInnenkollegs für den partnerschaftlichen Austausch, der für die Entwicklung meiner Arbeit sehr wichtig war. Darüber hinaus bedanke ich mich bei meinen Interviewpartnerinnen und Interviewpartnern im Rahmen meiner Studien, die durch ihre Mitarbeit wesentlich zum Erfolg dieser Arbeit beigetragen haben.

Diese Arbeit wurzelt insbesondere im emotionalen Rückhalt meiner Familie. Mein Mann hat mir jede gewünschte Publikation in kürzester Zeit beschafft, mich durch seine kritischen Diskussionsbeiträge gefordert und in Krisenzeiten zum Weitermachen motiviert. Mein Sohn Vincent hat durch seine Gelassenheit und mein Sohn Lennart durch seine unerschütterliche Lebensfreude das jahrelange Wirken an dieser Arbeit begleitet und mir Freiräume ermöglicht, so dass ich die Doppelbelastung einer berufsbegleitenden Dissertation erfolgreich meistern konnte. Ihnen ist diese Arbeit von Herzen gewidmet.

Abkürzungsverzeichnis

BMFSFJ: Bundesministerium für Familie, Senioren, Frauen und Jugend

BMG: Bundesministerium für Gesundheit

BSt: Bertelsmann Stiftung

DZA: Deutsches Zentrum für Altersfragen

KDA: Kuratorium Deutsche Altershilfe

MAGS: Ministerium für Arbeit, Gesundheit und Soziales des Landes Nordrhein-Westfalen

PNG: Pflege-Neuausrichtungs-Gesetz

StMAS: Bayerisches Staatsministerium für Arbeit und Sozialordnung, Familie und Frauen

SWA: Verein für Selbstbestimmtes Wohnen im Alter SWA e.V.

1. Einleitung

1.1 Problemhintergrund

Viele ältere Menschen wünschen sich Alternativen zur bestehenden traditionellen Versorgung im Alten- und Pflegeheim, wenn ein Verbleib im eigenen Zuhause unmöglich erscheint (vgl. Oswald 2002, S. 97ff). Bei der Suche nach Alternativen für hilfs- und pflegebedürftige ältere Menschen rücken seit geraumer Zeit ambulant betreute Wohngemeinschaften in den Blick. Darunter werden Wohnformen verstanden, in denen Hilfs- und Pflegebedürftige in kleinen Gruppen in einem gemeinsamen Haushalt zusammenleben und dabei von Pflege- und Betreuungskräften unterstützt werden. Um diese Form der gemeindenahen Versorgung von älteren Menschen mit Pflege- und Betreuungsbedarf auf einem hohen fachpflegerischen und sozialethischen Niveau etablieren zu können, ist das Zusammenspiel verschiedener formaler und informaler Hilfen, Dienste und Angebote erforderlich. Auch die Einbindung bürgerschaftlicher Akteure ist notwendig, nicht nur weil die Entwicklung der finanziellen Sicherungssysteme es erfordert, vorhandene Ressourcen und Potenziale effizient für das Gemeinwesen einzusetzen, sondern auch, weil durch das solidarische Zusammenwirken gleichzeitig pflegerische Qualität und soziale Normalität realisiert werden können (vgl. Klie 2002, S. 28ff).

Es gibt in der Literatur zahlreiche Publikationen zu den Themenbereichen „ambulant betreute Wohngemeinschaften" und „bürgerschaftliches Engagement". Wenig Aufmerksamkeit wurde in der wissenschaftlichen Diskussion bislang der Verbindung der beiden Themenbereiche geschenkt. Durch die Etablierung nachhaltiger Strukturen bürgerschaftlichen Engagements in alternativen Wohnformen kann der gemeinsamen Verantwortung für unterstützungsbedürftige ältere Menschen Rechnung getragen werden. Das ist wichtig, weil die Pflege und Betreuung älterer Menschen kein Einzelschicksal, sondern eine Herausforderung für die gesamte Gesellschaft darstellt.

1.2 Forschungsfragen

Die zentrale Forschungsfrage, der ich im Rahmen dieser Dissertation nachgehen möchte, lautet:

- **Welche Bedeutung hat bürgerschaftliches Engagement in ambulant betreuten Wohngemeinschaften?**

Dabei soll mit „Bedeutung" sowohl der Sinn als auch die Relevanz bürgerschaftlichen Engagements in ambulant betreuten Wohngemeinschaften gemeint sein.

Konkret soll folgenden Fragen nachgegangen werden:

- Welche Aufgaben übernehmen und welche Leistungen erfüllen bürgerschaftlich Engagierte in ambulant betreuten Wohngemeinschaften?
- Welche Funktion erfüllt bürgerschaftliches Engagement in ambulant betreuten Wohngemeinschaften?

Ausgehend von der Grundannahme, dass bürgerschaftliches Engagement einen relevanten Beitrag für das Funktionieren dieser alternativen Wohn- und Betreuungsform leistet, wird ferner gefragt:

- Wie gestaltet sich die Integration bürgerschaftlichen Engagements in ambulant betreute Wohngemeinschaften?
- Wie gestaltet sich die Kooperation der unterschiedlichen Akteure in ambulant betreuten Wohngemeinschaften?

Veranlasst durch die Beobachtung in der Praxis, dass bürgerschaftliches Engagement in ambulant betreuten Wohngemeinschaften unterschiedlich stark verankert und ausgeprägt ist, soll ferner folgender Frage nachgegangen werden:

- Welche Faktoren beeinflussen Stellung und Ausprägung bürgerschaftlichen Engagements in ambulant betreuten Wohngemeinschaften?

Schließlich ist es – insbesondere im Hinblick auf die Ableitung praxisorientierter Handlungsempfehlungen – angezeigt, zu untersuchen, wie bürgerschaftliches Engagement in ambulant betreuten Wohngemeinschaften zustande kommt bzw. etabliert wird. Hier stellen sich Fragen wie:

- Welche Motive veranlassen Personen, sich bürgerschaftlich in ambulant betreuten Wohngemeinschaften zu engagieren?
- Welche Personengruppen sind dem bürgerschaftlichen Engagement in ambulant betreuten Wohngemeinschaften gegenüber besonders affin?
- Welche Zugangskanäle erweisen sich empirisch als besonders effizient?
- Wie kann bürgerschaftliches Engagement in ambulant betreuten Wohngemeinschaften gepflegt und nachhaltig gesichert werden?

1.3 Forschungsprozess

Zur Beantwortung dieser Untersuchungsfragen wird ein Untersuchungsdesign gewählt, das helfen soll, im Rahmen einer theoriegeleiteten, qualitativen, empirischen Untersuchung generalisierbare Erkenntnisse zu bürgerschaftlichem Engagement in ambulant betreuten Wohngemeinschaften zu gewinnen. Im Einzelnen stellt sich der Aufbau wie folgt dar:

In Kapitel 2 werden die für das Thema wichtigen Kontextfaktoren beschrieben, wie veränderte Altersbilder, demografische Veränderungen, Wandel der Familienstrukturen, Entwicklung des Pflegebedarfs, Herausforderungen der sozialen Sicherungssysteme sowie Wohnwünsche und Wohnformen älterer Menschen.

Ambulant betreute Wohngemeinschaften erscheinen in besonderer Weise geeignet, künftige Anforderungen an ein bedarfsgerechtes Wohnen im Alter zu erfüllen. Kapitel 3 widmet sich, basierend auf einer Literaturanalyse, ihrer Entwicklung, Strukturen, Varianten, Prinzipien, Akteure sowie räumlichen Gesichtspunkten, Kosten- und Finanzierungsaspekten und ordnungsrechtlichen Rahmenbedingungen.

Kapitel 4 befasst sich mit der Diskussion bürgerschaftlichen Engagements in analytischen (Wohlfahrtspluralismus) und normativen Bezügen (Zivilgesellschaft) sowie seiner konkreten Umsetzung in ambulant betreuten Wohngemeinschaften. Zudem erfolgt eine Bestandsaufnahme bürgerschaftlichen Engagements anhand von Daten des aktuellen Freiwilligensurveys. Wohlfahrtspluralismus und Zivilgesellschaft bilden den theoretischen Bezugsrahmen der empirischen Untersuchung.

In Kapitel 5 werden die forschungsleitenden Fragen und die Methodik der im Rahmen dieser Arbeit durchgeführten empirischen Untersuchung dargestellt. Die Vorgehensweise und die Erfahrungen im Feld sind Gegenstand einer abschließenden Reflexion.

Im Rahmen der empirischen Untersuchung wurden drei ambulant betreute Wohngemeinschaften in Deutschland eingehend erforscht. In Kapitel 6 werden die wesentlichen Merkmale der untersuchten ambulant betreuten Wohngemeinschaften in Form von Steckbriefen beschrieben.

Die Ergebnisse der durchgeführten multiperspektivischen Interviews werden in Kapitel 7 dargestellt. Dabei werden nach einer Beschreibung des Interviewsamples und der Besonderheiten der ambulant betreuten Wohngemeinschaften die Fragestellungen zum bürgerschaftlichen Engagement sowie zum Sektorenmodell ausgewertet.

Basierend auf den empirischen Befunden in Kombination mit den theoretischen Erkenntnissen werden in Kapitel 8 zentrale Ergebnisse und Schlussfolgerungen abgeleitet, die generalisierte Antworten auf die Untersuchungsfragen darstellen.

Nach einer Zusammenfassung werden in Kapitel 9 die Limitationen der vorliegenden Studie reflektiert, Implikationen für weitere Forschungen vorgestellt sowie ein allgemeiner Ausblick dargestellt.

2. Kontextfaktoren

Das Wohnen im Alter – besonders für pflege- und betreuungsbedürftige älter Menschen – wird künftig mit neuen Herausforderungen verbunden sein, auf die alternative Wohnformen für unterstützungsbedürftige ältere Menschen eine angemessene Antwort darstellen können. Deshalb sollen zunächst wichtige Kontextfaktoren, die das Leben und Wohnen im Alter beeinflussen, näher betrachtet werden. Insbesondere das zugrunde liegende Altersbild, die demografischen Veränderungen, der Wandel der Familienstrukturen, die Entwicklung des Pflegebedarfs, die zunehmende Schwierigkeit der Finanzierung der sozialen Sicherungssysteme und die veränderten Wohnwünsche bzw. möglichen Wohnformen älterer Menschen scheinen für die weitere Entwicklung alternativer Wohnformen relevante Einflussgrößen darzustellen.

2.1 Alternstheoretischer Bezugsrahmen: Das Kompetenzmodell des Alterns

Das Bild des Alters und des Alterns ist einem permanenten Wandel unterworfen. Schon in der Antike waren sich Philosophen, wie Aristoteles und Platon, uneinig darüber, ob das Altern eher positiv oder negativ besetzt sei. Diese Polarität findet noch heute in unterschiedlichen Strömungen Ausdruck. So verbinden Glaubensrichtungen, wie das Christentum, mit dem Altern zunehmende Weisheit und Erfahrung[1], während sich in der kulturpessimistischen Antithese Zuschreibungen vom Altern finden, die vom reinen körperlichen Verfall bis hin zum Verlust der Persönlichkeit reichen (vgl. Beauvoir 2000).

Diese Arbeit baut nicht auf einer polaren Einschätzung des Alterns, sondern auf einem differenzierenden Altersbild auf. Sie befindet sich damit im Einklang mit dem Sechsten Altenbericht der Bundesregierung, der die Viel-

---

[1] Dass ein hohes Lebensalter in der katholischen Kirche großes Ansehen genießt, zeigt sich beispielsweise in der Papstwahl Benedikts XVI. im Jahr 2005, zu der ausschließlich Kandidaten zur Disposition standen, die mindestens 75 Jahre alt waren.

falt der Lebensformen älterer Menschen unterstreicht und für eine realistische und differenzierte Sichtweise des Alterns plädiert. Eine alternde Gesellschaft muss die Teilhabe und die Würde älterer Menschen in allen Lebenssituationen und auch im sehr hohen Alter ermöglichen. Im Vergleich zu früheren Generationen sind die heute älteren Menschen deutlich gesünder, sie verfügen über einen höheren Bildungsstand und über bessere Ressourcen (vgl. BMFSFJ 2010).

Die Annahmen der Defizit-, Disengagement- und Aktivitätstheorie greifen durch die einseitige Fokussierung bestimmter Alternsphänomene zu kurz. Die Überzeichnung durchaus richtiger Teilaspekte in diesen Theorien kann zu Pauschalierungen führen, die Vorurteile, Repressionen und ziellosen Aktivismus begünstigen. Dem Verlauf des Alterns wird ein Modell eher gerecht, das ältere Menschen nicht als homogene Gruppe auffasst, sondern die Unterschiedlichkeit jedes Menschen und seiner Umwelt in Betracht zieht und damit die Komplexität und Mehrdimensionalität des Alternsprozesses angemessen erfassen kann.

Das Kompetenzmodell des Alterns erlaubt eine solch differenzierte Sichtweise des älteren Menschen und hebt sich damit von traditionellen Alternstheorien ab. Der ältere Mensch wird als in Veränderungsprozessen befindlich beschrieben. Die entscheidenden Parameter dieser Prozesse sind die individuellen Ressourcen und Möglichkeiten der Älteren in Abhängigkeit von ihrer Umwelt (vgl. Olbrich 1992, S. 53ff).

Der Begriff Kompetenz wurde in den Sozialwissenschaften vor allem von White eingeführt (vgl. White 1959). Seine Kernthese ist, dass Menschen sich in der Auseinandersetzung mit ihrer Umwelt als fähig und kompetent erleben wollen. Das Streben nach Kompetenz ist demnach ein Grundzug menschlicher Motivation und in jeder Lebensphase von Bedeutung (vgl. White 1959). Seit Mitte der 80er Jahre wird der Kompetenzbegriff verstärkt auch in der Gerontologie verwendet. Sowohl in der gerontologischen Forschung (vgl. Lehr 1987, Olbrich 1987, Kruse 1990) als auch in der Praxis sind die Kompetenzen Älterer immer häufiger Thema. In der Wissenschaft hat in Deutschland vor allem Olbrich die Thematik „Kompetenz im Alter" aufgegriffen. Er definiert Kompetenz als „Relation von situativen Anforderungen und persönlichen Ressourcen der Person" (Olbrich 1987, S. 319). Kompetenz beinhaltet demnach sowohl die individuellen Potenziale der Älteren als auch die spezifischen Umweltgegebenheiten sowie deren Beziehungen. Olbrich hebt den transaktionalen Aspekt von Kompetenz hervor. Er betrachtet Kompetenz als dynamische Größe, die von unterschiedlichen individuellen Ressourcen und Situationsanforderungen respektive deren Zusammenspiel bestimmt ist. Kompetenzen beschreiben eine Vielzahl von Funktionen, Verhaltensformen und Zielen, die in einer jeweiligen Lebenssituation erforderlich sind, um ein zufriedenes Leben führen zu können (vgl. Olbrich 1987, S. 319ff).

Wenngleich in der Fachliteratur Kompetenzmodelle des Alterns in unterschiedlichen Schattierungen und mit unterschiedlichen Schwerpunktsetzungen je nach Herkunftsdisziplin vorliegen (vgl. Lehr 1989, Niederfranke 1989), so kann doch eine, allen zugrunde liegende Hauptaussage identifiziert werden. Sie besagt, dass „Verhalten im Alter – ebenso wie in jedem anderen Teil der Biografie – aus dem Verhältnis von Anforderungen an die Person und deren Ressourcen zu ihrer Bewältigung verstanden werden muss" (Olbrich 1987, S. 320). Diese von Olbrich entwickelte Definition macht deutlich, dass es bei den Kompetenzen älterer Menschen nicht nur um individuelle Ressourcen geht, sondern dass auch die jeweiligen Lebenskontexte älterer Menschen einbezogen werden müssen.

Die entscheidenden Determinanten des Kompetenzmodells des Alterns sind Kontextualität und Transaktionalität. Mit Kontextualität ist gemeint, dass Verhalten im Laufe einer Biografie immer vor dem Hintergrund biologischer, ökologischer, sozialer und psychischer Einflussgrößen verstanden werden muss. Die Angemessenheit eines bestimmten Verhaltens kann nicht losgelöst von der spezifischen Situation, in der es stattfindet, beurteilt werden. Transaktionalität beschreibt den Zusammenhang von Person und Umwelt in Bezug auf ein bestimmtes Verhalten. Einerseits wirkt jede Reaktion in eine bestimmte Umwelt hinein und bestimmt dadurch die Umgebung. Andererseits ist jeder Stimulus von außen für den einzelnen Menschen in dem Maße bedeutungsvoll, wie er in eine vorhandene (Denk-)Struktur integriert werden kann (vgl. Olbrich 1987, S. 321).

Das Kompetenzmodell verdeutlicht, dass es in der wissenschaftlichen Auseinandersetzung mit dem Altern nicht darum gehen kann, generelle Gesetzmäßigkeiten aufzustellen. Vielmehr bedarf eine differenzierte Betrachtungsweise des Alterns eines Bezugsrahmens, der individuelle Potenziale älterer Menschen in ihrem jeweiligen Lebenskontext fokussiert.

Aus dem Kompetenzmodell lässt sich ein sogenanntes erfolgreiches Altern dann ableiten, wenn ältere Menschen in ihrer Lebenswelt weder unter- noch überfordert sind, sondern ihre individuellen Fähigkeiten mit den spezifischen Anforderungen der Umwelt übereinstimmen. Bezogen auf ambulant betreute Wohngemeinschaften kann man insofern eine idealtypische Kompetenzkonstellation in Form eines Gleichgewichtes aufstellen, derzufolge die Kompetenzen des älteren Menschen mit den situativen Anforderungen, in diesem Fall dem Alltag in der ambulant betreuten Wohngemeinschaft, übereinstimmen müssen. Dazu müssen einerseits die Fähigkeiten der Wohngemeinschaftsmitglieder permanent aktiviert und gefördert werden, um erhalten zu bleiben. Andererseits müssen die Rahmenbedingungen so gestaltet sein, dass die Potenziale eingebracht werden können. Expertinnen und Experten gehen davon aus, dass sich ambulant betreute Wohngemeinschaften durch ihre konzeptionelle Ausgestaltung besonders eignen, die Kompetenzen älterer Menschen zu fördern und eine positive Umweltkompetenzbilanz aufweisen (vgl. Klie 2002, S. 86f).

2.2 Demografische Veränderungen

Die Grundzüge der demografischen Entwicklung in Deutschland sind seit langem bekannt. Die Bevölkerung in Deutschland altert in mehrfacher Hinsicht: Bei gleichzeitigem Bevölkerungsrückgang nimmt die absolute Zahl der älteren Menschen stetig zu. Nach der 12. koordinierten Bevölkerungsvorausberechnung wird die Zahl von 82 Millionen Menschen im Jahr 2008 bis zum Jahr 2060 auf knapp 65 Millionen zurückgehen[2]. Besonders gravierend schlägt sich die Alterung in den Zahlen der Hochbetagten nieder. Die Zahl der über 80-Jährigen wird von knapp 4 Millionen Menschen im Jahr 2008 kontinuierlich ansteigen und mit über 10 Millionen im Jahr 2050 den bis

---

[2] Den Berechnungen liegt die Variante „mittlere" Bevölkerung, Untergrenze zugrunde, die von einer Geburtenhäufigkeit von 1,4 Kindern je Frau, einem Anstieg der Lebenserwartung bei Geburt im Jahr 2060 bei Jungen um 8 und bei Mädchen um 7 Jahre sowie einem Wanderungssaldo von 100.000 Personen jährlich ausgeht.

dahin höchsten Wert erreichen, bevor sie im Jahr 2060 dann auf 9 Millionen sinkt. Es ist davon auszugehen, dass in fünfzig Jahren jeder Siebte 80 Jahre oder älter sein wird (vgl. Statistisches Bundesamt 2009, S. 12ff). Diese Entwicklung hat gravierende Verschiebungen in der Zusammensetzung der Bevölkerung zur Folge. Sie drückt sich insbesondere im Altenquotienten aus, der die Anzahl älterer Menschen in Relation zur Anzahl erwerbstätiger Menschen setzt. Wie die Modellrechnungen zur Bevölkerungsentwicklung zeigen, wird der Altenquotient (Relation der 65-Jährigen und Älteren zu den 20- bis 64-Jährigen) von 34 % im Jahr 2008 auf 67 % im Jahr 2060[3] ansteigen (vgl. Statistisches Bundesamt 2009, S. 20f). Laut Vorausberechnungen wird im Jahr 2060 gut ein Drittel aller Einwohnerinnen und Einwohner Deutschlands im Durchschnitt 65 Jahre oder älter sein – gegenüber knapp einem Fünftel zurzeit (vgl. Statistisches Bundesamt 2009, S. 14).

Die Ursachen für diese Entwicklung sind vielfältig. Zu den wichtigsten Faktoren gehören eine anhaltend niedrige Geburtenrate, die derzeit bei 1,38[4] liegt und eine stark angestiegene Lebenserwartung. So hat ein heute 65-jähriger Mann eine weitere durchschnittliche Lebenserwartung von rund 17 und eine heute 65-jährige Frau von sogar 20 Jahren (vgl. Statistisches Bundesamt 2009, S. 24ff).

Die nachfolgende Grafik veranschaulicht die Veränderungen des Altersaufbaus der Bevölkerung in Deutschland innerhalb einer Zeitspanne von rund 150 Jahren. Deutlich wird die Entwicklung von der „klassischen Pyramide" über „die Pyramide mit Kerben" hin zur „zerzausten Wettertanne". Die heute am stärksten besetzten Jahrgänge mittleren Alters (die sogenannten „Babyboomer") werden sich kontinuierlich nach oben bewegen und von zahlenmäßig kleineren Jahrgängen ersetzt, so dass sich der Altersaufbau weiter verändert (vgl. Statistisches Bundesamt 2009, S. 15).

---

[3] Bei Annahme einer annähernd konstanten Geburtenhäufigkeit, der Basisannahmen zur Lebenserwartung und einem Wanderungssaldo von 100.000.

[4] Wird auf Basis der Zahl der Lebendgeborenen pro Jahr und 1.000 Frauen im Alter von 15 bis 44 Jahren errechnet.

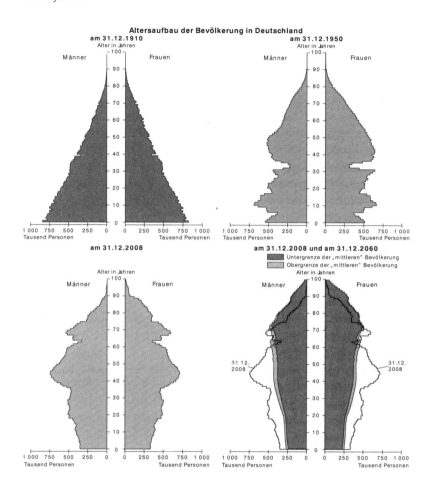

Abbildung 1: Entwicklung des Altersaufbaus der Bevölkerung in Deutschland
(Statistisches Bundesamt 2009)

2.3 Wandel der Familienstrukturen

Die Bevölkerung in Deutschland altert, schrumpft und wird aufgrund der weiter zu erwarteten Zuwanderung heterogener. Wie aufgezeigt, steigt seit Jahren die Lebenserwartung der Menschen, während die Geburtenrate stagniert. Die Wirkungen dieses demografischen Wandels sind tiefgreifend. Neben den dargestellten quantitativen Veränderungen bedingen qualitative Aspekte von Familienstrukturen die Entwicklung alternativer Wohn- und Betreuungsformen für ältere Menschen. Mit dem Wandel von Familienstrukturen, den wohl wichtigsten sozialen Beziehungen überhaupt, verändern sich auch soziale Netzwerke und potenzielle Unterstützungssysteme für unterstützungsbedürftige ältere Menschen (vgl. Hoff 2006, S. 231ff).

Familiensysteme verändern sich durch die gestiegene Lebenserwartung. So ist heute eine Tendenz zur Existenz von drei, vier oder mehr Generationen innerhalb eines Familiennetzwerks zu beobachten. Sarah Harper spricht vom Phänomen der „Bohnenstangenfamilie", der die familiäre Breite fehlt und bei der mehrere Geschwister immer seltener werden (vgl. Harper 2003, S. 155ff). Nie zuvor in der Menschheitsgeschichte lebten gleichzeitig so viele Familienmitglieder unterschiedlicher Generationen. In der ersten Hälfte unseres Jahrhunderts kannte ein Kind bestenfalls zwei seiner Großeltern. Heute leben im Allgemeinen noch alle vier Großeltern, oft sogar noch zwei Urgroßeltern. Dadurch kann ein 50-Jähriger gleichzeitig vier familiäre Rollen innehaben: er ist der Vater seiner Tochter und der Großvater seiner Enkel, gleichzeitig der Sohn seiner Mutter und der Enkel seiner noch lebenden Großmutter. Harper spricht von einer historisch einmaligen Generationentiefe, die sich aber aufgrund der Tendenz zu einer biografisch späteren Elternschaft nicht weiter fortsetzen wird.

Ein weiterer Trend ist die Zunahme von Haushalten allein lebender älterer Menschen. Bereits im Jahr 1993 beschrieb Tews den strukturellen Wandel des Alters mit dem Schlagwort „Singularisierung" (Tews 1993, S. 23ff). Heute lebt in Deutschland etwa jeder dritte ältere Mensch allein (vgl. Statistisches Bundesamt 2011, S. 22). Die Wahrscheinlichkeit des Alleinlebens steigt mit zunehmendem Lebensalter durch Verwitwung, Trennung oder Scheidung. Diese Entwicklung geht häufig einher mit einer Reduktion von Verwandtschafts- und Kontaktnetzen, da ältere bzw. gleichaltrige Familienmitglieder und Freunde sterben und soziale Kontakte bei Krankheiten und Behinderungen schwerer aufrecht zu erhalten sind (vgl. Tews 1993, S. 23ff). Auffällig sind auch geschlechtsspezifische Unterschiede: So führen 44 % der Frauen ab 65 Jahren einen Ein-Personen-Haushalt gegenüber nur 18 % der Männer (vgl. Statistisches Bundesamt 2011, S. 20). Die Haushaltsperspektive alleine vermittelt jedoch keinen umfassenden Einblick in Wandel von Familienstrukturen. Bezeichnungen wie „innere Nähe durch äußere Distanz" oder „multilokale Mehrgenerationenfamilie" charakterisieren eine veränderte Praxis von Generationenbeziehungen trotz Auflösung des traditionellen Familienzyklus (Alleinerziehende, unverheiratete Paare, Stieffamilien, Patchwork-Familien) und des damit verbundenen gemeinsamen Lebens unter einem Dach. Das Konzept des „familiären Netzwerks" wird der Lebenswirklichkeit der erweiterten Familie dementsprechend besser gerecht (vgl. Hoff 2006, S. 234f).

Zudem beeinflussen Veränderungen in der Arbeitswelt die familiären Strukturen. Die zunehmende Erwerbstätigkeit von Frauen – die gegenwärtig den weitaus größten Anteil an der Betreuung pflegebedürftiger Angehöriger leisten – und die stärkeren Belastungen von Familien aufgrund höherer Anforderungen an die Flexibilität von Arbeitnehmerinnen und Arbeitnehmern lassen vermuten, dass die Familie künftig nur noch eingeschränkt in der Lage sein wird, Unterstützungsfunktionen zu erfüllen (vgl. Hoff 2006, S. 242).

Einen interessanten Befund in diesem Kontext liefert die sogenannte Kassler-Studie (Blinkert, Klie 2004), die einen Zusammenhang von sozialem Milieu und Pflegebereitschaft nachweist. Blinkert und Klie stellen fest, dass mit Zunahme des sozialen Status und modernem Lebensentwurf, die Bereitschaft zum Selberpflegen sinkt und beruflich geleistete Hilfen, z.B. in Pflegeheimen und ambulant betreuten Wohngemeinschaften, bevorzugt werden (vgl. Blinkert, Klie 2004, S. 108ff). Sie kommen zu dem Fazit: „mit steigendem strukturellen und symbolischen Kapital nimmt die Bedeutung moralischer Verpflichtungen gegenüber pflegebedürftigen Angehörigen ab und die Bedeutung von Kostenerwägungen nimmt zu" (Blinkert, Klie 2004, S. 117). Insbesondere die sogenannten „Opportunitätskosten" sind hierfür ausschlaggebend, worunter die bei einer Entscheidung entgangenen Chancen verstanden werden. Es ist nachvollziehbar, dass insbesondere in Milieus mit einem höheren strukturellen Kapital auch die mit dem Selberpflegen verbundenen Opportunitätskosten relativ gesehen höher sind als in Milieus mit einem niedrigeren strukturellen Kapital (vgl. Blinkert, Klie 2004, S. 117f). Ferner konnte die Studie einen Zusammenhang zwischen Wohnstandort und Pflegebereitschaft aufzeigen, demzufolge in städtischen Bezügen lebende Menschen ebenfalls beruflich geleistete Hilfen bevorzugen (vgl. Blinkert, Klie 2004, S. 129).

Der Wandel der Familienstrukturen, wie die Zunahme von Ein-Personen-Haushalten, kleiner werdende Kernfamilien, kinderlose Lebensformen, erhöhte Mobilitätsanforderungen, zunehmende Frauenerwerbsquote sowie die Abnahme sozialer Milieus mit hoher Bereitschaft zur häuslichen Pflege führen dazu, dass der Unterstützung durch außerfamiliäre Netzwerke künftig ein größerer Stellenwert zukommen wird.

2.4 Entwicklung des Unterstützungsbedarfs

Die körperliche Gesundheit und damit verbunden die selbständige Lebensführung unterliegt das gesamte Leben hindurch Entwicklungen und Veränderungen. Zur Veranschaulichung künftiger Herausforderungen sind insbesondere die Veränderungen in den sehr hohen Altersgruppen aufschlussreich, da mit steigendem Alter chronische Erkrankungen, Funktionsverluste (z.B. Mobilitätseinbußen) und kognitive Leistungseinschränkungen (z.B. demenzielle Erkrankungen) zunehmende Risikofaktoren für die selbständige Alltagsgestaltung darstellen (vgl. Wurm, Tesch-Römer 2006, S. 344ff).

Belastbare Daten zum Ausmaß von Hilfe- und Pflegebedürftigkeit für das gesamte Bundesgebiet wurden im Rahmen der sogenannten MUG-Studien (Möglichkeiten und Grenzen selbständiger Lebensführung) erhoben (vgl. Schneekloth, Wahl 2005). Dabei wurden neben den Pflegebedürftigen auch Personen mit Hilfebedürftigkeit, z.b. im hauswirtschaftlichen Bereich, erfasst (vgl. Schneekloth, Wahl 2005, S. 9ff). Schneekloth und Wahl stellen fest: „Pflegebedürftigkeit, Hilfebedürftigkeit und Alter werden in unserer Gesellschaft nach wie vor zu schnell als Synonym gesetzt" (Schneekloth, Wahl 2005, S. 15). Im Hinblick auf die Konzeption zukunftsgerichteter Hilfesysteme erscheint eine Differenzierung des Unterstützungsbedarfs notwendig. Entscheidend für den tatsächlichen Hilfe- und Pflegebedarf sei einerseits das Unterstützungssystem in Wechselwirkung mit den Ressourcenaktivierungen bei den älteren Menschen, z.b. durch präventive oder rehabilitative Ansätze, andererseits auch bildungs- und arbeitsmarktpolitische Maßnahmen (siehe hierzu auch 2.1). Daher müssten Hilfe- und Pflegebedarfe immer als dynamische Phänomene verstanden werden (vgl. Schneekloth, Wahl 2005, S. 15f).

Den Ergebnissen der MUG III Studie folgend ist davon auszugehen, dass rund 4 % der älteren Menschen in Privathaushalten im Alter zwischen 65 und 79 Jahren pflegebedürftig sind und weitere knapp 11 % unterhalb der im SGB XI definierten Schwelle vorrangig hauswirtschaftlichen Hilfebedarf haben. Bei den über 80-Jährigen gelten rund 30 % als pflegebedürftig, weitere 30 % nehmen vorrangig hauswirtschaftliche Hilfen in Anspruch. Im Umkehrschluss besagt dies, dass rund 40 % der Hochbetagten über 80 Jahren selbständig sind und ohne Hilfebedarf leben (vgl. Schneekloth, Wahl 2005, S. 67f). Ein weiteres interessantes Ergebnis der MUG III Studie ist, dass im „Vorfeld des nach wie vor weitgehend unveränderten Risikos einer möglichen Pflegebedürftigkeit, ältere Frauen inzwischen deutliche Kompetenzzuwächse aufweisen können und weitaus weniger häufig als früher bei der Bewältigung von typischen alltagspraktischen Anforderungen auf fremde Hilfe angewiesen sind" (Schneekloth, Wahl 2005, S. 90).

In Bezug auf ambulant betreute Wohngemeinschaften, ist insbesondere die Entwicklung der Anzahl von Menschen mit Pflegebedarf oder Demenzerkrankungen relevant. Nach Angaben des Statistischen Bundesamts lag die Gesamtzahl der Pflegebedürftigen im Jahr 2011 in Deutschland bei rund 2,5 Millionen Menschen. Laut Pflegestatistik (Personen, die nach SGB XI Leistungen erhalten) ist dabei eine deutliche Verschiebung der Funktions- und Leistungsverluste in das höhere und höchste Lebensalter zu beobachten. Von den 60- bis 64-Jährigen sind lediglich 1,9 % pflegebedürftig. Bei den 75- bis 79-Jährigen sind es schon 9,8 %, bei den über 90-Jährigen liegt der Anteil bei 57,8 % (vgl. Statistisches Bundesamt 2013, S. 5ff). Tabelle 1 zeigt die Entwicklung der Pflegequote nach Lebensalter.

Lebensalter	Pflegequote
60 – 64	1,9
65 – 69	2,8
70 – 74	4,8
75 – 79	9,8
80 – 84	20,5
85 – 89	38,0
90 – 94	57,8

Tabelle 1: Entwicklung der Pflegequote nach Lebensalter
(Statistisches Bundesamt 2013, S. 8)

Laut Pflegestatistik ist die Mehrheit der pflegebedürftigen Personen weiblich. 2011 waren rund 65 % der im Sinne des Pflegeversicherungsgesetzes Pflegebedürftigen weiblich (vgl. Statistisches Bundesamt 2013, S. 7). Ein Grund dafür ist, dass die meist jüngeren Frauen ihre Partner häufig zu Hause ohne Inanspruchnahme von Sach- oder Geldleistungen pflegen und diese deshalb in den Statistiken nicht auftauchen, während die später allein lebenden Frauen eher eine außerfamiliäre Unterstützungsform in Anspruch nehmen (vgl. BMFSFJ 2002, S. 261). Ein weiterer Erklärungsansatz für dieses Phänomen ist die im Durchschnitt höhere Lebenserwartung von Frauen und die mit steigendem Lebensalter zunehmende Pflegewahrscheinlichkeit.

Parallel zum Anstieg des Lebensalters nimmt das Risiko einer Demenzerkrankung und damit einhergehenden Unterstützungsbedarfs erheblich zu. Betrachtet man die Bevölkerung über 65 Jahren, beträgt der Anteil der Menschen mit Demenzerkrankungen – je nach Statistik – zwischen sechs und neun Prozent. Mit zunehmendem Alter steigt die Wahrscheinlichkeit, an einer Demenz zu erkranken steil an. Die Anzahl von Menschen mit Demenzerkrankungen verdoppelt sich in etwa alle fünf Altersjahre (vgl. Berlin-Institut 2011, S. 13). Mit einer Häufigkeit von über 13 % bei den über 80-Jährigen und rund 35 % bei den über 90-Jährigen gehören Demenzen zu den zentralen Erkrankungen im hohen Alter (vgl. Deutsche Alzheimer Gesellschaft 2008). In Deutschland leben nach aktuellen Schätzungen gegenwärtig rund 1,3 Millionen Menschen mit einer Demenzerkrankung (vgl. Berlin-Institut 2011, S. 13). Sofern kein Durchbruch bei Prävention und Therapie gelingt, wird sich nach Vorausberechnungen der Bevölkerungsentwicklung die Anzahl der Personen mit einer Demenzerkrankung auf etwa 2,6 Millionen im Jahr 2050 erhöhen (vgl. Berlin-Institut 2011, S. 5). Da die Betreuung und Pflege von Menschen mit Demenzerkrankung besondere Herausforderungen stellt, ist auch eine steigende Nachfrage nach geeigneten, demenzgerechten Versorgungsformen anzunehmen.

Jahr	(geschätzte) Anzahl von über 65-Jährigen in Mio.	(geschätzte) Krankenzahl
2000	13,7	935.000
2010	16,8	1.210.000
2020	18,6	1.545.000
2030	22,2	1.824.000
2040	23,8	2.197.000
2040	23,8	2.197.000
2050	23,5	2.620.000

Tabelle 2: Geschätzte Zunahme der Demenzkranken von 2000 bis 2050 (Deutsche Alzheimer Gesellschaft 2008)[5]

Die im Jahr 1994 eingeführte gesetzliche Pflegeversicherung unterscheidet drei Pflegestufen, je nach Schwere bzw. zeitlichem Aufwand der Pflegeleistungen. Im Jahr 2011 befanden sich 54,8 % der Leistungsempfängerinnen und -empfänger in Pflegestufe I, 32,7 % in Pflegestufe II und 12,2 % in Pflegestufe III. Über zwei Drittel und damit der überwiegende Teil der anerkannt pflegebedürftigen Personen – insgesamt 70 % – wurden zu Hause versorgt. Tabelle 3 gibt einen Überblick über die Versorgungssituation der Personen, die Leistungen aus der Pflegeversicherung erhalten.

---

[5] Schätzungen auf der Basis der 12. koordinierten Bevölkerungsvorausschätzung, Variante 1, W2

Ort der Versorgung	Leistungs-empfängerinnen und -empfänger (absolute Zahl)	davon Pflege-stufe I in %	davon Pflege-stufe II in %	davon Pflege-stufe III in %
zu Hause (ambulant)	1.758.321	61,8	29,5	8,7
davon: allein durch Angehörige[6]	1.182.057	64,5	27,9	7,6
davon: zusammen mit/durch ambulante Pflegedienste	576.264	56,3	32,8	10,9
im Heim (stationär)[7]	743.120	38,1	40,3	20,5
Gesamt[8]	2.501.441	54,8	32,7	12,2

Tabelle 3: Leistungsempfängerinnen und -empfänger der sozialen Pflegeversicherung im Jahr 2011 nach Pflegestufen (Statistisches Bundesamt 2013)

Prognosen über die zukünftige Entwicklung der Zahl Pflegebedürftiger basieren auf Modellrechnungen. Abhängig von den jeweils zugrunde liegenden Annahmen ergeben sich unterschiedliche Pflegehäufigkeiten (Prävalenzen). Die Status-Quo-Prognose geht davon aus, dass der Eintritt (Inzidenz) und die Betroffenheit von Pflegebedürftigkeit (Prävalenz) bezogen auf das Alter, trotz steigender Lebenserwartung, konstant bleiben. Nach dieser Annahme wäre von einer Zunahme der pflegebedürftigen Personen um 70,6 % bis zum Jahr 2040 (Basis 2004) auszugehen. Die Kompressionsthese nimmt an, dass sich bei steigender Lebenserwartung die Phase, in der mit gesundheitlichen Beeinträchtigungen zu rechnen ist, in ein höheres Lebensalter verlagert und deshalb erst zu einem späteren Zeitpunkt eine Pflegebedürftigkeit eintritt. Die Zunahme der Entwicklung der Zahl Pflegebedürftiger bis zum

---

[6] Entspricht den Empfängerinnen und Empfängern von ausschließlich Pflegegeld nach § 37 SGB XI. Empfängerinnen und Empfänger von Kombinationsleistungen nach § 38 SGB XI sind in den ambulanten Pflegediensten enthalten.

[7] Zum Erhebungszeitpunkt waren 1,1 % der Personen, die in einem Heim leben, ohne Pflegestufenzuordnung.

[8] Darüber hinaus sind in der Pflegestatistik insgesamt 8.498 Personen erfasst, die zum Zeitpunkt der Erstellung ohne Zuordnung zu einer Pflegestufe gelistet sind (rund 0,3 %).

Jahr 2040 würde in dem Fall rund 42 % betragen. Die sogenannte Medikalisierungsthese besagt, dass sich parallel zur steigenden Lebenserwartung die Morbiditätsphase verlängert und die gewonnenen Lebensjahre in Krankheit verbracht werden. Ausgehend von dieser Hypothese wäre mit einem Anstieg der Pflegebedürftigen bis zum Jahr 2040 um mehr als 130 % zu rechnen (vgl. Pick 2004, S. 10ff). Erste Befunde zu kleinräumigen Vorausberechnungen zur Entwicklung des Pflege- und Betreuungsbedarfs liefert der von der Bertelsmann Stiftung veröffentlichte Themenreport „Pflege 2030" (vgl. Bertelsmann Stiftung 2012). Die Ergebnisse sollen dazu beitragen, regional angemessene Versorgungssettings zu entwickeln (vgl. Bertelsmann Stiftung 2012, S. 28ff).

Unabhängig von den zugrundeliegenden Modellannahmen kommen gleichwohl alle Prognosen zu dem Ergebnis, dass die absolute Zahl der Pflegefälle bis zum Jahr 2040 deutlich ansteigen wird (vgl. Pick 2004, S. 10ff; Bertelsmann Stiftung 2012, S. 28ff). Es ist deshalb davon auszugehen, dass der Bedarf an Betreuungs- und Unterstützungsleistungen für ältere Menschen ebenfalls zunehmen wird. Umgekehrt wird gleichzeitig auch die Zahl der älteren Menschen wachsen, die über einen längeren Zeitraum und sogar bis ins hochbetagte Lebensalter selbständig bleiben (vgl. Schneekloth, Wahl 2005, S. 90).

2.5 Herausforderungen für die sozialen Sicherungssysteme

Die Sicherung des Lebensunterhalts durch ein entsprechendes Einkommen im Alter basiert zum einen auf privater Vorsorge (Sparen bzw. Privatversicherung) und zum anderen auf sozialen Sicherungssystemen. Durch diese beiden Finanzierungswege erschien ursprünglich das Ziel der Sicherung des Lebensstandards im Alter erreichbar. Diese Einschätzung trifft heute zunehmend auf Skepsis, da die Kosten der sozialen Sicherung durch die demografische Entwicklung kontinuierlich ansteigen und parallel dazu die Abgabenlast der erwerbstätigen Bevölkerung wächst (vgl. Schaper 2008, S. 115ff).

Die private Finanzierung umfasst auch sogenannte „Unterhaltsverbände". Damit ist gemeint, dass Einkommen der Gesamtfamilie zur Finanzierung entsprechender, gegebenenfalls beruflich geleisteter Hilfen für unterstützungsbedürftige Angehörige aufgewendet werden und wesentlich sind. Allerdings können Unterhaltsverbände nicht immer vorausgesetzt werden, da sie unterschiedlich leistungsfähig, leistungsbereit und leistungsgeeignet sind (vgl. Baltes, Mittelstraß, Staudinger 1994, S. 311).

Das in Deutschland bestehende System sozialer Sicherung basiert im Wesentlichen auf dem von Otto Graf von Bismarck in den achtziger Jahren des 19. Jahrhunderts entwickelten Grundsicherungsmodell und gliedert sich heute in fünf selbständige Zweige: gesetzliche Renten-, Kranken-, Unfall-, Arbeitslosen- und Pflegeversicherung. Die Sozialversicherung ist eine Kombination aus dem Äquivalenzprinzip der privaten Versicherung und dem Solidarprinzip einer Gemeinschaft zugunsten bestimmter Gruppen. Ergänzend dazu wurde im letzten Jahrzehnt ein gegliedertes System sozialer Grundsicherung gegen Armut geschaffen, das sich unterteilt in Sozialhilfe und Grundsicherung. Diese Leistungen werden entsprechend dem Fürsorgeprinzip nach Bedürftigkeit gewährt (vgl. Schaper 2008, S. 116ff). Aufgrund der Tatsache, dass vor allem die umlagefinanzierten Sozialversicherungssysteme größte Bedeutung im Hinblick auf die Versorgungsstruktur älterer Menschen haben (volumenmäßig und in der gesellschaftlichen Diskussion), wurde im Weiteren eine Beschränkung auf die gesetzliche Renten-, Krankenversicherung und Pflegeversicherung vorgenommen.

Den Kern der sozialen Alterssicherung bildet die gesetzliche Rentenversicherung. Sie funktioniert nach dem Äquivalenzprinzip, das heißt, dass die späteren Leistungsbezüge wesentlich durch die Höhe der gezahlten Beiträge und die Versicherungszeit bestimmt werden. Mit der Rentenversicherung, deren Grundlage der sogenannte Generationenvertrag bildet, wird eine angemessene Grundsicherung oberhalb des Existenzminimums angestrebt. Durch den Generationenvertrag wird die ältere Rentnergeneration über Transferzahlungen durch die erwerbstätige jüngere Generation versorgt. Die demografische Entwicklung wirkt sich in diesem Bereich besonders stark aus, da die Rentenversicherung zum einen Renten über einen zwischenzeitlich längeren Zeitraum hinweg bezahlen muss und zum anderen Beiträge von zunehmend weniger Beitragszahlenden erhält (vgl. Dietz 2004, S. 195ff). Inwieweit das derzeitige Rentensystem in dieser Form nachhaltig ist, hängt von verschiedenen Faktoren ab, wie z.B. der Entwicklung auf dem

Arbeitsmarkt, der Lohn- und Zinsentwicklung, den Bevölkerungszuwächsen, dem Renteneintrittsalter sowie der Entwicklung der Kapitalmärkte. Dietz geht davon aus, dass in den nächsten Jahren vermutlich keine Radikalreform umgesetzt wird. Stattdessen wird eine Vielzahl unterschiedlicher Maßnahmen, wie ein stärkerer gesetzlicher Zwang zum Aufbau privatfinanzierter Rentenansprüche aus Versicherungen und Kapitalanlagen, eine geringfügige Absenkung des Rentenniveaus und eine Erhöhung des Rentenzugangsalters realisiert werden (vgl. Dietz 2004, S. 199f).

Die gesetzliche Krankenversicherung versichert 90 % der Bevölkerung und folgt dem Bedarfsdeckungsprinzip, das heißt, dass die Leistungen abhängig vom jeweiligen Bedarf und unabhängig von der realen Beitragshöhe gewährt werden (vgl. Schaper 2008, S. 141ff). In der Krankenversicherung gilt das Sachleistungsprinzip. Obwohl die Zunahme Älterer aufgrund erhöhter Gesundheitsleistungen, z.b. durch chronische Erkrankungen, ausgabenmäßig ein Problem darstellt, wird dieses Phänomen durch den Rückgang von ebenso „teuren Kindern" teilweise kompensiert. Größere Strukturprobleme stellen die Transferleistungen in die neuen Bundesländer und allgemeine Beschäftigungskrisen dar (vgl. Dietz 2004, S. 200f). Insgesamt ist die gesundheitliche Versorgung der älteren Versicherten jedoch auch im internationalen Vergleich als gut einzuschätzen. Im Hinblick darauf, dass der Bedarf an Gesundheitsleistungen in einer älter werdenden Gesellschaft steigt und gleichzeitig die Medizintechnik zunehmend neue, attraktive Angebote bereit hält, stellt sich allerdings die Frage, wie das System sozial ausgewogen rationiert werden kann, um bezahlbar zu bleiben. Es ist deshalb davon auszugehen, dass die gesetzliche Krankenversicherung auch künftig unter erheblichem Kostendruck steht und die heikle Diskussion über eine gerechte Verteilung weiter geführt werden muss (vgl. Schaper 2008, S. 146ff).

Bei der gesetzlichen Pflegeversicherung, die 1994 in Deutschland eingeführt wurde, gilt formal ein Bedarfsdeckungssystem, das allerdings aufgrund der normierten und nach oben gedeckelten Leistungen in der Praxis lediglich eine Teilbedarfsdeckung erfüllt (vgl. Dietz 2004, S. 195). Falls die Versicherten oder deren Angehörige die Pflegekosten (insbesondere im Falle einer Heimunterbringung) nicht aufbringen können, steht als letzter Ausfallbürge die Sozialhilfe zur Verfügung (vgl. Schaper 2008, S. 151). Die derzeitigen Probleme der Pflegeversicherung basieren auf multiplen Entwicklungen: Einerseits wächst die Zahl der Pflegebedürftigen (vgl. hierzu 2.4), andererseits verringert sich durch die abnehmende Zahl der Erwerbstätigen die Einnahmenbasis. Zudem nimmt das familiäre Pflegepotenzial ab, so dass zunehmend mehr Menschen auf professionelle Hilfe angewiesen sind (vgl. Dietz 2004, S.201ff). Anders als die anderen Versicherungssysteme ist die Pflegeversicherung regelmäßig Gegenstand weitgehender Reformüberlegungen, die von einem Überführen in eine privat finanzierte Versicherung bis hin zur Abschaffung reichen. Unabhängig davon, wie sich die künftige Entwicklung der Pflegeversicherung gestaltet, ist evident, dass zur Absicherung des Pflegebedürftigkeitsrisikos in diesem Versicherungsbereich künftig deutlich mehr Geld bewegt werden muss als heute. Ein Ausstieg aus dem System würde lediglich eine Kostenverlagerung in die Sozialhilfe bedeuten (vgl. Dietz 2004, S. 203).

Auch wenn für Ökonomen weniger die demografische Entwicklung als die Produktivitätsentwicklung der Volkswirtschaft das Maß der Dinge ist, lassen die oben skizzierten Entwicklungen dennoch erkennen, dass in den genannten Systemen deutliche Ausgabensteigerungen zu bewältigen sein werden. Insofern ist es auch vor dem Hintergrund der Finanzierung der sozialen Sicherungssysteme angezeigt, über alternative Wohn- und Betreuungsformen nachzudenken.

Die Diskussion soll allerdings nicht den Blick darauf versperren, dass ein großer Teil der Kosten von Pflegebedürftigkeit nicht in Form von Geldleistungen, sondern sozusagen unbar – in Form von direkten und indirekten Leistungen von Angehörigen, Nachbarinnen und Nachbarn sowie befreundeten Personen – getragen wird. Einige Autorinnen und Autoren regen ferner an, Pflege – ähnlich wie Bildung – nicht ausschließlich als volkswirtschaftliche Belastung, sondern auch als Chance für volkswirtschaftliche Investitionen zu betrachten (vgl. Evers, Heinze 2008). Diesem Gedanken kann jedoch im Rahmen der hier vorliegenden Arbeit nicht weiter nachgegangen werden.

2.6 Wohnwünsche älterer Menschen

Für Wohnen und Leben steht im Englischen das Wort „live", das zutreffend charakterisiert, dass Wohnen mehr ist als nur eine Adresse mit Straße und Hausnummer. Wohnen bedeutet ein „Zuhause" zu haben. Wohnen hat etwas zu tun mit Lebensqualität und persönlicher Zufriedenheit. Wohnen definiert Handlungs-, Lebens- und Beziehungsraum (vgl. Saup 1993, S. 93ff). Mythen über die Historie des Wohnens im Alter sind weit verbreitet. Dazu gehört die Unterstellung, früher hätten ältere Menschen überwiegend geborgen in der Großfamilie gelebt. Tatsächlich war dies jedoch nur begrenzt der Fall. Auch das Wohnen in Institutionen betraf immer nur eine kleine Minderheit der Älteren (vgl. Tews 2005, S. 15ff).

Die Wohnung oder das Haus sowie das nahe Wohnumfeld haben eine grundlegende Bedeutung, insbesondere für Personengruppen mit einer wohnungszentrierten Lebensgestaltung, wie z.b. ältere Menschen, Kleinkinder oder Hausfrauen. Für diese stellt die Wohnung den eigentlichen Lebensmittelpunkt dar. Sie ist der Ort, an dem der größte Teil des 24-stündigen Tages verbracht wird. Studien legen dar, dass mehr als 50 % der älteren Menschen sich nur noch maximal vier Stunden pro Tag außerhalb der Wohnung aufhalten und diese Zeit vor allem für Aktivitäten in der unmittelbaren Umgebung nutzen (vgl. Saup 1993, S. 14; BMFSFJ, KDA 2006, S. 3). Deshalb stehen Erleben, Verhalten und soziale Integration im höheren Lebensalter in einem besonders engen Zusammenhang mit dem Wohnen (vgl. Wahl 2005, S. 129).

Wohnwunschbefragungen von älteren Menschen zeigen, dass für die meisten eine möglichst unabhängige Wohnsituation und selbständige Lebensführung im bisherigen Zuhause wichtig sind (vgl. Wüstenrot Stiftung 2005, S. 7). Nur selten sehen sie einen Änderungsbedarf im Hinblick auf ihre Wohnsituation. Selbst wenn die Wohnung modernen Ansprüchen an Komfort und Barrierefreiheit nicht genügt, möchten sie die angestammte Wohnsituation nur ungern aufgeben. Vielmehr wollen ältere Menschen in der Altersphase wohnen wie „gewohnt". Viele von ihnen sind bereit, enorme Anstrengungen zu unternehmen, um eine selbständige Wohn- und Lebensform auch bei eingeschränktem Gesundheitszustand möglichst lange aufrechtzuerhalten (vgl. Saup 1993, S. 101ff; Generali Zukunftsfonds 2012,

S. 109ff). Für die Mehrzahl geht der Wunsch nach einem Verbleiben in der eigenen Wohnung auch weitgehend in Erfüllung (vgl. Wüstenrot Stiftung 2005, S. 7; Generali Zukunftsfonds 2012, S. 109ff).

Gleichwohl kann es verschiedene Ursachen geben, die einen Wechsel in eine andere Wohn- oder Versorgungsform erforderlich machen. Viele Wohnungen erweisen sich als ungeeignet, um im Alter darin zu leben. Das kann darin begründet sein, dass sie auf mehrere Etagen aufgeteilt sind und viele Treppen aufweisen, die bei Mobilitätseinschränkungen im Alltag hinderlich sind. Auch kann die Erreichbarkeit dadurch erschwert sein, dass der Zugang nicht barrierearm gestaltet ist oder sich die Wohnung in einem Obergeschoß befindet, das nicht über einen Fahrstuhl erschlossen ist. Ein Standort, bei dem die infrastrukturelle Versorgung unzureichend und eine große Mobilität erforderlich ist, kann sich ebenfalls als ungeeignet erweisen. Ferner kann ein Verbleib in der eigenen Wohnung daran scheitern, dass notwendig gewordene Unterstützungsleistungen nicht verfügbar sind oder in der Wohnung nicht geleistet werden können. Bestimmte Alltagshilfen und Betreuungsleistungen, wie z.B. Einkaufshilfen, Putzdienste, Beratungsangebote, Kommunikationsmöglichkeiten oder Mehrstundenbetreuung, sind an manchen Standorten nur schwer zu organisieren, wenn sie nicht durch ein familiäres oder nachbarschaftliches Umfeld erbracht werden (vgl. Wüstenrot Stiftung 2005, S. 7).

Zu berücksichtigen ist aber auch, dass es sich bei der älteren Bevölkerung nicht um eine homogene Gruppe mit einheitlichen Lebens- und Wohnvorstellungen handelt. Dementsprechend gibt es nicht „die" ideale Wohnform für alle. Jede Rentnergeneration hat andere Biografieerfahrungen und Wertvorstellungen, Lebensperspektiven und Wohnwünsche, die bei einer simplen Fortschreibung der gegenwärtigen Situation heutiger älterer Menschen in die Irre führen können (vgl. Höpflinger 2004, S. 25).

2.7 Wohnformen älterer Menschen

Die Wohnsituation der über 60-Jährigen in Deutschland stellt sich heute wie folgt dar: Etwa 94 % leben in Privathaushalten – lediglich 6 % in besonderen Wohnformen. In den letzten Jahren ist aber ein deutlicher Anstieg der

Sonderwohnformen zu verzeichnen. Neben den Alten- und Pflegeheimen mit rund 3,7 % sind vor allem Seniorenwohnungen mit 1,4 % und das Betreute Wohnen mit rund 1 % quantitativ bedeutend (vgl. DZA 2007, S. 22). Alternative Wohnformen spielen in der Versorgungslandschaft derzeit quantitativ noch keine größere Rolle. Es ist jedoch davon auszugehen, dass sich ihr Ausbau weiter fortsetzen wird (vgl. Wüstenrot Stiftung 2005, S. 152).

Bereits im zweiten Altenbericht der Bundesregierung aus dem Jahr 1998 wird die Entwicklung von Alternativen zu einer Betreuung älterer Menschen im Alten- und Pflegeheim für notwendig erachtet und eine weitere Ausdifferenzierung gefordert (vgl. BMFSFJ 1998, S. 239ff). In den vergangenen Jahren hat sich das Wohnangebot für ältere Menschen deutlich erweitert. Zu den Möglichkeiten, im Alter zu Hause zu bleiben oder in ein Heim oder in eine Seniorenwohnung zu ziehen, sind zahlreiche weitere Wohnalternativen hinzugekommen. Abbildung 2 gibt einen Überblick über Wohnformen für ältere Menschen.

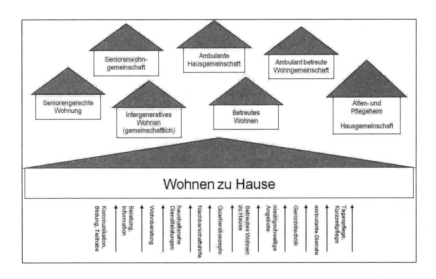

Abbildung 2: Wohnformen für ältere Menschen

35

Die meisten älteren Menschen leben zu Hause. In diesem Fall stehen vielfältige unterstützende Dienst- und Beratungsleistungen zur Verfügung, die von Kommunikations-, Bildungs- und Teilhabemöglichkeiten, z.b. in Alten- und Service-Zentren oder Bibliotheken auf Rädern, bis hin zu Tages- und Kurzzeitpflegeangeboten reichen. Zunehmend etablieren sich Quartierskonzepte analog des „Bielefelder Modells". Sie verfolgen das Ziel, im überschaubaren und vertrauten Wohnquartier ein soziales Umfeld zu schaffen, das es auch älteren Menschen und Menschen mit Unterstützungsbedarf ermöglicht, in ihrem vertrauten Wohnumfeld bleiben zu können. Für die erfolgreiche Umsetzung von Quartierskonzepten ist das Zusammenspiel der drei Bereiche „Wohnen", „Soziales" sowie „Hilfe und Pflege" notwendig (vgl. BSt, KDA 2004, S. 19ff). Es ist davon auszugehen, dass die diesbezügliche Ausdifferenzierung auch künftig weitergehen und damit die Möglichkeit, zu Hause wohnen zu bleiben, sich erhöhen wird (vgl. Mollenkopf, Oswald 2006, S. 402).

Seniorengerechte Wohnungen zeichnen sich dadurch aus, dass sie in der Regel die Standards des barrierefreien Bauens nach DIN-Norm 18025 erfüllen und somit auch für mobilitätseingeschränkte Personen geeignet sind. Die DIN-Norm umfasst z.B. Empfehlungen zu notwendigen Bewegungsflächen und zur Vermeidung von Stufen und Schwellen beim Zugang und innerhalb der Wohnung. Barrierefreie Wohnungen werden häufig von Kommunen in kleiner Anzahl angeboten und sollen älteren Menschen auch dann ein Verbleiben (zumindest am Wohnort) ermöglichen, wenn die bisherige Wohnung nicht mehr den Erfordernissen entspricht (vgl. BSt, KDA 2003, S. 16).

Unter Seniorenwohngemeinschaften wird eine Wohnform verstanden, in der ältere Menschen gemeinsam in einer Wohnung oder einem Haus leben und neben einem eigenen Wohnbereich einige Räume gemeinschaftlich nutzen. Die Mieterinnen und Mieter organisieren ihr Gemeinschaftsleben selbst und nehmen bei Bedarf analog dem „normalen Wohnen zu Hause" Unterstützungsleistungen in Anspruch (vgl. BSt, KDA 2003, S. 17).

Intergeneratives oder gemeinschaftliches Wohnen ist dadurch gekennzeichnet, dass sich ältere und jüngere Menschen bereits in der Planungsphase zusammenfinden, um gemeinsam ein entsprechendes Wohnmodell zu realisieren. Weitere Kriterien sind das Vorhandensein entsprechender Gemeinschaftsräume sowie gegenseitige Unterstützung und Hilfe. Es ist allerdings zu beobachten, dass die nachbarschaftliche Hilfe in der Regel nicht die qualifizierte Pflege ersetzen kann (vgl. Koordinationsstelle Wohnen zu Hause 2009, S. 11).

Den Seniorenwohngemeinschaften ähnlich sind ambulante Hausgemeinschaften. Im Unterschied zu letzteren leben die Mieterinnen und Mieter aber in eigenen, abgeschlossenen Wohnungen und nutzen Gemeinschaftsräume. Analog zu den Seniorenwohngemeinschaften unterstützen sie sich im Bedarfsfall gegenseitig. Weitere Hilfen werden über externe Dienstleister organisiert (vgl. Koordinationsstelle Wohnen zu Hause 2009, S. 10).

Beim Betreuten Wohnen oder Service-Wohnen werden barrierefreie Wohnungen und Betreuungsleistungen miteinander gekoppelt. Im Regelfall werden in einer speziellen Wohnanlage Wohnungen angemietet oder gekauft sowie eine Grundbetreuung angeboten, für die monatlich eine so genannte Betreuungspauschale zu entrichten ist. Die Grundbetreuung umfasst meist Beratungs- und Informationsleistungen sowie einen Notruf. Zusätzlich werden je nach Bedarf Pflegeleistungen, Reinigungsdienste und Mahlzeiten angeboten. Darüber hinaus stehen Gemeinschaftsräume für Kontaktmöglichkeiten und Veranstaltungen zur Verfügung (vgl. KDA 2006, S. 23f).

In ambulant betreuten Wohngemeinschaften lebt eine Gruppe älterer Menschen mit Betreuungs- und Pflegebedarf gemeinsam in einer Wohnung oder einem Haus. Wie in Wohngemeinschaften üblich, hat jede Mieterin und jeder Mieter einen eigenen Wohn- und Schlafbereich. Küche und Wohnzimmer werden gemeinsam genutzt. Ein konstitutives Merkmal einer ambulant betreuten Wohngemeinschaft ist es, dass die älteren Menschen selbst als Auftraggeber für Betreuung und Pflege fungieren. Die Betreuungskräfte sind zuständig für die Haushaltsführung und die Organisation des Gruppenlebens. Sie sind abhängig vom jeweiligen Bedarf und meist rund um die Uhr in der ambulant betreuten Wohngemeinschaft tätig. Pflegeleistungen werden durch ambulante Dienste erbracht. Ursprünglich wurde diese Wohnform für Menschen mit Demenzerkrankungen entwickelt, mittlerweile haben sich jedoch auch ambulant betreute Wohngemeinschaften für pflegebedürftige Ältere (vgl. Koordinationsstelle Wohnen zu Hause 2009, S. 13) oder für heimbeatmete Menschen (vgl. Klingbeil 2009, S. 50ff) etabliert. Synonym ist häufig auch von Pflegewohngruppen, Pflegewohnungen oder begleiteten Wohngruppen die Rede. Ambulant betreute Wohngemeinschaften unterliegen in der Regel nicht dem Heimrecht. Um diese Wohnform von stationären Wohngruppen bzw. Hausgemeinschaften sowie von selbstorganisierten Seniorenwohngemeinschaften „fitter" Älterer abzugrenzen, hat sich die Bezeichnung ambulant betreute Wohngemeinschaft durchgesetzt. Diese Bezeichnung wird sowohl auf Bundes- (vgl. BMFSFJ, WG-Qualität) als auch auf Länder- (Niedersachsen, Bayern, Berlin, Sachsen-Anhalt, Schleswig-Holstein) und auf Fachebene (KDA, Schader-Stiftung) verwendet und auch in der vorliegenden Arbeit benutzt. Kapitel 3 enthält eine detaillierte Erörterung dieser Wohnform.

In Alten- und Pflegeheimen werden meist chronisch kranke und/oder ältere Menschen mit einer Demenzerkrankung betreut, die dauerhaft Pflege und Unterstützung benötigen. In den Einrichtungen, die dem Heimrecht unterliegen, wird neben Unterkunft und Verpflegung eine 24-Stunden-Betreuung und Pflege „aus einer Hand" gewährleistet (vgl. Deutsches Institut für Normung 2007, S. 25f). Allerdings gibt es auch hier alternative Konzepte. Unterschieden werden zum einen „offene" und „geschlossene" Modelle, insbesondere für Menschen mit Demenzerkrankungen. Aktuell diskutieren Fachleute darüber, ob „geschlossene Bereiche", die Menschen mit einer Demenzerkrankung bei einem entsprechenden richterlichen Beschluss nicht mehr selbständig verlassen können, überhaupt weiter betrieben werden sollen (vgl. DIN Deutsches Institut für Normung e.V. 2007, S. 129f). Unterschieden wird ferner zwischen „integrativen", „teilsegregativen" und „segregativen" Konzepten. Der integrative Ansatz war lange Zeit die Normalität. Dabei werden Menschen mit und ohne Demenzerkrankungen gemeinsam betreut. Im Rahmen von teilsegregativen Ansätzen leben Menschen mit und ohne Demenzerkrankungen im gleichen Wohnbereich zusammen, allerdings steht für die Menschen mit Demenzerkrankungen tagsüber ein spezielles Betreuungsangebot in einem besonderen Bereich zur Verfügung. Der segregative Ansatz schließlich sieht vor, dass ausschließlich Menschen mit Demenzerkrankungen zusammen leben und gemeinsam betreut werden (vgl. Weyerer et al. 2005, S. 3ff). Der segregative Ansatz lässt sich weiter ausdifferenzieren gemäß dem sogenannten „Drei-Welten-Modell". In diesem Fall stehen separate Betreuungskonzepte für Menschen in unterschiedlichen Demenzstadien zur Verfügung (vgl. Ernst 2002, S. 159ff).

Konzeptionelle Weiterentwicklungen in Pflegeheimen stellen auch Hausgemeinschafts- oder Wohngruppenkonzepte dar, die sich stärker am Leitbild der Familie orientieren und kleine Wohn- und Betreuungseinheiten vorsehen. Im Mittelpunkt dieser Konzepte stehen der gelingende Alltag, das gemeinsame Haushalten, das Zubereiten von Mahlzeiten und das soziale Miteinander, wohingegen die Pflegeleistungen eher eine untergeordnete Bedeutung einnehmen (vgl. Kreuz 2005, S. 129f).

Bei den konzeptionellen Weiterentwicklungen sind ebenfalls sogenannte Pflegeoasen zu nennen. Sie haben zum Ziel, älteren Menschen mit und ohne Demenzerkrankungen die Teilnahme an der Gemeinschaft zu ermöglichen. Das soll insbesondere durch ein spezielles Raumprogramm gewährleistet werden, in dem in der Regel sechs bis acht Personen in einem großen Raum zusammen leben. Geschützte Privaträume werden durch Raumteiler ermöglicht, eine kontinuierliche Präsenz von Pflegenden ist vorgesehen (vgl. Rutenkröger, Kuhn 2008, S. 12).

Auch Seniorenresidenzen oder Wohnstifte zählen in der Regel zu den vollstationären Einrichtungen. Sie unterscheiden sich von herkömmlichen Alten- und Pflegeheimen dadurch, dass sie im hochpreisigen Marktsegment angesiedelt sind und über ein Ambiente verfügen, das an luxuriöse Hotels angelehnt ist. Selbst wenn diese Einrichtungen in der Außendarstellung oft Bilder aktiver, wohlhabender, gesunder und gebildeter, älterer Menschen verwenden, leben in ihnen heute ebenfalls überwiegend ältere Menschen mit Unterstützungs- und Betreuungsbedarf (vgl. DIN Deutsches Institut für Normung e.V. 2007, S. 99ff).

2.8 Zusammenfassung

Die aufgezeigten Kontextfaktoren stimulieren und limitieren die Entwicklung und Etablierung von Pflege- und Betreuungskonzepten für ältere Menschen mit Unterstützungs- und Betreuungsbedarf. Dabei handelt es sich um eine gesamtgesellschaftliche Herausforderung.

Der wachsenden Zahl älterer und hilfebedürftiger älterer Menschen wird eine sinkende Zahl jüngerer Menschen gegenüberstehen. Traditionelle innerfamiliäre Versorgung wird angesichts zunehmender Mobilität nicht mehr im bisherigen Maße möglich sein. Die Finanzlage der sozialen Sicherungssysteme erfordert einen weiteren Ausbau von alternativen Wohnkonzepten nach dem Grundsatz „ambulant vor stationär", um den Kollaps der vorhandenen stationären Betreuungs- und Finanzierungssysteme zu verhindern. Die Betreuung und Versorgung älterer Menschen kann nicht allein durch stationäre Betreuungsmöglichkeiten aufgefangen werden, zumal sich eine deutliche Veränderung der diesbezüglichen Bedürfnisse und Wünsche der Betroffenen abzeichnet (vgl. Schulz-Nieswandt et al. 2012). Darüber hinaus bildet sich auch in der Wissenschaft (vgl. Dörner 2007) eine Position heraus, die der „zwangsläufigen Heimversorgung" von Menschen mit Demenzerkrankungen oder schwerer Pflegebedürftigkeit sehr kritisch gegenübersteht. In Verbindung mit einer zunehmenden Vielfalt der Lebensstrukturen und dem Wunsch älterer Menschen, ein Leben in weitgehender Selbständigkeit und Eigenverantwortung zu führen, kommt der Weiterentwicklung alternativer Wohnformen besondere Bedeutung zu. Benötigt werden geeignete Betreuungskonzepte, die auch bei gravierenden gesundheitlichen Einschränkungen den Verbleib in der eigenen Häuslichkeit bzw. Alternativen zur herkömmlichen, stationären Betreuung ermöglichen und der in der Charta der Rechte hilfe- und pflegebedürftiger Menschen formulierten Postulate in Bezug auf Selbstbestimmung, Freiheit, Sicherheit, Privatheit und Teilhabe Rechnung tragen (vgl. BMFSFJ 2009).

Dabei müssen neue Formen der Partizipation von Bezugspersonen berücksichtigt, Wahlmöglichkeiten eröffnet und kompetenzunterstützende und -fördernde Flexibilitätsspielräume eingebaut werden, um weitgehende Autonomie und Lebensqualität zu gewährleisten. Befunde der Bertelsmann Stiftung gehen davon aus, „dass eine Förderung ambulanter Versorgungssettings im Quartier unter verstärkter Mobilisierung der Zivilgesellschaft allein in der Lage ist, eine angemessene Pflege der zukünftig steigenden Zahl Pflegebedürftiger angesichts der zu erwartenden Personalknappheit in der beruflichen Pflege sicherzustellen" (Bertelsmann Stiftung 2012, S. 15). Es ist daher zu vermuten, dass ambulant betreute Wohngemeinschaften einen interessanten Baustein künftiger Versorgungssysteme darstellen werden.

3. Ambulant betreute Wohngemeinschaften für ältere Menschen

Angesichts der aufgezeigten Entwicklungen ist es angezeigt, neue, alternative Wohn- und Versorgungsformen, insbesondere für ältere Menschen mit einem erhöhten Betreuungs- und Unterstützungsbedarf, zu etablieren. Ambulant betreute Wohngemeinschaften erscheinen dabei in besonderer Weise geeignet, künftige Anforderungen an ein bedarfsgerechtes Wohnen im Alter zu erfüllen (vgl. Wüstenrot Stiftung 2005, S. 166).

Zwischenzeitlich liegen erste Strukturdaten für ambulant betreute Wohngemeinschaften für das gesamte Bundesgebiet vor (vgl. BSt, KDA 2004a). Zudem wurden Angebots- und Nutzerstrukturen im Rahmen der Berliner Studie zu ambulant betreuten Wohngemeinschaften und der anschließenden „Berliner Studie zur outcomebezogenen Evaluation der gesundheitlichen Versorgung von Menschen mit Demenz in ambulant betreuten Wohngemeinschaften" (DeWeGE-Studie) erhoben (vgl. Wolf-Ostermann 2007; Wolf-Ostermann, Fischer 2010; Wolf-Ostermann et al. 2011). Eine Typisierung ambulant betreuter Wohngemeinschaften haben unterschiedliche Autorinnen und Autoren vorgenommen (vgl. BMFSFJ 2002; KDA 2004; Klie 2006; Pawletko 2008a; Klie, Schuhmacher 2009; Fischer et al. 2011). Die Ergebnisse dieser und anderer Studien bilden die Grundlage der nachfolgenden Ausführungen.

In der öffentlichen Wahrnehmung werden ambulant betreute Wohngemeinschaften häufig mit besserer Lebensqualität und erhöhter Autonomie der Mieterinnen und Mieter im Vergleich zu den Bewohnerinnen und Bewohnern von stationären Einrichtungen verknüpft. Inwieweit diese Einschätzung empirisch trägt, wurde in ersten Untersuchungen überprüft. Bisher liegen nur wenige Erkenntnisse zum Einfluss ambulant betreuter Wohngemeinschaften auf die gesundheitliche Entwicklung ihrer Mieterinnen und Mieter vor. Im Rahmen der DeWeGE-Studie wurde die Auswirkung auf den Krankheits- und Versorgungsverlauf von Menschen mit Demenzerkrankungen untersucht und ein Vergleich der Ergebnisse mit Spezialwohnbereichen für Menschen mit Demenz in Pflegeheimen durchgeführt (vgl. Wolf-Ostermann 2011). Zudem wurde im Rahmen einer Evaluationsstudie das Befinden von Mieterinnen und Mietern ambulant betreuter Wohngemein-

41

schaften mit Bewohnerinnen und Bewohnern stationärer Einrichtungen verglichen (vgl. Dettbarn-Reggentin, Reggentin 2005). Diese Befunde wurden von anderen wissenschaftlichen Begleitforschungen ergänzt (vgl. Arbeitsgruppe für Sozialplanung und Altersforschung 2003, Aufschwungalt 2007). Sie werden ebenfalls im Folgenden referiert.

Die Einbindung von Angehörigen und bürgerschaftlich Engagierten stellt in ambulant betreuten Wohngemeinschaften für Menschen mit Demenzerkrankungen ein Kernelement des Konzeptes dar. Erste Ergebnisse über die tatsächliche, aktive Beteiligung Angehöriger und bürgerschaftlich Engagierter liegen im Rahmen der DeWeGE-Studie (vgl. Gräske et al. 2011) und einer Untersuchung des AGP an der Evangelischen Fachhochschule Freiburg (vgl. Klie et al. 2006) vor.

3.1 Entwicklung

Ein Blick in unsere Nachbarländer zeigt, dass dort der Weg zu wohngruppenorientierten Betreuungsformen bereits vor Jahren eingeschlagen wurde. In Deutschland wurde die Entwicklung im stationären Bereich insbesondere durch die französischen Cantous und niederländische Projekte, wie Anton-Pieck-Hofje, beeinflusst. Die Cantous wurden in den späten 60er Jahren als gemeindenahe, autonome Wohngruppen gebildet (vgl. BSt, KDA 2003, S. 154f). Die Grundform entstand im Zuge der Antipsychiatriebewegung. Zielsetzung war es, Personen mit Unterstützungsbedarf bedürfnisgerecht bis zu ihrem Tode in einer familiären Atmosphäre zu versorgen. Das Konzept sieht eine systematische Beteiligung von Angehörigen vor (vgl. Klie 2002, S.7ff). Im Anton-Pieck-Hofje in Haarlem ist ein Wohngruppenkonzept beispielhaft umgesetzt, das in einer für die Niederlande typischen Architektur, dem Hofje, untergebracht ist. Sechs Wohneinheiten, die um einen Innenhof und Garten herum angelegt und miteinander verbunden sind, bieten Raum für jeweils sechs ältere Menschen mit Demenzerkrankungen. Zu den Pflegeprinzipien gehört es, eine vertraute häusliche Umgebung zu schaffen, auf Zwangsmaßnahmen jeder Art zu verzichten und einfache Hilfsmittel statt einer High-Tech-Ausstattung einzusetzen (vgl. Klie 2002, S. 151ff). Das KDA hat diese Idee Ende der 90er Jahre in Deutschland als sogenannte vierte Generation des Altenpflegeheimbaus propagiert, sodass deutschlandweit eine Vielzahl von „stationären Hausgemeinschaften", wie sie in Deutschland genannt werden, entstanden ist (vgl. BMG 2000, S. 8ff). Ähnliche Konzepte finden sich weltweit zudem in Australien (CADE Units), USA (Green House), Japan (Group Homes), Kanada (Woodside Place), Schweden (Group Living) sowie Belgien (Small-Scale Living), (vgl. Verbeek et al. 2009, S. 252-264).

Vorbilder für die Entwicklung im ambulanten Bereich waren insbesondere Wohngemeinschaften in Schweden und der Schweiz. Mitte der 80er Jahre entstanden in Schweden, in rund 70 % der Gemeinden, sogenannte Group Living Facilities bzw. Group Homes. Die Wohngruppen sind vornehmlich für Menschen mit Demenzerkrankungen konzipiert, die in Gruppen integriert leben und lediglich ambulante pflegerische Unterstützung beziehen. Das Schweizer Modell der Pflegewohnung entstand aufgrund eines akuten Mangels an Pflegeheimplätzen Ende der 80er Jahre und hat sich mittlerweile als Ergänzung zu bestehenden Einrichtungen etabliert. Die zugrundeliegende Idee ist, eine Betreuung für Schwerpflegebedürftige in normalen Wohnungen anzubieten (vgl. BSt, KDA 2003, S. 154f).

In Deutschland haben sich bereits in den 70er und 80er Jahren in der Behindertenhilfe und der Psychiatrie Wohngruppenkonzepte mit dem Ziel der Deinstitutionalisierung entwickelt (vgl. Klie 2005a, S. 124). Die Diskussion über Wohngruppen wird deshalb in der Altenhilfe auch als Reformimport aus anderen Bereichen bezeichnet. Obwohl sich die kleinräumige Versorgungsform in allen Bereichen an sogenannten Normalisierungskonzepten orientiert, weist sie in der jeweiligen Ausprägung eigene Charakteristika auf (vgl. Klie 2002, S. 31).

Ambulant betreute Wohngemeinschaften orientieren sich am normalen Wohnen und stellen eine Weiterentwicklung der wohnungsnahen, quartiersbezogenen, ambulanten Versorgung hilfebedürftiger Menschen dar. Im Prinzip werden erforderliche Hilfen, wie z.B. Betreuung, Pflege und Hauswirtschaft – analog einem privaten Haushalt – zugekauft (vgl. Kremer-Preiß, Stolarz 2003, S. 6ff). Auftraggeber für die zusätzlichen Dienstleistungen sind die älteren Menschen selbst bzw. deren Angehörige bzw. gesetzliche Betreuerinnen und Betreuer. Das traditionelle Prinzip der stationären Versorgung, das ältere Menschen zu Leistungsempfängerinnen und

-empfängern macht, wird in ambulant betreuten Wohngemeinschaften umgekehrt, indem die Wohngemeinschaftsmitglieder bzw. deren Angehörige oder gesetzliche Betreuerinnen und Betreuer als Auftraggeber fungieren. Mit dieser Leitidee wird der Weg von einem trägergesteuerten hin zu einem nutzergesteuerten Versorgungsmodell geebnet, was in letzter Konsequenz einen echten Paradigmenwechsel im Verhältnis von Pflegeanbieter und Kundin bzw. Kunde darstellt (vgl. BMFSFJ 2002, S. 17ff).

Die genaue Anzahl ambulant betreuter Wohngemeinschaften in Deutschland ist nicht bekannt. Eine aktuelle Recherche des KDA (vgl. Kremer-Preiß 2012) geht deutschlandweit von rund 1.200 ambulant betreuten Wohngemeinschaften aus. Laut Erhebung von Wolf-Ostermann (vgl. Wolf-Ostermann 2012) gibt es in Deutschland mindestens 1.420 ambulant betreuten Wohngemeinschaften mit rund 10.590 Betreuungsplätzen. Dabei ist die regionale Verteilung sehr unterschiedlich. So wurden im Jahr 2012 alleine in Berlin von der Heimaufsicht insgesamt 485 ambulant betreute Wohngemeinschaften gezählt (vgl. Heimaufsicht Berlin 2013). In Bayern gab es nach Angaben des Bayerischen Landesamtes für Statistik und Datenverarbeitung im Jahr 2012 insgesamt 169 ambulant betreute Wohngemeinschaften (vgl. Bayerisches Landesamt für Statistik und Datenverarbeitung 2013). Die systematische Erfassung der Wohnangebote wird dadurch erschwert, dass viele kleine Vereine, Initiativen oder Pflegedienste als Initiatorinnen und Initiatoren fungieren und ambulant betreute Wohngemeinschaften aufgrund ihres ordnungsrechtlichen Status von Behörden oder Wohlfahrtsverbänden offiziell nicht oder nur teilweise erfasst werden. Da ambulant betreute Wohngemeinschaften in die Privatsphäre ihrer Mieterinnen und Mieter fallen, kann ihre Adresse nur mit ihrer Zustimmung veröffentlicht werden. Diesbezüglich sind viele ambulant betreute Wohngemeinschaften eher zurückhaltend. Die Bestandsanalyse wird zudem durch die unterschiedlichen konzeptionellen Ausrichtungen erschwert. Bekannt ist auch, dass viele ambulant betreute Wohngemeinschaften sich in Planung befinden (vgl. BSt, KDA 2004a, S. 14). Vor diesem Hintergrund sind quantitative Bestandserhebungen mit Vorsicht zu genießen.

3.2 Grundstruktur

Ambulant betreute Wohngemeinschaften unterscheiden sich maßgeblich von traditionellen stationären Versorgungsangeboten in Struktur, Grundprinzipien, Rollen der unterschiedlichen Akteure, Wohnbedingungen, Kosten und Finanzierung sowie gesetzlichen Rahmenbedingungen. Abbildung 3 zeigt die Grundstruktur einer ambulant betreuten Wohngemeinschaft.

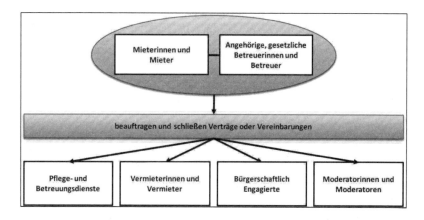

Abbildung 3: Grundstruktur der ambulant betreuten Wohngemeinschaft
(vgl. StMAS 2008, S. 11)

Der Grundstruktur entsprechend leben in einer ambulant betreuten Wohngemeinschaft etwa sechs bis zwölf ältere Menschen in einem gemeinsamen Haushalt und werden von Betreuungskräften unterstützt. Die Mieterinnen und Mieter bilden eine selbständige Gemeinschaft, die eigenverantwortlich über alle sie betreffenden Angelegenheiten entscheidet. Falls aufgrund von krankheitsbedingten Einschränkungen die Mieterinnen und Mieter dazu nicht mehr in der Lage sind, entscheiden die Angehörigen bzw. gesetzlichen Betreuerinnen und Betreuer. Die Wohnung ist meist barrierefrei und in ein normales Wohnquartier integriert. In der Regel verfügt jede Mieterin und jeder Mieter über ein eigenes Zimmer, das individuell gestaltet werden kann. Räume, wie Eß- und Wohnzimmer, Küche, Speiseraum und meist auch Bad und Toilette werden gemeinsam genutzt. Jede ambulant betreute Wohngemeinschaft wird von Betreuungskräften unterstützt, die für die Organisation des Haushalts und des Gruppenlebens zuständig sind. Ambulante Dienste ergänzen die Betreuung mit individuell notwendigen Pflegeleistungen (vgl. BSt, KDA 2006, S. 9f; BSt, KDA 2003, S. 134). Die Begleitung ambulant betreuter Wohngemeinschaften durch bürgerschaftliches Engagement stellt ein Qualitätskriterium für diese Wohnform dar. Sinnvoll kann auch der Einsatz einer fachlich kompetenten und neutralen Moderation sein, insbesondere zur Koordination in der Gründungsphase und zum Aufbau und zur Begleitung des Angehörigengremiums, das auch als Gremium der Selbstbestimmung bezeichnet wird (vgl. StMAS 2008, S. 18).

3.3 Typologisierung

Bei Typologisierungen existierender Formen ambulant betreuter Wohngemeinschaften ist zu berücksichtigen, dass eine eindeutige Zuordnung nicht immer möglich ist: Ambulant betreute Wohngemeinschaften stellen dynamische Lebensräume dar, die maßgeblich durch die jeweiligen Mieterinnen und Mieter, die Angehörigen, die gesetzlichen Betreuerinnen und Betreuern, die Mitarbeiterinnen und Mitarbeiter des Pflege- und Betreuungsdienstes, die bürgerschaftlich Engagierten, die Vermieterinnen und Vermieter und sonstigen Akteure geprägt werden.

Entlang der ordnungsrechtlichen Trennung des ambulanten und stationären Bereichs in Deutschland lassen sich zwei Typen unterscheiden: Wohngruppenorientierte Betreuungskonzepte im stationären Bereich, die meist als stationäre Hausgemeinschaften bezeichnet werden. Werden die Wohngruppen ambulant betreut in bestehenden Wohnquartieren angeboten, bezeichnet man sie als ambulant betreute Wohngruppen, Pflegewohngruppen, betreute Wohngruppen, betreute Wohngemeinschaften oder Hausgemeinschaften mit Mieterstatus (vgl. BSt, KDA 2003, S. 128). Wie oben ausgeführt, hat sich in der Fachdiskussion überwiegend die Bezeichnung „ambulant betreute Wohngemeinschaften" durchgesetzt, die auch in der vorliegenden Arbeit verwendet wird. Da im Zuge der Neuregelung des Heimrechts jedes Bundesland in eigener Zuständigkeit Standards und Regelungen für alternative

Wohnformen definiert, ist davon auszugehen, dass sich eine Vielfalt von länderspezifischen Formen entwickeln wird. Ambulant betreute Wohngemeinschaften müssen, wenn sie bestimmte Voraussetzungen erfüllen, die länderspezifisch im Rahmen der Novellierung des Heimrechts individuell festgelegt werden, keine heimrechtlichen Anforderungen an die Wohnraumgestaltung und den Personaleinsatz erfüllen. Sie unterliegen, wie das private Wohnen, den Regelungen für häusliche Pflege sowie allgemeinen Verbraucherschutzbestimmungen (vgl. BSt, KDA 2006, S. 11).

In der Fachdiskussion gibt es einige Versuche, verschiedene Typen ambulant betreuter Wohngemeinschaften zu unterscheiden. Diese sind in Abbildung 4 überblicksartig dargestellt:

Autorinnen und Autoren	Typologisierungen			
BMFSFJ (2002)	ambulanter Typus mit zentraler Bezugsperson		ambulanter Typus mit ambulantem Pflegedienst	
KDA (2004)	Typ A 24-Stunden-Betreuung		Typ B stundenweise Betreuung	
Klie (2006)	ambulant betreute Wohngemeinschaften in Verantwortung von Angehörigen und bürgerschaftlich Engagierten		ambulant betreute Wohngemeinschaften im Regime eines Pflegedienstes	
Modellprojekt „Qualitätssicherung in ambulant betreuten Wohngemeinschaften" (2008)	selbstorganisierte Projekte	ambulant betreute Wohngemeinschaften in geteilter Verantwortung	ambulant betreute Wohngemeinschaften in Trägerverantwortung	
Freiburger Modell (2009)	ambulant betreute Wohngemeinschaften solitär		ambulant betreute Wohngemeinschaften im Verbund	
Klie und Schuhmacher (2009)	bürgerschaftliche Wohngruppen	Angehörigen-Wohngruppen	Pflegedienst-Wohngruppen	Träger-Wohngruppen
Fischer et al. (2011)	Typ A I für Menschen mit Demenzerkrankung Beauftragung von ambulanter Pflege und Alltagsbegleitung unabhängig voneinander	Typ A II für Menschen mit Demenzerkrankung Beauftragung von ambulanter Pflege und Alltagsbegleitung aus einer Hand	Typ B I für Menschen mit wenig progredienten körperlichen Einschränkungen Beauftragung von ambulanter Pflege und Alltagsbegleitung unabhängig voneinander	Typ B II für Menschen mit wenig progredienten körperlichen Einschränkungen Beauftragung von ambulanter Pflege und Alltagsbegleitung aus einer Hand
Fischer et al. (2011)	Betroffenen-Initiativen	Schritte in die Regelversorgung	Etablierung am Markt	

Abbildung 4: Typologisierung ambulant betreuter Wohngemeinschaften

Das BMFSFJ differenziert zwischen dem ambulanten Typus mit zentraler Bezugsperson und dem ambulanten Typen mit ausschließlicher Versorgung durch ambulante Pflegedienste. Die beiden Kategorien unterscheiden sich insbesondere hinsichtlich der Personalpolitik. Während beim ersten Typus tagsüber auch Personen ohne Pflegehintergrund, wie z.b. Hauswirtschaftskräfte oder Sozialpädagoginnen und Sozialpädagogen, als kontinuierliche Ansprechpersonen nach dem Prinzip der Hausmutter zur Verfügung stehen, werden die Wohngemeinschaftsmitglieder im zweiten Typus ausschließlich von Personen des ambulanten Pflegedienstes betreut (vgl. BMFSFJ 2002, S. 14f).

Das KDA unterscheidet ebenfalls zwei unterschiedliche Konzeptvarianten. Die Variante Typ A stellt eine Rund-um-die-Uhr-Versorgung sicher und ist deshalb insbesondere für Personen mit einem umfänglichen Hilfebedarf geeignet. Die Variante Typ B verzichtet bewusst auf eine 24-Stunden-Betreuung und richtet sich daher vornehmlich an Personen, die zumindest noch teilweise in der Lage sind, selbständig zu leben (vgl. BSt, KDA 2006, S. 12f). Am stärksten verbreitet ist die Variante des Typ A für Menschen mit einer Demenzerkrankung (vgl. BSt, KDA 2004, S. 29). Bei der Variante des Typ B mit einer stundenweisen Betreuung besteht die Gefahr, dass die Mieterinnen und Mieter bei einer Verschlechterung ihres Gesundheitszustandes wieder ausziehen müssen.

Eine andere Einteilung ambulant betreuter Wohngemeinschaften schlägt Klie (vgl. Klie 2006) vor. Er unterscheidet Wohngruppen in der Verantwortung von Angehörigen oder bürgerschaftlich Engagierten von Wohngruppen im Regime eines Pflegedienstes. Seiner Ansicht nach ist es strittig, ob bei Wohngemeinschaften im Regime eines Pflegedienstes nicht das Heimgesetz Anwendung finden müsse (vgl. Klie 2006, S. 39).

Im bundesweiten Modellprojekt „Qualitätssicherung in ambulant betreuten Wohngemeinschaften für Menschen mit Demenz" wird zwischen selbstorganisierten Projekten, ambulant betreuten Wohngemeinschaften in geteilter Verantwortung und ambulant betreuten Wohngemeinschaften in Trägerverantwortung differenziert (vgl. Pawletko 2008a). Bei den selbstorganisierten Projekten übernehmen die älteren Menschen bzw. deren Angehörige die Initiative bei der Gründung und Organisation des Gesamtbetriebes. Dieses Modell ist in der Praxis wenig verbreitet. Die ambulant betreuten Wohnge-

meinschaften in geteilter Verantwortung werden sowohl von Interessen-
gruppen und nicht pflegerisch tätigen, sozialen Institutionen, wie beispielsweise Alzheimer Gesellschaften, Vereinen oder Kirchengemeinden, als auch
von Pflegediensten, die nach Gründung der Wohngemeinschaften die Steuerung an die Mieterinnen und Mieter bzw. deren Angehörige und/oder gesetzliche Betreuerinnen und Betreuer abgeben, initiiert. Soweit sie es können, übernehmen die Pflegebedürftigen selbst oder im Vertretungsfall ihre
Angehörigen und/oder gesetzlichen Betreuerinnen und Betreuer die Aushandlungsprozesse mit den ambulanten Diensten. Darüber hinaus können
Angehörige und bürgerschaftlich Engagierte Eigenleistungen erbringen, die
sich auch monetär in der Berechnung der Gesamtkosten niederschlagen. Als
ambulant betreute Wohngemeinschaften in Trägerverantwortung werden
Wohngruppen bezeichnet, die meist unter der Verantwortung eines Pflegedienstes entstehen und in denen die Selbstbestimmung der Mieterinnen und
Mieter kaum gegeben ist. Das kann darin begründet sein, dass es beispielsweise bei Personen mit einer Demenzerkrankung keine An- bzw. Zugehörigen gibt, die sich in die Wohngemeinschaft einbringen wollen oder können
und die gesetzlichen Betreuerinnen und Betreuer diese Rolle nicht wahrnehmen. Eine weitere Ursache kann in der Dominanz der initiierenden Pflegedienste liegen, die im Sinne eines Heimträgers über die Belange der
Wohngemeinschaft entscheiden. Inwieweit derartige Wohngemeinschaften
ordnungsrechtlich überhaupt als ambulant betreute Wohngemeinschaften
definiert werden können, wird unter anderem von entsprechenden Qualitäts-
sicherungsbemühungen, wie z.b. der verpflichtenden Integration von bürgerschaftlichem Engagement oder entsprechenden Patenmodellen, abhängen
(vgl. Pawletko 2008a).

Ein weiterer Vorschlag zur Typisierung wurde im Rahmen des Freiburger Modells entwickelt. Hier werden zunächst stationäre und ambulante
Wohngruppen unterschieden, die sich wiederum aufteilen in solitäre Wohngemeinschaften und Verbundlösungen. Im ambulanten Bereich gibt es neben den solitären Wohngemeinschaften, die rein zahlenmäßig häufiger anzutreffen sind, auch Verbünde, wie z.B. das Freiburger Modell oder den Berliner Verein „Freunde alter Menschen". Diese Unterscheidung weist darauf
hin, dass der Grad der Integration in institutionelle Zusammenhänge Konse-

quenzen auf die konzeptionelle Unabhängigkeit und die ökonomische Fragilität hat (vgl. Klie, Schuhmacher 2009, S. 14f).

Ein anderes Unterscheidungsmerkmal wird im Gründungsimpuls von ambulant betreuten Wohngemeinschaften ausgemacht, da die jeweils bestimmende Handlungslogik und die vorhandenen Ressourcen der Initiativen bei der Gründung entscheidenden Einfluss auf den weiteren Verlauf der ambulant betreuten Wohngemeinschaft haben. Wohlfahrtsverbände oder private Investoren können rascher höhere Summen für die Gründung, z.B. in Bezug auf Investitionen in geeigneten Wohnraum, bereitstellen. Für Wohngruppen in bürgerschaftlicher Verantwortung liegt der Fokus stärker auf Selbstbestimmung und konzeptioneller Unabhängigkeit. Dieser Typologie zufolge ist zu unterscheiden zwischen bürgerschaftlichen Wohngruppen, Angehörigen-Wohngruppen, Pflegedienst-Wohngruppen und Träger-Wohngruppen. Bei den bürgerschaftlichen Wohngruppen agieren in der Regel Fachkräfte, die ihre Vision einer guten Versorgung als Bürgerinnen und Bürger verwirklichen wollen. Den Gründungsimpuls für sogenannte Angehörigen-Wohngruppen geben Angehörige, die sich eine bessere Versorgung mit mehr Partizipationsmöglichkeiten wünschen. Private Pflegedienste auf der Suche nach neuen Kundinnen und Kunden sind die Initiatorinnen und Initiatoren von Pflegedienst-Wohngruppen. Zudem gibt es Träger-Wohngruppen, die von Trägern initiiert werden, die beispielsweise nach neuen Auslastungsmöglichkeiten für bestehende Immobilien suchen oder weitere Bausteine in der Versorgungskette für ältere Menschen anbieten möchten (vgl. Klie, Schuhmacher 2009, S. 14f).

Auf Grundlage einer Literaturanalyse haben Fischer und andere (vgl. Fischer et al. 2011) vier Grundtypen ambulant betreuten Wohngemeinschaften gebildet. Die Typen A I und A II sind speziell für Menschen mit Demenzerkrankungen geeignet und unterscheiden sich dadurch, dass ambulante Pflege und Alltagsbegleitung unabhängig voneinander angeboten werden (Typ A I) bzw. in der Hand eines ambulanten Dienstes liegen (Typ A II). Neben der Rund-um-die-Uhr-Betreuung gibt es ambulant betreute Wohngemeinschaften, die lediglich eine stundenweise Betreuung vorsehen und sich daher vornehmlich an Menschen mit wenig progredienten körperlichen Einschränkungen richten. Auch in diesem Fall kann zwischen zwei Beauftragungsmodellen unterschieden werden. Typ B I sieht eine unabhängige Beauftragung von ambulanter Pflege und Alltagsbegleitung vor, während Typ B II die Beauftragung eines Pflegedienstes für beide Bereiche annimmt. Bei diesen Typen (B I und B II) besteht das Risiko, nicht bis zum Tod in der ambulant betreuten Wohngemeinschaft verbleiben zu können, wenn sich der Gesundheitszustand verschlechtert und ein erhöhter Betreuungsbedarf benötigt wird (vgl. Fischer et al. 2011, S. 99f).

Eine weitere Unterscheidung treffen Fischer und andere in Bezug auf die Entwicklungsgeschichte von ambulant betreuten Wohngemeinschaften, die sich in drei Phasen einteilen lässt: Auf Initiative von Betroffenen entstanden in der ersten Phase (ca. Jahr 1985–2000) ambulant betreute Wohngemeinschaften, wie z.B. „ambet" in Braunschweig oder die erste durch Angehörige initiierte ambulant betreute Wohngemeinschaft in Berlin. Die zweite Phase (ab ca. 2000) ist charakterisiert durch stärkere öffentliche Regulierung und Förderung, die einen Schritt in Richtung Regelversorgung bedeutet. So wurden in Berlin neue Leistungskomplexe eingeführt, die eine verlässliche Finanzierung für die Pflegedienste in den ambulant betreuten Wohngemeinschaften gewährleisten. Zudem haben einige Bundesländer Maßnahmen zur Förderung ambulant betreuter Wohngemeinschaften, z.B. durch Förderprogramme oder Fachberatung, initiiert und das BMFSFJ hat den Fachaustausch auf Landesebene unterstützt. Die aktuell beginnende Phase (ab ca. 2010) ist dadurch geprägt, dass sich ambulant betreute Wohngemeinschaften am Markt etablieren. Sie haben keinen Modellcharakter mehr, sondern sind zu einer etablierten Alternative zu anderen Versorgungsformen geworden (vgl. Fischer et al. 2011, S. 100f).

Wie bei Idealtypen üblich, treten die geschilderten Typen und Formen in der Praxis selten in Reinform auf. Vielmehr sind die praktischen Realisierungen durch Überlappungen und Mischformen gekennzeichnet. So gibt es durchaus Projekte, die im Sinne einer Bürgerinitiative von Angehörigen initiiert wurden, aber den Alltag in geteilter Verantwortung mit einem Pflegedienst managen. Zudem unterliegen ambulant betreute Wohngemeinschaften in der Praxis vielfach dynamischen Wandlungsprozessen. Sie verändern sich mit den jeweiligen Akteuren im laufenden Betrieb: Aus einer einst von Angehörigen initiierten Wohngemeinschaft kann sich eine Wohngemeinschaft in Richtung Trägerverantwortung entwickeln, wenn die Angehörigen sich zurückziehen. Insbesondere die Typologisierung in Bezug auf den Gründungsimpuls von Klie und Schuhmacher (2009) bietet jedoch einen guten Ansatz, die jeweilige Handlungslogik in den ambulant betreuten Wohngemeinschaften besser zu verstehen.

3.4 Grundprinzipien

Die Konzeptvielfalt bei ambulant betreuten Wohngemeinschaften ist groß und nicht alle Wohnformen, die sich als ambulant betreute Wohngemeinschaften bezeichnen, sind auch solche. Vor diesem Hintergrund ist eine Verständigung auf einige wenige, verbindliche Grundprinzipien angezeigt, um eine kongruente Begriffsverwendung sicher zu stellen. In dieser Arbeit sollen ausschließlich ambulant betreute Wohngemeinschaften Gegenstand der Betrachtung sein, die die von der BSt und vom KDA aufgestellten Grundprinzipien: Selbstbestimmung, Normalität und Versorgungssicherheit erfüllen. Diese werden im Folgenden erläutert. Das vierte, ebenfalls von der BSt und dem KDA aufgestellte Grundprinzip Gemeinwesenbezug wird im Rahmen dieser Arbeit sowohl räumlich als auch im Sinne von Netzwerkeinbindung verstanden. Bei der Umsetzung ambulant betreuter Wohngemeinschaften hat sich die Anbindung an Netzwerke im Hinblick auf die qualitätssichernde Weiterentwicklung als besonders wichtig herausgestellt, da ambulant betreute Wohngemeinschaften aufgrund ihrer Kleinräumigkeit ohnehin typischer Weise eine hohe Einbindung in das Wohnquartier aufweisen (vgl. BSt, KDA 2006; Klie 2002, S. 86ff; BMFSFJ 2002, S. 17, Gennrich 2006).

Fischer und andere (2011) sehen nach ihrer systematischen Analyse einschlägiger Literatur vergleichbare Zielsetzungen, die sich den von der BSt und vom KDA genannten Grundprinzipien zuordnen lassen. Lediglich das Prinzip „Einbezug von Angehörigen" wird bei Fischer und anderen explizit zusätzlich benannt (vgl. Fischer et al. 2011, S. 101f). Von BSt und KDA wird dieses Prinzip unter dem Grundprinzip Selbstbestimmung subsumiert.

3.4.1 Selbstbestimmung

Selbstbestimmung ist das oberste und zentrale Grundprinzip ambulant betreuter Wohngemeinschaften. Die Ausübung des Wahlrechts der Mieterinnen und Mieter hinsichtlich des Betreuungs- und Pflegedienstes und die Entscheidung über die Alltagsgestaltung sind in diesem Zusammenhang maßgebliche Kriterien. Sofern die Mieterinnen und Mieter aufgrund ihrer Erkrankung nicht mehr in der Lage sind, diese Rechte wahrzunehmen, vertreten die Angehörigen bzw. gesetzlichen Betreuerinnen und Betreuer ihre Interessen (vgl. BSt, KDA 2006, S. 9f; BMFSFJ 2002, S. 18f). Analog einer Betreuung zu Hause bestimmen die Mieterinnen und Mieter bzw. deren Angehörige oder gesetzliche Betreuerinnen und Betreuer Art und Umfang der gewünschten Betreuungs- und Pflegeleistungen und die Organisation und den Ablauf des Alltags. Somit stehen nicht die Erfordernisse und Interessen der Dienstleistungserbringer im Mittelpunkt, sondern die Bedürfnisse der Wohngemeinschaftsmitglieder. Selbstbestimmung bedeutet in ambulant betreuten Wohngemeinschaften auch, dass die Mieterinnen und Mieter den Dienstleistungserbringern kündigen können, wenn sie mit den erbrachten Leistungen nicht mehr zufrieden sind (vgl. BSt, KDA 2006, S. 11). Wohngruppen, in denen diese Wahlfreiheit nicht ausgeübt werden kann, sind somit im Verständnis der vorliegenden Arbeit keine ambulant betreuten Wohngemeinschaften.

3.4.2 Normalität

„So viel Normalität und Eigenverantwortung wie möglich, gerade so viel Betreuung und Hilfe wie nötig" (BMG 2000, S. 20) lautet die Grundidee ambulant betreuter Wohngemeinschaften. Im Vordergrund steht die Organisation des Alltags, der sich am Ablauf in einem eigenen Haushalt orientiert (vgl. BMFSFJ 2002, S. 13). Dazu gehört die Übereinstimmung der praktizierten Alltagsgepflogenheiten, Normen, Regeln, Rollen und Rituale mit denen, die außerhalb der Wohngemeinschaft Gültigkeit haben. Eine Verständigung der Mieterinnen und Mieter auf Regelungen und Vereinbarungen ist dabei unabdingbar (vgl. Mätzke 2004, S. 187). Ambulant betreute Wohngemeinschaften sind kleine Einheiten, die eine flexible organisatorische Gestaltung und somit eine Orientierung an den besonderen Bedarfslagen der Mieterinnen und Mieter ermöglichen (vgl. BSt, KDA 2006, S. 12). Im Vordergrund steht das Miteinander im Alltag, das heißt das gemeinsame Zubereiten von Mahlzeiten, das gemeinsame Essen oder die Verrichtung von hauswirtschaftlichen Tätigkeiten. Die medizinisch-pflegerische Versorgung tritt in den Hintergrund. Ambulant betreute Wohngemeinschaften zeichnen sich durch ein familienähnliches Gemeinschaftsleben aus, das aufgrund der Gruppengröße durch ein verstärktes Dichte- und Nähemilieu geprägt ist und dadurch gruppendynamische Gesichtspunkte aufweist (vgl. Klie 2002, S. 86f). Auch wenn ein möglicher Rückzug in ein eigenes Zimmer bei Menschen mit einer Demenzerkrankung an Bedeutung verliert, steht allen Mieterinnen und Mietern neben entsprechenden Gemeinschaftsräumen ein eigenes Zimmer als „Intimsphäre" zur Verfügung (vgl. BMFSFJ 2002, S. 13).

Eng verbunden mit dem Grundprinzip der Normalität ist die Ausnutzung vorhandener Kompetenzen. Die direkte Beteiligung an allen relevanten Haushaltstätigkeiten, wie z.b. Kochen, Einkaufen, Reinigen, ermöglicht eine anregende und angstreduzierte Atmosphäre. Dabei geht es nicht um Beschäftigungsangebote, wie Singen oder Basteln, sondern um die Mitarbeit bei anfallenden Verrichtungen. Das Ergebnis ist zweitrangig (vgl. BMFSFJ 2002, S. 13ff). Die Kernaussage des Kompetenzmodells (vgl. 2.1) lautet, dass „Verhalten im Alter – ebenso wie in jedem anderen Teil der Biographie – aus dem Verhältnis der Anforderungen an die Person und deren Ressourcen zu ihrer Bewältigung verstanden werden muss" (Olbrich 1987, S. 320). Diese Aussage verdeutlicht, dass das Einbringen individueller Ressourcen und Potenziale immer ein entsprechendes Umfeld voraussetzt. Ambulant betreute Wohngemeinschaften eignen sich durch ihre konzeptionelle Ausgestaltung (Wahlrecht des Pflege- und Betreuungsdienstes, Organisation des Alltags und Beteiligung im Alltag) besonders, die Kompetenzen ihrer Mitglieder zu fördern. Auch die zugrunde liegende Raumkonzeption, die sich an den Lebensbezügen im eigenen Zuhause orientiert, unterstützt speziell Menschen mit einer Demenzerkrankung in ihrer Fähigkeit, sich zurecht zu finden und ermöglicht damit eine positive Umweltkompetenzbilanz (vgl. Klie 2002, S. 86f).

3.4.3 Versorgungssicherheit

In der Praxis gibt es ambulant betreute Wohngemeinschaften, die bewusst auf eine Rund-um-die-Uhr-Betreuung verzichten, da sich ihr Angebot an weniger Hilfe- und Pflegebedürftige, wie z.B. Menschen mit psychischen

Problemen, richtet. Diese Wohngruppen sind nicht Gegenstand der Betrachtung in dieser Arbeit. Hier stehen stattdessen ambulant betreute Wohngemeinschaften im Fokus, die das Kriterium der Versorgungssicherheit erfüllen. Wenn alternative Wohnformen die Betreuung schwerstpflegebedürftiger Menschen bzw. Personen mit Demenzerkrankungen ermöglichen sollen, ist eine 24-Stunden-Betreuung unumgänglich (vgl. BSt, KDA 2006, S. 10). Für eine wirkliche Alternative zum Pflegeheim ist es ferner wichtig, dass ältere Menschen grundsätzlich bis zum Tod verbleiben können (vgl. StMAS 2008, S. 10; Freie und Hansestadt Hamburg 2007, S. 9). Eine explorative Studie zu ambulanten Wohnformen für Menschen mit Demenzerkrankungen zeigt, dass diese die Möglichkeit der Versorgung bis zum Tod aufweisen (vgl. Pleschberger et al. 2007, S. 39).

3.4.4 Gemeinwesenbezug

Das vierte Kennzeichen ambulant betreuter Wohngemeinschaften ist, dass sie in normale, barrierefrei gestaltete Wohngebäude in bestehenden Wohnquartieren eingegliedert sind und somit der Bezug zur bisherigen Lebenswelt erhalten bleibt. Dadurch werden Hilfe- und Pflegebedürftige nicht aus dem Gemeinwesen ausgegrenzt, sondern bleiben selbstverständlicher Teil der Quartiersbewohnerschaft (vgl. BSt, KDA 2006, S. 11f). Der Gemeinwesenbezug von wohnortnahen und kleinteiligen Wohnformen begünstigt zudem den Paradigmenwechsel zu einem bürgergesteuerten System (vgl. Dörner 2007, S. 27ff) im Sinne zivilgesellschaftlicher Vorstellungen (vgl. hierzu auch Kapitel 4). Bei der Umsetzung ambulant betreuter Wohngemeinschaften hat sich in Bezug auf den Gemeinwesenbezug speziell die Rolle der Angehörigen und von bürgerschaftlich Engagierten als wichtig erwiesen (vgl. Klie 2002, S. 86ff; BMFSFJ 2002, S. 17). Angehörige spielen in ihrer Mitverantwortung, und bürgerschaftlich Engagierte in ihrer Solidaritätsbereitschaft, mit Blick auf Qualität und Funktionsfähigkeit ambulant betreuter Wohngemeinschaften eine zentrale Rolle (vgl. Klie 2002, S. 88). Es ist unstrittig, dass insbesondere bei ambulant betreuten Wohngemeinschaften von Menschen mit Demenzerkrankungen das Engagement von Angehörigen, gesetzlichen Betreuerinnen und Betreuern und bürgerschaftlich Engagierten eine Grundvoraussetzung für die Ausübung des Wahlrechts (Selbstbestim-

mung) ist (vgl. BMFSFJ 2002, S. 17). Kontakte zu Angehörigen und bürgerschaftlich Engagierten stellen eine Brücke zwischen der vertrauten Welt des
früheren Zuhauses und der aktuellen Lebenswelt in der ambulant betreuten
Wohngemeinschaft dar und ermöglichen emotionale Sicherheit durch Be-
ziehungskontinuität (vgl. Daneke 2000, S. 10). Eine ambulant betreute
Wohngemeinschaft bietet viel Raum für die aktive Beteiligung Dritter, z.B.
bürgerschaftlich Engagierter. Praktische Erfahrungen zeigen ferner, dass das
Engagement von Angehörigen und bürgerschaftlich Engagierten mit ausschlaggebend dafür ist, wie gut die Teilhabe und die Alltagsgestaltung
(Normalität) gelingt (vgl. Mätzke 2004, S. 189).

3.5 Mieterinnen und Mieter

Bislang liegen kaum systematische Erhebungen von Strukturdaten zu Mieterinnen und Mietern von ambulant betreuten Wohngemeinschaften in
Deutschland vor. Eine Pilotstudie der BSt und des KDA (vgl. BSt, KDA
2004a, S. 40ff) sowie die Berliner Studie zu ambulant betreuten Wohngemeinschaften für pflegebedürftige Menschen (vgl. Wolf-Ostermann 2007;
Wolf-Ostermann, Fischer 2010) liefern Anhaltspunkte, die mit Erkenntnissen aus weiteren Veröffentlichungen ergänzt werden (vgl. Pawletko 2008a,
Kremer-Preiß 2006).

Was die Altersstruktur betrifft, sind die Mieterinnen und Mieter ambulant betreuter Wohngemeinschaften kaum jünger als die Bewohnerinnen und
Bewohner stationärer Einrichtungen. In ambulant betreuten Wohngemeinschaften leben im Vergleich zu Alten- und Pflegeheimen mehr Mieterinnen
und Mieter unter 75 Jahren und weniger über 90-Jährige. Insgesamt sind laut
der Pilotstudie der BSt und des KDA 73,8 % der Mieterinnen und Mieter
über 75 Jahre und 57,5 % über 80 Jahre alt (vgl. BSt, KDA 2004a, S. 41).
Im Rahmen der Berliner Studie wurden insgesamt 745 Mieterinnen und
Mieter in ambulant betreuten Wohngemeinschaften befragt. Hier lag das
Durchschnittsalter bei 79,5 Jahren (vgl. Wolf-Ostermann 2007, S. 45).

Die Geschlechtsstruktur in ambulant betreuten Wohngemeinschaften
entspricht ebenfalls in etwa der geschlechtsspezifischen Verteilung in stationären Einrichtungen. So sind in ambulant betreuten Wohngemeinschaften

laut der Pilotstudie der BSt und des KDA rund 81 % der Mieterinnen und Mieter weiblich und 19 % männlich (vgl. BSt, KDA 2004a, S. 40f). Laut der Berliner Studie sind rund 74 % weiblich und 26 % männlich (vgl. Wolf-Ostermann 2007, S. 45). Im Vergleich dazu waren laut einer Erhebung von 1999 in Pflegeheimen rund 79 % der älteren Menschen weiblich und nur rund 21 % männlich (vgl. BSt, KDA 2004a, S. 40f).

Das Angebot ambulant betreuter Wohngemeinschaften richtet sich je nach konzeptioneller Ausrichtung an unterschiedliche Zielgruppen. Insbesondere für ältere Menschen mit einem erheblichen Hilfe- und Pflegebedarf stellen ambulant betreute Wohngemeinschaften eine Wohnalternative dar. Untersuchungen zeigen, dass rund 90 % einen – im Sinne des Pflegeversicherungsgesetzes anerkannten – Hilfe- und Pflegebedarf aufweisen. Die Mehrheit der Mieterinnen und Mieter ist dabei in Pflegestufe II (erheblich pflegebedürftig) eingestuft (vgl. BSt, KDA 2004a, S. 42; Wolf-Ostermann 2007, S. 62ff).

Die Hauptzielgruppe ambulant betreuter Wohngemeinschaften sind ältere Menschen mit einer Demenzerkrankung: fast drei Viertel der Mieterinnen und Mieter sind zeitweilig (22 %) oder ständig (51 %) desorientiert und rund 15 % der Mieterinnen und Mieter haben einen – bedingt durch die demenzielle Erkrankung – starken Bewegungsdrang. Der hohe Anteil von Menschen mit Demenzerkrankungen in ambulant betreuten Wohngemeinschaften resultiert daraus, dass dieses Wohn- und Betreuungsangebot verstärkt diese Zielgruppe fokussiert (vgl. BSt, KDA 2004a, S. 44; BSt, KDA 2006, S. 14). Auch die Berliner Studie belegt, dass die Hauptnutzerinnen und -nutzer (73 %) Personen mit psychiatrischen Erkrankungen sind (vgl. Wolf-Ostermann 2007, S. 49f).

Eine weitere Zielgruppe ambulant betreuter Wohngemeinschaften mit 24-Stunden-Betreuung sind schwer hilfe- und pflegebedürftige Personen (vgl. Kremer-Preiß 2006, S. 10; Klingbeil 2009, S. 50ff). Für die allgemeine Versorgung von Pflegebedürftigen im ländlichen Raum oder als Wohnform für hilfebedürftige Migrantinnen und Migranten erscheint das Konzept ebenfalls sehr geeignet (vgl. BSt, KDA 2006, S. 14f). Personen mit psychischen Problemen oder somatisch Erkrankte mit geringem Hilfebedarf leben hingegen häufiger in Wohngruppen mit stundenweiser Betreuung (vgl. Kremer-Preiß 2006, S. 10). Ferner ist in der Praxis aktuell eine Tendenz zur Segregation zu verzeichnen. Das bedeutet, dass sich ambulant betreute Wohngemeinschaften explizit an bestimmte Zielgruppen richten und gemischte Gruppen, in denen sowohl somatisch, psychisch als auch demenziell Erkrankte betreut werden, kaum anzutreffen sind (vgl. Pawletko 2008a).

Die Gruppengröße ambulant betreuter Wohngemeinschaften variiert meist zwischen sechs und zwölf Mieterinnen und Mietern. Praktische Erfahrungen zeigen, dass sich sowohl unter betriebswirtschaftlichen als auch gruppendynamischen Gesichtspunkten eine Gruppengröße von sechs bis acht Mieterinnen und Mietern bewährt (vgl. BSt, KDA 2003, S. 139). Im Durchschnitt leben in den ambulant betreuten Wohngemeinschaften in Berlin rund 6,5 Mieterinnen und Mieter (vgl. Wolf-Ostermann 2007, S. 27). Generell ist jedoch ein Trend zu größeren Gruppen von acht bis zehn Personen feststellbar (vgl. Pawletko 2008a). In einigen Novellierungen des Heimrechts, z.B. in Bayern, ist die Personenanzahl auf maximal zwölf Mieterinnen und Mietern limitiert, wenn besondere Vorschriften für ambulant betreute Wohngemeinschaften Anwendung finden sollen (vgl. PfleWoqG, Art. 2). In einzelnen Förderprogrammen, z.B. in Nordrhein-Westfalen, werden Gruppenwohnungen nur gefördert, wenn diese für maximal acht Personen ausgelegt sind (vgl. BSt, KDA 2006, S. 18). Die Praxis zeigt ferner, dass die Gruppengröße selten stabil ist, sondern aufgrund betriebswirtschaftlicher oder gruppendynamischer Entwicklungen im Zeitverlauf variiert (vgl. BSt, KDA 2003, S. 139).

In Bezug auf die Wohndauer ergab die Untersuchung der BSt und des KDA (2003), dass die Mieterinnen und Mieter der ambulant betreuten Wohngemeinschaften im Schnitt 36 Monate in dieser Wohnform leben. Dieses Ergebnis ist jedoch nicht besonders aussagekräftig, da zum Zeitpunkt der Erhebung viele der befragten ambulant betreuten Wohngemeinschaften erst seit Kurzem existierten. Betrachtet man ausschließlich ambulant betreute Wohngemeinschaften, die vor 1999 gegründet wurden, so erhöht sich die durchschnittliche Verweildauer auf 47 Monate. Die Befunde zeigen, dass die Mieterinnen und Mieter in der Regel bis zum Tod in dieser Wohnform leben: 77,6 % der Mieterinnen und Mieter von ambulant betreuten Wohngemeinschaften sterben auch dort (vgl. BSt, KDA 2004a, S. 45f). Die Berliner Studie stellt eine durchschnittliche Verweildauer von knapp zwei Jahren (23,6 Monate) fest. Auch hier sind die Daten nicht nur teilweise aussagekräftig, da die Werte nur bis zum Stichtag 07.07.2006 erhoben wurden (vgl. Wolf-Ostermann 2007, S. 60ff).

Mehr als die Hälfte der Mieterinnen und Mieter (57,6 %) wechseln laut Berliner Studie aus einem Privathaushalt in eine ambulant betreute Wohngemeinschaften. Davon waren etwa drei Viertel (74,4 %) der Mieterinnen und Mieter vorher alleinlebend. Mit 12,3 % folgt der Wechsel aus einem Krankenhaus. Nur in geringem Maße finden Umzüge aus Betreutem Wohnen, Pflegeheim oder Kurzzeitpflege statt (vgl. Wolf-Ostermann 2007, S. 68ff).

Im Rahmen einer Evaluationsstudie von Dettbarn-Reggentin und Reggentin (2005) wurden Befinden und Befindensentwicklung von Mieterinnen und Mietern ambulant betreuter Wohngemeinschaften und Bewohnerinnen und Bewohner stationärer Einrichtungen verglichen. Daten zum Verlauf der Selbständigkeit, der kognitiven und sozialen Fähigkeiten sowie zu Verhaltensauffälligkeiten und Wohlbefinden wurden über drei Messzeitpunkte im Abstand von jeweils sechs Monaten erhoben. Parallel dazu wurden die Angehörigen zu Beschwerdedruck und psychischem Befinden mittels Selbst- und Fremdbeurteilungsskalen befragt. Die Ergebnisse zeigen, dass Krankheitsverläufe sowie Abbauprozesse der Mieterinnen und Mieter ambulant betreuter Wohngemeinschaften verzögert stattfinden. Die Ergebnisse belegen insbesondere positive Effekte auf das Sozialverhalten der Mieterinnen und Mieter. Weitere positive Effekte von ambulant betreuten Wohngemeinschaften für Menschen mit Demenzerkrankungen entstehen laut Dettbarn-Reggentin und Reggentin darin, dass die intensive persönliche Zuwendung – sowohl durch das Betreuungspersonal als auch durch die Mieterinnen und Mieter untereinander – unter anderem zu einer Reduktion von Medikamentengaben führt und eine beruhigende und stabilisierende Wirkung hat (vgl. Dettbarn-Reggentin, Reggentin 2006, S. 57ff). Von den Angehörigen wird die Pflege und Betreuung als am stärksten entlastend erachtet (vgl. Dettbarn-Reggentin, Reggentin 2005, S. 106ff). Insgesamt liefert die Studie ermutigende Perspektiven für die weitere Ergänzung der Versorgungslandschaft mit ambulant betreuten Wohngemeinschaften auf, die anderenorts durch wissenschaftliche Begleitforschungen bestätigt wurden (vgl. Arbeitsgruppe für Sozialplanung und Altersforschung 2003, Aufschwungalt 2007).

Im Rahmen der DeWeGE-Studie wurden Angaben von allen in ambulant betreuten Wohngemeinschaften tätigen Pflegediensten sowie von Pflegekräften von Spezialwohnbereichen in Pflegeheimen in Berlin erhoben und verglichen. Diese Analyse von insgesamt 105 ambulant betreuten Wohngemeinschaften und 26 Spezialwohnbereichen in Pflegeheimen (vgl. Wulff et al. 2011) bestätigt die Befunde von Dettbarn-Reggentin und Reggentin. Die Ergebnisse belegen ferner, dass die Mitarbeitenden in ambulant betreuten Wohngemeinschaften im Vergleich mit Mitarbeitenden in Spezialwohnbereichen von Pflegeheimen tagsüber nur etwa die Hälfte der Personen zu versorgen und zu betreuen haben (vgl. Wolf-Ostermann 2011, S. 86f).

Der Vergleich beider Versorgungsformen im Rahmen der DeWeGE-Studie ergab ferner, dass die Mieterinnen und Mieter von ambulant betreuten Wohngemeinschaften signifikant seltener Kontakt zu Fachärztinnen und Fachärzten hatten und signifikant weniger „verhaltensauffällig" waren. Inwieweit diese Ergebnisse generalisierbar sind, ist offen. Die Ursache für diese signifikanten Unterschiede könnte auch darin bestehen, dass die Pflegestufen der Menschen in den untersuchten ambulant betreuten Wohngemeinschaften im Durchschnitt niedriger waren als die der Personen in Spezialwohnbereichen von Pflegeheimen. Außerdem wurde im direkten Vergleich festgestellt, dass besonders Menschen mit größeren verbliebenen (Selbstpflege-)Fähigkeiten sich bevorzugt für eine ambulant betreute Wohngemeinschaft entscheiden. Der weitestgehende Erklärungsansatz besteht natürlich darin, dass die der Konzeption zugrundeliegenden Grundprinzipien diese signifikanten Unterschieden herbeiführen (vgl. Wulff et al. 2011, S. 100ff).

In einer Nachfolgestudie (WGQual) sollen basierend auf den Ergebnissen der DeWeGE-Studie Qualitätskriterien sowie Konzepte zur Qualitätsentwicklung und -überprüfung in ambulant betreuten Wohngemeinschaften entwickelt werden. Erste Ergebnisse deuten darauf hin, dass die Lebensqualität von Menschen in ambulant betreuten Wohngemeinschaften nicht per se höher ist als in stationären Einrichtungen, die Gesamtlebensqualität aber durch die Verbesserung einzelner Versorgungsaspekte, wie z.B. „etwas zu tun zu haben" gesteigert werden kann. Damit rückt die Umsetzung des Grundprinzips Normalität (vgl. 3.4.2) in den Mittelpunkt, die in Einzelfällen sicher noch Verbesserungspotenziale aufweist (vgl. Gräske et al. 2011a,

S. 126ff). Eine Verallgemeinerung dieser Ergebnisse ist aufgrund unterschiedlicher Nutzer- und Versorgungsstrukturen sicher nur bedingt möglich. Auch ist einschränkend zu berücksichtigen, dass die Ergebnisse ausschließlich auf Angaben der hauptamtlich Mitarbeitenden in ambulant betreuten Wohngemeinschaften basieren.

3.6 Angehörige und gesetzliche Betreuerinnen und Betreuer

Konzeptionell steht in ambulant betreuten Wohngemeinschaften die aktive Mitwirkung der Angehörigen im Mittelpunkt, die sich allerdings unterschiedlich darstellen kann. Zum einen sind Angehörige und gesetzliche Betreuerinnen bzw. Betreuer die Garanten für die Ausübung des Selbstbestimmungsrechts, wenn die Mieterinnen und Mieter aufgrund krankheitsbedingter Einschränkungen nicht mehr in der Lage sind, selbständig Entscheidungen zu treffen. Sie sind somit die entscheidende Instanz bei allen Angelegenheiten, die die ambulant betreute Wohngemeinschaft betreffen und nehmen in diesem Sinne eine Arbeitgeberfunktion wahr. Sie schließen Verträge mit dem Pflege- und Betreuungsdienst, der Vermieterin bzw. dem Vermieter und entscheiden über die Organisation des Alltags. Darüber hinaus besteht ein großer Gestaltungsspielraum bezüglich der aktiven Einbringung bei Pflege- und Betreuungsaufgaben (vgl. Reder 2002; StMAS 2008, S. 12ff). Natürlich gibt es Fälle, in denen Angehörige und gesetzliche Betreuerinnen und Betreuer das Selbstbestimmungsrecht der Pflegebedürftigen durch ihre Handlungen und Entscheidungen einschränken. Das kann sogar so weit gehen, dass pflegebedürftige ältere Menschen, sowohl im häuslichen, als auch im institutionellen Bereich, Misshandlungs- und Gewalterfahrungen erleben (vgl. Hirsch 1997). Grundsätzlich ist aber davon auszugehen, dass die meisten Angehörigen und gesetzlichen Betreuerinnen und Betreuer im Sinne der älteren Mieterinnen und Mieter entscheiden.

Wenn die Wohngemeinschaftsmitglieder Entscheidungen nicht mehr selbständig treffen können, treten Angehörige oder gesetzliche Betreuerinnen und Betreuer an ihre Stelle. Sie nehmen in diesem Fall sowohl die individuellen Interessen des eigenen Familienmitglieds bzw. des zu Betreuenden, als auch die gemeinsame Verantwortung gegenüber der gesamten

Gruppe wahr. In der Praxis hat sich als ein Instrument zur Gewährleistung des Selbstbestimmungsrechts und zur Ausübung der Selbstorganisation die Implementierung von Angehörigengremien bewährt (vgl. StMAS 2008, S. 13ff). In regelmäßigen Besprechungen werden Entscheidungen über das Miteinander in der Wohngemeinschaft getroffen. Es gibt konkrete Handreichungen zur Bildung von Selbstbestimmungsgremien und zur Erarbeitung verbindlicher Vereinbarungen hinsichtlich Aufgaben, Pflichten und Rechten, die als Orientierung dienen können (z.b. Fachstelle für ambulant betreute Wohngemeinschaften in Bayern 2008; Freie und Hansestadt Hamburg, Behörde für Soziales, Familie, Gesundheit und Verbraucherschutz 2008; Alzheimer Gesellschaft Brandenburg 2006). Zum Aufbau eines entsprechenden Handlungs- und Orientierungsrahmens für das Gremium kann ferner eine externe fachliche Begleitung, z.b. in Form einer Moderation, hilfreich sein (vgl. StMAS 2008, S. 18).

Die Bedeutung von Angehörigen für ambulant betreute Wohngemeinschaften wird als überaus hoch eingeschätzt. Bisher liegen allerdings noch wenig gesicherte, empirische Erkenntnisse über die Integration von Angehörigen in ambulant betreuten Wohngemeinschaften vor. Die vorliegenden Studien sind aufgrund ihrer regionalen Begrenzung bzw. der kleinen Stichproben nur bedingt aussagekräftig[9] (vgl. Steiner 2006; Klie et al. 2006a). In der Studie von Wolf-Ostermann wurden lediglich ambulant betreute Wohngemeinschaften für Menschen mit Demenzerkrankungen in Berlin untersucht (Wolf-Ostermann 2010). Klar ist, dass Angehörige auf vielfache Weise betroffen sind: durch die persönliche Bindung, durch die er- und gelebte Verantwortung und durch die Aufgaben, die sie in ambulant betreuten Wohngemeinschaften mittragen (vgl. Arbeitsgruppe für Sozialplanung und Altersforschung 2003, S. 32). Ferner kann davon ausgegangen werden, dass Angehörige aus Funktionslogiken wie Zugehörigkeit und Verpflichtung heraus agieren und ihr Engagement regelmäßig über die aktive Beteiligung an den Angehörigengremien hinausgeht.

Die Grundkonzeption ambulant betreuter Wohngemeinschaften sieht die Notwendigkeit eines nicht unerheblichen Engagements von Angehörigen

---

[9] Die Stichprobe von Steiner (2006) umfasst sieben, die von Klie und anderen (2006a) acht ambulant betreute Wohngemeinschaften.

und bürgerschaftlich Engagierten vor. Auch wenn es nicht immer gelingt, Angehörige auf ein kontinuierliches und verbindliches Engagement zu verpflichten, zeigt sich doch, dass bei fast der Hälfte aller ambulant betreuten Wohngemeinschaften Angehörige und bürgerschaftlich Engagierte regelmäßig mitwirken und bei einem weiteren Drittel die Angehörigen und bürgerschaftlich Engagierten sich zumindest gelegentlich einbringen (vgl. BSt, KDA 2004a, S. 56f). Zu ähnlichen Ergebnissen kommt die DeWeGE-Studie: Lediglich 31,1 % der Angehörigen engagieren sich nie in der ambulant betreuten Wohngemeinschaft. Weitere 13,5 % der Mieterinnen und Mieter von ambulant betreuten Wohngemeinschaften haben keine Angehörigen. Im Umkehrschluss kann deshalb davon ausgegangen werden, dass sich mehr als die Hälfte aller Angehörigen in irgendeiner Weise engagiert (vgl. Gräske 2011 et al., S. 668ff).

Steiner geht davon aus, dass aufgrund der Personalsituation in ambulant betreuten Wohngemeinschaften für bestimmte Aktivitäten, wie z.B. begleitete Einkäufe, Ausflüge sowie Aufgaben mit hohem zeitlichen Betreuungsaufwand, wie z.B. Sterbebegleitung, die Beteiligung von Angehörigen und bürgerschaftlich Engagierten unabdingbar ist (vgl. Steiner 2006, S. 40f). Neben der Ausübung der Arbeitgeberfunktion umfasst das Engagement der Angehörigen insbesondere die Betreuung, wie z.B. Gespräche führen, vorlesen, Zeitung lesen, gemeinsam fernsehen, singen, spazieren gehen, Feste ausrichten sowie Alltagshandlungen, wie z.B. Zimmerreinigung, Wäschepflege, Einkauf, Mitwirkung bei der Essenszubereitung, Unterstützung bei der Nahrungsaufnahme, außerdem Regelungen von Behördenangelegenheiten und Arztbesuchen und die Unterstützung bei der Körperpflege (vgl. Alzheimer Gesellschaft Brandenburg e.V. 2006, S. 12). Laut DeWeGE-Studie bestehen wesentliche Tätigkeiten der Angehörigen in ambulant betreuten Wohngemeinschaften in Besorgungen und Behördengängen, Mitwirkung bei der Organisation von Ausflügen sowie Begleitung bei Spaziergängen (vgl. Gräske et al. 2011, S. 669).

In einigen Wohngemeinschaften sehen die zugrundeliegenden Konzepte sogar Pflicht zur Mitarbeit seitens der Angehörigen vor. Bisherige Erfahrungen haben jedoch gezeigt, dass viele Angehörige dem skeptisch gegenüber stehen, da sie weiteren beruflichen und familiären Verpflichtungen nachkommen müssen, oder die ambulant betreute Wohngemeinschaft explizit zur

Entlastung im Rahmen der Betreuung ihrer unterstützungsbedürftigen Familienmitglieder gewählt haben (vgl. Böhler 2002, S. 312ff). Das Engagement der Angehörigen wird durch Mitarbeiterinnen und Mitarbeiter der Pflege- und Betreuungsdienste unterschiedlich betrachtet. Insbesondere im Zusammenhang mit der Gestaltung eines bedürfnisgerechten Alltags werden Angehörige als hilfreich erlebt. Die Zusammenarbeit hingegen mit Angehörigen, die nur gelegentlichen Besuchskontakt pflegen und die insbesondere bei Mieterinnen und Mietern mit Demenzerkrankungen den Krankheitsverlauf nicht richtig einschätzen können, wird von den Pflege- und Betreuungsdiensten häufig als schwierig empfunden (vgl. BSt, KDA 2004a, S. 57).

Die Einbindung von gesetzlichen Betreuerinnen und Betreuern ist dann relevant, wenn die Mieterinnen und Mieter keine Angehörigen haben, die die rechtliche Betreuung übernehmen. In diesem Fall werden gesetzliche Betreuerinnen und Betreuer per Gerichtsentscheid beauftragt, die Interessen der jeweiligen älteren Person zu vertreten und in einem bestimmten Stundenumfang für diese Tätigkeit bezahlt. Vor diesem Hintergrund ist es unschwer nachzuvollziehen, dass die aktive Beteiligung und die Besuchshäufigkeit von gesetzlichen Betreuerinnen und Betreuern deutlich geringer ausgeprägt sind, als die von Angehörigen (vgl. Aufschwungalt 2007, S. 31ff). Um die Wohnform jedoch auch für ältere Menschen zu öffnen, bei denen keine engagementbereiten Angehörigen zur Verfügung stehen, ist die Interessensvertretung durch gesetzliche Betreuerinnen und Betreuer eine naheliegende Alternative, insbesondere dann, wenn die Anzahl der gesetzlichen Betreuerinnen und Betreuer im Verhältnis zu den Angehörigen in der ambulant betreuten Wohngemeinschaft deutlich geringer und/oder eine besondere Bereitschaft zur Mitverantwortung gegeben ist. Den Ergebnissen der Berliner Studie zufolge, hat die Mehrheit (55,8 %) der Mieterinnen und Mieter ambulant betreuter Wohngemeinschaften in Berlin gesetzliche Betreuerinnen und Betreuer (vgl. Gräske et al. 2011, S. 669). Dieses Ergebnis ist jedoch nicht generalisierbar, da die untersuchten ambulant betreuten Wohngemeinschaften in Berlin aufgrund der rechtlichen und finanziellen Rahmenbedingungen eigene Spezifika aufweisen.

Zusammenfassend lässt sich, den vorliegenden Studien folgend, feststellen, dass die in der Grundstruktur ambulant betreuter Wohngemeinschaften verankerte Einbindung von Angehörigen in der Praxis tatsächlich stattfindet, wenngleich nicht in allen ambulant betreuten Wohngemeinschaften in gleichem Maße. Offen bleibt, wie Angehörige besser unterstützt werden können, damit sie ihre wichtige Rolle in ambulant betreuten Wohngemeinschaften auch ausfüllen können.

3.7 Bürgerschaftlich Engagierte

Die Integration von bürgerschaftlich Engagierten stellt neben der Einbindung von Angehörigen eine weitere wichtige Säule in der Konzeption ambulant betreuter Wohngemeinschaften dar. Auch zu diesem Bereich liegen erste Befunde empirischer Studien vor (vgl. BSt, KDA 2004a; Klie et al. 2006; Gräske et al. 2011).

Die Untersuchung der BSt und des KDA fördert ein nicht unerhebliches Engagement von Angehörigen und bürgerschaftlich Engagierten in ambulant betreuten Wohngemeinschaften zu Tage. Leider wird in den Ergebnissen die Mitwirkung von Angehörigen und bürgerschaftlich Engagierten nicht differenziert analysiert, so dass keine Spezifika der einen bzw. anderen Personengruppe deutlich werden (vgl. hierzu Punkt 3.6). Eine Untersuchung des AGP an der Evangelischen Fachhochschule Freiburg unter Leitung von Klie befragte acht ambulant betreute Wohngemeinschaften in Deutschland zur Beteiligung von Angehörigen und bürgerschaftlich Engagierten. Die Ergebnisse geben Aufschluss über den zeitlichen Umfang und die Art der Tätigkeiten, den Verpflichtungsgrad, die Häufigkeit und die Aufwandsentschädigung (vgl. Klie et al. 2006). Ferner wurde im Rahmen der DeWeGE-Studie in Berlin die Einbindung bürgerschaftlich Engagierter in ambulant betreuten Wohngemeinschaften im Vergleich zu stationären Spezialwohnbereichen in Pflegeheimen für Menschen mit Demenzerkrankungen untersucht (vgl. Gräske et al. 2011).

In der Untersuchung des AGP wurde zum einen der zeitliche Umfang des Engagements von bürgerschaftlich Engagierten erfragt. Den Ergebnissen zufolge sind bürgerschaftlich engagierte Personen im Schnitt rund fünf Stunden pro Woche in der ambulant betreuten Wohngemeinschaft präsent (vgl. Klie et al. 2006, S. 38f).

Bei den weiteren Ergebnissen ist das Engagement von Angehörigen und bürgerschaftlich Engagierten analog der Untersuchung der BSt und des KDA zusammengefasst. Es zeichnen sich vier grundsätzliche Arbeitsbereiche von Angehörigen und bürgerschaftlich Engagierten in ambulant betreuten Wohngemeinschaften ab:

- Hauswirtschaft: Müll entsorgen, Vorräte auffüllen, Post holen, Einkäufe, Tisch decken und abräumen, Wäsche, Reinigungsarbeiten, Backen, Kochen
- Pflege: Unterstützung beim Toilettengang, Unterstützung bei Körperpflege, Massagen, Einlagen und Windeln wechseln
- Betreuung: Essen anreichen, Vorlesen, Spaziergang und Bewegung, Singen, Spielen, Kaffee trinken, Kreuzworträtsel, Ausflüge, Sport
- Organisation: Arztfahrten, Vorbereitung von Festen, Veranstaltungen und Ausflüge, Telefonate, Terminabsprachen, Vereinssitzungen, Dienstplanerstellung und -gestaltung, Besprechungen, Angehörigentreffen, Korrespondenz, Friseurbesuche.

Der Schwerpunkt in den von der AGP untersuchten ambulant betreuten Wohngemeinschaften liegt in den Bereichen der Betreuung und Hauswirtschaft (vgl. Klie et al. 2006, S. 40f). In der Studie der BSt und des KDA ist keine Spezifizierung der Tätigkeitsbereiche von bürgerschaftlich Engagierten erfolgt (vgl. BSt, KDA 2004, S. 56f). Die Ergebnisse von Gräske und anderen (2011) gehen in eine ähnliche Richtung wie die der AGP-Studie. Schwerpunktmäßig liegen die Tätigkeiten von bürgerschaftlich Engagierten in ambulant betreuten Wohngemeinschaften im Bereich der Betreuung, z.B. Begleitung bei Spaziergängen, Sing- und Spielkreise, Gestaltung von Lese- und Unterhaltungsrunden. In den Bereichen Hauswirtschaft, Pflege und Organisation werden ebenfalls Aufgaben von bürgerschaftlich Engagierten übernommen, jedoch signifikant weniger (vgl. Gräske et al. 2011, S. 668).

Interessant am Ergebnis von Gräske und anderen ist auch, dass in 44,2 % aller untersuchten ambulant betreuten Wohngemeinschaften bürgerschaftlich Engagierte aktiv eingebunden sind, davon rund ein Drittel mindestens einmal wöchentlich (vgl. Gräske et al. 2011, S. 668). Die Ergebnisse der AGP-Untersuchung belegen ein häufiges Engagement: So arbeiten Angehörige und bürgerschaftlich Engagierte in drei Wohngemeinschaften mehrmals wöchentlich, in drei weiteren einmal wöchentlich und in den restlichen zwei mehrmals monatlich aktiv mit oder sind im organisatorischen Umfeld tätig (vgl. Klie et al. 2006, S. 43).

Erhebungen zu Aufwandsentschädigungen respektive Vergütungen von bürgerschaftlich Engagierten wurden lediglich im Rahmen der Untersuchung der AGP vorgenommen. Es zeigt sich dabei ein deutlicher Unterschied zwischen Angehörigen und bürgerschaftlich Engagierten. In sechs der acht befragten Wohngemeinschaften werden mitarbeitende Angehörige mit einer Aufwandsentschädigung, meist in Form einer Verringerung des Betreuungsentgeltes, entlohnt. Bürgerschaftlich Engagierte erhalten nur in einer der acht Wohngemeinschaften eine Entlohnung (vgl. Klie et al. 2006, S. 43f).

Neben der direkten Beteiligung von bürgerschaftlich Engagierten in den genannten Bereichen gibt es weitere mögliche Engagementfelder: So wurde in Berlin das sogenannte „Patenprojekt" entwickelt. Da nicht immer engagementbereite Angehörige zur Verfügung stehen, können in dem Fall andere Verwandte, Freundinnen und Freunde, Nachbarinnen und Nachbarn oder sonstige Freiwillige als Patinnen oder Paten fungieren und an Stelle der Mieterinnen und Mieter deren Interessen vertreten. Die Legitimation für diese Aufgabe basiert auf verbindlich geschlossenen Vereinbarungen zwischen den Patinnen und Paten und den Mieterinnen und Mietern bzw. deren gesetzlichen Vertreterinnen und Vertretern. Das Patenprojekt nach § 45c SGB XI sichert somit die geteilte Verantwortung in ambulant betreuten Wohngemeinschaften auch für Menschen mit einer Demenzerkrankung, bei denen sich Angehörige und gesetzliche Vertretungen nicht aktiv einbringen. Im Rahmen der Vereinbarung übernehmen die vorab geschulten Patinnen und Paten eine Mittlerfunktion zum Wohle des Wohngemeinschaftsmitglieds durch regelmäßige Kontakte zu Angehörigen, gesetzlichen Betreuerinnen und Betreuern und zum Pflege- und Betreuungsdienst. Aufgrund des Wandels der Familienstrukturen und angesichts der Tatsache, dass es für gesetzliche Betreuerinnen und Betreuer schwierig ist, über die regelmäßigen Treffen des Gremiums der Selbstbestimmung hinaus zeitliche Ressourcen zur Verfügung zu stellen, erscheint es sinnvoll, solche neuen Formen der anwaltschaftlichen Vertretung in Form außerfamiliärer Netzwerke zu erproben. Das ermöglicht es, diese selbstbestimmte Wohnform auch Mieterinnen und Mietern anzubieten, die anderweitig keine aktive Verantwortungsübernahme sichern können (vgl. Schwarzenau 2008).

Ein weiteres Beispiel für bürgerschaftliches Engagement zur Interessensvertretung und Beratung ist in Bayern anzutreffen. In Kleinostheim wurde der Verein „Gemeinsam statt einsam e.V." gegründet. Dieser hat den Status einer neutralen und nicht von wirtschaftlichen Interessen geleiteten Institution und setzt sich aus bürgerschaftlich engagierten Personen der Gemeinde zusammen. Neben seiner Aufgabe als General(ver-)mieter und Verwalter der Räume der ambulant betreuten Wohngemeinschaft hat der Verein die Rolle des Vermittlers, Organisators und Anwalts der Mieterinnen und Mieter. Darüber hinaus hat der Verein einen Fachbeirat installiert, der den Vorstand, insbesondere bei den Themen Wohnungswirtschaft, Medizin, Pflege und Öffentlichkeitsarbeit, unterstützt. Die Besonderheit dieses Konzeptes ist es, dass als Vereinsmitglieder engagierte Bürgerinnen und Bürger gewonnen werden konnten, die ihre spezifischen Kompetenzen einbringen. So engagiert sich beispielsweise im Bereich Medizin eine praktizierende Ärztin, im Bereich Wohnungswirtschaft ein ehemaliger Geschäftsführer einer Wohnungsbaugenossenschaft und im Ressort Öffentlichkeitsarbeit Personen, die in dieser Branche einschlägige berufliche Erfahrungen vorweisen können. Ein Mitglied des Vereins besucht die Wohngemeinschaft wöchentlich. Der Verein wirkt ohne Stimmrecht beratend, vermittelnd und koordinierend im Angehörigengremium mit und unterstützt auf diese Art und Weise die Angehörigen (vgl. Aufschwungalt 2006, S. 5).

Zwar sind die vorgestellten Daten und weiterführenden Ansätze nicht repräsentativ. Sie liefern dennoch erste Einblicke in die Beteiligung bürgerschaftlich Engagierter in ambulant betreuten Wohngemeinschaften und verdeutlichen, dass die Beteiligung nicht nur gewünscht, sondern notwendig und in vielen Fällen auch tatsächlich realisiert ist.

3.8 Betreuung und Pflege

Neben der entsprechenden Gestaltung des Wohnumfelds stellt eine individuell angepasste Betreuung und Pflege die Erfüllung der Grundprinzipien ambulant betreuter Wohngemeinschaften (vgl. 3.4) und damit die Lebensqualität der älteren und auf Hilfe angewiesenen Menschen sicher. In der Fachdiskussion wird der Begriff Betreuung häufig im Zusammenhang mit den im Pflegeversicherungsgesetz hierfür hinterlegten Leistungen benutzt. In der vorliegenden Arbeit soll „Betreuung" nicht aus einer Fürsorgeperspektive heraus verstanden werden, sondern stellt die Alltagsbegleitung und Teilhabeermöglichung in den Vordergrund (vgl. Punkt 2.1).

Der Alltag einer ambulant betreuten Wohngemeinschaft weist grundsätzlich große Ähnlichkeit zu dem eines Privathaushaltes auf. Aktivitäten, wie Einkaufen, Kochen, Putzen, Spaziergänge, Lesen oder Musik hören, prägen den Tagesablauf, weniger die pflegerischen oder medizinischen Betreuungserfordernisse. Die Alltagsgestaltung ist ferner geprägt von der Balance individueller Interessen und Gewohnheiten und kollektiver Bedürfnisse (vgl. BSt, KDA 2003, S. 141).

Betreuungs- und Pflegeleistungen orientieren sich konsequent am tatsächlichen Bedarf der Mieterinnen und Mieter und können deshalb sehr unterschiedlich ausgeprägt sein. Üblicherweise müssen Aufgaben in den Bereichen Pflege, Betreuung und Hauswirtschaft organisiert werden. In der Praxis haben sich dabei zwei Organisationsmodelle herauskristallisiert (vgl. BSt, KDA 2006, S. 70f).

Im ersten Modell werden Alltagsbegleitung und ambulante Pflege getrennt. Die Mieterinnen und Mieter bzw. deren Vertreterinnen und Vertreter beschäftigen Betreuungskräfte, die als permanente Ansprechpersonen zur Verfügung stehen. Diese, auch als Alltagsbegleiter oder Präsenzkräfte bezeichneten Betreuungskräfte, werden in der Regel über eine Betreuungspauschale finanziert. Getrennt davon werden grund- und behandlungspflegerische Leistungen von einem ambulanten Pflegedienst erbracht und gemäß tatsächlicher Inanspruchnahme abgerechnet. Dieses Modell bietet den Vorteil, dass aufgrund der abrechnungstechnischen Trennung zwischen Pflege und Betreuung Transparenz bezüglich der erbrachten Leistungen gegeben ist. Zudem kann eine höhere Autonomie der Mieterinnen und Mieter in der Wahl der Leistungen und der Leistungserbringer erreicht werden. Als schwierig gilt, dass die Trennung von Pflege und Betreuung eine intensive Abstimmung der beiden Bereiche bedingt und eine eindeutige Zuordnung und damit auch Finanzierung nicht immer möglich ist (vgl. BSt, KDA 2006, S. 70f).

Im zweiten Modell werden Alltagsbegleitung und Pflege durch einen ambulanten Dienst erbracht. Auch diese Versorgungsstruktur orientiert sich am tatsächlichen Unterstützungsbedarf der Mieterinnen und Mieter und den entsprechenden Ansprüchen an die Kostenträger. Dabei werden die Ansprüche aller Mieterinnen und Mieter summiert und der Summe entsprechend, ambulante Pflege eingekauft. Vorteilhaft ist, dass sich Pflege und Betreuung leichter koordinieren lassen und die Abrechnung vereinfacht wird. Problematisch erscheint die aus der stationären Leistungslogik kommende Pauschalierung, die den einzelnen Mieterinnen und Mietern weniger individuelle Gestaltungsspielräume offen lässt. Zudem birgt diese Konstellation die Gefahr, dass Kostenträger das Modell als Kleinstheim mit entsprechenden Rahmenbedingungen einstufen (vgl. BSt, KDA 2006, S. 70f).

Eine Kernidee ambulant betreuter Wohngemeinschaften ist, dass sich der Personaleinsatz an individuellen Pflege- und Betreuungsbedarfen und der Anzahl der Mieterinnen und Mieter orientiert. Eine Ausrichtung an sogenannten Personalschlüsseln, die das zahlenmäßige Verhältnis von Mitarbeiterinnen und Mitarbeitern zu Mieterinnen und Mietern bezeichnen, ist in ambulant betreuten Wohngemeinschaften daher nicht zielführend. Da der tatsächliche Unterstützungsbedarf nicht statisch feststeht, ist eine flexible Gestaltung unabdingbar. Dennoch lassen sich aufgrund von Erfahrungen grobe Empfehlungen geben. So geht Böhler davon aus, dass bei einer Rund-um-die-Uhr-Betreuung tagsüber die Betreuung für sechs bis acht Mieterinnen und Mieter mit mindestens zwei Betreuungskräften sichergestellt werden muss, damit eine angemessene Betreuung trotz hauswirtschaftlicher und pflegerischer Verpflichtungen möglich ist (vgl. Böhler 2002, S. 304ff). Andere Empfehlungen sehen vor, dass grundsätzlich (auch in der Nacht) mindestens eine Präsenzkraft vor Ort sein muss, wenn zudem die ständige Erreichbarkeit einer examinierten Pflegekraft über den ambulanten Pflegedienst gewährleistet ist (vgl. StMAS 2008, S. 26). Die Erhebungen im Rahmen der DeWeGE-Studie ergaben eine durchschnittliche Betreuungsrelation von 1:0,93 tagsüber und 1:5,26 im Nachtdienst. Dabei sind alle in den ambulant betreuten Wohngemeinschaften beschäftigten Mitarbeiterinnen und Mitarbeiter, wie Pflegefachkräfte, Pflegehelferinnen und -helfer sowie Hauswirtschaftskräfte, berücksichtigt (vgl. Wolf-Ostermann et al. 2011, S. 86f). Die Bandbreite der Empfehlungen macht deutlich, dass die Personaleinsatzplanung im Kontext der jeweiligen Gruppenkonstellation gesehen werden muss. So kann es durchaus sinnvoll sein, in gewissen Phasen drei Kräfte zu beschäftigen, während in anderen Phasen eine Einfachbesetzung ausreicht. Unter Fachleuten stellt eine Doppelbesetzung für den überwiegenden Teil des Tages die Mehrheitsmeinung dar (vgl. BSt, KDA 2006, S. 72f). Für die Nachtbetreuung muss in einer ambulant betreuten Wohngemeinschaft mit einer Rund-um-die-Uhr-Betreuung grundsätzlich eine Betreuungsperson die ganze Nacht anwesend sein. Beim Einsatz von Hilfskräften muss zumindest eine Fachkraft in Rufbereitschaft stehen (vgl. BSt, KDA 2006, S. 73). Tag- und Nachtbetreuung müssen dabei keineswegs ausschließlich von hauptamtlichen Kräften sichergestellt werden. Da diese Wohnform die Einbindung von Angehörigen und bürgerschaftlich Engagierten explizit vorsieht, können bestimmte Leistungen auch von diesen Personengruppen übernommen werden (vgl. BSt, KDA 2006, S. 73).

Den konkreten Personalbedarf in ambulant betreuten Wohngemeinschaften auszuloten, ist eine komplexe Herausforderung. Die Qualität der Pflege und Betreuung hängt dabei nicht nur von der Quantität, sondern auch von den fachlichen Qualifikationen und sozialen Kompetenzen der Mitglieder des Betreuungsteams ab. Die vielfältigen Anforderungen in einer ambulant betreuten Wohngemeinschaft erfordern einerseits eine interdisziplinäre Zusammensetzung des Teams und andererseits eine hohe fachliche Qualifikation der einzelnen Mitarbeiterinnen und Mitarbeiter. Die sogenannte Fachkraftquote von 50 %, verbunden mit der Anforderung einer 24-Stunden-Präsenz, die im stationären Kontext bei der Personalbesetzung eine relevante Größe darstellt, gilt für ambulant betreute Wohngemeinschaften rein ordnungsrechtlich nicht. Gleichwohl müssen bestimmte Leistungen von Fachkräften erbracht werden. Die Qualitätssicherungsregularien des ambulanten Bereichs gelten auch in ambulant betreuten Wohngemeinschaften[10]. Dementsprechend sind Anforderungen in Bezug auf die fachliche Qualifikation des Personals definiert, die beispielsweise vorsehen, dass behandlungs-

---

[10] Regelungen des § 80 und des § 75 SGB XI für die Grundpflege und die hauswirtschaftliche Versorgung im Rahmen der Pflegeversicherung und des § 132 a SGB V in Verbindung mit § 37 SGB V für die Behandlungspflege im Rahmen der häuslichen Krankenpflege, weiter spezifiziert in der MDK-Anleitung zur Prüfung der Qualität nach §§ 80, 112, 114 SGB XI.

pflegerische Maßnahmen nur von Kranken- bzw. Altenpflegefachkräften mit einer mindestens dreijährigen Berufsausbildung verrichtet werden, und zur Sicherung der Einsatzbereitschaft rund um die Uhr, eine Pflegefachkraft ständig telefonisch erreichbar sein muss (vgl. BSt, KDA 2006, S. 77ff). Die Aufgaben der Alltagsbegleitung erfordern keine formale Fachkraftqualifikation. Allerdings sollte sichergestellt sein, dass eine dieser verantwortungsvollen Aufgabe entsprechende Eignung, z.B. in Form der Qualifikation zur „Fachhauswirtschafterin", vorliegt (vgl. BSt, KDA 2006, S. 81).

Insgesamt zeigen die Ergebnisse der Pilotstudie von BSt und KDA sowie der DeWeGE-Studie, dass die Betreuungsrelation in ambulant betreuten Wohngemeinschaften für die Mieterinnen und Mieter günstiger ausfällt als gängige Personalschlüssel in der stationären Altenpflege. Zu beobachten ist überdies ein reduzierter Bedarf an examiniertem Fachpflegepersonal zugunsten eines verstärkten Einsatzes von Hauswirtschafts- bzw. Hilfskräften. Trotzdem steht mehr Zeit für Pflege und Betreuung zur Verfügung, kann die Versorgung gezielter auf die Bedarfe der einzelnen Mieterinnen und Mieter abgestimmt erfolgen und können Angehörige leichter in die Betreuungsarbeit eingebunden werden (vgl. BSt, KDA 2006, S. 76; BSt, KDA 2003, S. 143; Wolf-Ostermann et al. 2011, S. 86ff).

In exemplarischen Erfahrungsberichten über die Arbeitsbedingungen von Mitarbeiterinnen und Mitarbeitern ambulant betreuter Wohngemeinschaften wird insbesondere die Möglichkeit der individuellen Arbeitseinteilung positiv bewertet, die eine stärkere Orientierung auch an den Bedürfnissen einzelner Mieterinnen und Mieter eröffnet. Mitarbeiterinnen und Mitarbeiter geben an, dass weniger Zeitdruck herrsche, da keine fixen Angebote zu bestimmten Uhrzeiten oder Tagen erledigt werden müssten. Zu einer angenehmen Arbeitsatmosphäre trage außerdem bei, dass persönliche Beziehungen zu den Mieterinnen und Mietern einfacher aufgebaut werden können. Als kritisch wird erlebt, dass aufgrund der kleinen Teams kaum Fachaustausch möglich ist und die vergleichbar große Nähe in der Wohngemeinschaft oftmals als belastend erlebt wird. Um Überforderungssituationen zu vermeiden, sind Supervisionsangebote, Fachaustausch mit Kolleginnen und Kollegen und eine sinnvolle Diensteinteilung notwendig (vgl. Böhler 2002, S. 304ff).

3.9 Wohnung und Wohnumfeld

Die Wohnung und das Wohnumfeld einer ambulant betreuten Wohngemeinschaft spielen eine entscheidende Rolle in Bezug auf die Umsetzung der Grundprinzipien. Die Wohnung, das Wohnumfeld und die Wohnungsgestaltung kann die Umsetzung begünstigen, wenn die Mieterinnen und Mieter

* in einer aktiven und selbstbestimmten Lebensführung unterstützt werden (Selbstbestimmung),
* ihr bisheriges Leben so weit wie möglich fortsetzen, vorhandene Kompetenzen einbringen, die vertraute Umgebung beibehalten und eine entsprechende Balance zwischen Privatsphäre und Gemeinschaft finden (Normalität),
* bis zum Tod in ihrer Wohnung verbleiben (Versorgungssicherheit) und
* ihre sozialen Kontakte beibehalten bzw. verbessern können (Gemeinwesenbezug), (vgl. BSt, KDA 2006, S. 23).

Wohnung und Infrastruktur müssen sich an diesen Grundprinzipien orientieren. Sinnvolle Standorte für ambulant betreute Wohngemeinschaften sind deshalb Immobilien in der Nähe von Infrastruktureinrichtungen, möglichst in zentraler Lage (vgl. BSt, KDA 2006, S. 24ff).

Basierend auf den Ergebnissen einer Umfrage im Rahmen des Projektes „Leben und Wohnen im Alter" der BSt und des KDA aus dem Jahr 2004 wurde 2006 eine Arbeitshilfe für Initiatorinnen und Initiatoren ambulant betreuter Wohngemeinschaften herausgegeben, die neben einzelnen bundesländerspezifischen Empfehlungen, grundsätzliche Anforderungen an das Wohnangebot systematisch zusammenfasst (vgl. BSt, KDA 2006, S. 24ff).

Idealerweise befinden sich ambulant betreute Wohngemeinschaften im Erdgeschoss, mindestens aber auf einer Etage. Die Wohnung bzw. das Haus muss ausreichend Platz für die Mieterinnen und Mieter vorsehen und nach Möglichkeit barrierefrei ausgestaltet sein. Es müssen sowohl Privat- als auch Gemeinschaftsbereiche vorhanden sein. Für den Wohnflächenbedarf werden unterschiedliche Größenordnungen angegeben. Die Empfehlungen reichen von 25 bis zu 50 qm pro Mieterin bzw. Mieter als gewünschter Größe (vgl. BSt, KDA 2006, S. 24ff). In der Praxis liegt die Größe der Zimmer der Mieterinnen und Mieter, wie im Rahmen der DeWeGE-Studie für Berlin ermittelt werden konnte, bei durchschnittlich 17 qm. Werden die Gemeinschaftsräume entsprechend anteilig hinzugerechnet, ergibt sich für jede Mieterin und jeden Mieter eine Gesamtwohnfläche von durchschnittlich 29,6 qm (vgl. Wolf-Ostermann et al. 2011, S. 90). Für die Grundausstattung der Wohnung bzw. des Hauses – insbesondere im Falle von ambulant betreuten Wohngemeinschaften für Menschen mit einer Demenzerkrankung – sollten die aktuellen Erkenntnisse der Wohnraumgestaltung, z.b. hinsichtlich Fußböden oder Wandgestaltung, als Grundlage dienen, um das Wohlbefinden und die Orientierungsmöglichkeiten dieser Personengruppe zu fördern (vgl. Heeg, Bäuerle 2006).

Das Hausrecht in ambulant betreuten Wohngemeinschaften liegt bei den Mieterinnen und Mietern bzw. deren Angehörigen und gesetzlichen Betreuerinnen und Betreuern. Um Privatsphäre zu gewährleisten, müssen die einzelnen Mieterinnen und Mieter jeweils über ein eigenes Zimmer verfügen, das laut Empfehlungen zwischen 12 und 20 qm groß sein sollte. Die Individualräume müssen genügend Platz für Bett, Schrank, Sitzbereich, die Aufbewahrung persönlicher Gegenstände bieten und Bewegungsspielraum für den Einsatz von Hilfsmitteln vorsehen (vgl. BSt, KDA 2006, S.36ff). Die Einrichtung der Individualräume obliegt den einzelnen Mieterinnen und Mietern und muss die Balance zwischen Funktionalität und Wohnlichkeit berücksichtigen.

Die Frage, ob bei der Planung ambulant betreuter Wohngemeinschaften jeder Mieterin bzw. jedem Mieter ein eigener Sanitärbereich zugeordnet werden sollte oder ob die Sanitärbereiche gemeinschaftlich genutzt werden können, wird kontrovers diskutiert. Aufgrund unterschiedlicher Ausgangslagen, ist eine eindeutige Empfehlung schwierig. Bei gemeinschaftlich genutzten Sanitärbereichen ist darauf zu achten, dass deren Anzahl ausreicht, um Engpässe zu vermeiden. Bei einer Gruppengröße von acht Mieterinnen und Mietern wird empfohlen, mindestens zwei Sanitärbereiche inklusive drei Toiletten mit einer Mindestfläche von insgesamt 24 qm einzurichten. Die Ausstattung der Sanitärbereiche sollte sich am gängigen Komfort orientieren und zugleich die Versorgung von schwerstpflegebedürftigen Mieterinnen und Mietern ermöglichen. Von den gemeinschaftlich genutzten Bädern sollte deshalb mindestens eines barrierefrei mit einer bodengleichen Dusche ausgestattet sein (vgl. BSt, KDA 2006, S. 40ff).

Ambulant betreute Wohngemeinschaften verfügen stets über einen gemeinschaftlich genutzten Küchen- und Wohnbereich, in dem sich in der Regel das Alltagsleben abspielt. Eine zentral gelegene Wohnküche stellt erfahrungsgemäß den Mittelpunkt der Wohngemeinschaft dar. Empfehlenswert ist eine direkte räumliche Verbindung zwischen Küche und Essbereich. Die Wohnküche muss ausreichend Platz für die Mieterinnen und Mieter, Angehörige, Besucherinnen und Besucher sowie Helferinnen und Helfer haben, da hier das Essen unter Mitwirkung der Mieterinnen und Mieter zubereitet wird. Selbst wenn sie aktiv dazu nicht mehr in der Lage sind, kann es für die Wohngemeinschaftsmitglieder bedeutsam sein, passiv an diesen Vorgängen teilzuhaben. Aus diesem Grund wird eine variable Bestuhlung und Tischstellung empfohlen, damit auch variable Nutzungen, z.B. durch mehrere Personen mit Rollstühlen oder Feiern, möglich sind. Aus der Praxis kommen Empfehlungen hinsichtlich der Bereitstellung eines weiteren gemeinschaftlich zu nutzenden Aufenthaltsraumes in Form eines Wohnzimmers, das idealerweise bei Bedarf der Wohnküche zugeschaltet werden kann. Die Einrichtung eines Wohnzimmers bietet den Vorteil, dass weitere Rückzugsmöglichkeiten zur Verfügung stehen, um den unterschiedlichen Bedürfnissen nach Ruhe und Aktivität gerecht zu werden. Die flächenmäßigen Mindestanforderungen für die Gemeinschaftsräume in einer ambulant betreuten Wohngemeinschaft mit acht Mieterinnen und Mietern betragen 60 qm. Dabei sollte die Küche über mindestens 12 qm, der Essbereich über mindestens 24 qm und der Wohnbereich über mindestens 16 qm verfügen (vgl. BSt, KDA 2006, S. 44ff).

Vorrats-, Hauswirtschafts- und Abstellräume sind ebenfalls zu berücksichtigen. Ein großer Haushalt benötigt Wirtschaftsflächen, um Haushaltsgeräte, Vorräte, Pflegehilfs- und Reinigungsmittel unterzubringen. Für häufig genutzte Utensilien sollte innerhalb der Wohngemeinschaft Platz zur Verfügung stehen, aber auch Abstellmöglichkeiten außerhalb der Wohnung, wie z.B. im Keller oder im Hausflur, sind sinnvoll. Insgesamt ist diesbezüglich von einer Gesamtfläche von mindestens 12 qm auszugehen (vgl. BSt, KDA 2006, S. 47ff).

Idealerweise verfügt eine ambulant betreute Wohngemeinschaft auch über einen Garten oder eine Terrasse mit direktem Zugang aus der Wohnung, damit die Mieterinnen und Mieter die Möglichkeit haben, sich im Freien aufzuhalten, Gartenarbeiten auszuführen oder sich zu bewegen. Mithilfe bautechnischer Lösungen muss in diesem Fall dem Schutzbedürfnis von Menschen mit einer Demenzerkrankung begegnet werden (vgl. BSt, KDA 2006, S. 51ff). Für Berlin zeigen die Ergebnisse der DeWeGE-Studie beispielsweise, dass die überwiegende Mehrheit (93,3 %) der untersuchten ambulant betreuten Wohngemeinschaften über einen Freisitz oder einen Garten verfügen (vgl. Wolf-Ostermann et al. 2011, S. 91).

Das Vorhalten eines separaten Personalraums wird nicht empfohlen, da dies dem ambulanten Versorgungsprinzip widerspricht. Mitarbeiterinnen und Mitarbeiter von Pflegediensten haben in der Wohngemeinschaft lediglich Gaststatus. Dennoch muss Platz sein, z.B. in Form einer Arbeitsecke im Wohnbereich, für die Erledigung von Schreibarbeiten. Ein zusätzlicher Raum wird nur empfohlen, wenn dieser auch anderweitig, z.B. als Gästezimmer oder für Nachtwachen genutzt wird (vgl. BSt, KDA 2006, S. 49f).

Auch wenn die Wohnung, das Wohnumfeld und die Wohnausstattung nur die „Hardware" ambulant betreuter Wohngemeinschaften darstellen, haben diese ebenso wie die „Software" (z.B. Betreuungskonzept oder Mitwirkung von Angehörigen und bürgerschaftlich Engagierten) Einfluss auf das Leben in der Wohngemeinschaft. Die dargestellten Empfehlungen orientieren sich an den konzeptionellen Leitideen, beeinflussen Struktur und Organisation der ambulant betreuten Wohngemeinschaft und können dazu beitragen, dass bestimmte Probleme gar nicht erst entstehen.

3.10 Kosten und Finanzierung

Die Kosten ambulant betreuter Wohngemeinschaften basieren auf Faktoren analog dem Leben zu Hause mit ambulanter Pflege. Pflegesätze, wie in Alten- und Pflegeheimen, gibt es nicht. Von verschiedenen Seiten wird darauf hingewiesen, dass ambulant betreute Wohngemeinschaften nicht als Sparmodelle im Vergleich mit stationären Einrichtungen missverstanden werden dürfen (vgl. Beutler, Pfundstein 2002, S. 357ff; BMFSFJ 2002, S. 26; Pawletko 2008a).

Für das Wohnen in einer ambulant betreuten Wohngemeinschaft fallen Kosten an, die sich aus den Positionen Wohnkosten, Nebenkosten, Haushaltskosten und Kosten für Betreuung und Pflege zusammensetzen.

Alle Mieterinnen und Mieter müssen Miete und entsprechende Mietnebenkosten, sowohl für das privat genutzte Zimmer als auch anteilig für die Gemeinschaftsräume, wie Küche, Bad oder Wohnzimmer, bezahlen. In der Praxis gibt es hierfür zwei Vertragsvarianten. Die eine besteht darin, dass der Vermieter bzw. die Vermieterin mit den Wohngemeinschaftsmitgliedern Einzelmietverträge abschließt. Die andere sieht vor, dass ein sogenannter Generalmieter bzw. eine Generalmieterin die gesamte Wohnung anmietet und die einzelnen Zimmer an die Mieterinnen und Mieter untervermietet. Die Zwischenschaltung einer derartigen Instanz hat für den Vermieter bzw. die Vermieterin den Vorteil, dass der Verwaltungs- und Organisationsaufwand bei Neueinzug eines Mitglieds oder bei Aufteilung der Gesamtnebenkosten auf die einzelnen Mieterinnen und Mieter gering ist. In der Regel orientiert sich die Höhe der Miete an ortsüblichen Vergleichsmieten und variiert nach Lage und Größe des einzelnen Zimmers (vgl. BMFSFJ 2002, S. 22f; StMAS 2008, S. 28; BSt, KDA 2006, S.99f).

Zudem fallen Nebenkosten an, z.B. für Strom, Telefon, Hausratversicherung, Hausnotrufversicherung, Verwaltungspauschalen, Organisation der Wohngemeinschaft oder für Rücklagen für Reparaturen oder Neuanschaffungen. Sie werden in der Regel nicht in Form von monatlichen Beiträgen oder Pauschalen abgeführt. Ihre Höhe wird vielmehr je nach Umfang und Bedarf von den Mieterinnen und Mietern bzw. deren Angehörigen und gesetzlichen Betreuerinnen und Betreuern kalkuliert. Die Beträge werden dann auf ein gemeinsames Konto einbezahlt und treuhänderisch verwaltet. Was die Verwaltungskosten angeht, erhebt z.B. der „Verein alter Freunde e.V." in Berlin für die Tätigkeit als Generalmieter, Vermittler und Moderator zwischen Mieterinnen und Mietern, Angehörigen und Pflegediensten eine monatliche Verwaltungspauschale von 25 Euro (vgl. BSt, KDA 2006, S. 100f).

Wie in jedem Privathaushalt entstehen Haushaltskosten. Üblicherweise entrichten alle Mieterinnen und Mieter eine entsprechende Pauschale für den Einkauf von Lebensmitteln, Putz- und Waschmitteln oder für kleinere Anschaffungen. Über die Höhe und die Verwaltung der Gelder entscheiden die Mieterinnen und Mieter oder gegebenenfalls ihre Angehörigen bzw. gesetzlichen Betreuerinnen und Betreuer (vgl. BSt, KDA 2006, S. 101). Erfahrungswerte gehen von einem monatlichen Betrag von rund 200 Euro aus (vgl. BSt, KDA 2004a, S. 59).

Einen weiteren Posten bilden die Betreuungs- und Pflegekosten. Die notwendigen Leistungen im Bereich der Pflege und Betreuung (Leistungen nach dem SGB XI und dem SGB V) werden vom Pflegedienst individuell erhoben und nach SGB XI in einem Pflegevertrag festgeschrieben. Da der Betreuungsbedarf in ambulant betreuten Wohngemeinschaften sehr unterschiedlich ausfallen kann, die Organisationsmodelle variieren und Eigenleistungen der Angehörigen, z.B. im Rahmen der hauswirtschaftlichen Versorgung, sich auf die Gesamtkosten auswirken, sind allgemeine Aussagen über die Höhe der Betreuungs- und Pflegekosten kaum möglich. Überdies gibt es unterschiedliche Abrechnungsmodelle: Einige Wohngemeinschaften trennen zwischen Betreuung und Pflege. In diesem Fall wird für alle Mieterinnen und Mieter eine Betreuungspauschale (für eine 24-Stunden-Präsenz) festgelegt. Darüber hinausgehende Pflegeleistungen werden individuell vom Pflegedienst mit den einzelnen Wohngemeinschaftsmitgliedern abgerechnet (vgl. StMAS 2008, S. 29). Den Ergebnissen einer Pilotstudie zufolge muss durchschnittlich von rund 700 Euro Kosten pro Monat für die Alltagsbegleitung ausgegangen werden, abhängig von den Leistungsinhalten, die mit der Pauschale abgerechnet werden. Die Höhe der (behandlungs-)pflegerischen Kosten kann nicht beziffert werden, da sich diese individuell nach dem jeweiligen Bedarf richten und berechnet werden (vgl. BSt, KDA 2006, S.105f). In anderen ambulant betreuten Wohngemeinschaften werden Alltagsbegleitung und Pflege nicht voneinander getrennt. In diesem Fall werden die Gesamtkosten auf der Grundlage des notwendigen Personaleinsatzes für eine Rund-um-die-Uhr-Betreuung ermittelt und auf die Mieterinnen und Mieter aufgeteilt (vgl. BSt, KDA 2006, S. 103). Anhand einer fiktiven Beispielrechnung der Personalkosten für einen ambulanten Dienst, auf der Basis einer Doppelbesetzung tagsüber und studentischen Nachtwachen, ergibt sich bei acht Mieterinnen und Mietern eine durchschnittliche monatliche Belastung für Betreuungs- und Pflegeleistungen von rund 2.400 Euro je Wohngemeinschaftsmitglied (vgl. BSt, KDA 2006, S. 103f).

Die Finanzierung der Kosten einer ambulant betreuten Wohngemein-schaft erfolgt aus unterschiedlichen Quellen: durch Mieterinnen und Mieter, Sozialhilfeträger, Pflegekassen, Krankenkassen und in Einzelfällen auch durch Drittmittel (Spenden). Die Miet-, Neben- und Haushaltskosten müssen analog dem Wohnen zu Hause in erster Linie die Mieterinnen und Mieter selbst tragen. Bedürftige können bei Vorliegen eines entsprechenden Rechtsanspruchs Wohngeld, Zuschüsse zu den Unterkunftskosten (§§ 29 SGB XII), Hilfe zum notwendigen Lebensunterhalt (§§ 27-40 SGB XII) oder eine Grundsicherung im Alter (§§ 41-46 SGB XII) erhalten. Auch Um-zugskosten können nach entsprechender Zustimmung durch das Sozialamt übernommen werden (vgl. BSt, KDA 2006, S. 111ff). Die Pflege- und Be-treuungskosten werden zum Teil über Leistungen der Kranken- und Pflege-kassen finanziert. Von diesen nicht übernommenen Kosten müssen von den Mieterinnen und Mietern selbst getragen oder von den Sozialhilfeträgern bestritten werden. Insgesamt gestaltet sich die Refinanzierung dieser Kosten in der Praxis nicht unproblematisch, da verschiedene Kostenträger, wie Pflege- und Krankenkassen, Sozialhilfeträger und die Mieterinnen und Mie-ter beteiligt sind und die Gesamtfinanzierung sichern müssen (vgl. BSt, KDA 2006, S. 113).

Die von den Mieterinnen und Mietern in Anspruch genommenen Leistungen der Grundpflege, Betreuung und hauswirtschaftlichen Versor-gung werden durch die Pflegeversicherung (SGB XI) begrenzt vergütet. Ab-hängig von der jeweiligen Pflegestufe gewährt sie Pflegegeld und Pflege-sachleistungen. In ambulant betreuten Wohngemeinschaften sind insbeson-dere die Sachleistungsbezüge relevant (vgl. BSt, KDA 2006, S. 113f). Die Höhe der Pflegesachleistung stellt sich wie folgt dar:

Pflege-stufe	Pflegesachleistung ambulanter Bereich in Euro	Pflegesachleistung stationärer Bereich in Euro
I	450	1.023
II	1.100	1.279
III	1.550	1.550
Härtefälle	bis zu 1.918	bis zu 1.918

Tabelle 4: Pflegesachleistungen der Pflegekassen
(Bundesministerium für Gesundheit 2011)

Das im Juni 2012 von der Bundesregierung beschlossene Pflege-Neuausrichtungs-Gesetz (PNG) (Bundestags-Drucksache 17/10157) sieht ab 2013 höhere Leistungen für Menschen mit Demenzerkrankungen im ambulanten Bereich vor. So können diese bereits in der Pflegestufe 0 Pflegegeld in Höhe von 120 Euro oder Pflegesachleistungen von bis zu 225 Euro erhalten. Menschen mit Demenzerkrankungen in Pflegestufe I erhalten Pflegegeld in Höhe von 305 Euro bzw. Pflegesachleistungen in Höhe von bis zu 665 Euro. Pflegegeld in Höhe von 525 Euro bzw. Pflegesachleistungen von bis zu 1.250 Euro können Menschen mit Demenzerkrankungen in Pflegestufe II erhalten. Für den Personenkreis in Pflegestufe III werden sich die Leistungen nicht verändern.

Im Vergleich zu den Pflegesachleistungen für stationäre Hausgemeinschaften sind die Sätze, insbesondere bei Pflegestufe I, aber auch bei Pflegestufe II, im ambulanten Bereich nach wie vor niedriger. So erhält eine pflegebedürftige Person mit Pflegestufe I in einer ambulant betreuten Wohngemeinschaft 450 Euro (bzw. ab 2013, bei Vorliegen einer Demenzerkrankung, 665 Euro), wohingegen sie in einer stationären Hausgemeinschaft 1.023 Euro für Pflegesachleistungen erhalten würde.

Bei den Leistungen der Pflegeversicherung besteht ferner die Möglichkeit einer sogenannten Poolbildung. Diese sieht einen gemeinschaftlichen Abruf von Pflege- und Betreuungsleistungen sowie der hauswirtschaftlichen Versorgung aller Wohngemeinschaftsmitglieder als gemeinsame Sachleistung vor (§ 36 SGB XI). Die Ansprüche der Wohngemeinschaftsmitglieder werden in einem Pool gebündelt, aus dem dann die Betreuungsleistungen durch die Leistungserbringer bezahlt werden. Daraus können sich Synergieeffekte ergeben, die für zusätzliche Betreuungsleistungen in der Wohngemeinschaft genutzt werden können. Dieses Poolen von Leistungen wurde durch die Pflegeversicherungsreform im Jahr 2008 auf eine stabile Rechtsgrundlage gestellt (vgl. Pawletko 2008a).

Für Mieterinnen und Mieter der Wohngemeinschaft, die an einer Demenz erkrankt sind, besteht seit 01.07.2008 überdies der Anspruch nach § 45 b SGB XI auf einen zusätzlichen Betreuungsbetrag in Höhe von bis zu 2.400 Euro pro Kalenderjahr je Versicherte bzw. Versicherten. Diesen Anspruch auf sogenannte niedrigschwellige Betreuungsangebote haben auch Personen in Pflegestufe 0 mit einer eingeschränkten Alltagskompetenz. Der zusätzliche Betreuungsbetrag kann beispielsweise für die Finanzierung von zusätzlichen ehrenamtlichen Helferinnen und Helfern verwendet werden (vgl. Schmäing 2007). Das Sozialgericht Bremen hat mit Rechtsprechung vom 22.07.2011 entschieden, dass die Beträge für die zusätzlichen Betreuungsleistungen nicht auf die Sozialhilfeleistungen von bedürftigen Pflegebedürftigen angerechnet werden dürfen, die Hilfe zur Pflege im Rahmen der Sozialhilfe nach SGB XII erhalten.

Im Rahmen des PNG wurde zudem ein zeitlich befristetes Initiativprogramm zur Gründung von ambulant betreuten Wohngemeinschaften beschlossen. Dieses sieht einen Zuschuss von 2.500 Euro pro Person (max. 10.000 Euro je ambulant betreute Wohngemeinschaft) vor, der beispielsweise für notwendige Umbaumaßnahmen in der gemeinsamen Wohnung, verwendet werden kann. Darüber hinaus gibt es unter bestimmten Voraussetzungen 200 Euro je Mieterin und Mieter zusätzlich, um dem höheren Organisationsaufwand gerecht werden zu können, z.B. zur Finanzierung einer Präsenzkraft.

Im Rahmen der Pflegeversicherung (§ 40 SGB XI) können weitere Kosten für Pflegehilfsmittel und technische Hilfen analog dem Wohnen in normalen Wohnungen abgerechnet werden (vgl. BSt, KDA 2006, S. 114f).

Um den Verwaltungsaufwand zu reduzieren, wurden in Berlin im Jahr 2005 Tagespauschalen zur Finanzierung ambulant betreuter Wohngemeinschaften eingeführt. Zwei Module (1) Versorgung und Betreuung und (2) eine ergänzende Pauschale, z.B. für psychosoziale Leistungen, wurden definiert, die die Leistungserbringer mit den Pflegekassen oder dem Sozialhilfeträger abrechnen können: Diese neuen Module gelten für Pflegebedürftige ab Stufe II, die in ambulant betreuten Wohngemeinschaften mit ausschließlich an Demenz erkrankten Menschen leben (vgl. BSt, KDA 2006, S. 115). Die Einführung der Tagespauschale, die bei rund 95 Euro liegt, eröffnete insbesondere ambulanten Diensten ein neues Geschäftsfeld. Angesichts leer stehender Wohnungen in Berlin stellt sie einen Anreiz dar, ambulant betreute Wohngemeinschaften zu gründen. So gibt es unter den ambulant betreuten Wohngemeinschaften in Berlin auch Projekte, die offensichtlich primär wirtschaftliche Interessen verfolgen (vgl. Pawletko 2008a). Grundsätzlich spricht natürlich nichts dagegen, dass Leistungserbringer solcher Projekte auch kommerziell profitieren, sofern eine qualitätsgesicherte Versorgung älterer Menschen, wie sie für ambulant betreute Wohngemeinschaften durch die vier Grundprinzipien charakterisiert ist, sichergestellt ist.

Weiter werden analog dem Wohnen zu Hause, notwendige Leistungen im Rahmen der Behandlungspflege, die von einer Ärztin oder einem Arzt verordnet werden, vergütet. Die Behandlungspflege umfasst medizinisch veranlasste Leistungen, wie z.B. Wundversorgung, Verabreichung von Medikamenten oder die Durchführung von Injektionen und wird von den ambulanten Diensten mit den Krankenkassen abgerechnet (vgl. BSt, KDA 2006, S. 116).

Die Kostenerstattungen der Pflege- und Krankenkassen decken in der Regel nur einen Teil der gesamten Pflege- und Betreuungskosten in ambulant betreuten Wohngemeinschaften. Die verbleibenden Kosten haben die Mieterinnen und Mieter in erster Linie selbst zu tragen. Falls sie dazu nicht imstande sind, muss geklärt werden, ob und in welcher Höhe der Sozialhilfeträger die Finanzierung der Restkosten übernimmt (vgl. StMAS 2008, S. 31). Der Pilotstudie der BSt und des KDA zufolge sind fast die Hälfte aller Mieterinnen und Mieter ambulant betreuter Wohngemeinschaften auf Unterstützungsleistungen durch den Sozialhilfeträger angewiesen (vgl. BSt, KDA 2004a, S. 67). Bei ambulant betreuten Wohngemeinschaften ist dabei insbesondere die Hilfe zur Pflege, die in den §§ 61ff SGB XII gesetzlich geregelt ist, relevant.

Einige Wohngemeinschaften haben zur Finanzierung der Betreuungskosten zudem weitere Finanzierungsquellen, wie z.B. Eingliederungshilfe für behinderte Menschen (§§ 53-60 SGB XII) oder Leistungen der Rehabilitation und Teilhabe behinderter Menschen nach SGB IX erschlossen (vgl. BSt, KDA 2006, S. 118f). Diese Finanzierungsquellen können jedoch nicht auf alle ambulant betreuten Wohngemeinschaften übertragen werden, da sie nur in bestimmten Konstellationen zum Tragen kommen.

Kosten für die Planung und den Aufbau ambulant betreuter Wohngemeinschaften können unterschiedlich hoch sein, abhängig davon, wer die Planung durchführt. Zumeist geht die Initiative zur Gründung ambulant betreuter Wohngemeinschaften von ambulanten Diensten, anderen professionellen Akteuren, Angehörigeninitiativen oder Selbsthilfegruppen aus. Die Kosten sind teilweise aus Förderprogrammen, wie z.b. dem Deutschen Hilfswerk, das vom KDA verwaltet wird, refinanzierbar (vgl. BSt, KDA 2006, S. 97 und 109).

Da ambulant betreute Wohngemeinschaften häufig bestehende Bausubstanz nutzen, fallen meist Kosten für Umbaumaßnahmen an. Neben den bereits thematisierten skizzierten Zuschüssen im Rahmen des PNG gibt es hierfür weitere Möglichkeiten der Refinanzierung. Zuschüsse für Maßnahmen der Wohnungsanpassung, wie z.b. Türverbreiterung oder Installationen im Badbereich, können bis zu 2.557 Euro pro Person im Rahmen des § 40 SGB XI über die Pflegekassen beantragt werden. Ferner gibt es länderspezifische Möglichkeiten, um Umbaumaßnahmen durch Mittel zur Modernisierungsförderung zu refinanzieren. Häufig werden Umbaumaßnahmen aber auch durch Umlagen auf die Mieterinnen und Mieter, Spenden oder Drittmittel finanziert (vgl. BSt, KDA 2006, S. 109f).

Die vorstehenden Ausführungen verdeutlichen, dass die ökonomischen Grundlagen ambulant betreuter Wohngemeinschaften komplex sind. Sowohl Kosten als auch Finanzierung setzen sich aus mehreren Bausteinen zusammen und sind im Vergleich zu stationären Einrichtungen vielschichtiger. Grundsätzlich ist davon auszugehen, dass die Kosten für einen Platz in einer ambulant betreuten Wohngemeinschaft in etwa vergleichbar sind mit denen in einer stationären Einrichtung. Die Entscheidung älterer Menschen für ein Leben in einer ambulant betreuten Wohngemeinschaft wird daher nicht aus Sparerwägungen heraus getroffen. Anders als in stationären Einrichtungen gibt es in ambulant betreuten Wohngemeinschaften keinen Träger, der das ökonomische Risiko trägt. Das Risiko tragen analog dem privaten Wohnen die Mieterinnen und Mieter, die Vermieterinnen und Vermieter und die

Pflege- und Betreuungsdienste für ihre jeweiligen Teilbereiche. Die Höhe der tatsächlichen Kosten hängt stark vom individuellen Betreuungs- und Pflegebedarf, der vorliegenden Pflegestufe, der Organisation und den Angeboten ab. Die Beteiligung von Angehörigen ist nicht nur aus konzeptionellen Überlegungen heraus relevant, sondern kann auch unter Kostengesichtspunkten einen wichtigen Faktor darstellen. In manchen Fällen wäre ein höheres Maß an Betreuungsleistungen oder mehr Wohnraum wünschenswert. Dem sind jedoch durch die Finanzierbarkeit Grenzen gesetzt. Damit sich diese neue qualitätsgesicherte Wohn- und Betreuungsform in der Breite etablieren kann, ist es gleichwohl wichtig, dass sie nicht nur vermögenden älteren Menschen vorbehalten ist, sondern auch eine Alternative für Menschen mit geringerem Einkommen darstellt.

3.11 Rechtliche Rahmenbedingungen

Die rechtlichen Rahmenbedingungen beeinflussen die Entwicklung ambulant betreuter Wohngemeinschaften maßgeblich. Rechtliche Unklarheiten führten in der Vergangenheit vielfach zu Irritationen mit Heimaufsichtsbehörden und Kostenträgern (vgl. BMFSFJ 2002, S. 34). Expertinnen und Experten konstatieren, dass die Entwicklung ambulant betreuter Wohngemeinschafen erst durch Veränderungen in der heimbezogenen Gesetzgebung ermöglicht wurde. Im ursprünglich aus dem Jahr 1974 stammenden Heimgesetz fanden ambulant betreute Wohngemeinschaften keine Erwähnung, was beispielsweise dazu führte, dass erste ambulant betreute Wohngemeinschaften von Behörden geschlossen wurden, weil entsprechende Regelungen nicht eingehalten wurden (vgl. Fischer et al. 2011, S. 102f).

Vor diesem Hintergrund wurde das im August 1974 verabschiedete Heimgesetz (BGBl. I, S. 1873) im Rahmen der Föderalismusreform im Jahr 2006 neu geregelt. Die Zuständigkeit für die vertragsrechtlichen Vorschriften ambulant betreuter Wohngemeinschaften verbleibt beim Bund. Dazu trat 2009 das Wohn- und Betreuungsvertragsgesetz (WBVG) in Kraft. Es gilt allerdings nur für Verträge zwischen Unternehmen und Verbraucherinnen und Verbrauchern, bei denen die Überlassung von Wohnraum an das Erbringen oder Vorhalten von Pflege- bzw. Betreuungsleistungen gekoppelt ist und findet deshalb nur bei einem Teil ambulant betreuter Wohngemeinschaften Anwendung. Die Zuständigkeit für ordnungsrechtliche Vorschriften ist vom Bund auf die Länder übergegangen (vgl. Schader-Stiftung 2010, S. 5). Stand August 2012 haben 14 von insgesamt 16 Ländern eigene Gesetze erlassen, bei den übrigen zwei Ländern befinden sich die Gesetze im Entwurfsstadium (vgl. Bundesarbeitsgemeinschaft der Freien Wohlfahrtspflege 2012).

Bis zur Neuregelung durch die Länder waren, nach überwiegender Auffassung, die ambulant betreuten Wohngemeinschaften vom Anwendungsbereich des Bundes-Heimgesetzes nicht erfasst. Das war zumindest dann der Fall, wenn die Mieterinnen und Mieter ihren eigenen Haushalt führten und sämtliche Angelegenheiten selbst regelten. Die jetzigen Neuregelungen der Länder gehen weit über die Anpassung an die veränderte Rechtslage hinaus und berühren Grundsatzfragen der Sozialpolitik. Die Ordnungspolitik hat dabei immer zwei Zielrichtungen zu berücksichtigen: einerseits die Definition ordnungsrechtlicher Mindeststandards für das Wohnen mit Pflege bzw. Betreuung, um den Schutzbedarf pflegebedürftiger Menschen sicher zu stellen, andererseits die Schaffung von Freiräumen, damit innovative Konzepte und neue kleinteilige Wohn- und Betreuungsformen realisiert werden können (vgl. Klie, Schuhmacher 2009, S. 78f).

Von zentraler Bedeutung ist der Schutzbedarf von Pflegebedürftigen, der unabhängig vom konkreten Wohnort, sowohl in Pflegesettings innerhalb der Familie als auch in Heimen und Wohngemeinschaften gewährleistet sein muss. Diesbezüglich wird gefordert, dass eine moderne rechtliche Flankierung der Betreuung von pflegebedürftigen älteren Menschen am Subjekt ansetzen muss, ohne die jeweiligen Einrichtungen aus der Verantwortung zu entlassen. Obwohl kleine Versorgungssettings in ambulant betreuten Wohngemeinschaften per se noch keinen wirksamen Schutz darstellen, stehen sie doch weniger als große Einrichtungen in der Gefahr, Merkmale einer „totalen Institution" (Goffmann 1973) auszubilden, zumal sie vielfach von Angehörigen und bürgerschaftlich Engagierten begleitet werden, die dem entgegenwirken können (vgl. Klie, Schuhmacher 2009, S. 79).

Der Anwendungsbereich der neuen Landesgesetze ist sehr unterschiedlich geregelt. Die private Eigenkontrolle wird zum Teil durch die behördliche Kontrolle der Heimaufsicht in ambulant betreuten Wohngemeinschaften ergänzt, wenn der Schutz der Interessen der Mieterinnen und Mieter durch sie selbst, ihre Angehörigen oder gesetzliche Vertretungen nicht garantiert ist. Andere Landesgesetze hingegen gehen aufgrund des besonderen Schutzbedarfs pflegebedürftiger Menschen von einer generellen Zuständigkeit der Heimaufsichtsbehörden aus und sehen eine Anzeigepflicht und besondere qualitative Anforderungen vor. Eine Einhaltung der Rechtsvorschriften wird abhängig von der jeweiligen Rechtslage anlassbezogen oder regelmäßig durch die jeweils zuständigen Behörden geprüft. Stärker als das ursprüngliche Heimgesetz des Bundes betonen die Landesgesetze den Informations- und Beratungsauftrag der Heimaufsichtsbehörden. Dabei gilt das Prinzip der Beratung vor Überwachung und vor aufsichtsrechtlichen Maßnahmen (vgl. Schader Stiftung 2010, S. 7f).

Hinter jedem dieser neuen Landesgesetze werden grundlegende Haltungen und Positionen des Sozialstaates zur selbstbestimmten Lebensführung älterer Menschen mit Unterstützungsbedarf erkennbar. Die zentralen Leitideen aller Gesetze sind Selbstbestimmung und Wahlfreiheit.

Einen wesentlichen Unterschied zum bisherigen Heimrecht stellt die Begutachtung der Konstruktion der jeweiligen ambulant betreuten Wohngemeinschaft dar. Erstmalig werden nicht nur bauliche Aspekte, sondern auch organisatorische und strukturelle Konstruktionsmerkmale, wie die Trennung von Miet-, Pflege- und Betreuungsvertrag, Wahlfreiheit, Selbstbestimmung und Größe anlassbezogen oder regelmäßig überprüft. Bei entsprechend starker Stellung der Mieterinnen und Mieter sehen die Gesetze keine bzw. eine modifizierte Behandlung mit keinen bzw. wenigen Strukturvorgaben, z.B. hinsichtlich Personal, Architektur und Hygiene, vor.

Die Vorgaben der neuen Landesgesetze stellen einen Systemwechsel bei der Einordnung und Überprüfung ambulant betreuter Wohngemeinschaften aus ordnungsrechtlicher Sicht dar. Verfahrensregeln und Instrumente bleiben aber teilweise unklar. So ist beispielsweise offen, welche Qualitätskriterien angelegt werden, wie umfassende Verbraucheraufklärung gewährleistet werden kann, wie bürgerschaftliches Engagement und mit welcher Legitimation integriert werden kann, oder wie die Koordination mit anderen beteiligten Behörden geregelt ist.

Die zu beobachtende Gründungspraxis zeigt, dass nur ein kleiner Teil ambulant betreuter Wohngemeinschaften von Mieterinnen und Mietern oder deren Angehörigen initiiert wird. Um Missbrauch zu verhindern, ist es wichtig, dass das Gemeinwesen, repräsentiert durch den Staat über Ländergesetze, eine Schutzfunktion ausübt. Die vorliegenden Gesetze sind insofern eine Gratwanderung zwischen Schutzbedürfnissen pflegebedürftiger älterer Menschen und notwendigen Freiräumen für innovative neue Wohnformen.

Über die ordnungsrechtlichen Rahmenbedingungen hinaus sind in Bezug auf Gesundheitsschutzfragen die Gesundheitsämter, in Brandschutzfragen die Bauaufsicht und die Feuerwehr, und in sozialleistungsrechtlichen Fragen (vgl. hierzu auch 3.10) die entsprechenden Sozialleistungsträger, insbesondere die Pflegekassen und die Sozialhilfeträger für ambulant betreute Wohngemeinschaften zuständig (vgl. Klie, Schuhmacher 2009, S. 71).

3.12 Zusammenfassung

Ambulant betreute Wohngemeinschaften für ältere Menschen mit Unterstützungsbedarf sind heute fester Bestandteil in der sozialpflegerischen Versorgungslandschaft in Deutschland. Auch wenn sie rein quantitativ bislang eher geringe Bedeutung haben und auch regional ungleich verteilt sind, stellen sie eine interessante Alternative zur traditionellen Versorgung in großen Einrichtungen dar.

Die bisherigen Erfahrungen zeigen, dass die Errichtung ambulant betreuter Wohngemeinschaften mit Hindernissen verbunden ist. So kann sich die Suche nach geeignetem Wohnraum, abhängig von der jeweiligen Region, als schwierig erweisen. Im Großraum München sind beispielsweise, sowohl durch die Verfügbarkeit von Wohnraum in entsprechender Größe als auch durch dessen Bezahlbarkeit, möglichen Initiativen Grenzen gesetzt.

Aufgrund der Komplexität der rechtlichen, finanziellen und organisatorischen Rahmenbedingungen kann die Organisation des Alltags ambulant betreuter Wohngemeinschaften leicht überfordern. Zur aktiven Verantwortungsübernahme von Angehörigen und gesetzlichen Betreuerinnen und Betreuern – besonders in ambulant betreuten Wohngemeinschaften für Menschen mit einer Demenzerkrankung – bedarf es eines Entwicklungsprozesses, der zur Übernahme dieser Aufgabe befähigt. Zu diesem Zweck ist die fachliche Beratung und Begleitung durch landesweite Fach- oder Koordinationsstellen, wie in Hamburg, Brandenburg oder Bayern realisiert, sinnvoll.

Ein weiteres Hindernis für die Verbreitung ambulant betreuter Wohngemeinschaften stellen die finanziellen Grundlagen dar. Insbesondere bei kleinen Gruppen ist die ökonomische Basis in der Regel labil. Änderungen der Pflegeeinstufung oder von Verordnungen im Bereich der häuslichen Krankenpflege, längere krankheitsbedingte Krankenhausaufenthalte oder das Sterben von Mieterinnen und Mietern können das ökonomische Gleichgewicht durch Verringerung der Gesamteinnahmen empfindlich stören. Das im Juni 2012 von der Bundesregierung verabschiedete Pflege-Neuausrichtungs-Gesetz (PNG) enthält diesbezüglich Ansätze zur finanziellen Stabilisierung. Obgleich der Trend zu einer Ambulantisierung von Pflege und Betreuung ungebrochen ist, bildet sich diese Entwicklung noch nicht durchgängig in der leistungsrechtlichen Praxis ab (vgl. Klie, Schuhmacher 2009, S. 82f). So sind immer noch Schwierigkeiten insbesondere bei Geltendmachung von Ansprüchen aus der Sozialhilfe (SGB XII) festzustellen.

Neben manchen Schwierigkeiten sind auch zwei bemerkenswerte Neuerungen in diesem Bereich zu benennen. Zum einen hat die Klärung des Haushaltsbegriffs im Rahmen der Gesundheitsreform von 2007 dazu geführt, dass auch Menschen, die in ambulant betreuten Wohngemeinschaften oder anderen neuen Wohnformen leben, einen Rechtsanspruch auf häusliche Krankenpflege haben. Zum anderen wurde durch die Pflegeversicherungsreform von 2008 das sogenannte Poolen von Leistungen, eine seit längerer Zeit bewährte Praxis, legitimiert. Mit diesen Änderungen wurde Rechtssicherheit im Hinblick auf wichtige Finanzierungsaspekte ambulant betreuter Wohngemeinschaften geschaffen (vgl. Pawletko 2008a, S. 3).

Ursprünglich als individuelle Projekte initiiert, sind ambulant betreute Wohngemeinschaften in der Normalität des sozialpflegerischen Regelsystems angekommen und verbreiten sich zunehmend weiter (vgl. Pawletko 2008a, S. 1). Ein Blick auf die über zehnjährige Entwicklung zeigt allerdings auch, dass dabei die Idee eine Metamorphose erfahren hat: Ursprünglich als rein nutzergesteuertes Modell zur Versorgung von unterstützungsbedürftigen Menschen konzipiert, haben sich zunehmend trägergesteuerte Modelle herausgebildet, die in der Hauptsache von ambulanten Pflegediensten organisiert und betrieben werden (vgl. Pawletko 2008a, S. 12). Inwieweit die trägergesteuerten Modelle tatsächlich die Bezeichnung ambulant betreute Wohngemeinschaften verdienen, ist durchaus kritisch zu hinterfragen und hängt von der jeweiligen Landesgesetzgebung ab.

Um das Konzept der ambulant betreuten Wohngemeinschaften nicht zu diskreditieren, ist eine systematische Qualitätssicherung erforderlich. Neben den gesetzlichen Auflagen und der Einrichtung von Gremien der Selbstbestimmung gibt es hierfür weitere Ansätze, wie z.b. die freiwillige Selbstverpflichtung in ambulant betreuten Wohngemeinschaften tätiger Pflegedienste, wie sie beispielsweise der Verein für Selbstbestimmtes Wohnen im Alter e.V. (SWA) in Berlin entwickelt hat.

Ambulant betreute Wohngemeinschaften bedürfen einer solidaritätsorientierten Bürgerbewegung, wie sie Dörner einfordert (vgl. Dörner 2007). Er plädiert für eine Umkehr im Gesundheits- und Sozialsystem hin zu einem neuen gesellschaftlichen Hilfesystem, das Leben und Sterben in der Mitte der Gesellschaft verortet. Er kritisiert, dass die Sozialräume Familie, Nachbarschaft, Kommune und Kirchengemeinde durch Professionalisierung und Institutionalisierung des Helfens in der modernen Gesellschaft überflüssig gemacht wurden und fordert, der Entmündigung und Entsolidarisierung eine Bürger-Wiederbelebung entgegenzusetzen (vgl. Dörner 2007). Wenngleich Konsens über die Notwendigkeit einer derart bürgergetragenen Kultur des Helfens bestehen dürfte, stehen entsprechende Weichenstellungen in der Praxis noch aus. Ambulant betreute Wohngemeinschaften stellen einen konkreten, praktischen Ansatzpunkt dar, um solche Strukturen geteilter Verantwortung zu etablieren (vgl. Klie, Schuhmacher 2009).

Mit ambulant betreuten Wohngemeinschaften wurde ein neuer Weg beschritten, der nicht mehr umkehrbar ist. Die sich kontinuierlich weiter entwickelnden kleinräumigen Versorgungsformen stellen zugleich Lernfelder für alle Beteiligten dar. Ihre Entwicklung hat Konsequenzen für die gesamte Versorgungslandschaft. Alten- und Pflegeheime müssen sich auf Konkurrenz einstellen und bestehende Konzepte überdenken. Die Einrichtung ambulant betreuter Wohngemeinschaften als alternative Wohn- und Betreuungsform zeigt, dass es Veränderungen gibt, von denen sowohl die älteren Menschen, als auch die An- und Zugehörigen sowie die Pflege- und Betreuungskräfte profitieren können.

4. Bürgerschaftliches Engagement

Die Debatte um neue Wohn- und Betreuungsformen hat in den letzten Jahren stetig zugenommen (vgl. BMFSFJ 1998, BSt/KDA 2004, Klie 2004, Wüstenrot Stiftung 2005, Dörner 2007). Im Zentrum stehen vor allem Fragen nach qualitätsgesicherter Weiterentwicklung der Versorgung und Betreuung älterer Menschen durch traditionelle und neue Akteure, die Ermöglichung von Teilhabe, aber auch neue Verantwortlichkeiten bürgerschaftlich Engagierter und Angehöriger. Im Rahmen dieser Arbeit sollen die Theorie des Wohlfahrtspluralismus als analytisches und die Idee der Zivilgesellschaft als normatives Konzept als theoretischer Hintergrund dienen um die Möglichkeiten und die Bedeutung der Integration bürgerschaftlichen Engagements in ambulant betreuten Wohngemeinschaften zu bestimmen. Die zivilgesellschaftliche Verankerung kann wohlfahrtspluralistischen Konzepten Orientierung verleihen. Umgekehrt kann der Wohlfahrtspluralismus die zivilgesellschaftliche Idee in ambulant betreute Wohngemeinschaften hineintragen (vgl. Klie, Roß 2007, S. 97). Wohlfahrtspluralistischen Konzepten geht es dabei weniger um die Schließung von Versorgungslücken als vielmehr um „eine neue Kombination und Formung der Leistungserbringung zwischen Familien, Staat, Markt und Zivilgesellschaft" (Klein 2007, S. 209). Das Konzept der Zivilgesellschaft hingegen steht „für die Suche nach einem Konzept guter gesellschaftlicher Ordnung in der Moderne" (Zentrum für Zivilgesellschaft 2009, S. 1).

Ambulant betreute Wohngemeinschaften können in diesem Kontext als Praxiswerkstätten betrachtet werden, in denen die Grundideen des Wohlfahrtspluralismus innerhalb eines zivilgesellschaftlichen Rahmens umgesetzt werden. Dieses Kapitel widmet sich daher der Diskussion bürgerschaftlichen Engagements in analytischen (Wohlfahrtspluralismus) und normativen Bezügen (Zivilgesellschaft) sowie der konkreten Umsetzung dieses Engagements in ambulant betreuten Wohngemeinschaften. Ferner erfolgt eine Bestandsaufnahme bürgerschaftlichen Engagements.

4.1 Wohlfahrtspluralismus

Die Begriffe Wohlfahrtspluralismus, Wohlfahrtsmix und Welfare Mix bezeichnen ein Konzept, das das Zusammenwirken verschiedener Akteure und Institutionen bei der Produktion von Wohlfahrt beschreibt. Wohlfahrt wird in diesem Kontext verstanden als „das Ergebnis eines Konsumptionsprozesses, im Verlaufe dessen aus dem Einsatz und dem Verbrauch von Gütern, Diensten, Zeit und Energie, objektive und subjektiv wahrgenommene Bedürfnisbefriedigung entsteht" (Evers, Olk 1996, S. 15). Wohlfahrtsproduktion bezieht sich „auf den Umwandlungsprozess von Ressourcen (wie Güter, Dienste und Zeit) in Endprodukte, die hier als Beiträge zum individuellen Wohlbefinden verstanden werden" (ebd., S. 15).

Bezogen auf die wachsende Zahl älterer Menschen mit unterschiedlichen Bedürfnislagen und Unterstützungsbedarfen kann Wohlfahrt folglich in der Verfügbarkeit unterschiedlicher bedürfnis- und bedarfsgerechter Wohn- und Betreuungsformen gesehen werden. Aufgabe der Wohlfahrtsproduktion wäre es dann, die Beiträge der Akteure und Institutionen so miteinander zu verknüpfen, dass dieses Wohlfahrtsziel erreicht wird.

Evers (1992) hat das Konzept der „mixed economy of welfare" 1992 als eine Möglichkeit, ein personenzentriertes, nutzerfreundliches und auf sozialen Bürgerrechten aufbauendes Wohlfahrtssystem zu schaffen, in die deutsche Fachdiskussion eingebracht. Grundsätzlich impliziert Wohlfahrtspluralismus eine Abkehr von der Fürsorgementalität und betont Eigenaktivität und Mitverantwortung. Evers identifiziert drei Megatrends, die die Entstehung des Wohlfahrtspluralismus begünstigen (vgl. Evers 1992, S. 3ff):

a) Verstärkte und gezielte Einbeziehung des informellen Sektors. Die zentrale Rolle der Familie und speziell der Frauen im Bereich sozialer Dienstleistungen ist keineswegs neu. Neu ist jedoch, dass der informelle Sektor nicht einfach vorausgesetzt, sondern als bewusst zu gestaltender, wesentlicher und integraler Bestandteil des Sozialsystems behandelt wird.

b) Zunahme der Integration von Dienstleistungen kommerzieller Anbieter. Die Zunahme kommerzieller Anbieter im sozialen Bereich fördert die Ausdifferenzierung des Dienstleistungsangebots.

c) Veränderung der Rolle des Staates. Der Staat schlüpft zunehmend in die Rolle des Initiators, Moderators und Regulators. Er ist weniger als Betreiber und Planer von Dienstleistungseinrichtungen aktiv, sondern als externe Instanz, die Rahmenbedingungen setzt und Qualitätskontrollen vorsieht.

In den letzten Jahren hat eine Fortsetzung und Verstärkung dieser drei Megatrends und eine Erweiterung um einen vierten Megatrend stattgefunden: die Einbeziehung des bürgerschaftlichen Engagements als unverzichtbarer Bestandteil in die Wohlfahrtsproduktion. Das liegt zum einen darin begründet, dass angesichts struktureller Grenzen von Markt und Staat die verstärkte Nutzung anderer Ressourcen zur Schließung von Versorgungslücken in den Blick gerät. Zum anderen werden unter dem Einfluss kommunitaristischer Strömungen aus den USA Gemeinschaftsaktivitäten und Hilfestellungen als Ausdruck einer solidarischen Gesellschaft und als Grundlage einer demokratischen Kultur verstanden (vgl. Evers, Olk 1996, S. 10f).

Insofern wird heute von vier Sektoren ausgegangen: (1) Markt, (2) primäre Netze bzw. informeller Sektor, (3) Assoziationen bzw. dritter Sektor und (4) Staat, mit jeweils unterschiedlichen Ordnungsprinzipien und Handlungslogiken im Rahmen der Wohlfahrtsproduktion. Abbildung 5 beschreibt das Sektorenmodell der modernen Wohlfahrtsproduktion:

Abbildung 5: Sektorenmodell der modernen Wohlfahrtsproduktion
(Klie, Roß 2007, S. 71)

Assoziationen (dritter Sektor) basieren auf der Funktionslogik der Mitgliedschaft respektive der Interessenaushandlung/-vertretung. Organisationen wie Kirchen, Gewerkschaften, Parteien, Wohlfahrts-, Umwelt- oder Menschenrechtsverbände und bürgerschaftliche Assoziationen wie Vereine, Gruppen oder Stiftungen sind die relevanten Akteure in diesem Sektor. Die Einbeziehung von Bürgerinnen und Bürgern in die Wohlfahrtsproduktion ist keineswegs neu. Neu ist jedoch die gesellschaftliche Positionierung bürgerschaftlichen Engagements. Es wird nicht mehr nur als mögliche Ergänzung professioneller Hilfen verstanden, sondern als grundlegende Komponente der Entwicklung komplexer, differenzierter und globalisierter Gesellschaften. Deren Herausforderungen scheinen nur dann bewältigbar zu sein, wenn sich ein Zivilgesellschaftsverständnis etabliert, das die Beteiligung von Bürgerinnen und Bürgern gezielt einbezieht und fördert (vgl. Stiftung Mitarbeit 2002, S. 1). Bürgerbeteiligung in der Wohlfahrtsproduktion findet heute somit in einem Spannungsfeld statt, das von Wertewandel, Veränderung gesellschaftlicher Institutionen, Finanzkrise der öffentlichen Hand, Steuerungsproblemen komplexer Gesellschaften und dem Bewusstsein der besonderen Qualität bürgerschaftlichen Engagements bestimmt wird (vgl. Klie, Roß 2007, S. 77f).

Der Markt steht für Angebot und Nachfrage nach Gütern und Dienstleistungen vermittelt über das Medium Geld. Unternehmen und Betriebe dieses Sektors stehen im Wettbewerb und streben nach Profit. Seit Jahren ist eine Zunahme und Ausdifferenzierung gewerblicher Anbieter sozialer Dienstleistungen zu beobachten. Meinungen und Einstellungen zu dieser Entwicklung sind unterschiedlich. Liberale Positionen sehen in einer zunehmenden Marktorientierung die Lösung für bestehende Probleme. Andere stehen einer zu dominanten Einbindung des Marktes in die Wohlfahrtsproduktion angesichts der Entkopplung wirtschaftlicher Produktivitätssteigerung und gesellschaftlicher Wohlfahrtssteigerung skeptisch gegenüber. Überdies ist festzustellen, dass die Wohlfahrtsverbände sich im zunehmenden Wettbewerb erstaunlich stabil zeigen, allerdings um den Preis einer brisanten Integration und Kombination unterschiedlicher Sektor-Logiken in den eigenen Organisationen (vgl. Klie, Roß 2007, S. 75f).

Primäre Netze (informeller Sektor) basieren auf Zugehörigkeit, (moralischer) Verpflichtung und nicht-monetären, wechselseitigen Austauschprozessen. Maßgebliche Akteure sind Zugehörige, das heißt Familie, Nachbarschaft und Freundeskreis, deren Agieren durch Zusammenhalt geprägt ist. Die Integration der Ressourcen Zugehöriger in die Wohlfahrtsproduktion ist ein oft formuliertes Ziel, das getragen wird von Hoffnungen auf Einsparungen für den Sozialstaat und der Erwartung höherer Tragfähigkeit und Nachhaltigkeit der Lösungen. In den letzten Jahren wurde aber deutlich, dass sich die Einbindung des informellen Sektors aufgrund unterschiedlicher Lebensformen, Lebenslagen und Mentalitäten in der Praxis durchaus schwierig gestaltet (vgl. Klie, Roß 2007, S. 75).

Der Staat ist im Sektorenmodell durch Parlamente, Verwaltung und Justiz auf unterschiedlichen Ebenen repräsentiert und basiert auf den Funktionslogiken Legalität, Ressourcenverteilung, Gewaltmonopol und Hierarchie. Die primäre Handlungslogik ist die Bürokratie. Allerdings ist eine zunehmende Wandlung vom Gewähren von Dienstleistungen zum Initiieren, Moderieren und Flankieren von Wohlfahrtsproduktion zu beobachten. Diese Umstellung der staatlichen Steuerung vom Typ „Government" hin zum Typ „Governance"[11], ist vorrangig im Rückzug aus der Finanzierung von Wohlfahrtsleistungen begründet. Die Reaktionen der Bürgerinnen und Bürger darauf sind ambivalent, weil zwar einerseits dem Staat wenig zugetraut wird, andererseits aber die Erwartungshaltung weiterhin hoch ist (vgl. Klie, Roß 2007, S. 76f).

In Bezug auf die Unterscheidung der vier Sektoren der Wohlfahrtsproduktion herrscht Konsens, in Bezug auf die Terminologie sind Divergenzen zu beobachten. Während bei den Sektoren Staat und Markt Einigkeit besteht, werden für den dritten Sektor oder Assoziationen auch die Bezeichnungen „Zivilgesellschaft", „Bürgergesellschaft", „freiwilliger" oder „intermediärer Bereich" und für den informellen Sektor die Bezeichnung „Gemeinschaften" verwendet. Die Divergenzen verdeutlichen die Schwierigkeit einer klaren Zuordnung und Abgrenzung (vgl. Klie, Roß 2007, S. 69).

Empirisch wird eine klare Abgrenzung dadurch erschwert, dass handelnde Personen in unterschiedlichen Rollenbezügen in ein und demselben Tätigkeitsfeld agieren können. Man stelle sich die Geschäftsführerin eines ambulanten Pflegedienstes (Markt) vor, deren Mutter in einer, von ihrem Dienst versorgten ambulant betreuten Wohngemeinschaft lebt (primäre Netze), die in ihrer Freizeit bei regelmäßigen Wochenmarktbesuchen sich auch um andere Mieterinnen und Mieter kümmert (Assoziationen) und obendrein als gewählte Stadträtin über Bauanträge der ambulant betreuten Wohngemeinschaft mitentscheidet (Staat). Das Beispiel macht deutlich, dass

---

[11] Beim Government-Ansatz wird davon ausgegangen, dass der Staat hierarchisch über Gesetze, Vorschriften und Ressourcenverteilung steuert. Der Governance-Ansatz sieht einen Mix unterschiedlicher Steuerungsprinzipien zur Gestaltung von Politik vor (vgl. Benz 2004).

das Sektorenmodell keine Personen separiert, sondern Funktions- und Handlungslogiken, sprich Werte und Erwartungen, mit denen sich agierende Personen konfrontiert sehen, wenn sie in den unterschiedlichen Rollen tätig sind. In Bezug auf das empirische Untersuchungsobjekt ambulant betreuter Wohngemeinschaften ist konzeptionell quasi systematisch eine Doppelrolle für Angehörige angelegt, die sowohl als Tochter, Sohn, Ehefrau, Ehemann etc. tätig werden, laut Konzeption aber stets zugleich über das Angehörigengremium bürgerschaftlich für die anderen Mieterinnen und Mieter mitagieren. Wie noch zu sehen sein wird (Kapitel 7), erschwert dies die empirische Analyse.

Eine Steuerung der Produktion von Wohlfahrtsleistungen ist auf unterschiedlichen Ebenen möglich (vgl. Klie, Roß 2007, S. 72ff):

a) **Wohlfahrtsmixturen werden auf der persönlichen Ebene ausbalanciert.**
   Abhängig von individueller Lebenssituation und Präferenz wählen Personen unterschiedliche Arrangements. Die einen bevorzugen familiäre Unterstützung, während andere vorrangig professionelle Dienste beschäftigen oder bürgerschaftliches Engagement in Anspruch nehmen.

b) **Wohlfahrtsmixturen werden auf der institutionellen Ebene ausbalanciert.**
   Bisher eindeutig zuordenbare Akteure operieren zusehends in unterschiedlichen Bereichen mit der Folge, dass sie als Institutionen mit verschiedenen Funktionslogiken und Zentralwerten konfrontiert sind, was zu internen Spannungen und Konflikten führt. So agieren beispielsweise Wohlfahrtsverbände über Mitgliederverbände und Nachbarschaftshilfen im Dritten Sektor und über betriebswirtschaftlich organisierte Einrichtungen im Marktsektor.

c) **Wohlfahrtsmixturen werden auf der strukturellen Ebene ausbalanciert.**
   Obwohl alle Sektoren relevante Kontextbedingungen für die jeweils anderen Sektoren darstellen, nimmt der Staat eine Sonderstellung ein. Durch Schaffung gesetzlicher Rahmenbedingungen, Finanztransfers oder Rückzug aus Leistungsbereichen werden sozialstaatliche Kon-

zepte akzentuiert. Dabei kommen natürlich ideologische Grundpositionen zum Tragen: So betonen liberale Vorstellungen eher den Markt, während konservative Leitideen die Rolle familiärer Konstrukte hervorheben und sozialistische Vorstellungen die Verantwortung des Staates fokussieren.

d) **Wohlfahrtsmixturen werden auf der Operationsebene von Diensten und Einrichtungen ausbalanciert.**

Lange Zeit haben sich Organisationen mit ihren Diensten und Einrichtungen eindeutig einem Sektor zugeordnet. Auf die sich verändernden Rahmenbedingungen, z.B. durch verstärkte Ökonomisierung oder zunehmende Einbindung von freiwilligem Engagement, reagieren die Dienste und Einrichtungen mit einer Veränderung ihrer internen Organisationsstrukturen im Sinne einer „Hybridisierung" (Evers et al. 2002, S. 23). Das soll heißen, sie versuchen in ihrer Organisation verschiedene, für unterschiedliche Sektoren charakteristische und möglicherweise konkurrierende Handlungslogiken miteinander zu verbinden. Dazu bauen die Dienste und Einrichtungen Mechanismen auf, die es ermöglichen, Rahmenbedingungen, Handlungs- und Kommunikationsstrukturen des Staates, des Marktes und der Assoziationen zu kombinieren (vgl. Evers et al. 2002, S. 33). Es entstehen „Multi-Stakeholder-Organisationen" (Evers et al. 2002, S. 33), die nicht ausschließlich auf einen Interessensträger, wie Kommune oder Kirche fokussiert sind, sondern sich an Netzwerken orientieren (Evers et al. 2002, S. 33). Da die Entwicklung derart hybrider Organisationsstrukturen unsystematisch erfolgt, handelt es sich um eine Art „spontaner Wohlfahrtsmixturen".

Hinzufügen ließe sich an dieser Stelle, dass ein Ausbalancieren auf der Operationsebene nicht nur von Diensten und Einrichtungen, sondern auch von Personen, die in unterschiedlichen Rollenbezügen in der Einrichtung agieren, vorstellbar ist.

Wohlfahrtspluralismus ist kein neues Phänomen. Wohlfahrt war nie das exklusive Ergebnis einzelner Handlungssysteme, sondern immer das Ergebnis des Zusammenspiels mehrerer Sektoren, verschiedener Akteure, Formen, Motive und Interessen (vgl. Klie, Roß 2007, S. 71). Bereits im Mittelalter war die Armenfürsorge eine Mischung aus kirchlicher Initiative, privater Mildtätigkeit und Engagement der städtischen Bürgerschaft. Heute ist Wohlfahrtpluralismus fester Bestandteil moderner Wohlfahrtsgesellschaften. So werden etwa bei der Betreuung und Pflege älterer Menschen die Familienselbsthilfe (informeller Sektor) mit dem Besuchsdienst der Pfarrei (dritter Sektor) und einem ambulanten Pflegedienst (Markt) kombiniert und mit Mitteln aus der Pflegeversicherung (Staat) teilweise refinanziert (vgl. Klie, Roß 2005, S. 20f). Das Konzept des Wohlfahrtspluralismus unterscheidet sich von eindimensional-ideologischen staats- oder marktzentrierten Betrachtungsweisen und geht von einem notwendigen und wünschenswerten Zusammenspiel der verschiedenen Bereiche aus. Der Mehrwert wohlfahrtspluralistischer Konzepte liegt in ihrer analytischen und strategischen Funktion begründet. Mit dem Beobachtungsschema des Wohlfahrtspluralismus lassen sich Beiträge einzelner Sektoren, Institutionen und Akteure unter Berücksichtigung zugrunde liegender Bedingungsfaktoren analysieren und Voraussetzungen und Merkmale optimaler Mixturen beschreiben. In strategischer Hinsicht ermöglicht das Denkschema des Wohlfahrtspluralismus sinnvolle Konstellationen unterschiedlicher Beteiligung unterschiedlicher Sektoren zu modellieren, die zu neuen, optimaleren Wohlfahrtsmixturen führen (vgl. Evers, Olk 1996, S. 11f).

Anders ausgedrückt, trägt das Sektorenmodell zum besseren Verständnis der Wohlfahrtsproduktion bei und ermöglicht den systematischen Zugang zu ihrer Gestaltung. Es ermöglicht, Funktionslogiken und Bezugswerte besser zu verstehen und einzuordnen. Seine zentralen Aussagen sind (vgl. Evers, Rauch, Stitz 2002, S. 20ff):

a) An der Wohlfahrtsproduktion sind stets verschiedene Sektoren beteiligt.

b) Den Sektoren können bestimmte Institutionen zugeordnet werden, die gekennzeichnet sind durch eigene Funktions- und Handlungslogiken, Zugangsregeln, Bezugswerte und Ressourcen.

c) Die Sektoren setzen sich wechselseitig Rahmenbedingungen und sind aufeinander angewiesen.

d) Jeder Sektor verfügt im Hinblick auf Wohlfahrtsproduktion über spezifische Leistungsfähigkeiten und Leistungsgrenzen.

e) Es ist von einer gemischten Wohlfahrtsproduktion im Sinne der Ko-produktion auszugehen, da aufgrund von Systemschwächen kein Sektor alleine in der Lage wäre, Wohlfahrt umfassend zu erstellen.

Zusammenfassend lässt sich festhalten, dass sich das Zusammenwirken von Staat, Markt, Familie und bürgerschaftlich Engagierten im Rahmen der Wohlfahrtsproduktion bewährt hat. Zu glauben, man könne deren Ineinandergreifen einfach nur fortführen wie bisher, greift vermutlich dennoch zu kurz. Alle Sektoren sind eigenen kontinuierlichen und zunehmend schnelleren Veränderungen unterworfen, die zur weiteren Pluralisierung von Rollen, Akteuren, Funktions- und Handlungslogiken führen. Diese Entwicklung erfordert von allen Akteuren eine Neupositionierung im Wohlfahrtsmix und ein kontinuierliches Ausbalancieren und Neuausrichten, um das Miteinander im Rahmen der Wohlfahrtsproduktion zu gestalten.

4.2 Dritter Sektor und Zivilgesellschaft

Der Dritte Sektor ist in den letzten Jahren verstärkt zum Gegenstand wissenschaftlicher Untersuchungen und Bestandsaufnahmen avanciert. Die internationale Vergleichsstudie des Johns-Hopkins-Projekts beschreibt seine zunehmende Bedeutung in quantitativer Hinsicht (vgl. Zimmer 2002, S. 6f). Der Freiwilligensurvey der Bundesregierung, der erstmals im Jahr 1999 durchgeführt wurde und in einem 5-Jahres-Rhythmus als repräsentatives Dauerbeobachtungsinstrument die Entwicklung des bürgerschaftlichen Engagements erhebt, liefert empirische Erkenntnisse für Deutschland (vgl. BMFSFJ 2010). Im Rahmen der Enquete-Kommission zur Zukunft des Bürgerschaftlichen Engagements wurden im Anschluss an eine systematische Bestandsaufnahme sogar politische Handlungsempfehlungen erarbeitet (vgl. Deutscher Bundestag 2002).

Obwohl diese Studien wichtige Erkenntnisse in Bezug auf den Dritten Sektor liefern, kritisiert Evers die vordergründige Beschreibung bürgerschaftlichen Engagements ohne theoretische Einbettung (vgl. Evers 2004, S. 2). Einen Ansatzpunkt für die theoretische Fundierung und Vernetzung stellt das Konzept der Zivilgesellschaft dar (vgl. Klie, Roß 2005, S. 28).

Die Idee der Zivilgesellschaft geht auf Aristoteles zurück, der damit das politische Gemeinwesen bezeichnet. Sie wurde später von bedeutenden Philosophen, wie Locke, Montesquieu, Hegel und de Tocqueville aufgegriffen, die damit in Abgrenzung zu absolutistischen Staatsverständnissen die Idee des zivilisierten Zusammenlebens freier Bürgerinnen und Bürger unter rechtsstaatlichen Bedingungen bezeichneten. Später wurde der Begriff von Marx verwendet, der Zivilgesellschaft mit der bürgerlichen Gesellschaft der Warenproduktion gleichsetzt. In der Folge wurde es still um das Konzept. Erst zu Beginn des 20. Jahrhunderts wurde es durch Gramsci und Dewey wieder aufgegriffen zur Beschreibung eines gesellschaftlichen Raumes, der weder wirtschafts- noch staatsdominiert ist. Anschließend taucht das Konzept in den Debatten der Dissidenten Ost- und Mitteleuropas in den 70er Jahren wieder auf. Zivilgesellschaft wird hier verstanden als Ansatz zur Begrenzung des totalitären Staates durch Vereinigungen von Bürgerinnen und Bürger und autonome Öffentlichkeiten (vgl. Adloff 2005, S. 9f).

Seit etwa zwei Jahrzehnten spielt das Konzept in aktuellen Debatten über die Organisation eines modernen Staats- und Gesellschaftssystems eine zunehmend zentrale Rolle. Es repräsentiert „die Suche nach einem Konzept guter gesellschaftlicher Ordnung in der Moderne" (Zentrum für Zivilgesellschaft 2009, S. 1). Der derzeitige Stand der wissenschaftlichen Diskussion ist allerdings weit davon entfernt, eine in sich geschlossene, allgemein konsentierte Definition von Zivilgesellschaft liefern zu können. Eine einfache Charakterisierung betrachtet Zivilgesellschaft als den gesellschaftlichen Raum aller öffentlichen Assoziationen, Vereinigungen und Zusammenkünfte, die auf dem freiwilligen Handeln der Bürgerinnen und Bürger basieren. „Vereine, Verbände und soziale Bewegungen sind dabei typische Organisationsformen. Diese Vereinigungen sind unabhängig von einem staatlichen Apparat und in der Regel auch unabhängig von wirtschaftlichen Profitinteressen, das heißt, idealtypisch bilden sie eine Sphäre aus, die nicht staatlich ist und nicht auf reinen Marktprinzipien beruht" (Adloff 2005, S. 8). Überdies wird die Zivilgesellschaft von der Privatsphäre, also beispielsweise der Familie, dadurch abgegrenzt, da die Definition von Zivilgesellschaft Öffentlichkeit beinhaltet. Nach diesem Verständnis wäre der Begriff Zivilgesellschaft also gleichzusetzen mit dem Dritten Sektor des Wohlfahrtsmix-Modelles.

Dem Zentrum für Zivilgesellschaft (vgl. 2009, S. 2) folgend ist der Dritte Sektor zwar eine wesentliche Säule der Zivilgesellschaft, „allerdings greift die immer wieder anzutreffende Gleichsetzung von ‚Zivilgesellschaft' und ‚Drittem Sektor' zu kurz" (Klie, Roß 2005, S. 31). Auch Evers wendet sich gegen eine Gleichsetzung von Zivilgesellschaft und Drittem Sektor. Er argumentiert, dass der Grad der Zivilgesellschaft nicht unmittelbar auf die empirische Präsenz von Organisationen des Dritten Sektors zurückzuführen sei, sondern mit gesamtgesellschaftlichen Leitprinzipien einhergeht (vgl. Evers 2004, S. 5f): „Es geht vielmehr darum, zivilgesellschaftlichen Leitprinzipien auch außerhalb des Dritten Sektors mehr Geltung zu verschaffen" (Evers 2004, S. 1).

Bleibt die Frage, wie sich ein weitergehendes Verständnis von Zivilgesellschaft fassen lässt, das dem Wohlfahrtspluralismus zugrunde gelegt werden kann. Im Zentrum für Zivilgesellschaft spezifiziert Klie ein dreidimensionales Zivilgesellschaftskonzept, das Ansatzpunkte dafür bietet. Es umfasst folgende Perspektiven (vgl. Zentrum für Zivilgesellschaft 2009, S. 2ff):

a) Zivilgesellschaft als Gestaltungsprinzip der Gesellschaft

Diese Perspektive bezieht sich darauf, dass in einer komplexen Gesellschaft, die durch vielfältige Interdependenzen gekennzeichnet ist, die einzelnen gesellschaftlichen Akteure aufeinander angewiesen sind. Gesellschaftliche Wohlfahrtsproduktion braucht die Initiative von Einzelnen und das Miteinander Aller. Interessensrealisierung des Einen betrifft respektive bedroht die Interessen des Anderen. Es ist deshalb unerlässlich, dass sich die Akteure ihrer wechselseitigen Abhängigkeit bewusst sind und in Aushandlungsprozesse eintreten. Bezogen auf den Wohlfahrtspluralismus führt diese Perspektive zum Postulat kontinuierlicher, gegenseitiger Abstimmung und Koordination der verschiedenen Sektoren.

b) Zivilgesellschaft als Handlungslogik

Diese Perspektive fokussiert das Handeln der Akteure, das auf Gemeinwohl gerichtet ist und keine monetären Gegenleistungen erwartet. In modernen Gesellschaften ist gesellschaftliche Wohlfahrtsproduktion nur als Koproduktion der einzelnen Sektoren bzw. Akteursgruppen leistbar. Das Ziel, Gemeinwohl in Koproduktion zu erstellen, bedarf nicht nur der Austausch- und Aushandlungsprozesse zwischen den Akteuren, sondern zugleich der Offenheit aller Beteiligten, eigene Positionen zugunsten der Gesamtzielerreichung zurückzustellen. Das bedeutet in der konkreten Umsetzung im Rahmen einer Wohlfahrtsmixtur, sich auf neue Aufgaben- und Verantwortungsteilungen einzulassen und tradierte Positionen zum Wohle der Gesamtgesellschaft aufzugeben. Der Gedanke der Koproduktion impliziert, dass dabei die besonderen Kompetenzen der beteiligten Akteure und Systeme jeweils optimal im Hinblick auf die Wohlfahrtsproduktion eingesetzt und damit die negativen Auswirkungen einer einseitigen professionellen, fachlichen und institutionellen Spezialisierung überwunden werden (vgl. Klie, Schuhmacher 2009, S. 36). Bezogen auf den Wohlfahrtspluralismus führt diese Perspektive zum Postulat nach Unterordnung der Individualinteressen der beteiligten Akteure, Institutionen und Sektoren unter das Ziel der Gesamt-Wohlfahrts-Optimierung.

c) **Zivilgesellschaft als normatives Konzept**
In dieser Perspektive tritt die Zivilgesellschaft als normatives Konzept an die Stelle von ehemals religiösen Werten und „ist das Projekt einer guten Gesellschaftsordnung" (Zentrum für Zivilgesellschaft 2009, S. 4). Im Mittelpunkt stehen allgemeine („zivilisierte") Verhaltensnormen in der Interaktion der Gesellschaftsmitglieder. Bezogen auf den Wohlfahrtspluralismus führt die Perspektive zum Postulat des Engagements und der aktiven Partizipation aller Gesellschaftsmitglieder in bzw. an der Wohlfahrtsproduktion.

Bleibt festzuhalten, dass sich die theoretische Verbindung von Zivilgesellschaft und Wohlfahrtspluralismus noch in der Entwicklung befindet. Die Idee der Zivilgesellschaft hat im Laufe ihrer Entwicklung diverse Ausprägungen erfahren. Insofern ist es nicht verwunderlich, dass eine klare Auslegung in Richtung einer gesellschaftlichen Konzeption nicht einfach fällt. Klar ist, dass Zivilgesellschaft mehr bedeutet als eine Bedeutungszunahme des Dritten Sektors. Was dieses Mehr tatsächlich ist, darüber sind die Ansichten allerdings vage.

Versteht man Zivilgesellschaft als Bezugsrahmen gemischter Wohl-fahrtsproduktion, so lässt sich damit die Sinnhaftigkeit der Arbeitsteilung zwischen den Sektoren bzw. den darin tätigen Akteuren begründen. Im Ver-ständnis der Zivilgesellschaft ist umfassende Wohlfahrtsproduktion nur im Miteinander unterschiedlicher gesellschaftlicher Bereiche vorstellbar. Mit-einander bedeutet mehr als Nebeneinander. Darin kann der zentrale Beitrag des Zivilgesellschaftskonzepts gesehen werden: Anerkennung des Aufeinan-derverwiesenseins der Sektoren und Akteure. Aus dem Aufeinanderverwie-sensein resultiert die Notwendigkeit von Abstimmungs- und Koordina-tionsmechanismen auf unterschiedlichen Ebenen, sei es die konzertierte Aktion im Gesundheitswesen oder das Case-Management auf individueller Ebene. Die Idee der Zivilgesellschaft adressiert jedoch nicht nur die out-putorientierte Perspektive optimaler Wohlfahrtsproduktion, sondern auch die inputorientierte Perspektive der Nutzung individueller Kompetenzen, der Partizipation, der demokratischen Mitbestimmung statt Bevormundung und der individuellen Würdigung statt anonymer Marktorientierung. Insofern lassen sich die vom Zentrum für zivilgesellschaftliche Entwicklung postu-lierten Bedeutungsebenen von Zivilgesellschaft mit dem Wohlfahrtsmix-Modell gut vereinen und bieten eine theoretische Legitimation dafür.

4.3 Wohlfahrtspluralismus und ambulant betreute Wohngemeinschaften

Ambulant betreute Wohngemeinschaften gehören zu den „paradigmatischen Trendsettern in der Pflegelandschaft" (Klie 2006a, S. 324). Sie gelten als Praxiswerkstätten, in denen versucht wird, wohlfahrtspluralistische Konzep-te im zivilgesellschaftlichen Rahmen umzusetzen. Wie in Kapitel 3 ausge-führt, gibt es ambulant betreute Wohngemeinschaften höchst unterschiedli-cher Ausprägungen. In Bezug auf den Wohlfahrtspluralismus sind insbeson-dere diejenigen Ausprägungen interessant, in denen Pflege, Betreuung und Alltagsgestaltung im Miteinander unterschiedlicher Akteure erfolgen. In diesen ambulant betreuten Wohngemeinschaften, von denen einige näher untersucht werden (vgl. Kapitel 6), wirken im Rahmen finanzieller und ge-setzlicher Vorgaben ambulante Dienste, An- bzw. Zugehörige, gesetzliche

Betreuerinnen und Betreuer, Vermieterinnen und Vermieter, bürgerschaftlich Engagierte und weitere Personen (wie z.b. Moderatorinnen und Moderatoren, Initiatorinnen und Initiatoren) daran mit, Betreuung, Pflege und Alltagsgestaltung älterer Menschen in kleinräumigen Bezügen nachhaltig sicherzustellen.

Ambulant betreute Wohngemeinschaften lassen sich nicht allein einem Bereich des Wohlfahrts-Mix-Modells zuordnen. Dessen Sektoren sind auch weniger als konkrete Gesellschaftsbereiche zu verstehen, sondern markieren vielmehr Funktions- und Handlungslogiken, Zentralwerte und Systemziele und haben insofern vor allem eine heuristische Funktion für die Untersuchung der involvierten Akteure.

In ambulant betreuten Wohngemeinschaften agieren unter anderem Investoren, Vermieterinnen und Vermieter, gewerbliche ambulante Pflegedienste und andere Leistungserbringer, die gegen Bezahlung beispielsweise Reinigungsdienste erbringen. Sie gehören dem Sektor Markt an und folgen seiner Handlungslogik. Ambulante Pflegedienste unter der Trägerschaft eines Wohlfahrtsverbandes sind der formalen Logik zufolge Akteure des Sektors Assoziationen. Da sie jedoch überwiegend marktbezogen agieren und sich an der Handlungslogik Profit orientieren, sind sie partiell auch dem Sektor Markt zugehörig (vgl. Klie et al. 2006, S. 13).

Primäre Netze umfassen Familienangehörige, Zugehörige, Freundeskreis und Nachbarschaft, deren Engagement auf Vorstellungen von Zusammenhalt ruht (vgl. Klie et al. 2006, S. 13). Bei genauer Betrachtung wird deutlich, dass eine eindeutige Zuordnung auch in diesem Fall schwierig ist. Familienangehörige, Zugehörige, Freundeskreis und Nachbarschaft sind in ambulant betreuten Wohngemeinschaften vielfach Garant für die gemeinsame Verantwortungsübernahme für die Mieterinnen und Mieter. Obwohl sie der formalen Logik des Sektorenmodells folgend den Primären Netzen zuzurechnen sind, agieren sie auch im Sinne des Sektors Assoziationen mit dem Systemimperativ der Verständigung, wenn sie sich nicht nur für ihre eigenen Angehörigen, sondern für alle Mieterinnen und Mieter einsetzen und deren Interessen in Aushandlungsprozessen mit externen Dienstleistern vertreten. Insofern sind Angehörige, Zugehörige, Freundeskreis und Nachbarn sowohl dem Sektor Primäre Netze als auch dem Sektor Assoziationen zuzuordnen.

Der Dritte Sektor bietet im Falle von ambulant betreuten Wohngemein-schaften ein uneinheitliches Bild, ohne klare Abgrenzungsmöglichkeiten. Dem Dritten Sektor zuzuordnen sind bürgerschaftlich Engagierte, die sich als Einzelpersonen, Initiativen, Vereine oder Gruppen für das Wohl der Mie-terinnen und Mieter einsetzen. Sie verfolgen keine beruflichen oder fami-liären Interessen, sondern setzen sich aus anderen Motivlagen heraus für die Mieterinnen und Mieter ein (vgl. Klie et al. 2006, S. 14). Diesem Sektor sind ebenfalls Angehörige, Zugehörige, Freundeskreis und Nachbarn zuzuord-nen, die im Sinne gemeinsamer Verantwortungsübernahme das Wohl aller Mieterinnen und Mieter im Blick haben.

Der Staat, vertreten durch Parlamente, Verwaltung und Justiz, ist in Be-zug auf ambulant betreute Wohngemeinschaften kein unmittelbar beteiligter Akteur. Er nimmt jedoch Einfluss durch Bereitstellung rechtlicher und fi-nanzieller Rahmenbedingungen, z.B. durch das Heimrecht oder die Pflege-versicherung (vgl. Klie, Roß 2007, S. 69).

Eine eindeutige Zuordnung der an ambulant betreuten Wohngemein-schaften mitwirkenden Akteure erweist sich grundsätzlich als schwierig. Abhängig von Motivlagen, Handlungs- und Funktionslogiken können bei-spielsweise Initiatorinnen und Initiatoren sowohl dem Sektor Markt als auch dem Sektor Primäre Netze oder dem Sektor Assoziationen entstammen. Das Gleiche gilt für Moderatorinnen und Moderatoren, die sich teilweise als bürgerschaftlich Engagierte in ambulant betreute Wohngemeinschaften ein-bringen (vgl. Unger 2009), deren Leistungen teilweise anderenorts aber auch „zugekauft" werden müssen. Auch die Rolle von gesetzlichen Betreuerinnen und Betreuern ist nicht eindeutig. Sie können sowohl dem Sektor Markt als auch dem Sektor Assoziationen zugehören.

Auch wenn eine eindeutige Zuordnung von Akteuren zu den Sektoren nicht möglich ist, ist die grundsätzliche Erkenntnis, dass optimale Betreuung und Pflege der Mieterinnen und Mieter nur durch die Koproduktion ver-schiedener Akteure gelingen kann, von zentraler Bedeutung. Das Zusam-menwirken und Ausbalancieren verschiedener Rollen, Funktionen und Modi der Hilfe macht die Qualität ambulant betreuter Wohngemeinschaften aus. „Die Akteure handeln im Bewusstsein, sich gegenseitig zu ergänzen, auf-einander verwiesen zu sein und jeweils ihren spezifischen Beitrag zur Be-gleitung und Pflege von Menschen leisten zu können. In der kreativen,

pragmatischen und fachlichen Ausgestaltung des Alltags durch die beteiligten Akteure operationalisiert sich der Welfare Mix als Koproduktion" (Klie
et al. 2006, S. 14).

Die wohlfahrtspluralistische Umsetzung ambulant betreuter Wohngemeinschaften (mit Beteiligten aller Sektoren) bringt viele Vorteile mit sich,
wie integrative Wirkung, Beseitigung fiskalischer Effekte, Schaffung und
Sicherung einer umfassenden und ganzheitlichen Qualität, Ausbalancieren
von Machtverhältnissen und Etablierung von demokratischen Teilhabeformen in Pflege und Betreuung. Sie birgt aber andererseits auch Gefahren,
etwa die des Rückbaus sozialstaatlicher Leistungen aufgrund der Einbeziehung bürgerschaftlich Engagierter. Zudem ist die Balance der Sektoren und
Akteure fragil und kann verloren gehen. Trotz dieser möglichen Bedenken,
gibt es keine Alternativen bei der Neuausrichtung von alternativen Wohn-
und Betreuungsformen (vgl. Klie 2006a, S. 326f). In dieser Arbeit sollen
deshalb Teilhabeformen, die insbesondere von bürgerschaftlich Engagierten,
Angehörigen, Zugehörigen, Freundeskreis und Nachbarschaft realisiert werden, im Hinblick auf Qualität und Integration in ambulant betreuten Wohngemeinschaften näher untersucht werden. Zuvor erfolgt jedoch eine kurze
Bestandsaufnahme bürgerschaftlichen Engagements.

4.4 Bestandserhebung: Bürgerschaftliches Engagement

Die Vielfalt bürgerschaftlichen Engagements schlägt sich in der Vielzahl
von Begriffen nieder, die für dieses Phänomen verwendet werden. Man
spricht von bürgerschaftlichem, ehrenamtlichem, freiwilligem, gemeinwohl-
orientiertem und zivilgesellschaftlichem Engagement oder von Selbsthilfe
und Bürger- bzw. Freiwilligenarbeit (vgl. Deutscher Bundestag 2002, S. 73).
Die Bezeichnung bürgerschaftliches Engagement betont den zivilgesellschaftlichen Bezugsrahmen (vgl. BMFSFJ 2005, S. 50) und wird deshalb
auch in dieser Arbeit verwendet. Auf der Grundlage eines zivilgesellschaftlichen Verständnisses wird bürgerschaftliches Engagement verstanden als:
„Jede Engagementform, die sich als Beitrag zur Stabilität sozialer Sicherung
und gesellschaftlicher Stabilität und als Beitrag zur sozialen Teilhabesiche-
rung von Bürgerinnen und Bürgern versteht oder darstellt und dabei zivilge-

sellschaftlichen Werthaltungen verpflichtet ist" (Klie 2006b, S. 2). Diese Definition schließt sowohl organisierte Formen des Ehrenamts und der Freiwilligenarbeit ein als auch nicht organisierte Formen, die ohne fachliche Begleitung entstehen.

Die Enquetekommission „Zukunft des Bürgerschaftlichen Engagements" des Deutschen Bundestages verwendet einen sehr weit gefassten Begriff, der sowohl politisches, als auch soziales und gesellliges Engagement einschließt (vgl. Zimmer 2007, S. 96). Bürgerschaftliches Engagement wird definiert als „eine freiwillige, nicht auf das Erzielen eines persönlichen materiellen Gewinns gerichtete, auf das Gemeinwohl hin orientierte, kooperative Tätigkeit. Sie entfaltet sich in der Regel in Organisationen und Institutionen im öffentlichen Raum der Bürgergesellschaft. Selbstorganisation, Selbstermächtigung und Bürgerrechte sind die Fundamente einer Teilhabe und Mitgestaltung der Bürgerinnen und Bürger an Entscheidungsprozessen. Bürgerschaftliches Engagement schafft Sozialkapital, trägt damit zur Verbesserung der gesellschaftlichen Wohlfahrt bei und entwickelt sich, da es von den Bürgerinnen und Bürgern ständig aus der Erfahrung ihres Lebensalltags gespeist wird, als offener gesellschaftlicher Lernprozess. In dieser Qualität liegt der Eigensinn, der über den Beitrag zum Zusammenhalt von Gesellschaft und politischem Gemeinwesen hinausgeht" (Deutscher Bundestag 2002, S. 90). Der Definition folgend umfasst bürgerschaftliches Engagement auch das Stiften und Spenden von Geld, die Mitwirkung in Selbsthilfegruppen sowie andere Partizipationsformen. Der Bericht der Enquetekommission zeigt die unterschiedlichen Realisierungsformen bürgerschaftlichen Engagements auf. Er unterscheidet zwischen politischem und sozialem Engagement sowie dem Engagement in Vereinen, Verbänden und öffentlichen Funktionen. Ebenfalls aufgeführt werden verschiedene Formen gegenseitigen Helfens (z.B. Tauschringe oder Nachbarschaftshilfen) und der Selbsthilfe. Schließlich wird auch das Engagement von Unternehmen (z.B. Spenden, Sponsoring, Corporate Citizenship) benannt (vgl. Deutscher Bundestag 2002, S. 64ff). Die Kommission hat sich bewusst auf die Sprachregelung „bürgerschaftliches Engagement" verständigt, um sich vom „ehrenamtlichen Engagement" abzugrenzen, das oftmals auf die freiwillige und unbezahlte Übernahme von Aufgaben in Vereinen, Initiativen und Projekten reduziert wird. Bürgerschaftliches Engagement steht in einer demokratisch-republikanischen Tradition und weist einen zivilgesellschaftlichen Bezug auf, wohingegen Ehrenamt eher obrigkeitsstaatlich-etatistisch eingebettet ist (vgl. Zimmer 2007, S. 97ff).

Bürgerschaftliches Engagement, das auf der Leitidee der Zivilgesellschaft basiert, realisiert Möglichkeiten selbstorganisierter Mitgestaltung und Beteiligung. Entlang einer Bestandsaufnahme sollen Entwicklungen, Motive, Strukturen sowie Verbesserungsbedarfe der Rahmenbedingungen bürgerschaftlichen Engagements kurz dargestellt werden. Die Bestandsaufnahme gründet auf den Ergebnissen der dritten Welle des Freiwilligensurveys aus dem Jahr 2009, die im Auftrag des BMFSFJ im Rahmen einer repräsentativen Dauerbeobachtung der Entwicklung bürgerschaftlichen Engagements in Deutschland durchgeführt wurde (vgl. BMFSFJ 2010). Der im Freiwilligensurvey verwendete Begriff „freiwilliges Engagement" ist synonym zu „bürgerschaftliches Engagement" zu verstehen.

4.4.1 Entwicklung bürgerschaftlichen Engagements in Deutschland

Der Freiwilligensurvey von 2009 unterscheidet zwischen öffentlicher Aktivität und freiwilligem Engagement. Mehr als zwei Drittel (71 %) der Bevölkerung sind außerhalb ihrer erwerbsbezogenen oder familiären Aufgaben in einem Verein, einer Gruppe, einem Verband oder einer Organisation aktiv. Rund die Hälfte davon (36 %) ist „freiwillig", synonym für „bürgerschaftlich" engagiert und übernimmt darüber hinaus freiwillige Aufgaben. Im Vergleich zu 1999 bedeutet dies einen geringfügigen Anstieg der Engagementquote um zwei Prozentpunkte (vgl. BMFSFJ 2010, S. 96).

Die Bereiche, in denen Bürgerinnen und Bürger sich engagieren, sind vielfältig. Der mit Abstand größte Bereich bürgerschaftlichen Engagements ist „Sport und Bewegung" (10,1 %). Zu den großen Engagementbereichen gehören ferner „Schule und Kindergarten" (6,9 %), „Kirche und Religion" (6,9 %), „Sozialer Bereich" (5,2 %), „Kultur und Musik" (5,2 %) und „Freizeit und Geselligkeit" (4,6 %). Insgesamt ist in den meisten Bereichen Wachstum zu verzeichnen, besonders deutlich im Bereich „Soziales" (vgl. BMFSFJ 2010, S. 7).

Eine altersdifferenzierte Erfassung zeigt, dass eine besonders deutliche und kontinuierliche Steigerung bürgerschaftlichen Engagements bei den älteren Menschen zu verzeichnen ist. Die Engagementquote der über 65-Jährigen stieg von 23 % im Jahr 1999 auf 28 % im Jahr 2009. Die stärksten Zuwächse gab es bei der Altersgruppe der 65- bis 74-Jährigen. Bis zur Altersgrenze von 75 Jahren ist ein bemerkenswert hohes Engagement mit 29 % feststellbar (vgl. BMFSFJ 2010, S. 20, S. 156). Nach wie vor ist das bürgerschaftliche Engagement jedoch vor allem bei den mittleren Jahrgängen (30- bis 49-Jährigen) am stärksten ausgeprägt (vgl. BMFSFJ 2010, S. 156f).

Das bürgerschaftliche Engagement ist in nahezu allen Altersgruppen bei Männern deutlich höher als bei Frauen (vgl. BMFSFJ 2010, S. 99, S. 169). So haben sich im Jahr 2009 rund 40 % der Männer im Vergleich zu 32 % der Frauen bürgerschaftlich engagiert. Sowohl bei Frauen als auch bei Männern ist ein Anstieg um jeweils 2 % im Vergleich zu 1999 zu verzeichnen. Die geschlechtsspezifischen Unterschiede sind in der Schwierigkeit der Vereinbarkeit von Bildung, Beruf und Familie zu sehen. Frauen leisten im Vergleich zu Männern nach wie vor neben ihrer Bildungs-, Ausbildungs- und Erwerbsarbeit im Vergleich zu Männern mehr Familien- und soziale Beziehungsarbeit (inkl. Pflege von Angehörigen). Vor diesem Hintergrund ist zu beobachten, dass sich die traditionelle Arbeitsteilung der Geschlechter im Privaten, in der Gesellschaft und im Beruf auch in der Zivilgesellschaft weiter fortsetzt (vgl. BMFSFJ 2010, S. 167f).

Auswertungen nach Arbeitsmarktgruppen zeigen, dass das bürgerschaftliche Engagement bei der Gruppe „Erwerbstätig unter 35 Stunden" mit 43 % am stärksten und bei der Gruppe „Arbeitslos gemeldet, Arbeitslosengeld 2" mit 22 % am niedrigsten ausgeprägt ist (vgl. BMFSFJ 2010, S. 22). Insgesamt sind hinsichtlich des Erwerbsstatus Unterschiede im bürgerschaftlichen Engagement festzustellen: die größte Gruppe sind die „Erwerbstätigen" mit 40 %, gefolgt von „Schülerinnen und Schülern, Auszubildenden und Studierenden" mit 38 %, „Hausfrauen" mit 36 %, „Rentnerinnen bzw. Rentnern" mit 30 % und „Arbeitslosen" mit 26 %. Gute Integration und positive Lebensmotivation erscheinen folglich wichtigere Faktoren für bürgerschaftliches Engagement zu sein als Hindernisse, die dem Engagement aufgrund der zeitlichen Beanspruchung von Beruf oder Schule entgegenstehen (vgl. BMFSFJ 2010, S. 102f).

Interessant ist in diesem Zusammenhang auch der vom Berlin-Institut aufgezeigte Zusammenhang zwischen gesellschaftlichen Milieus und bürgerschaftlichem Engagement. Grundsätzlich unterscheidet das Sinus-Institut zehn gesellschaftliche Milieus in Deutschland, die in Einkommen, Lebensweise und Wertesystem aber auch durch unterschiedliche Einstellungen zu bürgerschaftlichem Engagement voneinander abweichen. Demnach engagieren sich Angehörige des traditionellen Milieus eher in Vereins- oder Gewerkschaftsbezügen, wohingegen die „Liberal-Intellektuellen", die „Performer", das „sozialökologische" Milieu und das „expeditive" Milieu vornehmlich in neue Formen des bürgerschaftlichen Engagements drängen und selbst bestimmen wollen, in welchem Umfang und auf welche Art und Weise sie sich engagieren wollen (vgl. Berlin-Institut 2011a, S. 104f).

Jähnert (2011) führt die Befunde des Freiwilligensurveys und des Sinus-Milieus in Abbildung 6 zusammen und zeichnet dabei folgendes Bild:

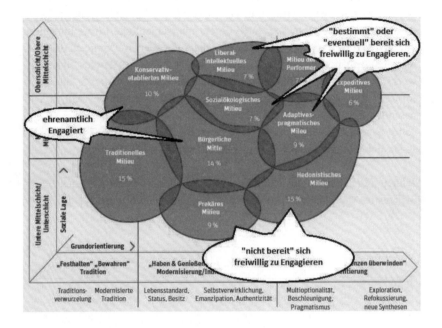

Abbildung 6: Überarbeitete „Kartoffelgrafik" der Sinus-Milieus (Jähnert 2011, S. 2)

Er geht davon aus, dass 24 % der Deutschen aus dem „prekären" Milieu und dem „hedonistischen" Milieu kaum oder gar nicht bereit sind, sich bürgerschaftlich zu engagieren. Insgesamt 39 % der Deutschen aus der „bürgerliche Mitte" sowie aus dem „traditionellen" Milieu und dem „konservativetablierten" Milieu sind engagiert, während sich die restlichen 36 % aus den sogenannten „neuen Mittel- und Oberschichten" (noch) nicht engagieren würden. Zu diesen „neuen Mittel- und Oberschichten" zählen Angehörige aus dem „liberal-intellektuellen", dem „sozialökologischen", dem „adaptivpragmatischen", dem „expeditiven" Milieu sowie dem „Milieu der Performer" (vgl. Jähnert 2011, S. 2f). Damit steht ein erhebliches Reservoir zur Verfügung, das durch neue Betätigungsmöglichkeiten, beispielsweise in ambulant betreuten Wohngemeinschaften, erschlossen werden kann.

4.4.2 Motive bürgerschaftlichen Engagements in Deutschland

Im Freiwilligensurvey werden seit 2004 neben Ausmaß und Verbreitung auch Motive des bürgerschaftlichen Engagements erhoben (vgl. BMFSFJ 2010, S. 115ff).

Besonders viele Bürgerinnen und Bürger engagieren sich, weil sie dadurch „mit anderen Menschen zusammenkommen" (96 %) und „die Gesellschaft zumindest im Kleinen mitgestalten" (94 %) wollen. Immer mehr Menschen betrachten scheinbar ihr Engagement auch als soziale Kontaktbörse und wollen es daher in überschaubaren und als unmittelbar beeinflussbar wahrgenommenen Felder ausüben. Für jüngere Menschen stellt bürgerschaftliches Engagement zudem eine Möglichkeit zur Qualifikation (64 %) dar (vgl. BMFSFJ 2010, S. 115ff).

In Bezug auf die an bürgerschaftliches Engagement geknüpften Erwartungen sind zwischen 1999 und 2009 keine wesentlichen Veränderungen festzustellen. Von größter Bedeutung für die Engagierten ist nach wie vor die Bereicherung des Lebensgefühls und der Lebensfreude („Tätigkeit soll Spaß machen"), die Möglichkeit zu interessanten sozialen Kontakten („Zusammenkommen mit sympathischen Menschen") sowie die Absicht, andere Menschen zu unterstützen („anderen Menschen helfen" und „etwas für das Gemeinwohl tun"). Hohe Bedeutung haben auch die Kompetenzerweiterung, die Verantwortungsübernahme und die mit dem Engagement verbundene Anerkennung („Erweiterung der eigenen Kenntnisse und Fähigkeiten", „Wahrnehmung von Verantwortung und Entscheidungsmöglichkeiten" sowie „Finden von Anerkennung"), (vgl. BMFSFJ 2010, S. 119ff).

4.4.3 Strukturen bürgerschaftlichen Engagements in Deutschland

Der Freiwilligensurvey enthält darüber hinaus Informationen über die organisatorischen und zeitlichen Strukturen und die präferierten Adressaten bürgerschaftlichen Engagements (vgl. BMFSFJ 2010, S. 173ff).

Was die organisatorische Einbettung betrifft, werden in Deutschland rund 46 % und damit fast die Hälfte aller Tätigkeiten im Bereich bürgerschaftlichen Engagements in Vereinen ausgeübt. Der Verein ist die mit Abstand bedeutendste Organisationsform. Mit 14 % stellen Kirchen bzw. religiöse Einrichtungen und mit 13 % Gruppen und Initiativen weitere wichtige Organisationsformen dar. Eine etwas geringere Rolle spielen staatliche und kommunale Einrichtungen, Verbände, private Einrichtungen, Stiftungen sowie Parteien bzw. Gewerkschaften mit jeweils unter 10 %. Hervorzuheben ist die Stabilität der organisatorischen Strukturen des bürgerschaftlichen Engagements über die drei Untersuchungswellen hinweg (vgl. BMFSFJ 2010, S. 173ff).

Was die zeitliche Gestaltung des bürgerschaftlichen Engagements betrifft, ist zu beobachten, dass rund 56 % aller Engagements mindestens einmal wöchentlich ausgeübt werden. Weitere 22 % werden mehrmals im Monat ausgeübt. Das bedeutet, dass die meisten, die sich bürgerschaftlich engagieren, dies auch regelmäßig tun. Diese Verteilung ist über den Erhebungszeitraum ebenfalls stabil (vgl. BMFSFJ 2010, S. 208f). Zu beobachten ist, dass Männer mehr Zeit in bürgerschaftliches Engagement investieren als Frauen. Dass sie sich mehrmals pro Woche engagieren, kommt bei Männern häufiger vor als bei Frauen. Zu erklären ist diese geschlechterspezifische Divergenz vermutlich damit, dass die häufigste Tageszeit zu der bürgerschaftliches Engagement stattfindet, abends, nachts oder am Wochenende ist. Insbesondere erwerbstätige Frauen mit Kindern sind zu diesen Zeiten familiär nur bedingt abkömmlich (vgl. BMFSFJ 2010, S. 201f).

Was die Adressaten bürgerschaftlichen Engagements betrifft, gab 2009 die Mehrheit aller Befragten (41 %) an, dass ihr Engagement keiner bestimmten Zielgruppe zugutekomme. Der Rest verteilt sich auf Kinder und Jugendliche (35 %), ältere Menschen (10 %), Familien (4 %), Frauen (2 %) und andere Personenkreise (8 %), (vgl. BMFSFJ 2010, S. 231f).

4.4.4 Rahmenbedingungen bürgerschaftlichen Engagements in Deutschland

Im Freiwilligensurvey wurden die bürgerschaftlich Engagierten überdies gebeten, die Unterstützung, die ihr Engagement aus unterschiedlichen Richtungen (Arbeitgeber, Organisationen/Einrichtungen, Staat/Öffentlichkeit) erfährt, zu beurteilen (vgl. BMFSFJ 2010, S. 271ff).

Die Ergebnisse zeigen, dass seitens der Arbeitgeber mehrheitlich (43 %) keine Unterstützung erfolgt. Nur bei rund 30 % der Befragten unterstützt der

Arbeitgeber das Engagement. 27 % der Befragten sehen auch keinen Unterstützungsbedarf seitens des Arbeitgebers (vgl. BMFSFJ 2010, S. 271f). Wenn bürgerschaftliches Engagement gefördert wird, so erfolgt dies primär durch flexible Arbeitszeitgestaltung, Freistellungen und Nutzung der Infrastruktur des Arbeitgebers (vgl. BMFSFJ 2010, S. 277f).

In Bezug auf unterstützende Rahmenbedingungen in Organisationen und Einrichtungen, halten bürgerschaftlich Engagierte eine ausreichende Projektfinanzierung für besonders ausschlaggebend (62 %), gefolgt von der Bereitstellung von Räumen und Sachmitteln (42 %), Weiterbildungsmöglichkeiten (35 %), fachlicher Unterstützung (33 %), unbürokratischer Kostenerstattung (32 %), besserer Wertschätzung durch Hauptamtliche (27 %) und besserer finanzieller Vergütung (23 %). In allen diesen Punkten wird Verbesserungsbedarf gesehen (vgl. BMFSFJ 2010, S. 280f).

Was die Rahmenbedingungen seitens Staat und Öffentlichkeit betrifft, sehen bürgerschaftlich Engagierte nach wie vor einen hohen Verbesserungsbedarf bei der Beratung über die Möglichkeiten des Engagements (55 %). Die steuerliche Absetzbarkeit von Unkosten (46 %), die Absetzbarkeit von Aufwandsentschädigungen (44 %) und die Anerkennung durch Berichte in Presse und Medien (46 %) rangieren dicht dahinter. Die Anerkennung freiwilliger Tätigkeiten als berufliches Praktikum (40 %) und die Absicherung Freiwilliger durch Haft- und Unfallversicherung (38 %) sind weitere wichtige Kriterien. Von den Betroffenen stärker gefordert wird insbesondere die öffentliche Anerkennung (25 %). Diese Aspekte sind von besonderer Bedeutung, wenn es darum geht, Engagementpotenziale zu erschließen (vgl. BMFSFJ 2010, S. 289ff).

4.5 Zusammenfassung

Bürgerschaftliches Engagement ist wesentlicher Bestandteil einer modernen Demokratie und eines nachhaltigen Sozialstaates. Neben der individuellen Bedeutung für den Einzelnen hat bürgerschaftliches Engagement immer auch zivilgesellschaftliche Relevanz. Im Vordergrund steht die Verantwortungsgemeinschaft von Staat, Markt, primären Netzen und Zivilgesellschaft.

Die Daten des Freiwilligensurveys zeigen, dass bürgerschaftliches Engagement geprägt ist durch eine Pluralität von Strukturen, Motiven und Rahmenbedingungen. Diese Vielfalt bildet sich auch in ambulant betreuten Wohngemeinschaften ab. Sie sind geprägt von unterschiedlichem Engagement unterschiedlicher Akteure, in unterschiedlichen Rollen, mit unterschiedlichen Motiven, in unterschiedlichen Strukturen und Rahmenbedingungen. In ambulant betreuten Wohngemeinschaften ist bürgerschaftliches Engagement nicht nur als freiwillige und unbezahlte Übernahme definierter Aufgaben zu verstehen, sondern als Ausdruck von Selbstorganisation, Eigenverantwortung und Bürgerbeteiligung. Hier erscheint angesichts der Befunde, dass insbesondere Angehörige der sogenannten neuen „Mittel- und Oberschicht" sich (noch) nicht engagieren und wenn, dann selbst bestimmen wollen, auf welche Weise und wie lange sie sich einbringen noch ein Potenzial von bürgerschaftlich Engagierten vorhanden zu sein, dass für ambulant betreute Wohngemeinschaften geradezu prädestiniert erscheint.

Mit bürgerschaftlichem Engagement auf Grundlage eines zivilgesellschaftlichen Verständnisses geht eine Veränderung des Verhältnisses der Akteure Staat, Markt und primäre Netze einher. Bürgerschaftliches Engagement, verstanden als Ausdruck einer selbstbewussten, auch aufmüpfigen bzw. staatskritischen Bürgerhaltung, kann unbequem sein und Forderungen stellen. Insofern ist es spannend zu beobachten, inwiefern bürgerschaftliches Engagement selbstbewusster und kritischer Bürgerinnen und Bürger Einfluss auf die Strukturen ambulant betreuter Wohngemeinschaften nimmt.

Der Freiwilligensurvey fokussiert primär die Perspektive der Engagierten. Im Rahmen der empirischen Studie dieser Arbeit soll neben der Angebotsseite auch die Nachfrageseite, das heißt die Sichtweise der ambulant betreuten Wohngemeinschaften eingenommen werden, um herauszufinden, inwiefern die Logik der Engagierten mit den Erfordernissen ambulant betreuter Wohngemeinschaften harmoniert, wo es zu Konflikten kommt und inwiefern bürgerschaftliches Engagement ambulant betreute Wohngemeinschaften prägen kann bzw. prägt.

5. Untersuchungsdesign

Im Anschluss an die Literaturanalyse zu den theoretischen Grundlagen und den Kontextfaktoren steht im folgenden Abschnitt die empirische Untersuchung, die im Rahmen dieser Arbeit durchgeführt wurde, im Mittelpunkt. Zunächst werden die untersuchungsleitenden Fragestellungen und die Untersuchungsmethodik dargestellt. Die Vorgehensweise und die Erfahrungen im Feld sind Gegenstand einer anschließenden Reflexion.

5.1 Fragestellungen

Das Untersuchungsziel der vorliegenden Arbeit ist es, Erkenntnisse über die Bedeutung bürgerschaftlichen Engagements in ambulant betreuten Wohngemeinschaften zu gewinnen. Um existierendes bürgerschaftliches Engagement in ambulant betreuten Wohngemeinschaften beschreiben und analysieren zu können, bedarf es eines empirischen Zugangs. Das in Kapitel 4 vorgestellte Sektorenmodell der modernen Wohlfahrtsproduktion bildet hierfür den theoretischen Bezugsrahmen. Ausgehend von diesem werden in der empirischen Untersuchung insbesondere die bürgerschaftlich Engagierten und die Angehörigen sowie deren Funktionen und Beiträge in ambulant betreuten Wohngemeinschaften in den Blick genommen.

Abgeleitet aus dem theoretischen Bezugsrahmen wird verschiedenen Fragen, die in Abbildung 7 im Überblick enthalten sind, empirisch nachgegangen.

Dabei handelt es sich um Fragen, mittels derer versucht wird, die Spezifika von in ambulant betreuten Wohngemeinschaften stattfindendem bürgerschaftlichen Engagement genauer zu erfassen und zu beschreiben, und zwar hinsichtlich Quantität, Qualität, Entwicklung, Rahmenbedingungen, Zugangswege, Anerkennungen sowie Motivlagen, Präferenzen und Belastungen der Engagierten und geschlechtsspezifischen Unterschiede. Zum anderen handelt es sich um Fragen, mit denen versucht wird, die Integration des bürgerschaftlichen Engagements in die konkrete, dem Betrieb der ambulant betreuten Wohngemeinschaft zugrunde liegende Wohlfahrtsmixtur genauer zu erfassen und zu beschreiben. Diese Fragen zielen auf die Feststellung der

Beiträge und Leistungen der Akteure aus den unterschiedlichen Sektoren, Aufgabenverteilungen, Kooperations- und Abstimmungsmechanismen, gegenseitigen Einschätzungen sowie Über- und Unterordnungen. Der Fokus ist natürlich auf die An- bzw. Einbindung bürgerschaftlichen Engagements gerichtet. Vervollständigt wird der Interviewleitfaden durch Fragen zu den Besonderheiten der ambulant betreuten Wohngemeinschaften und zum generellen Verständnis bürgerschaftlichen Engagements.

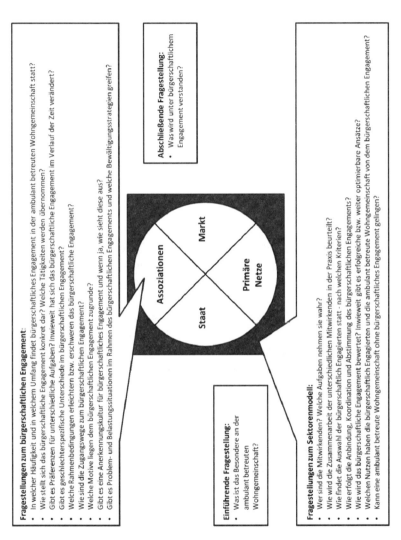

Abbildung 7: Fragestellungen der empirischen Untersuchung

Mit den Ergebnissen zu diesen Fragen sollen Erkenntnisse zur Bedeutung bürgerschaftlichen Engagements in ambulant betreuten Wohngemeinschaften gewonnen und anschließend durch kritische Reflexion vor dem Hintergrund des theoretischen Bezugsrahmens zu verallgemeinerbaren Aussagen (zentrale Ergebnisse) vorangetrieben werden.

5.2 Methodisches Vorgehen

Die empirische Studie untersucht das Phänomen des bürgerschaftlichen Engagements in ambulant betreuten Wohngemeinschaften. Im deutschsprachigen Raum liegen hierzu bislang nur wenig theoretische respektive empirische Erkenntnisse vor, sodass ein Vorgehen in Form einer explorativen Studie zielführend erscheint. Mayring formuliert das so: „Das zentrale Element explorativer Studien ist, dass der Forschungsgegenstand zum Gegenstand noch so rudimentär ist, dass keine präzisen Fragestellungen, Beschreibungsdimensionen oder Hypothesen formulierbar sind" (Mayring 2010, S. 232). Dabei ist der Grundgedanke von nicht hypothesengeleiteten, explorativen Studien, dass man dem Forschungsgegenstand möglichst nahe kommen will, um zu neuen, differenzierten Fragestellungen und Hypothesen zu gelangen (vgl. Mayring 2010, S. 231). Damit wird der zentralen Anforderung, die Methode an die Besonderheiten des zu untersuchenden Gegenstandsbereichs, die Eigenheiten des Forschungsfeldes und die Bedürfnisse der Informantinnen und Informanten anzupassen, Rechnung getragen (vgl. Lamnek 2005, S. 92). Explorative Studien dienen dazu, ein klareres Verständnis zu erhalten und relevante Informationen des Themenbereichs zu ermitteln, ohne Gefahr zu laufen, aufgrund des begrenzten Vorwissens, dem Erkenntnisziel nicht gerecht zu werden (vgl. Lamnek 2005, S. 303f). Bei der Konzeption einer explorativen Studie sind drei Aspekte vorab festzulegen: Populationsauswahl, Datenerhebung und Auswertung des Materials (vgl. Lamnek 2005, S. 313ff).

5.2.1 Populationsauswahl

Im Rahmen der explorativen Studie wurden drei ambulant betreute Wohngemeinschaften in Deutschland einer detaillierten Betrachtung unterzogen. Die Auswahl der Untersuchungsobjekte wurde anhand folgender Kriterien getroffen:

- Die ambulant betreuten Wohngemeinschaften sollten die Grundprinzipien Selbstbestimmung, Normalität, Versorgungssicherheit und Gemeinwesenbezug (vgl. 3.4) erfüllen, um sicherzustellen, dass Betreuungsformen untersucht werden, die den Definitionskriterien ambulant betreuter Wohngemeinschaften entsprechen und sich nicht nur als solche bezeichnen.
- In den ambulant betreuten Wohngemeinschaften sollte bürgerschaftliches Engagement vorhanden sein und gelebt werden, da es aufgrund der Untersuchungsfrage, des Untersuchungsdesigns und der damit einhergehenden Beschränkung auf wenige Untersuchungsobjekte nicht als zielführend erachtet wird, quasi komparativ ambulant betreute Wohngemeinschaften mit minimalem oder keinem bürgerschaftlichen Engagement einzubeziehen.
- Um im Rahmen der Untersuchung eine Vielfalt an Modellen zu erfassen, sollten sich die ambulant betreuten Wohngemeinschaften hinsichtlich möglichst vieler der folgenden Kriterien unterscheiden:
  - o Gründungsimpuls
  - o Inbetriebnahme
  - o Grad der Autonomie
  - o Größe bzw. Zielgruppe
  - o Beteiligung Angehöriger
  - o Beteiligung bürgerschaftlich Engagierter
  - o Region
  - o Bundesland.

Basierend auf Literaturrecherchen sowie auf Informationen, die im Rahmen einschlägiger Fachtagungen und Kongresse gesammelt wurden, konnten drei ambulant betreute Wohngemeinschaften identifiziert werden. Tabelle 5 gibt einen Überblick über die gewählten ambulant betreuten Wohngemeinschaften sowie die Unterscheidungsmerkmale, die diese Kriterien erfüllen.

Unter-scheidungs-kriterien	WOGE A	WOGE B	WOGE C
Gründungs-impuls	bürgerschaftlich Engagierte	Pflegedienst	Angehörige
Inbetrieb-nahme	2008	2007	2003
Grad der Autonomie	solitär Netzwerk mit anderen Wohngemeinschaften (Informationsaustausch)	im Verbund in unmittelbarer Nähe zwei weitere Wohngemeinschaften	Solitär
Größe bzw. Zielgruppe	10 Personen mit Demenzerkrankung	8 Personen mit Hilfebedarf	8 Personen überwiegend mit Demenzerkrankung
Beteiligung Angehöriger	verpflichtende Mitarbeit im Umfang von 20 Wochenstunden pro Monat	gewünschte Mitarbeit	erforderliche Mitarbeit (konzeptionell verankert)
Beteiligung bürgerschaft-lich Engagier-ter	grundsätzliche Beteiligung in allen Bereichen (Vermietung, Öffentlichkeitsarbeit, betreuerische Tätigkeiten usw.)	Beteiligung in Form von Moderation und zusätzlichen Betreuungsleistungen	Beteiligung in unterschiedlichen Bereichen (Verein, Haushaltsunterstützung, Betreuung)
Region	Kleinere Stadt (Einwohnerzahl: 220.000)	ländliche Region (Einwohnerzahl: 9.700)	Großstadt (Einwohnerzahl: 550.000)
Bundesland	Baden-Württemberg	Brandenburg	Stadtstaat

Tabelle 5: Überblick über die untersuchten ambulant betreuten Wohngemeinschaften

Die WOGE A[12] wurde 2008 von bürgerschaftlich Engagierten initiiert und steht deshalb in besonderer Weise für die gemeinsame Verantwortungsübernahme der Bürgerinnen und Bürgern. Sie ist konzeptionell und organisatorisch unabhängig von anderen ambulant betreuten Wohngemeinschaften in der Region. Ein bestehendes Netzwerk mit anderen ambulant betreuten Wohngemeinschaften dient insbesondere dem Informationsaustausch und der fachlichen Beratung. Im Vergleich zu den anderen untersuchten ambulant betreuten Wohngemeinschaften ist diese Wohngemeinschaft mit insgesamt zehn Mieterinnen und Mietern die größte und ausschließlich für die Betreuung von Menschen mit Demenzerkrankungen konzipiert. Ein besonderes Charakteristikum der WOGE A ist die verpflichtende Mitarbeit der Angehörigen im Umfang von 20 Stunden im Monat. Auch die grundsätzliche und systematische Beteiligung bürgerschaftlich Engagierter in allen Bereichen und auf allen Akteursebenen ist in dieser Form außergewöhnlich. Die ambulant betreute Wohngemeinschaft ist in einer Stadt in Baden-Württemberg angesiedelt.

Die WOGE B wurde 2007, wie die Mehrzahl der bestehenden ambulant betreuten Wohngemeinschaften in Deutschland, von einem Pflegedienst initiiert. Sie ist eine von insgesamt acht durch diesen Pflegedienst initiierten ambulant betreuten Wohngemeinschaften. Zwei weitere dieser ambulant betreuten Wohngemeinschaften befinden sich in unmittelbarer Nähe, so dass die Pflege und Betreuung – anders als bei WOGE A und WOGE C – im Verbund organisiert wird. In der WOGE B leben acht Mieterinnen und Mieter mit Hilfebedarf. Eine ausschließliche Fokussierung auf Menschen mit Demenzerkrankungen ist nicht gegeben. Die Beteiligung der Angehörigen ist vorgesehen aber nicht verpflichtend oder konzeptionell verankert. Bürgerschaftliches Engagement wird in der WOGE C überwiegend von Helferinnen und Helfern erbracht, die mit dem ambulanten Pflegedienst in Kontakt stehen und im Rahmen der sogenannten zusätzlichen Betreuungsleistungen tätig werden. Eine Besonderheit stellt die auf Grundlage bürgerschaftlichen Engagements tätige Moderatorin dar, die die WOGE B fachlich

---

[12] Die drei ausgewählten und untersuchten ambulant betreuten Wohngemeinschaften werden im Folgenden zum Zweck der Anonymisierung und Vereinfachung mit WOGE A, WOGE B und WOGE C bezeichnet.

begleitet. Die WOGE B ist in einer eher ländlich geprägten Region in einer kleineren Kommune in Brandenburg angesiedelt und unterscheidet sich auch in diesem Punkt von WOGE A und WOGE C.

Über einen in der Landschaft ambulant betreuter Wohngemeinschaften vergleichbar langen Erfahrungshintergrund verfügt WOGE C, die bereits 2003 von einer Angehörigen initiiert wurde. Sie wurde von der Initiatorin solitär konzipiert und wird nach wie vor so organisiert. In der WOGE C leben insgesamt acht Personen, die überwiegend an einer Demenz erkrankt sind. In Bezug auf die Beteiligung Angehöriger wurde im Vergleich zu WOGE A oder WOGE B eine andere Lösung gewählt. Die Mitarbeit und Mitgestaltung ist in Form eines sogenannten Drei-Säulen-Modells (aktive Zusammenarbeit von Angehörigen, Vermieterinnen bzw. Vermieter und Pflegedienst) konzeptionell verankert. Daher ist die Bereitschaft der Angehörigen zur Mitgestaltung ein wichtiges Entscheidungskriterium beim Neueinzug einer Mieterin oder eines Mieters. Bürgerschaftliches Engagement findet auf zweifache Weise statt: Zum einen sind bürgerschaftlich Engagierte direkt in der WOGE C tätig und zum anderen sind sie in dem Verein aktiv, der die WOGE C unterstützt. Die WOGE C befindet sich in einem Stadtteil eines Stadtstaates.

Mithilfe einer Beschreibung des Forschungsvorhabens wurde zu allen drei ambulant betreuten Wohngemeinschaften Kontakt aufgenommen und um Teilnahme gebeten. Alle drei angefragten ambulant betreuten Wohngemeinschaften standen der Untersuchung wohlwollend gegenüber und erklärten sich bereit, mitzuwirken.

5.2.2 Datenerhebung

In einem ersten Schritt wurden auf der Grundlage einer Dokumentenanalyse Steckbriefe der ambulant betreuten Wohngemeinschaften erstellt. Durch multiperspektivisch qualitative Interviews (vgl. Anlagen 4-7) wurden in einem zweiten Schritt Informationen zum bürgerschaftlichen Engagement in den ambulant betreuten Wohngemeinschaften erhoben. Im weiteren Verlauf wurden die Steckbriefe auf Basis der Informationen im Rahmen der Interviews ergänzt und fortgeschrieben. In einem dritten Schritt wurden die auf der Basis der Dokumentenanalyse und der multiperspektivisch qualitativen

Interviews generierten Ergebnisse anhand einer Gruppendiskussion (vgl. Anlage 11) mit Expertinnen und Experten validiert.

5.2.2.1 Dokumentenanalyse

Die Dokumentenanalyse ist eine Erhebungstechnik, die vorhandene schriftliche Texte (Dokumente) als Informationsquellen nutzt. Dabei handelt es sich zum Beispiel um Konzeptbeschreibungen, Berichte, Protokolle, Stellenbeschreibungen, Organigramme, Memos und E-Mails. Dokumente werden verstanden als eigenständige, methodische, situative und eingebettete Leistungen der Verfasserinnen und Verfasser (vgl. Wolff 2003, S. 504). Durch die Zunahme der Verschriftlichung von Vorgängen und Sachverhalten in modernen Gesellschaften aufgrund der Verrechtlichung und Organisierung aller Lebensbereiche sind in der Regel vielzählige Dokumente vorhanden, die zum Gegenstand der Untersuchung gemacht werden können (vgl. Wolff 2003, S. 502ff).

Im Rahmen der vorliegenden Untersuchung stellte die Auseinandersetzung mit den Dokumenten eine wichtige Grundlage zur Vorbereitung, Ergänzung und Vertiefung der weiteren Erhebungen im Rahmen der qualitativen Interviews dar. Die Dokumentenanalyse stand am Anfang der Datenerhebung und lieferte nach den vorab durchgeführten informellen Befragungen in der Fachszene, Hinweisen auf Fachtagungen und Recherchen im Internet einen Einblick in Philosophie, Akteure und Rahmenbedingungen der untersuchten ambulant betreuten Wohngemeinschaften.

Nachdem die ambulant betreuten Wohngemeinschaften ihr Einverständnis zur Teilnahme an der Untersuchung gegeben hatten, wurde um Übermittlung vorhandener schriftlicher Dokumente, wie z.B. Konzeptionen, Flyer, Berichte, Stellenbeschreibungen usw. gebeten. Alle drei angefragten ambulant betreuten Wohngemeinschaften stellten innerhalb kurzer Zeit diverse Dokumente zur Verfügung. Die Ansprechpartnerin von WOGE A übermittelte drei Flyer, zwei davon zur WOGE (aus den Jahren 2007 und 2009) und einen zur Stiftung, darüber hinaus die nichtveröffentlichte Konzeption aus dem Jahr 2007 und ein Grundsatzpapier „Memorandum" aus dem Jahr 2006. WOGE B übersandte eine „Muster-Vereinbarung" (ohne Angabe eines Erscheinungszeitpunkts), die die Alzheimer Gesellschaft als Grundlage für ambulant betreute Wohngemeinschaften in Brandenburg entwickelt hat und das nichtveröffentlichte Konzept aus dem Jahr 2007. WOGE C übermittelte eine nichtveröffentlichte Konzeption aus dem Jahr 2007, einen Flyer zur WOGE und interne Grundsatzpapiere zur Zusammenarbeit bzw. Mitarbeit der Angehörigen in der WOGE sowie zur Aufgabenverteilung der drei Säulen (jeweils ohne Angaben zum Erscheinungszeitpunkt).

Ergänzend zu den zur Verfügung gestellten Unterlagen wurden Informationen über die einschlägigen gesetzlichen Bestimmungen zu ambulant betreuten Wohngemeinschaften in den jeweiligen Bundesländern bzw. dem Stadtstaat recherchiert. Bei zwei der beforschten ambulant betreuten Wohngemeinschaften lagen zum Zeitpunkt der Interviewdurchführung entsprechende landesrechtliche Neuregelungen zu ambulant betreuten Wohngemeinschaften vor, im Bundesland von WOGE C wurde ein entsprechender Gesetzesentwurf diskutiert. Darüber hinaus wurden zu WOGE A weitere Informationen von der Homepage der WOGE A und aus Presseartikeln in Fachzeitschriften verwendet. Zu WOGE B wurden ergänzende Informationen zum Pflegedienst sowie Grundsatzpapiere der Alzheimer Gesellschaft Brandenburg via Internet und schriftlicher Anforderung eingeholt. Informationen aus Presseartikeln und Medienberichten wurden ergänzend auch zu WOGE C genutzt.

5.2.2.2   Multiperspektivisch qualitative Interviews

Die empirische Sozialforschung unterscheidet eine Vielzahl verschiedener Typen und Verfahren qualitativer Interviews (vgl. Hopf 2003, S. 351). Die im nächsten Abschnitt dargestellte Datenerhebung in den ambulant betreuten Wohngemeinschaften erfolgte mittels offener, leitfadengestützter Interviews.

Auf der Basis eines allgemeinen Leitfadens (vgl. Abbildung 7) wurde für jede Personengruppe ein in einzelnen Fragen variierender Interviewleitfaden erstellt, der in der konkreten Gesprächssituation Spielräume in den Frageformulierungen, Nachfragestrategien und in der Abfolge der Fragen offen ließ (vgl. Hopf 2003, S. 351f). Die interviewten Personen konnten frei berichten, kommentieren und erklären. Die Vorteile dieser Befragungstechnik liegen darin, dass die interviewten Personen offen antworten und das Gespräch auch auf neue oder zusätzliche Aspekte richten können, so dass keine relevanten Informationen übersehen werden. Auf mögliche Planungsfehler (vgl. Hopf 2003, S. 358f), wie z.B. überlange Leitfäden und damit verbundene Fehleinschätzung der Gesprächsdauer, wurde geachtet. Grundlage aller Interviews waren die methodologischen Prinzipien: Zurückhaltung der Forscherin, Kommunikativität, Offenheit, Flexibilität, Berücksichtigung der Relevanzsysteme der Betroffenen, Realisierung des Alltagsgesprächs sowie Reflexivität (vgl. Lamnek 2005, S. 346ff).

Die Erhebung fand in drei Wellen statt: im März, im Mai sowie im Juli 2010. Insgesamt wurden 22 Interviews mit 22 Personen geführt. Davon waren 21 Personen weiblich und 1 Person männlich. Alle Interviews wurden persönlich durchgeführt. Bei den interviewten Personen wurden die Perspektiven der (a) Angehörigen, (b) bürgerschaftlich Engagierten und (c) der Pflege- und Betreuungsdienste berücksichtigt und erfasst. Die „Doppelrolle" der Angehörigen (siehe hierzu auch 4.1), die konzeptionell bedingt in ambulant betreuten Wohngemeinschaften immer zugleich als Angehörige in Bezug auf ihre Familienmitglieder und als bürgerschaftlich Engagierte in Bezug auf die übrigen Wohngemeinschaftsmitglieder tätig sind, wurde hierbei nicht aufgelöst. Stattdessen wurden diese Interviewten der Gruppe der Angehörigen zugerechnet, da diese Rolle in jedem Fall die primäre darstellt. Eine andere Vorgehensweise wurde methodisch als nicht machbar erachtet, zumal sich die Interviewten selbst als Angehörige definieren und verstehen und sich ihrer „Zweitrolle" in der Regel gar nicht bewusst sind. Tabelle 6 zeigt die quantitative Verteilung der geführten Interviews.

	WOGE A	WOGE B	WOGE C	Gesamt
Angehörige	3	3	3	9
Bürgerschaftlich Engagierte	4	3	2	9
Pflegedienste	1	1	2	4
Gesamt	8	7	7	22

Tabelle 6: Überblick über die interviewten Personen

Die Gespräche wurden räumlich, zeitlich und thematisch mit den Gesprächspartnerinnen und -partnern verabredet. Bei der Durchführung der Interviews wurde auf eine fruchtbare Gesprächsatmosphäre geachtet, Einverständnis über die Verwendung eines Tonbandgeräts zur Aufzeichnung eingeholt und die weitere Verwendung der Tonbandaufnahme dargelegt. Darüber hinaus wurde aufgezeigt, weshalb die interviewte Person ausgewählt wurde und die Erwartungen im Rahmen des Forschungsvorhabens offen gelegt. Zu diesem Zweck wurde den Interviewpartnerinnen und -partnern eine schriftliche Kurzbeschreibung des Dissertationsvorhabens mit den Kontaktdaten der Forscherin übergeben. Von allen interviewten Personen wurde eine Erklärung („Informed Consent") unterschrieben, mit der sie einwilligen, dass das Interview aufgezeichnet wird und Teile daraus in anonymisierter Form für die wissenschaftliche Arbeit übernommen werden dürfen. Zu Beginn der Interviews wurden allgemeine soziodemografische Daten der interviewten Personen erhoben. Im Anschluss daran wurde das Interview durchgeführt. Es wurde darauf geachtet, das Interview nach maximal 100 Minuten abzuschließen (vgl. Hermanns 2003, S. 361ff). Besonderes Augenmerk wurde auf den Beginn der Interviews gelegt, da insbesondere die ersten Minuten entscheidend sind für den weiteren, offenen Verlauf. Im Interview wurde bewusst eine Haltung „absichtlicher Naivität" eingenommen, um Bedeutungshorizonte der interviewten Person besser zu erfassen (vgl. Hermanns 2003, S. 363ff).

5.2.2.3   *Gruppendiskussion mit Expertinnen und Experten*

Als Expertinnen und Experten gelten Personen, die über einen privilegierten Zugang zu Informationen über Personengruppen oder Entscheidungsprozesse verfügen oder in irgendeiner Weise Verantwortung tragen für den Entwurf, die Implementierung oder die Kontrolle einer Problemlösung. Dabei sind diese häufig nicht auf der obersten Ebene einer Organisation anzutreffen, sondern auf nachfolgenden Ebenen, da in der Regel hier ein höheres Detailwissen über Strukturen vorhanden ist. Expertinnen und Experten werden nicht nach ihren individuellen Biografien befragt, sondern als Personen angesprochen, die Organisationen, Institutionen und Themenbereiche repräsentieren (vgl. Meuser, Nagel 1991, S. 443f).

Grundsätzlich wird bei Untersuchungen, in denen das Wissen der Expertinnen und Experten im Zentrum des Interesses steht, zwischen zwei Designs unterschieden. Im einen Fall stellen die Expertinnen und Experten selbst die Zielgruppe dar, die Auskunft über ihr eigenes Handlungsfeld gibt.

Im anderen Fall fungieren sie als eine zur Zielgruppe komplementäre Datenquelle, die Informationen über die Kontextbedingungen des Handelns der Zielgruppe liefern (vgl. Meuser, Nagel 1991, S. 445f). Letzteres trifft für die vorliegende Untersuchung zu.

Die Gruppendiskussion mit den Expertinnen und Experten hatte zum Ziel, die auf Basis der Dokumentenanalyse und der multiperspektivisch qualitativen Interviews gewonnenen Ergebnisse auf ihre Gültigkeit zu prüfen und die Einschätzung der Expertinnen und Experten zu erfahren. Die Auswahl der Interviewpartnerinnen und -partner erfolgte konsekutiv aufgrund einer Gesamtschau der relevanten Akteure in diesem Bereich. Die zu Rate gezogenen Expertinnen und der Experte zeichnen sich durch eine langjährige Zugehörigkeit, hohe fachliche Kompetenz, Erfahrungswissen und implizites Wissen über Strukturen und Zusammenhänge im Bereich ambulant betreuter Wohngemeinschaften aus.

Das methodische Vorgehen orientierte sich vor allem an den Prinzipien von Loos und Schäffer (2001). In einem ersten Schritt, der sogenannten Eröffnungsphase, wurde versucht, eine offene Diskussionsrunde in Gang zu setzen. In einem zweiten Schritt wurden dann die von der Forscherin generierten Ergebnisse in die Diskussion eingebracht (vgl. Loos, Schäffer 2001, S. 48ff).

Die Kontaktaufnahme mit den möglichen Expertinnen und Experten gestaltete sich unproblematisch. Alle drei per Email angefragten Personen stellten sich bereitwillig für die Gruppendiskussion zur Verfügung, so dass diese durchgeführt werden konnte. Bei den Teilnehmerinnen und Teilnehmern handelte es sich um eine Expertin, die in diesem Feld Forschungs- und Beratungserfahrung aufweist, eine weitere Expertin, die in einem Bundesland eine Steuerungs- und Koordinationsfunktion von ambulant betreuten Wohngemeinschaften innehat sowie einen Experten, der viele Gründungen im gesamten Bundesgebiet fachlich begleitet hat. Der Termin wurde mit den Expertinnen und dem Experten abgestimmt. Zudem wurden zur Vorbereitung auf die Diskussion eine Beschreibung des Forschungsvorhabens und die von der Forscherin generierten Ergebnisse übermittelt.

Zu Beginn der Gruppendiskussion via Telefonkonferenz wurden die Teilnehmerinnen und der Teilnehmer begrüßt und in die Gruppendiskussion eingeführt. Zuerst wurde das Forschungsvorhaben noch einmal erläutert.

Analog des Verfahrens bei den multiperspektivisch qualitativen Interviews wurde die Nutzung eines Tonbandgeräts zur Aufzeichnung angesprochen und die weitere Verwendung der Tonbandaufnahme dargelegt sowie um Einverständnis („Informed Consent") gebeten. Im Anschluss daran wurde eine kurze Vorstellungsrunde durchgeführt. Dabei sollten auch einige soziodemografische Daten, wie z.b. Alter, Geschlecht sowie Dauer der Zugehörigkeit, in diesem Themenfeld genannt werden. Danach wurde der Ablauf der Diskussion erläutert. Es wurde betont, dass die Teilnehmerinnen und der Teilnehmer möglichst ungezwungen und frei miteinander kommunizieren sollten.

Nach der Eröffnungsphase wurde durch eine allgemein gehaltene Frage ein Grundreiz gesetzt und damit eine selbstläufige Diskussion eingeläutet. Laut Loos und Schäffer (2001) soll damit der Gruppe die Möglichkeit gegeben werden, die für sie relevanten Themen einzuspeisen. Danach wurden durch exmanentes Nachfragen die Ergebnisse eingeführt, die bisher nicht Gegenstand der Diskussion waren. In der anschließenden direktiven Phase wurden Widersprüche und Inkonsistenzen angesprochen. Abschließend wurde erfragt, ob noch Themen offen geblieben sind bzw. noch Themen angesprochen werden sollten, die für die Gruppe relevant sind (vgl. Loos, Schäffer 2001, S. 50ff). Die Gruppendiskussion wurde leitfadengestützt durchgeführt. Die Orientierung an einen Leitfaden bietet den Vorteil, sich nicht in Themen zu verlieren, die mit dem Untersuchungsgegenstand nichts zu tun haben. Darüber hinaus eröffnet diese Form der Gesprächsführung den Expertinnen und Experten die Möglichkeit, Sachverhalte aus dem Stegreif darzulegen und gewährleistet die Offenheit des Diskussionsverlaufs (vgl. Meuser, Nagel 1991, S. 448f). Dabei ist es wichtig, dass der Leitfaden den Gesprächsfluss unterstützt und nicht als Unterbrechung wahrgenommen wird. Die Forscherin trat bei der Durchführung der Gruppendiskussion in der Rolle der Moderatorin und nicht als Mitdiskutantin auf. Insgesamt dauerte die Gruppendiskussion rund 120 Minuten. Die zwei Teilnehmerinnen und der Teilnehmer waren durchschnittlich 54 Jahre alt und durchschnittlich zehn Jahre in dem Bereich „ambulant betreute Wohngemeinschaften" tätig, was angesichts der relativ jungen Geschichte dieses Themenbereichs sehr beachtlich ist.

5.2.3 Auswertung des Materials

Die Auswertung qualitativer Daten verlangt eine genaue und intensive Beschäftigung mit dem vorhandenen Material. Um die Informationen verarbeiten zu können, müssen diese abhängig von der Datenerhebungsform ausgewertet werden. Im Anschluss daran können dann Hypothesen bzw. Ergebnisse und neue Fragestellungen abgeleitet werden (vgl. Mayring 2010, S. 232).

5.2.3.1 *Dokumentenanalyse*

Dokumente stellen eine eigenständige Datenebene dar. Bei der Analyse sind, neben der Daten- und Faktenebene, Dokumente immer auch in ihrer Gesamtheit als methodisch gestaltete Kommunikationsbezüge zu betrachten. Wolff (2003) empfiehlt deshalb die konversationsanalytische Maxime „order all points" zu übernehmen, um Fehlinterpretationen zu vermeiden. Er führt aus, dass selbst scheinbare Äußerlichkeiten, wie z.B. Layout, nicht als zufällig betrachtet, sondern in die Auswertung miteinbezogen werden sollten. Er weist zudem auf die Gefahr hin, zu rasch Kontextinformationen zur besseren Klärung heranzuziehen und empfiehlt stattdessen zunächst von der Selbstgenügsamkeit der vorhandenen Texte auszugehen (vgl. Wolff 2003, S. 511f). Vor diesem Hintergrund erfolgte zunächst die Analyse der zur Verfügung gestellten schriftlichen Texte als auch der ergänzenden Dokumente in der Gesamtschau und hinsichtlich der enthaltenen Daten und Fakten. Alle Dokumente wurden ausgewertet sowie auf Aktualität, Widersprüche und Unklarheiten hin überprüft. Die Ergebnisse wurden in Form von Steckbriefen für jede ambulant betreute Wohngemeinschaft dokumentiert und später durch ethnografische Beobachtungen und zusätzliche Informationen aus den Interviews und Gesprächen vor Ort ergänzt bzw. aktualisiert. Die finalen Steckbriefe sind in Kapitel 6 enthalten.

Im Rahmen der Dokumentenanalyse konnten auf diese Weise effizient Informationen zu den ambulant betreuten Wohngemeinschaften zusammengetragen werden. Somit konnte der Aufwand für die Vor-Ort-Erhebung in Bezug auf Konzeption und andere relevante Eckpunkte gering gehalten werden. Zudem erleichterten die strukturierten Informationen die weiteren

Erhebungen und ermöglichten gezielte Fragestellungen im Rahmen der Interviews.

5.2.3.2   Multiperspektivisch qualitative Interviews

Bei der Auswertung der multiperspektivischen Interviews wurde auf eine Kombination von qualitativen und quantitativen Methoden im Rahmen der qualitativen Inhaltsanalyse zurückgegriffen. Ein solches Vorgehen wird heute unter dem Begriff „Mixed Methodologies" diskutiert. Laut Mayring (2008) ist die qualitative Inhaltsanalyse sehr gut geeignet, qualitative und quantitative Analyseschritte miteinander zu verbinden. Diese Integration erscheint auf verschiedenen Ebenen möglich und wurde in der vorliegenden Arbeit auf der Datenebene verwendet. Es wurde mit Auswertungskategorien gearbeitet, deren Auftrittshäufigkeiten analysiert wurden. Die qualitative Inhaltsanalyse versucht damit einen Mittelweg und steht für die Aufhebung einer teilweisen unsinnigen Dichotomie von qualitativen und quantitativen Ansätzen (vgl. Mayring 2008, S. 9f).

Mayring erachtet die Überwindung des Gegensatzes von qualitativen und quantitativen Ansätzen für notwendig und sinnvoll. Er fordert, „Analysestrategien differenziert dort einzusetzen, wo sie angemessen sind, wo sie ihre Stärken entfalten können, und damit auch nach einer Kombination qualitativer und quantitativer Strategien zu suchen" (Mayring, 2001, S. 2). Zudem ist „dem Gegenstand und der Fragestellung ein Primat gegenüber der Methode zuzubilligen. Erst muss geklärt werden, was untersucht werden soll, dann muss erwogen werden, welche Methoden dafür angemessen sind" (Mayring, 2001, S. 2).

In der hier vorliegenden Untersuchung wurden die mit einem Diktiergerät aufgezeichneten multiperspektivischen Interviews in den ambulant betreuten Wohngemeinschaften zunächst vollständig transkribiert. Darunter wird die Übertragung von gesprochener Sprache in eine schriftliche Form verstanden (vgl. Mayring 2002, S. 89). Gewählt wurde die vollständige, wörtliche Transkription. Da der Fokus auf den jeweiligen thematisch-inhaltlichen Informationen des Gesprächs lag und keine sprachanalytischen Betrachtungen vorgenommen wurden, wurde die Transkription in der Standardorthographie vorgenommen und Sprechpausen, Lachen sowie sonstige, den Inhalt nicht verändernde und überflüssige Äußerungen weggelassen.

Jedes Interview wurde wortgetreu übertragen. Pro Interview wurde eine Datei in Form eines Word-Dokuments erstellt. Die Dateien wurden anonymisiert und numerisch gespeichert. Die jeweiligen Texte wurden mit einer Zeilennummerierung versehen, um in der späteren Ergebnisdarstellung den Quellenbezug herstellen zu können. Da jedes Transkript erfahrungsgemäß nach dem ersten Durchgang Fehler enthält, wurden alle noch einmal Korrektur gelesen (vgl. Mayring 2002, S. 89ff). Nach der Transkription wurden die Interviews inhaltsanalytisch ausgewertet. Zielsetzung der qualitativen Inhaltsanalyse ist „die systematische Bearbeitung von Kommunikationsmaterial" (Mayring 2003, S. 468). Prinzipiell werden vier Vorgehensweisen unterschieden: zusammenfassende Inhaltsanalyse, induktive Kategorienbildung, explizierende Inhaltsanalyse und strukturierende Inhaltsanalyse (vgl. Mayring 2003, S. 472ff). Für die Auswertung der Interviews in den ambulant betreuten Wohngemeinschaften wurde die induktive Kategorienbildung verwendet.

Nach Mayring (2003) werden im Rahmen der induktiven Kategorienbildung durch Verallgemeinerungsprozesse Kategorien direkt aus dem Material abgeleitet. Da die induktive Kategorienbildung nach möglichst naturalistischer, gegenstandsnaher Abbildung des Materials ohne Verzerrung durch Vorannahmen der Forscherin bzw. des Forschers strebt, erschien diese Vorgehensweise zielführend (vgl. Mayring 2003, S. 472f). In Anlehnung an das Ablaufmodell von Mayring wurden die Texte deshalb Zeile für Zeile durchgearbeitet und um die anfänglich riesige Datenmenge handhabbar zu machen, eine Reduktion auf inhaltliche Kernaussagen vorgenommen. In einem weiteren Schritt wurden in der Folge induktiv Kategorien aus sinngleichen bzw. -ähnlichen vorliegenden Aussagen gebildet, die dann noch einmal überprüft wurden (vgl. Mayring 2003, S. 472f). Bei der Kategorienbildung wurde versucht, möglichst Begrifflichkeiten der Originalzitate zu verwenden. Die besonderen Stärken der qualitativen Inhaltsanalysen sind, dass auch größere Datenmengen bearbeitet werden können, das Verfahren transparent und nachvollziehbar ist und es sich gut, auf neue, offene Fragestellungen übertragen lässt (vgl. Mayring 2003, S. 474). Um das Vorgehen der induktiven Kategorienbildung transparent und nachvollziehbar zu machen, sind in Tabelle 7 die einzelnen Auswertungsschritte anhand eines Beispiels noch einmal aufgezeigt:

Interview	Originalpassage	Reduktion	Kategorien-bildung
2 167-176	Also ich finde, das ist eine Bereicherung und auch eine Entlastung für uns Alltagsbegleiter [...] durch das bürgerschaftliche Engagement ist mehr möglich und die Vielfalt, das ist anders.	Bürgerschaftliches Engagement erhöht das Angebotsspektrum und die Vielfältigkeit.	Bereicherung
5, 314-315	Es ist auch sicher für den persönlichen Kontakt, der bringt ja auch sehr viel, die zwischenmenschlichen Kontakte eben.	Bürgerschaftliches Engagement führt zu mehr zwischenmenschlichen Kontakten.	Bereicherung
12, 115-116	Zudem ist einfach etwas mehr Leben in der Wohngemeinschaft, wenn wir da sind.	Bürgerschaftliches Engagement führ zu mehr Leben in der Wohngemeinschaft.	Bereicherung
14, 160	Das Leben ist bunter.	Bürgerschaftliches Engagement macht das Leben in der Wohngemeinschaft bunter.	Bereicherung
17, 160-161	Das wäre sonst [...] in diesem Umfang nicht möglich.	Bürgerschaftliches Engagement erweitert das Angebot für Mieterinnen und Mieter.	Bereicherung

Tabelle 7: Beispiel für eine induktive Kategorienbildung

In der Folge wurden dann Kategorienhäufigkeiten ermittelt und quantitativ analysiert. Bei der Auswertung bot sich an, die definierten Kategorien als Daten aufzufassen und diese in einem zweiten Analyseschritt quantitativ weiterzuverarbeiten. Dazu wurden die Kategorien nach der Häufigkeit ihres Auftretens im Material erfasst und damit Maße der zentralen Tendenz (hoch, mittel und niedrig) beschrieben. Ferner wurden Vergleiche zwischen den Akteursgruppen und ambulant betreuten Wohngemeinschaften ermöglicht und vorgenommen. Abschließend wurden diese Daten dann wiederum qualitativ interpretiert (vgl. Mayring 2001, S. 6).

Auf der Basis der Resultate (der Kategorien, ihrer Häufigkeiten, Verteilungen, Unterschiede und Interdependenzen) wurden dann Hypothesen bzw.

zentrale Ergebnisse formuliert. Unter Hypothese bzw. zentralem Ergebnis wird dabei ein Satz verstanden, der empirisch falsifizierbar ist (vgl. Atteslander 2001, S. 45). Außerdem muss eine Hypothese bzw. zentrales Ergebnis „eine Vermutung über einen Zusammenhang zwischen mindestens zwei Sachverhalten" (Kromrey 2000, S. 48) wiedergeben. Die generierten Hypothesen bzw. zentralen Ergebnisse erfüllen diese Kriterien. Sie sind widerlegbar, hängen systematisch zusammen und sind untereinander widerspruchsfrei (vgl. Kromrey 2000, S. 49f).

5.2.3.3 Gruppendiskussion mit Expertinnen und Experten

Die Auswertung der geführten Gruppendiskussion mit den Expertinnen und Experten erfolgte in Anlehnung an die Vorgaben von Loss und Schäffer (2001). Eine Fokussierung auf die Auswertungsphasen „Erstellung von thematischen Verläufen" und „reflektierende Interpretation" erschien zielführend, da die Gruppendiskussion vornehmlich dem Ziel dienen sollte, die vorab entwickelten Ergebnisse zu validieren (vgl. Loss, Schäffer 2001, S. 59ff).

Zunächst wurde die gesamte Gruppendiskussion analog der qualitativ multiperspektivischen Interviews transkribiert. Dabei stand die inhaltliche Vollständigkeit im Vordergrund. Weil das gemeinsam geteilte Wissen der Expertinnen und des Experten im Mittelpunkt des Interesses stand, wurden auch hier Pausen, Stimmlagen, nonverbale und parasprachliche Elemente nicht berücksichtigt. Es war notwendig, die Gruppendiskussion in mehreren Durchläufen zu transkribieren, um die einzelnen Textpassagen den entsprechenden Expertinnen bzw. dem entsprechenden Experten zuordnen zu können. Für die Gruppendiskussion wurde eine Datei in Form eines Word-Dokuments erstellt, dabei wurden die einzelnen Sprecherinnen und der Sprecher mit A, B und C markiert. Auch hier wurde der Text mit einer Zeilennummerierung versehen, um den Bezug zur Quelle darlegen zu können. Für den Bezug zu der Gruppendiskussion wurde im Quellenbezug das Kürzel GI verwendet. In einem zweiten Schritt wurde auf der Basis der Transkription ein thematischer Verlauf erstellt. Dazu fand zunächst eine paraphrasierende Verdichtung der Inhalte statt, so dass Trennlinien, Erfahrungsbündel und Argumentationsmuster deutlich wurden. Die paraphrasierten Passagen wurden in einem weiteren Schritt mit Überschriften versehen und dabei soweit wie möglich auf die Terminologie der Interviewten Bezug genommen. Im Anschluss daran erfolgte eine „reflektierende Interpretation". Dabei griff die komparative Analyse nur bedingt. Ein Vergleich ließ sich lediglich intern zwischen den Expertinnen und dem Experten herstellen. Eine externe Vergleichsgruppe existierte nicht, da nur eine Gruppendiskussion geführt wurde. Innerhalb der Gruppe wurden Gemeinsamkeiten und Unterschiede ausgewertet und anschließend interpretiert. Die Interpretation orientierte sich unter anderem an den Fragen: „Welchen Ergebnissen wird zugestimmt? Welche zusätzlichen Evidenzen werden vorgetragen? Bei welchen Ergebnissen vertreten einzelne bzw. alle Expertinnen bzw. Experten andere Sichtweisen, und welche Argumente werden dazu vorgetragen?" Die Resultate werden im Anschluss an die Darstellung und Explikation der zentralen Ergebnisse und Schlussfolgerungen in Kapitel 8 referiert. Abschließend erfolgte eine reflektierende Interpretation der Übereinstimmungen und Abweichungen, die gegebenenfalls in einer Anpassung der formulierten Ergebnisse mündete.

5.3 Reflexion des Vorgehens

Bei der Kontaktaufnahme war in den angefragten ambulant betreuten Wohngemeinschaften Offenheit und Interesse seitens der Initiatorinnen und Initiatoren spürbar. Die Befragung wurde als Möglichkeit gesehen, die ambulant betreute Wohngemeinschaft und die Integration von bürgerschaftlichem Engagement positiv darzustellen. Die bei der Kontaktaufnahme angesprochenen Initiatorinnen und Initiatoren fungierten als Vermittlungsinstanz und stellten den Kontakt zu möglichen Interviewpartnerinnen und -partnern her. Dieses Vorgehen birgt natürlich auch Gefahren, da mit der Vermittlung auch eine gewisse Vorauswahl verbunden ist. Es stellte sich heraus, dass überwiegend Personen mit einer positiven Grundeinstellung zur ambulant betreuten Wohngemeinschaft benannt wurden, die allesamt auch zugesagt haben. Die Beteiligten empfanden es in der Regel auch als Zeichen der Wertschätzung und Verbundenheit, von der Vermittlungspartnerin bzw. dem Vermittlungspartner für ein Interview vorgeschlagen zu werden.

Ebenfalls sehr positive Erfahrungen wurden bei der Gewinnung von Expertinnen und Experten für die abschließende Gruppendiskussion zur Ergebnisüberprüfung gesammelt. Alle drei zuerst angefragten Expertinnen und Experten signalisierten unmittelbar Interesse und die Bereitschaft, das Forschungsvorhaben zu unterstützen.

Ursprünglich war vorgesehen, die Perspektive der Mieterinnen und Mieter der ambulant betreuten Wohngemeinschaften durch eigene Interviews bzw. teilnehmende Beobachtung noch stärker zu berücksichtigen. Aufgrund der Rückmeldungen der Ansprechpartnerinnen und -partner vor Ort wurde von Interviews jedoch Abstand genommen. Die Mieterinnen und Mieter wurden aufgrund ihrer Erkrankung für nicht in der Lage gehalten, Interviews dieser Art zu führen. Auch eine teilnehmende Beobachtung stieß auf tendenzielle Ablehnung bei den Ansprechpartnerinnen bzw. -partnern und deren Angehörigen. So konnte die Forscherin lediglich in zwei der drei ambulant betreuten Wohngemeinschaften persönlich, aber zeitlich sehr eingeschränkt sein. Die befragten Personen führten die Forscherin, während für die Mieterinnen und Mieter ruhigen Zeiten (Mittagspause und Abendruhe), zu den ambulant betreuten Wohngemeinschaften, so dass ein Gesamteindruck gewonnen werden konnte. Bei den Besuchen wurden insbesondere die Gemeinschaftsräume und einzelne, mit Zustimmung der jeweiligen Mieterinnen und Mieter, Privaträume besichtigt sowie der Alltagsablauf vorgestellt. Beide ambulant betreute Wohngemeinschaften wirkten auf die Forscherin sehr einladend. Es herrschte eine überaus angenehme Atmosphäre. Auf die Integration von Aspekten aus der teilnehmenden Beobachtung wurde bei der Auswertung jedoch verzichtet, da die Forscherin nicht in allen ambulant betreuten Wohngemeinschaften persönlich anwesend sein konnte und somit eine Vergleichbarkeit und die Möglichkeit einer systematischen Datenerfassung nicht gegeben war. Diese Haltung ist vor allem forschungsethisch begründet: Die ambulant betreute Wohngemeinschaft stellt einen Privatraum dar, der dem Schutz der älteren Menschen dient. Ein Zutritt zu den Einzelzimmern und häufige Besuche von wechselnden, fremden Menschen können gerade bei Menschen mit Demenzerkrankungen Irritationen auslösen bzw. begünstigen. Die Einschätzung der Akteure vor Ort wurde deshalb akzeptiert.

In der qualitativen Forschung sind nach Hopf die freiwillige Teilnahme, die Zusicherung von Anonymität, der vertrauliche Umgang mit Daten und das Prinzip der Nicht-Schädigung unverzichtbare ethische Standards. Auch aus datenschutzrechtlichen Gründen sind Fragen der Erhebung, Aufbewahrung, Weitergabe und Veröffentlichung sozialwissenschaftlicher Daten relevant (vgl. Hopf 2003a, S. 590f). Vor diesem Hintergrund wurde vor jedem Interview ein sogenannter „Informed Consent" eingeholt, die Teilnehmerinnen und Teilnehmer über Ziele und Methoden des Forschungsvorhabens informiert und eine schriftliche Kurzbeschreibung des Forschungsvorhabens übergeben (vgl. 5.2.2.2). Der Einlösung von Vertraulichkeits- und Anonymitätszusicherungen wurde große Bedeutung beigemessen. Sowohl die Sicherung der Originaldaten auf Tonkassetten als auch die Datenanonymisierung in den Interviewtranskripten wurde so vorgenommen, dass keine Rückschlüsse auf die befragten Personen und Organisationen möglich sind. Vor diesem Hintergrund wurde auch darauf verzichtet, die Quellen in Kapitel 6 detailliert zu benennen. Eine detaillierte Angabe der jeweiligen Konzeptionen einschließlich der Herausgeber hätte die zugesicherte Anonymität der Organisation konterkariert. Gleichwohl kann nicht ausgeschlossen werden, dass für „Insider" durch die Beschreibung der ambulant betreuten Wohngemeinschaften eine Wiedererkennung möglich ist. Da eine hundertprozentige Anonymität auf Organisationsebene nicht möglich ist, erschien es umso wichtiger, diese auf Personenebene zu wahren.

Gleichzeitig wurde darauf geachtet, die Interviewpartnerinnen und -partner als Personen im Blick zu haben, um nicht in die Falle sogenannter „entpersonalisierter Daten" zu geraten. Dies ist dann der Fall, wenn durch Anonymisierungen der Informationsgehalt derart zusammenschmilzt, dass eine Auswertung sinnlos wird. Nach Abschluss der Arbeit werden alle Tonbandaufnahmen gelöscht.

Hopf weist darauf hin, dass Untersuchungsbeteiligte dadurch geschädigt werden können, dass man sich im Untersuchungsbericht in einer Weise über sie äußert, die sie selbst als schädigend empfinden (vgl. Hopf 2003a, S. 597f). Bei der Auswertung wurde daher stets versucht, mögliche schädigende Effekte mit dem konkreten Forschungsbeitrag abzuwägen.

Interessanter Weise war zu beobachten, dass die Forschungstätigkeit per se eine Intervention darstellte. Die Interviewpartnerinnen und -partner wussten in der Regel voneinander, so dass die Interviews auch Gespräche untereinander anstießen. Zudem reagierten einzelne Interviewpartnerinnen und -partner auf einzelne Fragen mit großem Interesse und erklärten, weiter darüber nachdenken und Veränderungsprozesse herbeiführen zu wollen. Auch bei der Gruppendiskussion mit den Expertinnen und dem Experten wurde deutlich, dass diese gemeinsame Diskussion eine Grundlage für weitere Kontakte sein kann.

In der Rückschau hat sich das methodische Vorgehen bewährt. Die Vorteile des gewählten Methodenmixes lagen vor allem darin, dass durch das persönliche Gespräch eine Atmosphäre der Offenheit und Vertrautheit hergestellt wurde, die es ermöglichte, Aspekte zu thematisieren, die ursprünglich gar nicht im Fokus der Forscherin lagen. Die Kombination von qualitativen und quantitativen Auswertungsmethoden hat zu höherer Transparenz und methodischer Stringenz geführt. Durch das Hinzuziehen quantitativer Analyseschritte gewann die qualitativ orientierte Forschung in Bezug auf die Verallgemeinerbarkeit der Ergebnisse oder wie Mayring es ausdrückt: „Diese Systematisierungen und Generalisierungen geben Argumente an die Hand gegen die Vorwürfe mangelnder Wissenschaftlichkeit, wie sie heute noch […] gegen qualitative Forschung erhoben werden" (Mayring 2001, S. 12).

6. Steckbriefe der untersuchten ambulant betreuten Wohngemeinschaften für ältere Menschen mit Unterstützungsbedarf

Nachfolgend werden die drei untersuchten ambulant betreuten Wohngemeinschaften anhand der Konzeptmerkmale Vorgeschichte, Philosophie und Zielsetzung, Zielgruppe und Gruppengröße, Initiatorinnen und Initiatoren, Struktur und Akteure, Pflege und Betreuung, Beteiligung Angehöriger und bürgerschaftlich Engagierter, Wohnung und Wohnumfeld, rechtliche Situation, Kosten und Finanzierung sowie Kooperation und Vernetzung dargestellt. Die folgenden Steckbriefe basieren auf den unveröffentlichten Konzeptionen der untersuchten ambulant betreuten Wohngemeinschaften und den Informationen aus den durchgeführten Interviews zum Zeitpunkt der empirischen Untersuchung. Auf eine detaillierte Quellenangabe wird aufgrund der zugesicherten Anonymität der ambulant betreuten Wohngemeinschaften verzichtet. Daten aus der teilnehmenden Beobachtung wurden nicht integriert, da diese lediglich ansatzweise in zwei der drei untersuchten ambulant betreuten Wohngemeinschaften stattfand und deshalb keine einheitliche Erfassung möglich war (vgl. 5.3).

Von den drei beforschten ambulant betreuten Wohngemeinschaften wurde eine (WOGE A) von bürgerschaftlich Engagierten (Assoziationen/dritter Sektor), eine weitere (WOGE B) von einem Pflegedienst (Markt) und die dritte (WOGE C) von Angehörigen (primäre Netze/informeller Sektor) initiiert. Da der Gründungsimpuls, wie sich herausstellte, Konsequenzen für die Konzeption und die Entwicklung der ambulant betreuten Wohngemeinschaften hat, erscheint es wichtig, diese bei den weiteren Ausführungen im Kopf zu behalten. Abbildung 8 verortet daher die drei beforschten ambulant betreuten Wohngemeinschaften noch einmal grafisch bezüglich ihres Gründungsimpulses im Sektorenmodell des Wohlfahrtspluralismus.

Abbildung 8: Herkunft des Gründungsimpulses der drei untersuchten ambulant betreuten Wohngemeinschaften gemäß Sektorenmodell des Wohlfahrtspluralismus

6.1 WOGE A

Die erste der untersuchten ambulant betreuten Wohngemeinschaften (WOGE A) ist in Baden-Württemberg beheimatet. In Baden-Württemberg haben Wohngemeinschaften in sogenannter geteilter Verantwortung durch einen partnerschaftlichen Mix von Engagierten aus der Bürgerschaft, Angehörigen und Professionellen neue Akzente gesetzt (vgl. Evangelische Fachhochschule Freiburg 2006, S. 12). Wichtige Grundlage sind verbindliche Qualitätsvereinbarungen. Die untersuchte WOGE A wurde von bürgerschaftlich Engagierten initiiert und steht deshalb in besonderer Weise für die Verantwortungs- und Mitgestaltungsbereitschaft der Bürgerinnen und Bürger.

6.1.1 Vorgeschichte, Philosophie und Zielsetzung

Im Januar 2008 wurde in der Stadt mit rund 220.000 Einwohnerinnen und Einwohnern die WOGE A eröffnet, eine Wohngruppe für Menschen mit Demenzerkrankungen. Die Initiative zur Gründung von WOGE A ging von bürgerschaftlich engagierten Personen im Stadtteil aus. Zu diesem Zweck wurde ein gemeinnütziger Verein ins Leben gerufen, der das Ziel verfolgt, in der Betreuung von Menschen mit Demenz und in der Unterstützung von betroffenen Angehörigen neue Wege zu gehen. WOGE A basiert auf dem „Prinzip der geteilten Verantwortung". Dieses Prinzip erfordert von Angehörigen oder gesetzlichen Betreuerinnen bzw. Betreuern die Bereitschaft zur aktiven Mitwirkung bei der Gestaltung des Wohngruppenalltags. Das vertrauensvolle Zusammenwirken zwischen den Mieterinnen und Mietern, Angehörigen, gesetzlichen Betreuerinnen und Betreuern, bürgerschaftlich Engagierten sowie dem Betreuungs- und Pflegeteam ist Grundlage des Gemeinschaftslebens.

6.1.2 Zielgruppe und Gruppengröße

In der WOGE A leben zehn ältere Menschen mit Demenzerkrankungen, darunter acht Frauen und zwei Männer im Alter zwischen 72 und 93 Jahren. Laut Konzeption sollen die Mieterinnen und Mieter beim Einzug in der Lage sein, sich aktiv an der Gestaltung des Wohngruppenlebens zu beteiligen, z.B. durch Mitwirkung bei der Haushaltsführung oder Beteiligung an Gruppenaktivitäten, und darüber hinaus das Leben in der Gemeinschaft als positiv empfinden. Als Mieterinnen und Mieter kommen Menschen in Betracht, für die ein ungefährdetes Leben und eine ausreichende Pflege und Betreuung weder durch häusliche Pflege und Versorgung durch Angehörige noch durch den punktuellen Einsatz eines ambulanten Pflegedienstes sichergestellt werden kann. Die Diagnose einer gerontopsychiatrischen Erkrankung durch einen Facharzt ist wünschenswert. Grundsätzlich ist der Verbleib in der Wohngemeinschaft bis zum Tode vorgesehen. Da das Konzept auf der Grundidee einer gemeindenahen Versorgung basiert, werden Bewerberinnen und Bewerber aus dem räumlichen Umfeld bei der Aufnahme ebenso bevorzugt wie Bewerberinnen und Bewerber, deren Angehörige in räumlicher Nähe zur WOGE A leben und sich dadurch weiter um ihre Familienmitglieder kümmern können. Über den Einzug einer neuen Mieterin bzw. eines neuen Mieters entscheidet die Auftraggebergemeinschaft, die sich aus den Bevollmächtigten bzw. gesetzlichen Betreuungspersonen der Mieterinnen und Mieter zusammensetzt, gemeinsam mit Vertreterinnen und Vertretern des Vereins WOGE A und dem ambulanten Pflegedienst.

6.1.3 Initiatorinnen bzw. Initiatoren, Struktur und Akteure

Verein WOGE A

Die Idee zur Gründung der WOGE A entstand im Dezember 2002 auf einem Visionenworkshop im Quartier durch drei engagierte Bürgerinnen und Bürger. Das Anliegen der Initiatorinnen und Initiatoren war es, im – sowohl von der Stadtteilentwicklung als auch von der Altersstruktur – sehr jungen Quartier einen Grundstein der Infrastrukturentwicklung für ältere Menschen zu legen. Zur Umsetzung der Idee wurde der Verein WOGE A gegründet. Der Verein initiierte die WOGE A und fungiert als Generalvermieter. Daneben offeriert er eine Vielzahl weiterer Angebote für Menschen mit Demenz und ihre Angehörigen: So wird seit April 2005 im 14-tägigen Rhythmus ein Café in Form eines Samstagstreffs für Menschen mit Demenz und ihre Angehörigen durchgeführt. In Kooperation mit einem ambulanten Pflegedienst bietet der Verein für Angehörige und bürgerschaftlich Engagierte Kurse zum Thema Demenz an. Ebenso begleitet er die im Café und in der Wohngruppe tätigen bürgerschaftlich Engagierten. Zudem macht der Verein durch seine vielfältige Öffentlichkeitsarbeit immer wieder auf das Thema Demenz aufmerksam. Alle im Verein tätigen Mitglieder sind unentgeltlich tätig. Der Verein hat 32 Mitglieder. Der jährliche Mitgliedsbeitrag für ein aktives Mitglied beträgt 30 Euro, für ein förderndes Mitglied 50 Euro.

Stiftung WOGE A

Neben dem Verein WOGE A gibt es die Stiftung WOGE A. Deren Stiftungszweck ist es, positive Lebensbedingungen für Menschen mit Demenz zu gestalten. Die Stiftung hat beispielsweise den Aufbau der WOGE A finanziell gefördert. Darüber hinaus unterstützt sie den laufenden Betrieb, indem sie zum Beispiel künstlerische und kreative Angebote für die Mieterinnen und Mieter der WOGE A ermöglicht oder Menschen finanziell unterstützt, die einen Platz in der WOGE aus eigenen Mitteln nicht finanzieren können. Die Stiftung ist eine nichtrechtsfähige Stiftung in der Verwaltung des Vereins WOGE A und dient ausschließlich gemeinnützigen und mildtätigen Zwecken. Alle Mitglieder im Kuratorium der Stiftung üben ihre Tätigkeit unentgeltlich aus.

Ambulanter Pflegedienst

Die Betreuung und Pflege wird von einem ambulanten Pflegedienst erbracht. Die Mieterinnen und Mieter haben Wahlfreiheit bezüglich des Betreuungs- und Pflegeanbieters. Sie schließen mit dem ambulanten Pflegedienst einen Betreuungsvertrag über die 24-Stunden-Betreuung ab. Grundsätzlich besteht die Vereinbarung, dass sich die Mieterinnen und Mieter in Bezug auf die 24-Stunden-Betreuung auf einen Pflegedienst verständigen. Laut Konzeption sollen die eingesetzten Alltagsbegleiterinnen und -begleiter ein Team bilden, das dauerhaft in der WOGE A eingesetzt ist, um einen ständigen Personalwechsel zu verhindern. Die Pflegeleistungen zwischen den Mieterinnen und Mietern und dem ambulanten Pflegedienst werden in einem separaten Pflegevertrag geregelt. Im Bereich der Pflege ist es insofern durchaus möglich, unterschiedliche Pflegedienste zu beauftragen.

Auftraggebergemeinschaft

Die Mieterinnen und Mieter, vertreten durch deren Bevollmächtigte (in der Regel die Angehörigen oder gesetzliche Betreuerinnen und Betreuer) bilden die sogenannte Auftraggebergemeinschaft. Diese entscheidet (mit einfacher Mehrheit) über alle Angelegenheiten, die das Gemeinschaftsleben betreffen. Die Auftraggebergemeinschaft tagt in etwa im Sechs-Wochen-Turnus. Der Verein WOGE A und der ambulante Pflegedienst haben Sitz ohne Stimmrecht in der Auftraggebergemeinschaft.

6.1.4 Pflege und Betreuung

In der Betreuung und Pflege spiegelt sich die Philosophie des Konzeptes wider. Sie wird in der WOGE A durch ein multiprofessionelles Team gesichert. Ein zentraler Baustein sind die Alltagsbegleiterinnen und Alltagsbegleiter, die 24 Stunden täglich in der WOGE A anwesend und beim ambulanten Pflegedienst beschäftigt sind. Sie verfügen über Kenntnisse in der Grundpflege, der sozialen Betreuung und der Hauswirtschaft. Ihre Qualifikationen sind unterschiedlich. Eine Ausbildung zur Pflegefachkraft ist nicht gefordert. Um einen ständigen Personalwechsel zu umgehen, bilden die Alltagsbegleiterinnen und Alltagsbegleiter ein Betreuungsteam, das dauerhaft in der WOGE A eingesetzt ist. Nachts erfolgt die Betreuung durch eine in der WOGE A anwesende Nachtwache, die keine Pflegefachkraft ist. Die ständige Erreichbarkeit einer examinierten Fachkraft ist über den Pflegedienst gewährleistet. Pflegeleistungen, die über das Aufgabenspektrum der Alltagsbegleiterinnen und -begleiter hinausgehen, werden ambulant hinzu geschaltet und von Pflegekräften des beauftragten Pflegedienstes erbracht. Angehörige, bürgerschaftlich Engagierte, Zivildienstleistende, Praktikantinnen und Praktikanten, junge Menschen im freiwilligen sozialen Jahr sowie Schülerinnen und Schüler ergänzen die Betreuung in der WOGE A. Im Durchschnitt werden die Mieterinnen und Mieter der WOGE A tagsüber kontinuierlich von drei Personen betreut.

6.1.5 Beteiligung Angehöriger und bürgerschaftlich Engagierter

Eine Besonderheit der WOGE A ist die systematische Beteiligung von Angehörigen und bürgerschaftlich Engagierten. Die Angehörigen verstehen die WOGE A als eine Möglichkeit zur Entlastung, aber nicht als Einrichtung, in der sie die Fürsorge für ihr erkranktes Familienmitglied abgeben. Laut Konzeption müssen Angehörige 20 Stunden im Monat in der WOGE A dienstplanrelevant mitarbeiten, oder sie beauftragen und finanzieren für diese Aufgabe eine Nachbarschaftshilfe. Das Aufgabenspektrum ist breit gefächert. Angehörige übernehmen beispielsweise den Großeinkauf oder das Kochen. Ihre Einsätze werden im Dienstplan erfasst.

Bürgerschaftliches Engagement in und für die WOGE A ist neben der Tätigkeit im Rahmen des Vereins WOGE A auf vielfältige Weise möglich und reicht von der sozialen Betreuung über die Verwaltung des Haushaltsgeldes bis hin zum Bügeln. In und um die WOGE A sind 26 Personen bürgerschaftlich engagiert. Zwölf davon sind sowohl im Verein als auch in der WOGE A und vier Personen sind ausschließlich im Verein engagiert. Zehn Personen sind ausschließlich in der WOGE A aktiv und keine Vereinsmitglieder. In der WOGE A gibt es einen Freiwilligenordner, in den alle bürgerschaftlich Engagierten ihre Einsatztermine eintragen. Die Festlegung der Aufgaben und Termine erfolgt mit den Alltagsbegleiterinnen und -begleitern bzw. mit den Verantwortlichen des Vereins WOGE A. Die Beteiligung von Angehörigen und bürgerschaftlich Engagierten ist auch unter ökonomischen

Gesichtspunkten relevant, da dadurch die Sicherung hoher Qualität auf bezahlbarem Niveau erreicht wird.

6.1.6 Wohnung und Wohnumfeld

Eine Besonderheit stellen der Kauf und die Finanzierung der Immobilie, in der sich die WOGE A befindet, dar. Eigentümer der Immobilie ist eine eigens dafür gegründete GmbH. Das Kapital für den Kauf der Wohnung wurde über Direktkredite nach dem Prinzip des Mietshäuser-Syndikats, über ein Darlehen der Stiftung WOGE A und ergänzend über Bankkredite beschafft. Die Refinanzierung erfolgt über die Miete. Der Verein WOGE A fungiert als Generalvermieter bzw. -mieter, indem er die Wohnung von der Stiftung WOGE A anmietet und die einzelnen Zimmer an die Mieterinnen und Mieter weiter vermietet. Die WOGE A ist in erster Linie ein Ort des Wohnens. Die Gestaltung einer häuslichen und familiären Atmosphäre drückt sich in Lage, Grundriss und Ausstattung aus. Der Ortsteil, in dem sich die im Januar 2008 bezogene WOGE A befindet, liegt am Stadtrand, etwa vier Kilometer vom Stadtzentrum entfernt. Der Standort verfügt über eine gute Infrastruktur mit Einkaufsmöglichkeiten und einer Anbindung an öffentliche Verkehrsmittel. Der Ende der 90er Jahre begonnene Ausbau des ehemaligen Kasernengeländes zu einem neuen Stadtteil hat aufgrund des sozialökologischen Modellcharakters öffentliche Anerkennung erfahren. Die WOGE A ist in eine Hofgemeinschaft eingebunden, die ein offenes Zusammenleben aller Generationen fördert. Auf einer Nutzfläche von 308 qm stehen den Mieterinnen und Mietern auf einer Ebene im Erdgeschoß insgesamt zehn, zwischen 12 und 14 qm große Einzelappartements, ein zentral gelegener Wohn- und Essbereich mit offener Verbindung zur Küche, ein weiterer Gemeinschaftsraum, ein Badezimmer, zwei Duschbäder, eine Waschküche und eine großzügige Terrasse mit Garten zur Verfügung. Das architektonische Konzept wurde demenzgerecht auf die Zielgruppe abgestimmt. So gibt es in der Wohnung viel warmes und schattenarmes Licht. Zudem wurde auf spiegelnde und stark strukturierte Oberflächen verzichtet, die bei Menschen mit Demenzerkrankungen Unsicherheit und Angst auslösen können. Ein angrenzender Garten mit Hochbeet und kleinem Nutzgarten kann von den Mieterinnen und Mietern gefahrlos alleine aufgesucht werden.

6.1.7 Rechtliche Situation

In der WOGE A gibt es keinen Einrichtungsträger. Die Mieterinnen und Mieter leben in einer gemeinschaftlichen, aber eigenen Häuslichkeit. Pflege und Vermietung sind rechtlich und wirtschaftlich voneinander unabhängig. Wohngemeinschaften, die durch eine Auftraggebergemeinschaft geführt werden und in denen Selbstverantwortung praktiziert wird, fallen nicht unter den Anwendungsbereich des am 01.07.2008 in Kraft getretenen Landesheimgesetzes (LHeimG) in Baden-Württemberg.

6.1.8 Kosten und Finanzierung

Die Gesamtkosten für die Mieterinnen und Mieter der WOGE A sind im Durchschnitt etwas höher als die Kosten eines vergleichbaren Pflegeheimplatzes und setzen sich zusammen aus Miete, Haushaltsgeld, einer Betreuungspauschale und den Kosten für die Pflege. In den Mietkosten sind die Miete für ein Einzelzimmer und anteilige Gemeinschaftsflächen, die Nebenkosten, die Kosten für die Teilmöblierung und eine Verwaltungspauschale enthalten. Mit dem Haushaltsgeld sind Verbrauchsgüter des gemeinschaftlichen Bedarfs, wie z.B. Lebensmittel, Wasch- und Reinigungsmittel, abgedeckt. Mit der Betreuungspauschale werden die Alltagsbegleiterinnen und Alltagsbegleiter sowie die Nachtwachen finanziert. Die Pflegeleistungen sind im Pflegevertrag geregelt und werden von Pflegekräften des beauftragten Pflegedienstes erbracht. In der Darstellung nicht berücksichtigt sind Leistungen der häuslichen Krankenpflege nach § 37 SGB V. Diese Leistungen werden in der Regel vom Pflegedienst direkt mit der Krankenkasse abgerechnet.

Tabelle 8 gibt einen Überblick über die Zusammensetzung der Kosten und deren Finanzierung in WOGE A. Die WOGE A ist eine ambulant betreute Wohngemeinschaft. Somit haben die Mieterinnen und Mieter Anspruch auf ambulante Sachleistungen nach § 36 SGB XI. Der Tabelle ist zu entnehmen, dass der Eigenanteil für alle Mieterinnen und Mieter – unabhängig von der Pflegestufe – gleich hoch ist. Das kommt dadurch zustande, dass die Kosten der Grundpflege abhängig von der jeweiligen Pflegestufe entsprechend der Höhe der Pflegesachleistungen, die über die Pflegeversicherung bezogen werden können, steigen. Darüber hinaus können Leistungen nach § 45 b SGB XI (zusätzlicher Betreuungsbetrag von bis zu 2.400 Euro je Kalenderjahr für Personen mit erheblich eingeschränkter Alltagskompetenz – festgestellt über den MDK) mit den Krankenkassen abgerechnet werden. In der WOGE A bringen sich Angehörige mit 20 Stunden im Monat ein. Ist dieses Engagement nicht möglich, erhöhen sich die Kosten um rund 220 Euro pro Monat für den entsprechenden Einsatz von Nachbarschaftshilfen.

Kostenübersicht	Pflegestufe 0 in Euro	Pflegestufe 1 in Euro	Pflegestufe 2 in Euro	Pflegestufe 3 in Euro
Miete inkl. Nebenkosten	470	470	470	470
Haushaltsgeld	200	200	200	200
Betreuungspauschale	1.450	1.450	1.450	1.450
Pflegekosten		440	1.040	1.510
Gesamtkosten	**2.120**	**2.560**	**3.160**	**3.630**
abzüglich Pflegesachleistung ambulant § 36 SGB XI	0	440	1.040	1.510
abzüglich Leistungsanspruch § 45 b SGB XI	200	200	200	200
Eigenanteil	**1.920**	**1.920**	**1.920**	**1.920**

Tabelle 8: Kosten- und Finanzierungsüberblick WOGE A

Im Rahmen eines Interviews wurde auf Schwierigkeiten der Refinanzierung der Kosten für Menschen, die Sozialhilfe in Anspruch nehmen, hingewiesen. Bei diesen Personen, die einen Bedarf auf Hilfe zur Pflege nach SGB XII (Sozialhilfe) haben, orientiert sich die Kostenübernahme des Sozialhilfeträgers an den Kosten eines vergleichbaren Heimplatzes und ist deshalb nach oben begrenzt. In der Konsequenz heißt das, dass beispielsweise für Menschen mit Pflegestufe I, die Sozialhilfe beziehen, ein privat zu finanzierender Kostenanteil verbleibt, den die Sozialhilfe nicht übernimmt. Damit auch diese Personen die ambulant betreute Wohngemeinschaft in Anspruch nehmen können, stehen (begrenzt) Mittel aus der Stiftung WOGE A zur Verfügung.

6.1.9 Kooperation und Vernetzung

Die WOGE A ist Mitglied in einem Netzwerk ambulant betreuter Wohngemeinschaften der Region. Das Netzwerk verfolgt die Zielsetzung, Wohngruppen für Menschen mit Demenz fachlich zu begleiten und zu vernetzen. Darüber hinaus existieren stabile Beziehungen mit anderen ambulanten Einrichtungen, niedergelassenen Ärzten, Apotheken, Selbsthilfegruppen sowie Therapeutinnen und Therapeuten. Die Verbindung der WOGE A zum im gleichen Haus befindlichen, generationsübergreifenden Wohnprojekt sowie die Integration in den Stadtteil werden durch verschiedene Aktivitäten, wie z.b. gemeinsame Feste oder die Beteiligung bei Quartiersbazaren, gefördert.

6.2 WOGE B

Die zweite der untersuchten ambulant betreuten Wohngemeinschaften (WOGE B) ist im Bundesland Brandenburg beheimatet. Anfang bis Mitte der 90er Jahre entstanden die ersten ambulant betreuten Wohngemeinschaften für ältere Menschen in Brandenburg. Um deren Qualität zu sichern und eine Orientierungs- und Entscheidungshilfe für Interessierte anzubieten, hat die Alzheimer Gesellschaft Brandenburg e.V. zusammen mit dem Institut für Gerontologie und Bildung im Jahr 2005 einen Leitfaden zur Struktur- und Prozessqualität der ambulanten Betreuung von Menschen mit Demenz in Wohngemeinschaften herausgegeben. Konsequenz daraus ist unter anderem, dass darauf bezugnehmende ambulant betreute Wohngemeinschaften durch bürgerschaftlich engagierte Moderatorinnen und Moderatoren begleitet werden (vgl. Alzheimer Gesellschaft Brandenburg e.V. 2005). Der Leitfaden stellt auch die Arbeitsgrundlage der, für die Untersuchung ausgewählten WOGE B dar.

6.2.1 Vorgeschichte, Philosophie und Zielsetzung

Die WOGE B wurde Im April 2007 eröffnet. Sie basiert auf der Initiative des Trägers eines ambulanten Pflegedienstes und ist eine von insgesamt acht ambulant betreuten Wohngemeinschaften, die auf Initiative dieses Trägers entstanden sind. Zielsetzung der WOGE B ist es, drohender Vereinsamung vorzubeugen, Familien bei der Pflege und Betreuung zu entlasten, ohne diese vollständig aufzugeben sowie die Kompetenz zur selbständigen Alltagsgestaltung zu erhalten bzw. wiederherzustellen. Laut Konzeption stehen die Aufrechterhaltung der Selbstbestimmtheit und das aktive Zusammenwirken der Mieterinnen und Mieter, Angehörigen, gesetzlichen Betreuerinnen und Betreuer und des Betreuungs- und Pflegeteams im Vordergrund. Grundlage der Konzeption ist der von der Alzheimer Gesellschaft Brandenburg e.V. entwickelte Leitfaden zur Struktur- und Prozessqualität bei der ambulanten Betreuung von Menschen mit Demenz in Wohngemeinschaften.

6.2.2 Zielgruppe und Gruppengröße

Zielgruppe der WOGE B sind ältere Menschen, die hilfe- bzw. pflegebedürftig sind. Derzeit werden acht Personen im Alter zwischen 47 und 95 Jahren, davon sechs Frauen und zwei Männer betreut. Ursprünglich war vorgesehen, ausschließlich Menschen mit Demenzerkrankungen aufzunehmen. Aufgrund zu geringer Nachfrage wurde die ursprüngliche Zielsetzung jedoch dahingehend verändert, die WOGE B für alle älteren Menschen mit Unterstützungs- und Pflegebedarf zu öffnen. Im Frühjahr 2010 wurde im Einvernehmen mit allen Beteiligten ein jüngerer Bewohner mit umfangreichem Unterstützungsbedarf aufgenommen, für den eine Alternative zur Betreuung in einer stationären Einrichtung gesucht wurde. Über den Einzug einer neuen Mieterin bzw. eines neuen Mieters entscheidet die Auftraggebergemeinschaft, die sich aus Bevollmächtigten bzw. gesetzlichen Betreuungspersonen der Mieterinnen und Mieter zusammensetzt. Diese Entscheidung erfolgt in Abstimmung mit dem ambulanten Pflegedienst. Ein relevantes Aufnahmekriterium ist es, dass die Bewerberinnen und Bewerber aus der Region kommen, um die Einbindung der Angehörigen gewährleisten zu können. Ferner müssen die neuen Mieterinnen und Mieter in die bestehende Gemeinschaft passen. Ein Verbleib der Mieterinnen und Mieter bis zum Tode ist vorgesehen.

6.2.3 Initiatorinnen bzw. Initiatoren, Struktur und Akteure

Träger des ambulanten Pflegedienstes
Vor dem Hintergrund einer veränderten Bedarfslage und einer zunehmenden Nachfrage nach alternativen Versorgungsmöglichkeiten sah sich der Träger des ambulanten Pflegedienstes veranlasst, sein Leistungsangebot um die ambulante Betreuung einer Wohngemeinschaft auszuweiten. Nach rund einem Jahr Vorarbeit konnte im April 2007 die erste ambulant betreute Wohngemeinschaft in einer ländlichen Region in Brandenburg eröffnet werden. Danach wurden in unmittelbarer Nähe zwei weitere ambulant betreute Wohngemeinschaften mit jeweils fünf bzw. acht Mieterinnen und Mietern eröffnet. Betreuung und Pflege werden vom ambulanten Pflegedienst des initiierenden Trägers erbracht. Die Entscheidung für einen ambulanten Pflegedienst und die entsprechende Beauftragung obliegt formell jeder Mieterin bzw. jedem Mieter. Um Synergieeffekte zu nutzen, haben sich die Mieterinnen und Mieter bzw. deren Angehörige oder gesetzliche Betreuungspersonen einvernehmlich darauf verständigt, alle denselben ambulanten Pflegedienst zu beauftragen. Die Mieterinnen und Mieter schließen analog zur häuslichen Betreuung einen Pflegevertrag mit dem ambulanten Pflegedienst ab. Zum Leistungsspektrum des ambulanten Pflegedienstes gehören neben der ambulanten Pflege und Betreuung der Wohngemeinschaft auch die ambulante Pflege in der Häuslichkeit, eine Begegnungsstätte für ältere Menschen, ein Hausnotruf sowie eine wöchentlich stattfindende Betreuungsgruppe für Menschen mit Demenzerkrankungen.

Vermieter
Die Immobilie, in der sich die WOGE B befindet, wurde durch einen privaten Investor grundsaniert. Er vermietet die Räume im Rahmen von Einzelmietverträgen an die Mieterinnen und Mieter zu ortsüblichen Preisen. Die Grundsanierung des Gebäudes wurde mit dem Initiator der WOGE B im Vorfeld abgestimmt, um die speziellen Bedürfnislagen der Mieterinnen und Mieter einer ambulant betreuten Wohngemeinschaft zu berücksichtigen.

Auftraggebergemeinschaft

Die Auftraggebergemeinschaft setzt sich aus den Mieterinnen und Mietern zusammen, die allesamt durch Bevollmächtigte (Angehörige bzw. gesetzliche Betreuerinnen und Betreuer) vertreten werden. Der ambulante Pflegedienst hat keinen Sitz in der Auftraggebergemeinschaft, kann aber im Bedarfsfall als Gast eingeladen werden. Die Entscheidungen der Gemeinschaft berücksichtigen sowohl die gemeinschaftlichen, als auch die individuellen Interessen und müssen jeweils mit einer 2/3-Mehrheit getroffen werden. Da viele anfängliche Entscheidungen getroffen sind, kommt die Auftraggebergemeinschaft derzeit nur noch quartalsweise und zusätzlich im Bedarfsfall zusammen. Die Treffen der Auftraggebergemeinschaft werden von einer neutralen Moderatorin begleitet.

Moderation

Die Moderatorin nimmt eine vermittelnde Position zwischen allen an der ambulant betreuten Wohngemeinschaft beteiligten Partnerinnen und Partnern ein. Sie begleitet die Treffen der Auftraggebergemeinschaft und steht anlassbezogen als Ansprechpartnerin für alle Beteiligten zur Verfügung. Im Konfliktfall besteht ihre Aufgabe darin, im Zusammenspiel mit allen Beteiligten, die Entwicklung konstruktiver Lösungen zu ermöglichen. Die Moderatorin wurde vom Träger des ambulanten Pflegedienstes vorgeschlagen und einvernehmlich von allen Mitgliedern der Auftraggebergemeinschaft beauftragt. Aufgrund ihrer langjährigen Berufserfahrung als Lehrerin verfügt die 60-jährige Moderatorin, die ihre Aufgabe unentgeltlich ausübt und aus der Region stammt, über die für diese Rolle erforderliche Fach-, Methoden-, Sozial- und Personalkompetenz. Sie genießt das Vertrauen aller Partnerinnen und Partner und hat selbst keine Entscheidungskompetenz.

6.2.4 Pflege und Betreuung

Die Mieterinnen und Mieter der WOGE B werden rund um die Uhr durch den ambulanten Pflegedienst betreut. Leistungsart und Leistungsumfang leiten sich aus dem individuellen Hilfebedarf ab und sind in individuellen Pflegeverträgen geregelt. Ein separater Betreuungsvertrag existiert nicht.

Das Betreuungspersonal besteht tagsüber aus zwei sogenannten Begleitpersonen, die über grundpflegerische und hauswirtschaftliche Kompetenzen verfügen und kontinuierlich geschult werden. Insgesamt steht für die drei ambulant betreuten Wohngemeinschaften, die sich in unmittelbarer Nachbarschaft befinden, eine examinierte Fachkraft zur Verfügung, die die Verantwortung für die Steuerung des Pflegeprozesses trägt. Zweimal pro Monat findet eine Dienstberatung für alle Pflege- und Begleitpersonen statt. Die Betreuung während der Nacht ist ebenfalls durch eine Begleitperson sichergestellt. Die ständige Erreichbarkeit einer examinierten Fachkraft ist über den Pflegedienst gewährleistet. Ergänzt wird die Betreuung durch Angehörige und bürgerschaftlich Engagierte. Die bürgerschaftlich engagierten Helferinnen und Helfer sind an den ambulanten Pflegedienst angebunden und erhalten im Rahmen des zusätzlichen Leistungsanspruchs nach § 45 b SGB XI eine kleine Aufwandsentschädigung.

6.2.5 Beteiligung Angehöriger und bürgerschaftlich Engagierter

Die WOGE B versteht sich als eine Gemeinschaft, die Angehörige bei der Pflege und Betreuung entlastet, ohne ihnen die Gesamtverantwortung abzunehmen. Vor diesem Hintergrund sind Angehörige auf besondere Weise gefordert. Um eine gemeinsame Verständigung über das Zusammenleben innerhalb der Gemeinschaft zu erzielen, haben sich die Angehörigen und gesetzlichen Betreuerinnen bzw. Betreuer in einer Auftraggebergemeinschaft zusammengeschlossen und eine Sprecherin gewählt. Die Aufgaben der Auftraggebergemeinschaft reichen von Entscheidungen über die Aufnahme neuer Mitglieder in die Wohngemeinschaft, über die gemeinschaftliche Beauftragung eines Pflegedienstes, bis hin zu Anschaffungen zur gemeinschaftlichen Nutzung. Darüber hinaus bringen sich die Angehörigen unterschiedlich stark ein. Das Aufgabenspektrum reicht von Aktivitäten der Freizeitgestaltung bis zum Führen der Haushaltskasse. Um die Angehörigen in ihrer Rolle als Auftraggeber aktiv zu unterstützen, werden diese von der Moderatorin begleitet.

Bürgerschaftliches Engagement wird in WOGE B zum Zeitpunkt der Erhebung von fünf Helferinnen und Helfern erbracht, die an den ambulanten Pflegedienst angebunden sind und im Rahmen von sogenannten zusätzlichen

Betreuungsleistungen (§ 45 SGB XI) tätig werden. Dafür erhalten sie eine Aufwandsentschädigung von 5 Euro pro Stunde. Ferner wird eine Mieterin über den örtlichen Hospizverein von einer bürgerschaftlich Engagierten betreut. Vor Beginn ihrer Tätigkeit werden die bürgerschaftlich Engagierten im Rahmen eines dreitägigen Seminars geschult und auf ihre Aufgaben vorbereitet. Die Anleitung der bürgerschaftlich Engagierten erfolgt durch die Sozialpädagogin des ambulanten Pflegedienstes im Rahmen von monatlichen Treffen und Einzelgesprächen. Bürgerschaftlich engagiert ist zudem die Moderatorin. Über das Grundprinzip der geteilten Verantwortung hinaus ist die Beteiligung der Angehörigen und bürgerschaftlich Engagierten in WOGE B auch unter ökonomischen Gesichtspunkten von Bedeutung, weil dadurch ein regionsspezifisch akzeptierter Gesamtpreis nicht überschritten wird.

6.2.6 Wohnung und Wohnumfeld

Eigentümer der Immobilie, in der sich die WOGE B befindet, ist ein privater Investor, der die Unterkünfte eines ehemaligen Kinderheimes, in Abstimmung mit dem Träger des ambulanten Pflegedienstes, saniert hat. In der Architektur spiegeln sich die Grundsätze von Individualität und Gemeinschaft wider. WOGE B liegt etwa drei Kilometer vom Ortszentrum entfernt und ist mit öffentlichen Verkehrsmitteln gut zu erreichen. Sie bietet auf einer Ebene im Erdgeschoß insgesamt rund 300 qm Wohnraum. Insgesamt stehen neben den acht Privaträumen, die zwischen 17 und 23 qm groß sind, ein gemeinsames Ess- und Wohnzimmer mit integrierter Küche, zwei Bäder mit Toilette und Dusche bzw. Badewanne sowie eine separate Toilette zur Verfügung. Die Terrasse mit Garten ermöglicht den Mieterinnen und Mietern mit einer Demenzerkrankung eine eigenständige Nutzung. Die gesamte Wohnung ist barrierefrei angelegt. Die Inneneinrichtung wurde von den Mieterinnen und Mietern bzw. deren Angehörigen gestaltet. Um eine möglichst vertraute Atmosphäre zu schaffen, haben die Mieterinnen und Mieter ihre Lieblingsstücke zusammengestellt und damit die Gemeinschaftsräume eingerichtet.

6.2.7 Rechtliche Situation

Obwohl die Gründung der WOGE B durch eine Drittorganisation erfolgte, findet das Heimrecht, das in Brandenburg durch das Brandenburgische Pflege- und Betreuungswohngesetz (BbgPBWoG) geregelt ist, keine Anwendung, da eine aktiv arbeitende Auftraggebergemeinschaft nachweisbar ist. Das Gesetz spricht in diesem Fall von einer selbstverantwortlich geführten Wohnform, da davon ausgegangen wird, dass die Mitglieder in struktureller Unabhängigkeit leben und mithilfe ihrer Angehörigen bzw. rechtlichen Betreuerinnen und Betreuer als souveräne Verbraucherinnen und Verbraucher auftreten. Untermauert wird diese Beurteilung dadurch, dass, wie in WOGE B der Fall, bürgerschaftlich engagierte Moderatorinnen und Moderatoren den Prozess begleiten.

6.2.8 Kosten und Finanzierung

Für die Mieterinnen und Mieter entstehen Kosten für Wohnung, Verpflegung und Pflege. Tabelle 9 gibt einen Überblick über die Gesamtkosten und den zu zahlenden Eigenanteil der Mieterinnen und Mieter.

Kostenübersicht			Kosten in Euro
Miete inkl. Nebenkosten (abhängig von der Größe des Zimmers)			285-400
Haushaltsgeld			150
Pflegepauschale			950-2.500
Gesamtkosten			**1.385-3.050**
abzüglich Pflegesachleistung ambulant § 36 SGB XI (jeweils in Euro)			440-1.510
Pflegestufe I: 440	Pflegestufe II: 1.040	Pflegestufe III: 1.510	
Eigenanteil abhängig von Pflege und Zimmergröße			**945-1.540**

Tabelle 9: Kosten- und Finanzierungsüberblick WOGE B

Die Miete ist abhängig von der Größe des Zimmers und beträgt zwischen 285 Euro und 400 Euro. Sie umfasst sowohl die Miete für das jeweilige Einzelzimmer und anteilige Gemeinschaftsflächen als auch die Nebenkosten. Das Verpflegungsgeld in Höhe von monatlich 150 Euro wird von den Angehörigen verwaltet und für Verbrauchsgüter, wie z.b. Lebensmittel, Wasch- und Reinigungsmittel, verwendet. In der WOGE C werden Kosten für Betreuung und Pflege nicht getrennt veranschlagt. Vielmehr gibt es eine sogenannte Pflegepauschale, die auch nicht anhand der jeweiligen Pflegestufen der Mieterinnen und Mieter festgelegt wird, sondern sich nach individuellem Hilfebedarf bzw. den gewünschten Pflege- und Betreuungsleistungen richtet. Sie wird mit den Mieterinnen und Mietern in einzelnen Pflegeverträgen geregelt und liegt zwischen 950 Euro und 2.500 Euro. Ein separater Betreuungsvertrag existiert nicht. Zusätzlich zur Pflegepauschale rechnet der Pflegedienst Leistungen nach SGB V mit den jeweils zuständigen Krankenkassen ab. Je nach individuellem Pflegeleistungsanspruch (es gibt nur Mieterinnen und Mieter mit Pflegestufe I bis III), den in Anspruch genommenen Leistungen und der Größe des Zimmers beträgt der Eigenanteil bei den momentan dort lebenden Mieterinnen und Mietern zwischen 945 Euro und 1.540 Euro. Bei zwei Mieterinnen werden ergänzend Leistungen aus SGB XII (Sozialhilfe) bezahlt. Einige Mieterinnen und Mieter erhalten aufgrund ihres zusätzlichen Leistungsanspruchs nach § 45 b SGB XI Mittel von 100 Euro oder 200 Euro, die für die Finanzierung der Aufwandsentschädigung der bürgerschaftlich engagierten Helferinnen und Helfer verwendet werden.

6.2.9 Kooperation und Vernetzung

Die Sicherstellung der medizinischen Betreuung und die Einbindung in das Gemeinwesen sind für die WOGE B von besonderer Bedeutung. Zu diesem Zweck arbeitet der ambulante Pflegedienst mit den Fach- und Hausärzten, den örtlichen Krankenhäusern, den niedergelassenen Therapeutinnen und Therapeuten, Apotheken und Kirchengemeinden zusammen. Im Hinblick auf die praktische und konzeptionelle Weiterentwicklung ist die Alzheimer Gesellschaft Brandenburg e.V. ein wichtiger Kooperationspartner. Der ambulante Pflegedienst nutzt den Fachaustausch und die vielfältigen Weiterbildungsangebote für ihre Mitarbeiterinnen und Mitarbeiter. Zudem ist die Alzheimer Gesellschaft Brandenburg e.V. ein wichtiges Bindeglied zwischen Leistungserbringern und Kostenträgern und Garant für die Qualität der WOGE B. Darüber hinaus besteht eine Kooperation mit dem Kindergarten und dem örtlichen Hospizverein.

6.3 WOGE C

Die dritte der untersuchten ambulant betreuten Wohngemeinschaften (WOGE C) wurde von Angehörigen in einem deutschen Stadtstaat initiiert. Ambulant betreute Wohngemeinschaften werden heute primär von ambulanten Diensten gegründet und, je nach regionalen Gegebenheiten, auch von der Wohnungswirtschaft getragen. Deshalb ist im Untersuchungssample eine ambulant betreute Wohngemeinschaft von besonderem Interesse, die von Angehörigen initiiert und auch in der Umsetzung maßgeblich von deren Engagement geprägt wurde. WOGE C basiert auf einem sogenannten Drei-Säulen-Modell, das eine partnerschaftliche Zusammenarbeit von Angehörigen, Verein (Vermieter) und Pflegedienst vorsieht.

6.3.1 Vorgeschichte, Philosophie und Zielsetzung

Im April 2002 gründeten zwei engagierte Frauen in einem Stadtstaat in Norddeutschland einen Verein mit der Zielsetzung, eine ambulant betreute Wohngemeinschaft für Menschen mit Demenzerkrankungen aufzubauen. Hintergrund war, dass eine der beiden mit der Betreuung ihres erkrankten Mannes in einem Alten- und Pflegeheim unzufrieden war und die andere mit ihren beruflichen Erfahrungen in Alten- und Pflegeheimen helfen wollte, eine alternative Betreuungsform aufzubauen. Das primäre Ziel war es, ein Angebot zu initiieren, das den Ansprüchen an eine liebevolle, annehmende und fördernde, pflegerische Betreuung genügt. In einem Ortsteil der Stadt wurde im Dezember 2003, auf Initiative des von den beiden Frauen gegründeten Vereins, die WOGE C für Menschen mit Demenzerkrankungen eröffnet. Die Organisation eines Alltags, der am Ablauf im eigenen Haushalt orientiert ist und die Mitarbeit der Mieterinnen und Mieter bei allen anfallenden Verrichtungen – soweit möglich – sind wesentliche Bestandteile des Konzepts. Dieses beruht ferner auf einem Drei-Säulen-Modell, das davon ausgeht, dass die Organisation einer ambulant betreuten Wohngemeinschaft immer dann erfolgreich ist, wenn Angehörige, Verein (Vermieter) und Pflegedienst wertschätzend, offen und partnerschaftlich zusammenarbeiten.

6.3.2 Zielgruppe und Gruppengröße

In der WOGE C leben ausschließlich Personen mit Demenzerkrankungen. Durch die Fokussierung auf diese Personengruppe soll verhindert werden, dass die Mieterinnen und Mieter ständig auf ihre Defizite aufmerksam gemacht werden. Die Konzeption geht davon aus, dass eine segregative Versorgung für Menschen mit Demenzerkrankungen sowohl anregend als auch angstreduzierend ist. Insgesamt leben derzeit acht Frauen im Alter zwischen 64 und 91 Jahren in der WOGE C, die grundsätzlich auch Männern offen steht. Die Angehörigen entscheiden im Einvernehmen mit dem Verein, der überdies als Generalvermieter bzw. -mieter fungiert, über die Aufnahme neuer Mieterinnen bzw. Mieter. Relevante Aufnahmekriterien sind, dass die Bewerberinnen und Bewerber an einer Demenz erkrankt sind, was in der Regel durch ein entsprechendes Attest nachgewiesen wird und dass sie gerne in einer Gemeinschaft leben. Es hat sich als vorteilhaft erwiesen, dass die neuen Mieterinnen und Mieter aus der betreffenden Kommune kommen, da dann staatliche Unterstützungsleistungen, wie z.B. Hilfe zur Pflege, einfacher beantragt werden können und die aktive Mitarbeit der Angehörigen erleichtert wird. Da der Hospizgedanke ein wesentlicher Bestandteil der Konzeption von WOGE C ist, wird ein Verbleib der Mieterinnen und Mieter bis zum Tode angestrebt.

6.3.3 Initiatorinnen bzw. Initiatoren, Struktur und Akteure

Angehörigengremium
Das Angehörigengremium setzt sich aus den Angehörigen der Mieterinnen und Mieter respektive deren gesetzlichen Betreuerinnen und Betreuern zusammen. Seine vorrangige Aufgabe ist die Umsetzung des bestehenden Konzepts. Das Angehörigengremium entscheidet über den Pflegedienst und die eingesetzten Mitarbeiterinnen und Mitarbeiter und legt die konkreten

Rahmenbedingungen für das Zusammenleben in der Gemeinschaft fest. Es trifft sich in der Regel einmal im Monat. Über jedes Treffen wird Protokoll geführt. Die Konzeption sieht vor, dass aus der Mitte des Gremiums zwei Sprecherinnen bzw. Sprecher gewählt werden. Derzeit gibt es, aufgrund der mangelnden Bereitschaft zur Übernahme dieser Funktion, nur einen Angehörigensprecher.

Verein WOGE C
Der Verein verfolgt den Zweck, Wohngemeinschaften für Menschen mit Demenzerkrankungen einzurichten und zu fördern. Er besteht aus bürgerschaftlich engagierten Mitgliedern, die sich gemeinnützig für die Förderung von ambulant betreuten Wohngemeinschaften einsetzen. Neben den Angehörigen und dem Pflegedienst bildet er die dritte Säule des Konzepts. Der Verein arbeitet aus sozialer und ethischer Verantwortung heraus, ohne konfessionelle oder parteipolitische Bindungen. Der Eigentümer der Immobilie vermietet per Generalmietvertrag die Wohnung an den Verein, der in Einzelmietverträgen die acht Zimmer zu ortsüblichen Preisen an die Mieterinnen und Mieter weiter vermietet. Neben der Koordination der Vermietung (Verhandlungen mit potenziellen Mieterinnen und Mietern, Abschluss der Mietverträge, Verhandlungen mit dem Wohnungseigentümer) ist der Verein aktiv bei der Umsetzung und der Fortschreibung des Konzepts, der Abwicklung und der finanziellen Unterstützung bei Reparaturen und Neuanschaffungen, der Kontaktpflege und den Verhandlungen mit Kostenträgern, Amtsgericht und Finanzamt, der Öffentlichkeitsarbeit (Entwicklung von Flyern, Werbeträgern, Besuch von Messen), der Gewinnung von bürgerschaftlich Engagierten sowie der Verwaltung von Mitgliedsbeiträgen und Spendengeldern. Der Verein beabsichtigt, weitere ambulant betreute Wohngemeinschaften in der Kommune zu gründen. Aktuell hat der Verein 30 teils aktive und teils passive Mitglieder. Der jährliche Mitgliedsbeitrag beträgt 40 Euro.

Ambulanter Pflegedienst
Pflege, Betreuung sowie hauswirtschaftliche Leistungen werden von einem ambulanten Pflegedienst erbracht. Die Mieterinnen und Mieter haben Wahlfreiheit bezüglich des Pflege- und Betreuungsanbieters. Es wird jedoch an-

gestrebt, dass sich die Mieterinnen und Mieter auf einen Pflegedienst verständigen. Um die interne Kommunikation der drei Säulen Angehörige, Verein und ambulanter Pflegedienst sicher zu stellen, finden regelmäßige Abstimmungsgespräche aller beteiligten Akteursgruppen statt.

6.3.4 Pflege und Betreuung

Die Verantwortung für Pflege, Betreuung und Hauswirtschaft in WOGE C liegt beim Pflegedienst. Dieser beschäftigt Pflegefachkräfte, Präsenz- bzw. Hauswirtschaftskräfte, Sozialpädagoginnen bzw. Sozialpädagogen, Zivildienstleistende und junge Menschen im freiwilligen sozialen Jahr. Der Nachtdienst wird von Personen mit Pflegeerfahrung (z.B. Hausfrauen oder Studierende) abgedeckt, die bei Bedarf Zugriff auf den Bereitschaftsdienst des Pflegedienstes haben. Neben der fachlichen Kompetenz wird bei den Mitarbeiterinnen und Mitarbeitern auf die persönliche Kompetenz geachtet. Eigenschaften, wie Ruhe, Geduld, gute Beobachtungsgabe sowie Kreativität gelten als wichtige Voraussetzungen für eine Tätigkeit in der WOGE C. Ferner sind Kenntnisse im Bereich der Validation Voraussetzung. Die Mieterinnen und Mieter werden rund um die Uhr betreut. Der Pflegedienst ist gehalten, sein Personal so zu koordinieren, dass vormittags die Anwesenheit von drei Präsenz- bzw. Pflegekräften, nachmittags von zwei Präsenz- bzw. Pflegekräften und nachts von einer Präsenzkraft sichergestellt ist. In der Regel sind tagsüber mindestens eine Pflegefach- und eine Hauswirtschaftskraft anwesend. Die Pflegefachkräfte sind für die Grund- und Behandlungspflege zuständig, die Hauswirtschafts- bzw. Präsenzkräfte für die Betreuung, Wäscheversorgung, das Zubereiten von Mahlzeiten und Putzen. Darüber hinaus betreut eine Sozialpädagogin in Teilzeit die Mieterinnen und Mieter. Die eingesetzten Pflege- und Betreuungskräfte bilden ein Team, das ausschließlich in WOGE C arbeitet. Das Team versteht sich als Dienstleister in der Häuslichkeit der Mieterinnen und Mieter. Ergänzt wird die Betreuung und Pflege durch Angehörige und bürgerschaftlich Engagierte. Die vertrauensvolle Zusammenarbeit zwischen den Angehörigen sowie den Mitarbeiterinnen und Mitarbeitern des Pflegedienstes gilt als Grundlage des Gemeinschaftslebens.

6.3.5 Beteiligung Angehöriger und bürgerschaftlich Engagierter

Die WOGE C wurde von Angehörigen initiiert. Im Konzept haben deshalb Angehörige eine hervorgehobene Bedeutung. Die Mitarbeit der Angehörigen ist nicht nur erwünscht, sondern wird eingefordert. Die Angehörigen wirken unterstützend bei Organisation, Alltagsgestaltung, Pflege und Hauswirtschaft mit. Aktuell übernehmen Angehörige unterschiedliche Aufgaben, wie z.b. wöchentlicher Großeinkauf der Toilettenartikel, Verwaltung der Haushaltskasse, kleinere Reparaturen, Betreuung von Interessenten (in Abstimmung mit dem Verein und dem Pflegedienst), Beschaffung von Möbeln, Balkonpflege, Einrichtung des Zimmers des eigenen Angehörigen, Begleitung bei Ausflügen, Mithilfe bei Veranstaltungen, Spaziergänge – auch mit anderen Mieterinnen und Mietern, gelegentliches Kochen und Backen, Freizeitgestaltung, Begleitung des eigenen Angehörigen zum Friseur oder Arzt. Die Angehörigen nehmen ferner an regelmäßig stattfindenden Fallbesprechungen, die ihr Familienmitglied betreffen, teil. Zudem obliegt den Angehörigen die Betreuung von Besucherinnen und Besuchern und bürgerschaftlich Engagierten. Die Auswahl neuer Mieterinnen und Mieter treffen die Angehörigen im Einvernehmen mit dem Verein in seiner Funktion als Vertreter des Vermieters.

Zusätzlich zu den Angehörigen wirken auch bürgerschaftlich Engagierte auf unterschiedliche Weise in der WOGE C mit. Neben ihrem Engagement im Verein betreuen rund zehn bürgerschaftlich Engagierte einzelne Mieterinnen und Mieter, reinigen die Wohnung oder übernehmen den Großeinkauf der Lebensmittel. Die bürgerschaftlich Engagierten werden in der Regel vom Verein WOGE C angeworben. Vor Beginn ihrer Tätigkeit stellen sie sich im Angehörigengremium vor, da Art und Form des Engagements mit den Angehörigen abgestimmt wird. Die Einsätze der bürgerschaftlich Engagierten werden in den Kalender der WOGE C eingetragen, so dass alle beteiligten Akteure Kenntnis davon haben.

6.3.6 Wohnung und Wohnumfeld

Der Eigentümer der Immobilie hat diese an den Verein WOGE C vermietet. Die WOGE C befindet sich in einem neu renovierten Gebäude in einem

Stadtteil der Kommune. Sie liegt an einem zentralen Standort mit guter Infrastruktur, Einkaufsmöglichkeiten und Anschluss an öffentliche Verkehrsmittel. In der gleichen Wohnanlage befinden sich neben WOGE C auch Zwei- und Drei-Zimmerwohnungen des Betreuten Wohnens. Die WOGE C bietet auf einer Ebene im ersten Stock Wohnraum im Umfang von insgesamt 280 qm. Die Mieterinnen und Mieter leben in acht Einzelzimmern, die zwischen 10 und 22 qm groß sind. Darüber hinaus steht ihnen ein zentral gelegener Wohn- und Essbereich mit Verbindung zur Küche, ein Badezimmer mit Badewanne, zwei Badezimmer mit Dusche, eine Gästetoilette sowie ein Inkubations- bzw. Hygieneraum zur Verfügung. Ein sechs Meter langer Balkon ermöglicht den Mieterinnen und Mietern bei schönem Wetter das Draußen-Sitzen. Die gesamte Wohnung ist barrierefrei. Zu Beginn wurde die Einrichtung der Gemeinschaftsräume über Spenden und Wohnungsauflösungen besorgt, die Küche wurde vom Eigentümer eingebaut. Sukzessive wird die Einrichtung der Gemeinschaftsräume dem individuellen Geschmack der Mieterinnen und Mieter angepasst. Die Privaträume der einzelnen Mieterinnen und Mieter sind individuell eingerichtet.

6.3.7 Rechtliche Situation

Die rechtliche Situation ambulant betreuter Wohngemeinschaften ist durch das Wohn- und Betreuungsgesetz des Stadtstaates, in dem sich die WOGE C befindet, geregelt. Demnach finden die weiteren Bestimmungen desselben in diesem Fall keine Anwendung, da es sich bei der WOGE C um eine selbstorganisierte und unterstützende Wohnform handelt, in der die Menschen ihren Pflegedienst frei wählen können sowie Unterstützung und Wohnen nicht vertraglich miteinander verknüpft sind. Das Gesetz sieht vor, dass in der Aufbauphase die Vereinbarungen und Verträge der selbstorganisierten Wohngemeinschaften daraufhin überprüft werden, ob sie diese Bedingungen erfüllen, um einen Etikettenschwindel zu verhindern.

6.3.8 Kosten und Finanzierung

Die Gesamtkosten für die Mieterinnen und Mieter sind abhängig von der jeweiligen Pflegestufe und setzen sich zusammen aus Miete, Betreuungspauschale und Haushaltskosten. Die nachstehende Tabelle 10 gibt einen Überblick über die Kosten und den verbleibenden Eigenanteil der Mieterinnen und Mieter:

Kostenübersicht				Kosten in Euro
Miete inkl. Nebenkosten (abhängig von der Größe des Zimmers)				450-550
Haushaltsgeld				200
Pflege- und Betreuungspauschale				2.300
Gesamtkosten				**2.950-3.050**
abzüglich Pflegesachleistung ambulant § 36 SGB XI (jeweils in Euro)				440-1.918
Pflegestufe I: 440	Pflegestufe II: 1.040	Pflegestufe III: 1.510	Härtefälle: 1.918	
Eigenanteil abhängig von Pflegestufe und Zimmergröße (jeweils in Euro)				**1.032-2.610**
Pflegestufe I: 2.510 (2.610)	Pflegestufe II: 1.910 (2.010)	Pflegestufe III: 1.440 (1.540)	Härtefälle: 1.032 (1.132)	

Tabelle 10: Kosten- und Finanzierungsüberblick WOGE C

Die Gesamtkosten setzen sich zusammen aus Miete, Haushaltsgeld sowie der Pflege- und Betreuungspauschale. Die Mietkosten umfassen die Miete für das jeweilige Einzelzimmer, für anteilige Gemeinschaftsflächen sowie die Nebenkosten und sind von der Größe des Zimmers abhängig. Sie betragen zwischen 450 Euro und 550 Euro. Das Haushaltsgeld beträgt monatlich 200 Euro und wird für Verbrauchsgüter, wie z.B. Lebensmittel, Wasch- und Reinigungsmittel, verwendet. Die Pflege- und Betreuungspauschale ist für alle Mieterinnen und Mieter gleich und beträgt 2.300 Euro. Sie deckt die Kosten für die Rund-um-die-Uhr Betreuung mit ab. Da abhängig von der Pflegestufe der Mieterinnen und Mieter ein unterschiedlicher Pflegeleistungsanspruch besteht, variiert der verbleibende Eigenanteil stark und liegt zwischen 1.032 Euro (Härtefall) und 2.510 Euro (Pflegestufe I). Die Folge davon ist, dass die WOGE C insbesondere von Menschen in Anspruch genommen wird, die mindestens in Pflegestufe II eingestuft sind. Die Hälfte der Mieterinnen und Mieter tragen die Gesamtkosten selbst. Bei vier der acht Mieterinnen und Mieter haben Verhandlungen mit dem Sozialhilfeträger ergeben, dass dieser einen zehnprozentigen Zuschlag zu den zu Hause üblichen Sätzen zur Hilfe zur Pflege (§ 61ff SGB XII) gewährt. Zusätzlich zur Betreuungspauschale rechnet der ambulante Pflegedienst Leistungen nach SGB V mit den jeweils zuständigen Krankenkassen ab. Mit den Mitteln der Mieterinnen und Mieter aus dem Leistungsanspruch nach § 45 b SGB XI werden die Gehaltskosten für die in Teilzeit tätige Sozialpädagogin bezahlt.

6.3.9 Kooperation und Vernetzung

Ein vernetztes Arbeiten mit dem für alle Wohngemeinschaftsmitglieder zuständigen Hausarzt und den Fachärztinnen bzw. Fachärzten sowie den niedergelassenen Therapeutinnen und Therapeuten ist in der WOGE C selbstverständlich. Die Integration der WOGE C in den Stadtteil und lebendige Nachbarschaftsbeziehungen werden gefördert. Verbindungen bestehen überdies zu einer Demenzkoordinierungsstelle, dem Hospizverein, den örtlichen Kirchengemeinden und zu einem Kindergarten.

6.4 Zusammenfassung

Mit den Steckbriefen der drei untersuchten ambulant betreuten Wohngemeinschaften für ältere Menschen mit Unterstützungsbedarf wurde basierend auf der Dokumentenanalyse und zusätzlichen, in den Interviews gewonnenen Erkenntnissen eine erste Informationsgrundlage erstellt, die die drei ambulant betreuten Wohngemeinschaften systematisch hinsichtlich der Parameter Vorgeschichte, Philosophie und Zielsetzung, Zielgruppe und Gruppengröße, Initiatorinnen bzw. Initiatoren, Struktur und Akteure, Pflege und Betreuung, Beteiligung Angehöriger und bürgerschaftlich Engagierter, Wohnung und Wohnumfeld, rechtliche Situation, Kosten und Finanzierung sowie Kooperation und Vernetzung beschreibt. Dabei wird noch einmal deutlich, dass alle drei die Selektionskriterien für die Zusammenstellung des Untersuchungssamples: (a) Einhaltung der Grundprinzipien, (b) Vorhandensein bürgerschaftliches Engagement, (c) Unterschiedlichkeit in Bezug auf Gründungsimpuls, Inbetriebnahme, Autonomiegrad, Größe, Zielgruppe, Beteiligung Angehöriger, Beteiligung bürgerschaftlich Engagierter, Region, Bundesland erfüllen.

Ein markanter Unterschied besteht im Gründungsimpuls oder genauer gesagt darin, dass die Initiatorinnen bzw. Initiatoren der drei ambulant betreuten Wohngemeinschaften unterschiedlichen Bereichen des Sektorenmodells der Wohlfahrtsproduktion entstammen. Andere Unterschiede sind gradueller Art. Auf einen systematischen Vergleich wird an dieser Stelle verzichtet. Dieser ist Inhalt der Zusammenfassung in Punkt 7.6, auf deren Basis dann auch die Ergebnisse über die Zusammenhänge und Abhängigkeiten bürgerschaftlichen Engagements in ambulant betreuten Wohngemeinschaften abgeleitet werden.

7. Ergebnisse der Interviews

7.1 Charakterisierung des Interviewsamples

Im Rahmen der Datenerhebung mittels multiperspektivisch qualitativer Interviews in den drei untersuchten ambulant betreuten Wohngemeinschaften wurden insgesamt 22 Interviews geführt. Vor deren inhaltlicher Auswertung soll zunächst die Zusammensetzung des Interviewsamples genauer charakterisiert werden. Sie ist im Überblick in Tabelle 11 dargestellt.

	WOGE A	WOGE B	WOGE C	gesamt
Angehörige	3	3	3	9
Bürgerschaftlich Engagierte	4	3	2	9
Pflegedienste	1	1	2	4
Gesamt	8	7	7	22

Tabelle 11: Zusammensetzung des Interviewsamples

Tabelle 11 zeigt, dass in allen untersuchten ambulant betreuten Wohngemeinschaften annähernd gleich viele Interviews in annähernd gleicher Verteilung (Angehörige, bürgerschaftlich Engagierte sowie Vertreterinnen und Vertreter der Pflegedienste) geführt wurden.

Wie bereits mehrfach ausgeführt, ist dabei zu beachten, dass bürgerschaftliches Engagement in funktionaler Perspektive in ambulant betreuten Wohngemeinschaften von Angehörigen und bürgerschaftlich Engagierten erbracht wird. Angehörige engagieren sich in ambulant betreuten Wohngemeinschaften regelmäßig auch bürgerschaftlich, wenn und weil sie neben der Betreuung ihrer Familienmitglieder auch Dienste für die Gemeinschaft der Mieterinnen und Mieter leisten. Dieser Doppelrolle sind sich die Angehörigen selbst in der Regel nicht bewusst. Das heißt, sie unterscheiden nicht zwischen Tätigkeiten, die sie in der Angehörigenrolle leisten, und solchen, die sie in der Rolle als bürgerschaftlich Engagierte leisten. Sie identifizieren und definieren sich primär als Angehörige, die wegen ihres Familienmitgliedes in der ambulant betreuten Wohngemeinschaft tätig sind. Augenfällig wird die Doppelrolle auch für sie erst dann, wenn sie beispielsweise nach dem Tod des Familienmitgliedes Teilbereiche ihrer Tätigkeiten weiterführen und damit zu bürgerschaftlich Engagierten „mutieren". Im Rahmen dieser Untersuchung wurde zwischen den Gruppen der Angehörigen und der bürgerschaftlich Engagierten unterschieden und Auswertungen für die beiden Akteursgruppen separat durchgeführt, um deren Einschätzung und Sichtweisen des bürgerschaftlichen Engagements und dessen Bedeutung im Rahmen der konkreten Wohlfahrtsmixtur, die die ambulant betreute Wohngemeinschaft darstellt, erfassen und vergleichen zu können. In Bezug auf die Angehörigen wurde, ihrem Selbstverständnis folgend, dabei stets die Angehörigenrolle als dominant angenommen und dieser Personengruppe der Angehörigen zugeordnet, wohl wissend, dass sie sich darüber hinaus auch bürgerschaftlich in der ambulant betreuten Wohngemeinschaft einsetzen. Vereinfacht ausgedrückt, enthält die Akteursgruppe der Angehörigen alle Angehörigen, auch wenn sie zusätzlich bürgerschaftlich engagiert sind, während die Akteursgruppe der bürgerschaftlich Engagierten nur Personen erfasst, die keinerlei verwandtschaftliche Beziehungen zu Mieterinnen oder Mietern der ambulant betreuten Wohngemeinschaft haben.

Von den 22 interviewten Personen sind 21 weiblich, eine Person (Angehöriger in WOGE C) ist männlich. Das Alter der Interviewpartnerinnen und -partner variiert zwischen 45 und 86 Jahren. Das Durchschnittsalter der Interviewten ist in allen ambulant betreuten Wohngemeinschaften (WOGE A: 59, WOGE B: 59, WOGE C: 61) ähnlich und somit vergleichbar. Das Durchschnittsalter ist über alle ambulant betreuten Wohngemeinschaften hinweg bei den Angehörigen mit 66 Jahren am höchsten, gefolgt von den bürgerschaftlich Engagierten mit 57 Jahren. Die jüngste Gruppe stellen die Vertreterinnen und Vertreter des Pflegedienstes mit 50 Jahren dar. Auffallend ist, dass keine Person unter 45 Jahren in der Rolle einer Angehörigen oder bürgerschaftlich Engagierten in den jeweiligen ambulant betreuten Wohngemeinschaften interviewt werden konnte.

Was die Biografie der Interviewpartnerinnen und -partner betrifft, treten keine deutlichen Unterschiede, sondern vornehmlich Gemeinsamkeiten zutage. Sowohl bei den Angehörigen als auch bei den bürgerschaftlich Engagierten sind Personen mit akademischem und sozialem Bildungshintergrund überdurchschnittlich vertreten. Die Gruppe der Angehörigen wird dominiert von Personen, die selbst bereits Rente beziehen.

Was die räumlichen Verbindungen der Interviewpartnerinnen und -partner betrifft, ist festzustellen, dass die mitarbeitenden Angehörigen überwiegend in unmittelbarer Nähe zu den ambulant betreuten Wohngemeinschaften leben. Bei den räumlichen Verbindungen der bürgerschaftlich Engagierten zeigt sich ebenfalls die räumliche Nähe als wichtiges Merkmal.

Die Interviewpartnerinnen und -partner können auch über die Aufgaben bzw. Funktionen, die sie in der ambulant betreuten Wohngemeinschaft wahrnehmen, genauer charakterisiert werden. In allen ambulant betreuten Wohngemeinschaften wurden jeweils drei Angehörige interviewt. Bis auf eine Angehörige in WOGE C, deren Ehemann verstorben ist, arbeiten alle aktiv mit. Unter den interviewten Angehörigen befinden sich jeweils auch die Angehörigensprecherin bzw. der Angehörigensprecher. Eine Angehörige in WOGE A fungiert zugleich als Vorstandsmitglied des Vereins. In der Gruppe der bürgerschaftlich Engagierten wurden insgesamt neun Personen interviewt (vier in WOGE A, drei in WOGE B und zwei in WOGE C). Von den vier interviewten Personen in WOGE A arbeiten drei operativ in der WOGE A mit, eine ist mit strategischen Aufgaben befasst. Ferner sind drei Interviewte zugleich verantwortliche Vereinsmitglieder, eine Person fungiert zusätzlich als Kuratorin der WOGE Stiftung. Die bürgerschaftlich Engagierten in WOGE B teilen sich auf in eine Moderatorin und zwei operativ mitarbeitende bürgerschaftlich Engagierte. Letztere erhalten für ihre Tätigkeiten eine Aufwandsentschädigung. In WOGE C arbeiten beide Befragte operativ mit, eine davon gegen eine Aufwandsentschädigung, die andere ist zugleich aktives Vereinsmitglied. Zusammenfassend bedeutet dies, dass in der Gruppe der Angehörigen jeweils die Gruppenrepräsentantinnen bzw. der Gruppenrepräsentant interviewt werden konnten. Deshalb kann davon ausgegangen werden, dass repräsentative Informationen gewonnen werden konnten. In der Gruppe der bürgerschaftlich Engagierten konnten in WOGE A und WOGE B ebenfalls Interviews mit hervorgehobenen Repräsentantinnen (WOGE A: Initiatorin und Vorstandsmitglied, WOGE B: Moderatorin) geführt werden. Lediglich in WOGE C wurden aufgrund einer besonderen Umbruchsituation nur operativ tätige bürgerschaftlich Engagierte befragt.

7.2 Ergebnisse zu Besonderheiten der ambulant betreuten Wohngemeinschaften

Alle Interviews wurden gestartet mit der einführenden Frage nach den Besonderheiten der ambulant betreuten Wohngemeinschaft. Mit dieser sehr allgemein gehaltenen Frage sollte einerseits ein offenes Gespräch in Gang gesetzt werden, andererseits stellt sie auch eine Möglichkeit dar, unverfälscht durch vorhergehende Themen oder Äußerungen der Interviewerin die aus der Perspektive der Befragten wesentlichen Charakteristika der ambulant betreuten Wohngemeinschaften spontan assoziativ zu erheben. Tabelle 12 gibt einen Überblick über die angesprochenen Besonderheiten der ambulant betreuten Wohngemeinschaften, die zu Kategorien zusammengefasst wurden. In Klammern ist die Anzahl der Nennungen angegeben. Die tabellarische Zusammenfassung ermöglicht den Blick auf die Ergebnisse im Einzelnen (Akteursgruppen und WOGEs) und im Gesamten.

	WOGE A	WOGE B	WOGE C	Gesamt
Angehörige	Familiäre Atmosphäre (3)	Familiäre Atmosphäre (2)	Familiäre Atmosphäre (3)	Familiäre Atmosphäre (8)
	Integration diverser Akteure (3)	Individuelle Betreuung (2)	Individuelle Betreuung (3)	Individuelle Betreuung (7)
	Individuelle Betreuung (2)	Schöne Räume (1)	Integration diverser Akteure (2)	Integration diverser Akteure (5)
	Räumliche Nähe (1)	Überdurchschnittliche Personalbesetzung (1)	Alternative zum Heim (1)	Überdurchschnittliche Personalbesetzung (2)
	Überdurchschnittliche Personalbesetzung (1)			Alternative zum Heim (1)
				Räumliche Nähe (1)
				Schöne Räume (1)
Bürgerschaftlich Engagierte	Familiäre Atmosphäre (2)	Familiäre Atmosphäre (3)	Familiäre Atmosphäre (2)	Familiäre Atmosphäre (7)
	Integration in Quartier (2)	Individuelle Betreuung (2)	Alternative zum Heim (1)	Individuelle Betreuung (4)
	Individuelle Betreuung (1)	Integration diverser Akteure (1)	Individuelle Betreuung (1)	Integration diverser Akteure (2)
	Integration diverser Akteure (1)			Integration in Quartier (2)
				Alternative zum Heim (1)
Pflegedienste	Engagement der Mitarbeiter (1)	Individuelle Betreuung (1)	Individuelle Betreuung (2)	Individuelle Betreuung (4)
	Familiäre Atmosphäre (1)		Familiäre Atmosphäre (1)	Familiäre Atmosphäre (2)
	Gute Begleitung (Demenz, Tod) (1)		Integration diverser Akteure (1)	Engagement der Mitarbeiter (1)
	Individuelle Betreuung (1)			Gute Begleitung (Demenz, Tod) (1)
				Integration diverser Akteure (1)

	WOGE A	WOGE B	WOGE C	Gesamt
Gesamt	Familiäre Atmosphäre (6)	Familiäre Atmosphäre (5)	Familiäre Atmosphäre (6)	Familiäre Atmosphäre (17)
	Individuelle Betreuung (4)	Individuelle Betreuung (5)	Individuelle Betreuung (6)	Individuelle Betreuung (15)
	Integration diverser Akteure (4)	Integration diverser Akteure (1)	Integration diverser Akteure (3)	Integration diverser Akteure (8)
	Integration in Quartier (2)	Schöne Räume (1)	Alternative zum Heim (2)	Alternative zum Heim (2)
	Überdurchschnittliche Personalbesetzung (2)	Überdurchschnittliche Personalbesetzung (1)		Integration in Quartier (2)
	Engagement der Mitarbeiter (1)			Überdurchschnittliche Personalbesetzung (2)
	Gute Begleitung (Demenz, Tod) (1)			Engagement der Mitarbeiter (1)
				Gute Begleitung (Demenz, Tod) (1)
				Räumliche Nähe (1)
				Schöne Räume (1)

Tabelle 12: Besonderheiten der ambulant betreuten Wohngemeinschaften
(Kategorien und Häufigkeiten)

Auf die Frage nach den Besonderheiten der ambulant betreuten Wohngemeinschaften wurde von allen befragten Gruppen (Angehörige, bürgerschaftlich Engagierte und Vertreterinnen und Vertreter der Pflegedienste) in allen beforschten ambulant betreuten Wohngemeinschaften die „individuelle Betreuung" angesprochen. Die Vertreterin des Pflegedienstes in WOGE A bringt dies auf den Punkt: „Es ist ein guter Platz für Menschen mit Demenz" (2, 14). Mit Ausnahme der Vertreterin des Pflegedienstes in WOGE B wird ferner die „familiäre Atmosphäre" von allen Gruppen in allen ambulant betreuten Wohngemeinschaften als Besonderheit genannt. Eine Angehörige in WOGE C beschreibt das wie folgt: „Dass es von den Angehörigen so sehr getragen ist, das versteht man erst, wenn man sich da hineinbegibt. Als das klar wurde […] hat mich das berührt. Ich habe zum Beispiel einen Schlüssel bekommen, es ist sozusagen meine bzw. unsere Wohnung und ich gehe mit dem Schlüssel einfach so rein […] ich störe nicht, wenn ich da bin. Das ist sehr besonders, gerade, wenn man andere Kontexte kennengelernt hat" (20, 22-27). Eine andere Angehörige beschreibt die WOGE A als „Platz, wo wir dazu gehören" (7, 20). Die Tatsache, dass unterschiedliche Akteure in den ambulant betreuten Wohngemeinschaften zusammenwirken („Integration diverser Akteure"), wird von vielen befragten Angehörigen, bürgerschaftlich Engagierten und Vertreterinnen und Vertretern der Pflegedienste in den unterschiedlichen ambulant betreuten Wohngemeinschaften adressiert. Die Besonderheit einer „überdurchschnittlichen Personalbesetzung" ist insbesondere für Angehörige von Bedeutung. Maßgebliche Unterschiede sind darin auszumachen, dass in WOGE A sowohl von Angehörigen als auch von bürgerschaftlich Engagierten die „räumliche Nähe" bzw. die „Integration in das Quartier" angesprochen werden, während dies in WOGE B und WOGE C keine Rolle spielt. Hier wird von beiden Gruppen der Aspekt, dass die WOGE C eine gute „Alternative zum Heim" darstellt, benannt. Alleinstehende Besonderheit in Bezug auf WOGE B ist in der Äußerung auszumachen, dass die WOGE B „schöne Räume" und eine gute Raumaufteilung bietet.

Bezüglich der vorgebrachten Besonderheiten lassen sich Querbezüge zur Gründungsgeschichte und Philosophie der einzelnen ambulant betreuten Wohngemeinschaften herstellen: In der von bürgerschaftlich Engagierten gegründeten WOGE A hat der Quartiersbezug eine besondere Bedeutung. In der von Angehörigen gegründeten WOGE C sticht das Argument Alternative zum Heim hervor, während in der von einem Pflegedienst gegründeten WOGE B, zumindest aus der Sicht des Pflegedienstes, die familiäre Atmosphäre keine so tragende Rolle spielt und zugleich aus der Sicht der Angehörigen die schönen Räume nennenswert erscheinen.

Ergänzend ist an dieser Stelle anzumerken, dass die Aspekte Tod und Sterben von den Interviewpartnerinnen und -partnern kaum thematisiert wurden. Zwar wurde die Thematik im Interviewleitfaden nicht explizit in Form einer separaten Fragestellung berücksichtigt, doch hätte insbesondere in der einleitenden, offenen Frage nach den Besonderheiten der ambulant betreuten Möglichkeit bestanden, diese Aspekte vorzubringen. Ihre Nichterwähnung könnte darauf hinweisen, dass Tod und Sterben als dazugehörig und „normal" erachtet werden, keine Besonderheit darstellen und insofern, die in den Konzepten dokumentierte Anforderung grundsätzlich als erfüllt zu betrachten ist, da alle untersuchten ambulant betreuten Wohngemeinschaften ihren Mieterinnen und Mietern den Verbleib bis an das Lebensende zusichern. Wenn in Einzelfällen im Verlauf der Interviews Tod und Sterben thematisiert wurde, dann wurde darauf hingewiesen, dass der Hospizgedanke in der ambulant betreuten Wohngemeinschaft integriert sei bzw. dass Kooperationen zu Hospizvereinen bestehen. Überdies ist es für Angehörige wichtig, „dass nicht jedes Mal der Notarzt angerufen wird, sondern erst der Angehörige" (16, 204-205). Lediglich eine Angehörige hebt den Umgang mit Sterben in der WOGE A deutlicher hervor und führt aus: „Was wir noch nicht angesprochen haben und was ich ganz wesentlich für diese Einrichtung hervorheben möchte, ist, dass wir versuchen, die Bewohner bis zum Tod zu begleiten. Das habe ich einmal in bewundernswerter Weise erfahren. Da war eine Bewohnerin, die lag im Sterben und die wollte nicht mehr ins Krankenhaus. Das wurde von Allen angenommen und akzeptiert. Wir haben einen Hausarzt, der in die WOGE kommt. Der Hausarzt kam und sie hat Medikamente bekommen, damit sie schmerzfrei ist und sie konnte in tiefstem Frieden und in aller Ehrwürdigkeit einschlafen. Es ist immer wieder jemand reingegangen und hat sie ein bisschen berührt. Das ist auch etwas, was zu dem Konzept der WOGE gehört" (3, 324-331).

Diese Befunde decken sich mit den Ergebnissen der Studie von Reitinger und anderen (2010), die zu dem Schluss kommt, dass ambulant betreute Wohngemeinschaften „einen würdigen Lebensraum bis zuletzt bieten. Grundausrichtung, Zielsetzungen und alltägliche Praktiken der Wohngemeinschaften erlauben eine soziale Teilhabe bis ans Lebensende" (Reitinger et al. 2010, S. 288). Diese Tatsache mag insbesondere für Angehörige ein wichtiges Kriterium bei der Auswahl einer entsprechenden Lebensform darstellen, im Alltag haben Überlegungen hierzu allerdings keine allzu große Bedeutung, weil dort die Organisation und die Gestaltung eines lebendigen Miteinanders im Zentrum steht (vgl. Reitinger et al. 2010, S. 286). Die Konzentration darauf erklärt ebenfalls, weshalb Tod und Sterben in den Interviews nicht häufiger thematisiert wurden.

7.3 Ergebnisse zum bürgerschaftlichen Engagement

Wie unter Punkt 5.1 „Fragestellungen" ausgeführt, enthielt der Interviewleitfaden Fragen, mittels derer versucht wurde, die Spezifika des in den ambulant betreuten Wohngemeinschaften vorhandenen bürgerschaftlichen Engagements genauer zu erfassen und zu beschreiben. Diese Fragen bezogen sich auf Häufigkeit und Dauer des bürgerschaftlichen Engagements, Arten von Tätigkeiten, Präferenzen der bürgerschaftlich Engagierten, Veränderungen im individuellen bürgerschaftlichen Engagement und geschlechtsspezifische Unterschiede. Ferner wurden fördernde und hemmende Rahmenbedingungen, Zugangswege, Motivationen, angewandte Anerkennungskultur sowie Problemsituationen und Bewältigungsstrategien erfragt. Die Ergebnisse sind im Folgenden dargestellt.

7.3.1 Umfang und Dauer

Zeitlicher Umfang des bürgerschaftlichen Engagements
Betrachtet man die von den Angehörigen respektive bürgerschaftlich Engagierten Interviewpartnerinnen und -partnern in den ambulant betreuten Wohngemeinschaften geleisteten Einsatzstunden je Woche, ergibt sich das in Tabelle 13 dargestellte Bild. Die in Tabelle 13 enthaltenen Werte geben die Mittelwerte der von den Angehörigen bzw. bürgerschaftlich Engagierten Interviewten der ambulant betreuten Wohngemeinschaften angegebenen Einsatzstunden wieder. Die Gesamtsummen der Spalten respektive Zeilen beinhalten die Mittelwerte für alle interviewten Angehörigen bzw. bürgerschaftlich Engagierten respektive ambulant betreuten Wohngemeinschaften. Zu beachten ist, dass arithmetische Mittelwerte bei kleinen Samples aufgrund der Streuung der Einzelwerte nicht sehr aussagekräftig sind.

	WOGE A	WOGE B	WOGE C	Gesamt
Angehörige	12,3	7,8	15,6	11,9
Bürgerschaftlich Engagierte	7,0	5,5	2,0	4,8
Gesamt	9,2	5,9	10,2	8,4

Tabelle 13: Durchschnittlicher zeitlicher Umfang des Engagements
von Angehörigen und bürgerschaftlich Engagierten in Wochenstunden

Die Bandbreite des von den Interviewten angegebenen zeitlichen Umfangs reicht von einer Stunde bis 35 Stunden pro Woche. Der Gesamteinsatz ist in WOGE C mit 10,2 Stunden pro Woche im Mittel am größten, gefolgt von WOGE A mit 9,2 Stunden und WOGE B mit 5,9 Stunden. Es fällt auf, dass über alle ambulant betreuten Wohngemeinschaften hinweg der Arbeitseinsatz der Angehörigen Interviewpartnerinnen und -partner mit 11,9 Stunden pro Woche im Mittel deutlich höher ausfällt als der der bürgerschaftlich Engagierten (4,8 Stunden). Das gilt in unterschiedlicher Form auch für alle ambulant betreuten Wohngemeinschaften im Einzelnen.

Dauer des bürgerschaftlichen Engagements
Den Angaben der interviewten Personen folgend, bestehen ebenfalls Unterschiede bezüglich Dauer, seit der das jeweilige bürgerschaftliche Engagement ausgeführt wird. Detaillierte Informationen hierüber sind in Tabelle 14 enthalten. Die in Tabelle 14 enthaltenen Werte geben die Mittelwerte der von den Angehörigen respektive bürgerschaftlich Engagierten Interviewten der ambulant betreuten Wohngemeinschaften angegebenen Dauer des Bestehens ihres Engagements in Jahren wieder. Die Gesamtsummen der Spalten respektive Zeilen beinhalten die Mittelwerte für alle interviewten Angehörigen bzw. bürgerschaftlich Engagierten respektive ambulant betreuten Wohngemeinschaften. Zu beachten ist auch hier, dass arithmetische Mittelwerte bei kleinen Samples aufgrund der Streuung der Einzelwerte nicht sehr aussagekräftig sind.

	WOGE A (Inbetrieb-nahme 2008)	WOGE B (Inbetrieb-nahme 2007)	WOGE C (Inbetrieb-nahme 2003)	Gesamt
Angehörige	3,3	3,0	4,6	3,7
Bürgerschaftlich Engagierte	5,0	1,0	3,5	3,6
Gesamt	4,3	2,3	4,2	3,6

Tabelle 14: Durchschnittliche zeitliche Dauer des Engagements
von Angehörigen und bürgerschaftlich Engagierten in Jahren

Aus Tabelle 14 geht hervor, dass über die beforschten ambulant betreuten Wohngemeinschaften hinweg die durchschnittliche Dauer des Engagements bei Angehörigen und bürgerschaftlich Engagierten relativ ähnlich ist (3,7 versus 3,6 Jahre).

Bildet man ein Ranking des zeitlichen Umfangs des Engagements der jeweiligen Interviewtengruppen in den drei untersuchten ambulant betreuten Wohngemeinschaften (auf Basis von Tabelle 13), so ergibt sich das in Tabelle 15 dargestellte Bild.

	WOGE A	WOGE B	WOGE C
Angehörige	++	+	+++
Bürgerschaftlich Engagierte	+++	++	+

Tabelle 15: Rangliste des bürgerschaftlichen Engagements

Tabelle 15 folgend ist das Angehörigenengagement in der von Angehörigen gegründeten WOGE C am höchsten, während das bürgerschaftliche Engagement in der von bürgerschaftlich Engagierten gegründeten WOGE A am stärksten ausgeprägt ist. Obgleich die Mitarbeit von Angehörigen in WOGE A konzeptionell verankert ist, liegt sie etwas unter der in WOGE C. Ferner fällt auf, dass obgleich bürgerschaftliches Engagement in WOGE B vergütet wird, dieses dennoch hinter dem bürgerschaftlichen Engagement in WOGE A (unvergütet) zurückliegt. Diese Beobachtungen legen nahe, dass der Umfang des Engagements (Angehörigenengagement versus bürgerschaftliches

Engagement) stärker durch Gründungsimpuls, Tradition, Kultur oder Philosophie der ambulant betreuten Wohngemeinschaft beeinflusst wird, denn durch Vorschriften oder monetäre Anreizsysteme. Bei alledem ist gleichwohl zu berücksichtigen, dass die hier diskutierten Kapazitäten ausschließlich auf den Angaben der Interviewpartnerinnen und -partner basieren und nicht notwendiger Weise den Gesamtansatz der eingebrachten Stunden in den ambulant betreuten Wohngemeinschaften wiedergeben. Letzterer konnte im Rahmen der empirischen Erhebung nicht systematisch erfasst werden, da in allen drei ambulant betreuten Wohngemeinschaften keine expliziten Zahlen darüber vorliegen. Da jedoch in allen beforschten ambulant betreuten Wohngemeinschaften eine annähernd gleiche Anzahl von Interviews geführt wurde und die Interviewpartnerinnen und -partner auf gleiche Art und Weise gewonnen wurden (Vermittlung durch die Initiatorinnen und Initiatoren) kann grundsätzlich davon ausgegangen werden, dass die gewonnenen Informationen für die jeweilige ambulant betreute Wohngemeinschaft charakteristisch sind.

7.3.2 Tätigkeiten

Zur Bestimmung der Bandbreite bürgerschaftlichen Engagements wurden alle in den Interviews genannten Tätigkeiten bürgerschaftlich Engagierter und Angehöriger erfasst. Dabei wurde nicht zwischen den Akteursgruppen (Angehörige oder bürgerschaftlich Engagierte) unterschieden. Erfasst wurden alle in den Interviews genannten eigenen Aktivitäten sowie die fremden Aktivitäten, das heißt Tätigkeiten von denen lediglich berichtet wurde. Um durch Systematisierung Transparenz zu schaffen, wurden im Zuge der Auswertung unmittelbare, operative Tätigkeiten in den ambulant betreuen Wohngemeinschaften von übergreifenden, konzeptionellen Tätigkeiten für die ambulant betreuten Wohngemeinschaften unterschieden. Die einen beinhalten vor allem Aufgaben im Rahmen der Alltagsbegleitung, die anderen betreffen primär Koordinations- und Organisationsaufgaben. Die vorliegenden Tabellen 16 und 17 spiegeln die Bandbreite bürgerschaftlichen Engagements in den drei ambulant betreuten Wohngemeinschaften, unterschieden nach diesen Dimensionen, wider. Tabelle 16 enthält alle in den Interviews genannten unmittelbaren, operativen Tätigkeiten in den ambulant betreuten Wohngemeinschaften, Tabelle 17 alle übergreifenden, konzeptionellen Tätigkeiten für die ambulant betreuten Wohngemeinschaften. Bei der Darstellung wurden die Tätigkeiten in den Tabellen so angeordnet, dass zunächst die in allen drei ambulant betreuten Wohngemeinschaften gleichermaßen genannten Tätigkeiten gelistet sind, dann diejenigen, die in mindestens zwei ambulant betreuten Wohngemeinschaften erwähnt wurden, gefolgt von denen, die nur in einer ambulant betreuten Wohngemeinschaft angeführt wurden.

Ergebnisse der Interviews

WOGE A	WOGE B	WOGE C
unmittelbare, operative Aufgaben in den WOGEs		
aktivierende Gespräche	aktivierende Gespräche	aktivierende Gespräche
bei Festen mithelfen	bei Festen mithelfen	bei Festen mithelfen
beim Essen unterstützen	beim Essen unterstützen	beim Essen unterstützen
gemeinsam essen	gemeinsam essen	gemeinsam essen
singen, musizieren	singen, musizieren	singen, musizieren
Erzählen und Vorlesen	Erzählen und Vorlesen	Erzählen und Vorlesen
Rätsel, Spiele machen	Rätsel, Spiele machen	Rätsel, Spiele machen
Spaziergänge, Einkäufe begleiten	Spaziergänge, Einkäufe begleiten	Spaziergänge, Einkäufe begleiten
Tisch decken – Essen servieren	Tisch decken – Essen servieren	Tisch decken – Essen servieren
beim Zubettgehen, Aufstehen helfen	beim Zubettgehen, Aufstehen helfen	
Bilder, Bücher anschauen	Bilder, Bücher anschauen	
Kochen und Backen	Kochen und Backen	
gemeinsam basteln		gemeinsam basteln
Geschirr spülen, abräumen		Geschirr spülen, abräumen
Küche aufräumen		Küche aufräumen
Reparaturen durchführen		Reparaturen durchführen
Wäsche bügeln		Wäsche bügeln
Wäsche waschen		Wäsche waschen
	Ausflüge machen	Ausflüge machen
	Mieterinnen/Mieter aktivieren	Mieterinnen/Mieter aktivieren
Blumenarrangements machen		
Fahrdienste durchführen		
Gymnastik durchführen		
Hygienebegehung vorbereiten		
Lager aufräumen		
Müll entsorgen		
zum Gottesdienst begleiten		
	Fenster putzen	
	Garten pflegen	
	zur Toilette begleiten	
		beim Ankleiden helfen
		Großeinkauf durchführen
		Putzen
		Renovierungen durchführen
		Sterbebegleitung
		Theaterbesuche begleiten

Tabelle 16: Gesamtübersicht über alle unmittelbaren, operativen Tätigkeiten in den ambulant betreuten Wohngemeinschaften

179

WOGE A	WOGE B	WOGE C
übergreifende, konzeptionelle Aufgaben für die WOGEs		
Absprachen mit Pflegedienst treffen	Absprachen mit Pflegedienst treffen	Absprachen mit Pflegedienst treffen
Gemeinschaftsräume ausstatten	Gemeinschaftsräume ausstatten	Gemeinschaftsräume ausstatten
für Angehörige ansprechbar sein	für Angehörige ansprechbar sein	für Angehörige ansprechbar sein
in Gremien mitarbeiten	in Gremien mitarbeiten	in Gremien mitarbeiten
Konflikte mit Pflegedienst managen	Konflikte mit Pflegedienst managen	
Interessentengespräche führen		Interessentengespräche führen
Öffentlichkeitsarbeit betreiben		Öffentlichkeitsarbeit betreiben
Verhandlungen mit Kostenträgern führen		Verhandlungen mit Kostenträgern führen
	Angehörigentreffen organisieren und durchführen	Angehörigentreffen organisieren und durchführen
Angehörigeneinsätze koordinieren		
externe Betreuungsgruppe organisieren und durchführen		
Kontakt zu externen Initiativen, Vereinen knüpfen und pflegen		
Konzept (weiter-)entwickeln		
Qualifizierung für Angehörige und Betreuer organisieren		
Thema Demenz in die Öffentlichkeit bringen		
Veranstaltungen organisieren (Weltalzheimertag, Tag der Offenen Tür)		
Zimmerübergabe vorbereiten		
	Absprachen mit Moderatorin treffen	
	Haushaltskasse führen	
	Nebenkostenabrechnung überprüfen	
		Kontakt zum Verein halten

Tabelle 17: Gesamtübersicht über alle übergreifenden, konzeptionellen Tätigkeiten für die ambulant betreuten Wohngemeinschaften

Auf eine Erfassung der Häufigkeitsverteilung einzelner Tätigkeiten wurde verzichtet. Sie wäre aufgrund methodischer Restriktionen kaum möglich gewesen. Stattdessen galt das Erkenntnisinteresse der Gewinnung eines Überblicks über die Bandbreite der Tätigkeiten Angehöriger und bürgerschaftlich Engagierter in den ambulant betreuten Wohngemeinschaften. Nennungen wurden zur besseren Vergleichbarkeit sinnentsprechend zu Kategorien zusammengefasst. Zum Beispiel wurden die Nennungen Kuchen backen, Kartoffeln schälen, Grillen, Abendbrot vorbereiten unter der Rubrik „Kochen und Backen" subsumiert.

Die in den Tabellen 16 und 17 enthaltenen Auflistungen zeigen, dass es ein Set grundlegender Tätigkeiten gibt, das mehr oder minder in bzw. für alle ambulant betreuten Wohngemeinschaften gleich oder ähnlich geleistet wird. Es handelt sich dabei um die, in allen drei ambulant betreuten Wohngemeinschaften analog genannten Tätigkeiten, die zur besseren Übersicht noch einmal in den Tabellen 18 und 19 aufgelistet sind.

Grundlegende unmittelbare, operative Tätigkeiten
aktivierende Gespräche führen
bei Festen mithelfen
beim Essen unterstützen
gemeinsam essen
gemeinsam singen, musizieren
Geschichten erzählen, vorlesen
Rätsel, Spiele machen
Spaziergänge, Einkäufe begleiten
Tisch decken und Essen servieren

Tabelle 18: Gemeinsames Set grundlegender unmittelbarer, operativer Tätigkeiten

Grundlegende übergreifende, konzeptionelle Tätigkeiten
Absprachen mit Pflegedienst treffen
Gemeinschaftsräume ausstatten
für Angehörige ansprechbar sein
in Gremien mitarbeiten

Tabelle 19: Gemeinsames Set grundlegender übergreifender, konzeptioneller Tätigkeiten

Wie in Tabelle 18 zu sehen ist, umfassen die grundlegenden unmittelbaren, operativen Tätigkeiten im Wesentlichen Betreuungs- und einzelne Hauswirtschaftsaufgaben. Bei den grundlegenden übergreifenden, konzeptionellen Tätigkeiten, die Tabelle 19 enthält, handelt es sich primär um interne Abstimmungs- und Koordinationsaufgaben sowie um die Mitwirkung bei der Ausstattung der Gemeinschaftsräume.

Eine zahlenmäßige Addition der von bürgerschaftlich Engagierten und Angehörigen genannten, unterschiedlichen Aktivitäten auf Grundlage der Tabellen 16 und 17 ergibt folgendes Bild:

Aufgabenbereiche	WOGE A	WOGE B	WOGE C
unterschiedliche unmittelbare, operative Aufgaben	25	17	23
unterschiedliche übergreifende, konzeptionelle Aufgaben	16	9	9
Gesamt	41	26	32

Tabelle 20: Anzahl unterschiedlicher Aktivitäten von
Angehörigen und bürgerschaftlich Engagierten

Tabelle 20 zeigt, dass die Bandbreite des Engagements von Angehörigen und bürgerschaftlich Engagierten in WOGE A am stärksten ausgeprägt ist. Dies gilt insbesondere für die übergreifenden, konzeptionellen Aufgaben hinsichtlich derer in WOGE A annähernd doppelt so viele angeführt werden, wie in WOGE B und WOGE C. Zurückzuführen ist dies vermutlich auf den Gründungsimpuls. WOGE A wurde aus einer bürgerschaftlichen Initiative heraus gegründet und wird von dieser Philosophie immer noch getragen. Eine bürgerschaftlich Engagierte in WOGE A drückt das wie folgt aus: „Es ist nichts, was nicht besetzt ist" (6, 63). Bemerkenswert ist zudem, dass auch in der von einem Pflegedienst initiierten WOGE B durchaus vielfältiges Engagement realisiert wird, wenngleich stärker im Betreuungs- und Hauswirtschaftsbereich und weniger stark im übergreifenden, konzeptionellen Bereich. Im Vergleich zu den anderen beiden ambulant betreuten Wohngemeinschaften ist die Bandbreite der ausgeübten Tätigkeiten aber insgesamt geringer ausgeprägt. WOGE C umfasst im unmittelbaren, operativen Bereich ein annähernd so breites Spektrum an Aufgaben, die von Angehörigen und bürgerschaftlich Engagierten ausgeübt werden wie WOGE A. Allein im übergreifenden, konzeptionellen Bereich bleibt WOGE C hinter WOGE A zurück. Dies kann darauf zurückzuführen sein, dass zum Erhebungszeitpunkt von größeren Konflikten berichtet wurde. Die WOGE C befand sich in einer Art Umbruchsituation. Sie wurde gegründet und lange Zeit maßgeblich geprägt durch Angehörige. Aufgrund eines Mieterwechsels fand auch ein Wechsel der Führung statt, dergestalt dass im Verein fast nur noch bürgerschaftlich Engagierte ohne Angehörigenfunktion tätig waren.

Bei den unmittelbaren, operativen Tätigkeiten in den ambulant betreuten Wohngemeinschaften ist daran zu erinnern, dass in WOGE A die dienstplanrelevante Mitarbeit der Angehörigen von 20 Stunden pro Monat vorgesehen ist. Bürgerschaftlich Engagierte erhalten dort keine Aufwandsentschädigung. In WOGE B ist keine verpflichtende Mitarbeit der Angehörigen vorgesehen. Hier erhalten bürgerschaftlich Engagierte eine Aufwandsentschädigung. In WOGE C gibt es keine Regelung für eine systematische Beteiligung der Angehörigen und bürgerschaftlich Engagierte erhalten nur im Ausnahmefall eine Aufwandsentschädigung. Tabelle 20 folgend schlägt sich dies zumindest in der Bandbreite der unmittelbaren, operativen Aufgaben nicht maßgeblich nieder. Dass sich die Verpflichtung zur dienstplanrelevanten Mitarbeit in Höhe von 20 Stunden in WOGE A nicht noch deutlicher auf die Vielfalt des Engagements auswirkt, hängt vermutlich damit zusammen, dass ein Substitutionseffekt von ansonsten durch den Pflegedienst wahrzu-nehmenden Aufgaben stattfindet.

7.3.3 Präferenzen

Über die Art der Tätigkeit im Rahmen des Engagements hinaus wurde in den Interviews mit den Angehörigen und bürgerschaftlich Engagierten er-fragt, ob und wenn ja, welche Tätigkeiten gerne bzw. weniger gerne über-nommen werden. Im Ergebnis zeigt sich, dass die Angehörigen eher Präfe-renz für Betreuungsaufgaben nahe den Mieterinnen und Mietern aufweisen. Nur von einzelnen bürgerschaftlich Engagierten wird eine Präferenz für übergreifende, konzeptionelle Tätigkeitsfelder, wie beispielsweise Öffent-lichkeitsarbeit oder Führen von Interessentengesprächen angegeben. Grund-sätzlich ist zu beobachten, dass beide Gruppen das, was sie tun, auch gerne tun, was nicht verwunderlich ist, da in keiner ambulant betreuten Wohnge-meinschaft Verpflichtungen zu speziellen Aufgaben bestehen. Insofern läuft die Frage, „Was machen Sie weniger gerne?" in WOGE B und WOGE C ins Leere. Lediglich in WOGE A wird vereinzelt die Auseinandersetzung mit Bürokratie, notwendigen Abstimmungsprozessen sowie das Arbeiten in komplexen Gremienstrukturen in dem Zusammenhang erwähnt. Eine inter-viewte Person in WOGE A beschreibt das so: „Was ich nicht so gerne ma-che, ist in unseren komplizierten Gremienstrukturen [...] diese komplizier-ten Strukturen, die finde ich nicht immer einfach, obwohl ich sehr gremien-erfahren bin. Das macht mir nicht so Spaß" (1, 142-144). Eine andere Inter-viewpartnerin drückt sich wie folgt aus: „Absprachen mit und für 1.000 Leu-te treffen, mache ich nicht so gerne" (7, 138).

In Bezug auf die Präferenzen zeigt sich mithin ein einheitliches Bild der-gestalt, dass eine eindeutige Präferenz für Betreuungsaufgaben nahe an den Mieterinnen und Mietern zutage tritt. Dies gilt sowohl für Angehörige als auch für bürgerschaftlich Engagierte. Für Angehörige trifft es im noch stär-keren Maße zu, was zweifellos durch die persönliche Beziehung zu den in der ambulant betreuten Wohngemeinschaft lebenden Angehörigen zu erklä-ren ist. Die Präferenz bürgerschaftlich Engagierter für operative Be-treuungsaufgaben lässt sich auch an der Bandbreite der ausgeübten Tätigkei-ten ablesen (vgl. 7.3.2). Hier dominieren selbst in der von bürgerschaftlich

Engagierten initiierten WOGE A operative gegenüber konzeptionellen Aufgaben etwa im Faktor 2:1.

Diese Ergebnisse stehen im Einklang mit den Befunden des Freiwilligensurveys. Demzufolge suchen bürgerschaftlich Engagierte, deren Engagement „freiwillig" erfolgt, Tätigkeiten, die Spaß und Befriedigung bringen (vgl. BMFSFJ 2010, S. 119ff) und meiden Tätigkeiten, die als belastend empfunden werden.

Für die Verbreitung der ambulant betreuten Wohngemeinschaften kann diese Präferenz ein Problem darstellen. Insbesondere im Fall von ambulant betreuten Wohngemeinschaften, die aus bürgerschaftlicher oder Angehörigeninitiative hervorgehen, bedarf es Personen, die Verantwortung konzeptioneller Art in Vereins- oder Gremienstrukturen übernehmen. Da der Aufbau von ambulant betreuten Wohngemeinschaften zeit- und kraftaufwändig ist, ist zu vermuten, dass die Bereitschaft bürgerschaftlich Engagierter, sich daran zu beteiligen, einen limitationalen Faktor in Bezug auf eine stärkere Verbreitung ambulant betreuter Wohngemeinschaften in bürgerschaftlicher Initiative darstellt. Im Falle von Angehörigeninitiativen könnte man einerseits davon ausgehen, dass das Gefühl der Verpflichtung und Zugehörigkeit stärker ist als der mangelnde Spaß an der Tätigkeit. Andererseits ist zu berücksichtigen, dass der Aufbau einer ambulant betreuten Wohngemeinschaft zu lange dauert, als dass eine Familie mit einem an Demenz erkrankten Angehörigen darauf warten könnte, zumal wenn man bedenkt, dass neben der Betreuung eines bereits erkrankten Menschen wenig Zeit oder Kapazität vorhanden ist, um sich dem Aufbau einer ambulant betreuten Wohngemeinschaft zu widmen. Hierin dürfte im Wesentlichen die beobachtbare Tendenz begründet liegen, dass ambulant betreute Wohngemeinschaften heute primär in Initiative von kommerziellen Pflegediensten entstehen.

7.3.4 Veränderungen

Die Angehörigen und die bürgerschaftlich Engagierten (N=18) wurden in den Interviews ferner nach etwaigen Veränderungen des eigenen Engagements im Zeitverlauf befragt. Die Antworten ergeben ein gemischtes Bild. Die bürgerschaftlich Engagierten, die eine Aufwandsentschädigung im Rahmen des § 45 SGB XI erhalten (N=3), berichten von keinerlei Veränderungen. Zurückzuführen ist dies vermutlich auf eine feste Aufgaben- bzw. Personenzuordnung im Rahmen der Einzelbetreuung.

Die anderen Interviewten, Angehörige wie bürgerschaftlich Engagierte gleichermaßen, konstatieren Veränderungen. Die Ursachen dieser Veränderungen wurden auch hier zu Kategorien zusammengefasst, die überblicksmäßig in Tabelle 21 dargestellt sind. Auf die Erfassung der Häufigkeitsverteilung wurde verzichtet, da das Erkenntnisinteresse primär der Gewinnung eines Überblicks über Veränderungsimpulse bürgerschaftlichen Engagements galt.

	WOGE A	WOGE B	WOGE C
Angehörige	Eigenes Lernen Organisations- entwicklung	Organisations- entwicklung Persönliche Lebenssituation	Eigenes Lernen Organisations- entwicklung
Bürgerschaftlich Engagierte	Organisations- entwicklung		Eigenes Lernen

Tabelle 21: Ursachen für Veränderungen des bürgerschaftlichen Engagements

Für Veränderungen des persönlichen Engagements wird insbesondere die Entwicklung der ambulant betreuten Wohngemeinschaft als ursächlicher Hintergrund angeführt. Die wahrgenommenen Aufgaben variieren offensichtlich je nachdem, ob sich die Organisation in einer Aufbau- respektive Reifephase mit etablierten Strukturen befindet. Weiter werden Veränderungen des persönlichen Engagements auch am eigenen Lernen und der eigenen Kompetenzentwicklung festgemacht. Damit ist vor allem die zunehmende Erfahrung mit Aufgaben und Strukturen in ambulant betreuten Wohngemeinschaften sowie im Umgang mit Menschen mit Demenzerkrankungen gemeint. Eine Interviewpartnerin beschreibt dies so: „Mein Engagement hat sich in der Weise verändert, dass ich jetzt sehr sicher bin und ja, ich bin ja auch hier zu Hause, das gehört mit dazu" (3, 171-172). Schließlich können Veränderungen des persönlichen Engagements auch durch Veränderungen der persönlichen Lebenssituation bedingt sein, durch die mehr bzw. weniger Zeit für bürgerschaftliches Engagement zur Verfügung steht.

7.3.5 Geschlechtsspezifische Unterschiede

In Bezug auf die geschlechtsspezifische Zusammensetzung der in den drei untersuchten ambulant betreuten Wohngemeinschaften befragten und tätigen Angehörigen und bürgerschaftlich Engagierten ist festzustellen, dass bürgerschaftliches Engagement in ambulant betreuten Wohngemeinschaften scheinbar überwiegend weiblich geprägt ist. In WOGE B sind es ausschließlich Frauen, die sich betätigen, sowohl als Angehörige als auch als bürgerschaftlich Engagierte. Eine Interviewpartnerin drückt das so aus: „Es gibt eigentlich nur Frauen, sowohl im Angehörigengremium als auch bei den Freiwilligen. Ich habe noch zwei Brüder, aber gekümmert habe immer ich mich um Mutti, das habe ich schon immer gemacht" (11, 101-103). Männer werden bestenfalls fallweise im Rahmen von Sonderaufgaben tätig. Eine Angehörige beschreibt das wie folgt: „Wenn er[13] eine konkrete Aufgabe hat, dann kommt er zum Beispiel bei Reparaturen" (13, 95). Dies gilt in ähnlicher Weise für WOGE A mit Ausnahme eines Mannes, der sich als Angehöriger einbringt. Anders ist das Bild in WOGE C. Hier wird das Geschlechterverhältnis als annähernd ausgeglichen beschrieben: Allerdings dominieren bürgerschaftlich Engagierte auch hier bei den in der WOGE C selbst tätigen Frauen, während der Verein eher als männerdominiert beschrieben wird und bei den Angehörigen das Verhältnis ausgeglichen ist.

In Bezug auf Unterschiede in der Qualität des bürgerschaftlichen Engagements von Männern und Frauen, sind die Antworten der Interviewpartnerinnen und -partner nicht sehr aussagekräftig. Vereinzelt wird darauf verwiesen, dass Männer klarer abgegrenzte Aufgabenbereiche präferieren und nicht so gut wissen, wie sie sich in emotional-sozialen Bezügen verhalten sollen. Eine Angehörige beschreibt das so: „Die Männer sind weniger präsent, das erlebe ich bei mir auch. Mein Bruder kommt auch weniger. Wenn etwas zu machen ist, dann sind sie da. Wahrscheinlich wissen sie nicht so recht, damit umzugehen […] den Eindruck habe ich auch bei meinem Bruder, er hängt ganz doll an meiner Mutter, aber er kommt vor allem, wenn ich auch da bin, dann ist es gut. Er weiß nicht, wie er sich richtig verhalten soll. Das ist schwierig" (13, 90-95). Andere Interviewpartnerinnen und -partner

---

[13] gemeint ist der Bruder

können keinerlei Unterschiede feststellen. In der ambulant betreuten Wohngemeinschaft, in der quantitativ ein eher ausgeglichenes Verhältnis von Frauen und Männern vorherrscht (WOGE C) ist zu beobachten, dass Männer eher im Verein oder in Sprecherfunktionen tätig sind, das heißt sich mit Managementaufgaben beschäftigen, während die unmittelbaren, operativen Aufgaben in den ambulant betreuten Wohngemeinschaften überwiegend von Frauen wahrgenommen werden. Ob und inwieweit diese Beobachtung generalisierbar ist, kann an dieser Stelle nicht abschließend beurteilt werden.

Die quantitative Überpräsentiertheit von Frauen gilt nicht nur für die Gruppe der bürgerschaftlich Engagierten, sondern auch für die der Angehörigen. In Bezug auf die Angehörigen bedeutet dies, dass die Angehörigenfunktion in ambulant betreuten Wohngemeinschaften typischer Weise von den weiblichen Mitgliedern der jeweils „zuständigen" Generation wahrgenommen wird, also Frau für Mann, Schwester für Bruder, Tochter für Eltern, Schwiegertochter für Schwiegereltern. Eine Ausnahme bildet lediglich die Konstellation Mann für Frau, die jedoch aufgrund der unter Punkt 2.3 beschriebenen Rahmenbedingungen seltener anzutreffen ist.

7.3.6 Rahmenbedingungen

Hilfreiche Rahmenbedingungen
Um das Umfeld besser zu verstehen, in dem bürgerschaftliches Engagement in ambulant betreuten Wohngemeinschaften gedeiht bzw. nicht gedeiht, wurden die Interviewpartnerinnen und -partner, nach den aus ihrer Sicht hilfreichen bzw. hemmenden Rahmenbedingungen bürgerschaftlichen Engagements befragt. Dabei wurden Angehörige und bürgerschaftlich Engagierte gebeten, die für ihr eigenes Engagement zuträglichen respektive abträglichen Kontextfaktoren zu benennen. Die Vertreterinnen und Vertreter der Pflegedienste sollten ihre Einschätzung aus der Beobachterperspektive wiedergeben. Sowohl im Hinblick auf hilfreiche, als auch im Hinblick auf erschwerende Rahmenbedingungen wurde von den Interviewpartnerinnen und -partnern eine Vielzahl unterschiedlicher Faktoren vorgetragen. Um die Ausführungen im Rahmen der Auswertung zu systematisieren und zu verdichten, wurden jeweils, gemäß der in Punkt 5.2.3.2 geschilderten Methodik, Kategorien gebildet. Auf diesem Wege wurden beispielsweise die ge-

nannten Faktoren: Förderung des Austausches, monatliche Treffen, gute Zusammenarbeit, Wahrnehmung als Gruppe, Kennen der anderen Akteure, gegenseitige Unterstützung sowie Aufbau von Netzwerken in der Kategorie „Kooperation" zusammengefasst.

Tabelle 22 enthält einen Überblick über die von den Interviewpartnerinnen und -partnern genannten hilfreichen Kontextfaktoren bürgerschaftlichen Engagements in ambulant betreuten Wohngemeinschaften und deren Gruppierung zu Kategorien sowie die Häufigkeiten der Nennung der jeweiligen Kategorien. Die Zahl in Klammer hinter einzelnen subsumierten Faktoren indiziert, wie häufig einzelne Faktoren genannt wurden. Ist keine Zahl angegeben, wurde der konkrete Aspekt lediglich einmal genannt.

Kategorien	Häufig-keit	Subsumierte Faktoren
Kooperation (vor allem intern)	9	Förderung des Austausches, Wahrnehmung der bürgerschaftlich Engagierten als Gruppe, gute Zusammenarbeit der Akteursgruppen, gegenseitige Unterstützung, Kennen der anderen Akteure, Aufbau von externen Netzwerken, Austausch mit Anderen, guter Austausch bzw. gute Kommunikation, monatliche Treffen
Anerkennung	8	Wertschätzung (4), Anerkennungskultur (2), Akzeptanz, Aufwandsentschädigung
Familiäre Atmosphäre	8	Positive Atmosphäre (2), Vertrauen, Gefühl willkommen zu sein, Gefühl zu Hause zu sein, gutes Klima, Offenheit (2)
Organisation	6	Freiwilligenkoordination, klare Regeln, gemeinsames Ziel, klare Absprachen, Übernahme vordefinierter Aufgaben, aktives Zugehen
Flexibilität	5	Flexibilität, keine Zwänge, freie Zeiteinteilung (2), Wählbarkeit
Individueller Hintergrund	4	Freiräume, Unterstützung durch Familie, räumliche Nähe, Zeitressourcen
Qualifikation	4	Grundwissen, berufliches Hintergrundwissen, Vorerfahrungen, Schulung
Mitgestaltung	3	Eigenverantwortliche Aufgabenübernahme, Möglichkeiten der Einflussnahme, Entscheidungskompetenz in Bezug auf inhaltliche Gestaltung
Wirkungserleben	2	Positive Wirkung (2)

Tabelle 22: Faktoren und Kategorien hilfreicher Rahmenbedingungen

Aus Tabelle 22 ist zu ersehen, dass über alle Interviewtengruppen und ambulant betreuten Wohngemeinschaften hinweg eine gute Kooperation am häufigsten als hilfreiche Rahmenbedingung genannt wird, gefolgt von Anerkennung sowie einer familiären Atmosphäre, einer klaren Organisation, Flexibilität, zuträglichen und persönlichen Bedingungen, einschlägiger Qualifikation, Möglichkeiten zur Mitgestaltung sowie der Erfahrung von Feedback aus der Tätigkeit selbst (Wirkungserleben).

Blickt man differenzierter auf die Distribution der Kategorien und Interviewtengruppen, zeigt sich ein diverses Bild, das in Tabelle 23 dargestellt ist. In den Zellen der Tabelle sind jeweils die von den Interviewpartnerinnen und -partnern einer Akteursgruppe (Zeilen) in einer der untersuchten ambulant betreuten Wohngemeinschaften (Spalten) angesprochenen Kategorien (gemäß Tabelle 22) aufgelistet. Die Zahl in Klammer hinter der Kategorie gibt an, wie häufig diese genannt wurde. Den Spalten- respektive Zeilensummen sind entsprechend die adressierten Kategorien und der Häufigkeiten für alle Interviewpartnerinnen und -partner einer WOGE (Spalten) respektive alle befragten Mitglieder einer Akteursgruppe (Zeilen) zu entnehmen.

	WOGE A	WOGE B	WOGE C	Gesamt
Angehörige	Anerkennung (2) Kooperation (2) Familiäre Atmosphäre (1) Wirkungserleben (1)	Familiäre Atmosphäre (4) Kooperation (1) Mitgestaltung (1) Wirkungserleben (1)	Individueller Hintergrund (2) Kooperation (2) Qualifikation (2) Anerkennung (1) Organisation (1)	Familiäre Atmosphäre (5) Kooperation (5) Anerkennung (3) Individueller Hintergrund (2) Qualifikation (2) Wirkungserleben (2) Mitgestaltung (1) Organisation (1)
Bürgerschaftlich Engagierte	Anerkennung (2) Flexibilität (2) Individueller Hintergrund (2) Kooperation (2) Organisation (1)	Flexibilität (1) Mitgestaltung (1) Qualifikation (1)	Flexibilität (2) Organisation (2) Familiäre Atmosphäre (1) Mitgestaltung (1)	Flexibilität (5) Organisation (3) Anerkennung (2) Individueller Hintergrund (2) Kooperation (2) Mitgestaltung (2) Familiäre Atmosphäre (1) Qualifikation (1)
Pflegedienste	Anerkennung (1) Familiäre Atmosphäre (1) Kooperation (1)	Anerkennung (1) Kooperation (1) Qualifikation (1)	Anerkennung (1) Familiäre Atmosphäre (1) Organisation (2)	Anerkennung (3) Familiäre Atmosphäre (2) Kooperation (2) Organisation (2) Qualifikation (1)
Gesamt	Anerkennung (5) Kooperation (5) Familiäre Atmosphäre (2) Flexibilität (2) Individueller Hintergrund (2) Organisation (1) Wirkungserleben (1)	Familiäre Atmosphäre (4) Kooperation (2) Mitgestaltung (2) Qualifikation (2) Anerkennung (1) Flexibilität (1) Wirkungserleben (1)	Organisation (5) Anerkennung (2) Familiäre Atmosphäre (2) Flexibilität (2) Individueller Hintergrund (2) Kooperation (2) Qualifikation (2) Mitgestaltung (1)	Kooperation (9) Anerkennung (8) Familiäre Atmosphäre (8) Organisation (6) Flexibilität (5) Individueller Hintergrund (4) Qualifikation (4) Mitgestaltung (3) Wirkungserleben (2)

Tabelle 23: Hilfreiche Rahmenbedingungen für bürgerschaftliches Engagement

Bei genauer Betrachtung, insbesondere der summierten Nennungen, zeigen sich interessante Unterschiede. Betrachtet man die summierten Nennungen für die einzelnen untersuchten ambulant betreuten Wohngemeinschaften, so zeigt sich, dass in WOGE A insbesondere gute Kooperation und Anerkennung für förderlich erachtet werden. Diese werden in WOGE A durch die vielfältigen, gut funktionierenden Arbeitskreis- und Gremienstrukturen (vgl. 7.4.3) sowie die vorhandene Anerkennungskultur (vgl. 7.3.9) als hilfreich erlebt. In WOGE B dominiert die Einschätzung, dass vor allem die familiäre Atmosphäre dem bürgerschaftlichen Engagement zuträglich ist. Dabei ist allerdings zu beachten, dass dieser Aspekt ausschließlich von Angehörigen genannt wird und wohl auch damit zusammenhängt, dass diese das Leben in der ambulant betreuten Wohngemeinschaft im Unterschied zu der Alternative Pflegeheim grundsätzlich als sehr positiv einschätzen. In WOGE C werden insbesondere Organisationsaspekte für förderlich erachtet. Die Organisation ist dort formell im sogenannten Drei-Säulen-Modell geregelt. In der Praxis sind die Zuständigkeiten jedoch eher unklar und verschwimmen. Insofern erfolgen einige Nennungen der Organisation als hilfreiche Rahmenbedingungen im Interviewkontext auch eher aus einer „Soll-Perspektive" heraus.

Unterschiede zeigen sich auch, wenn man die summierten Nennungen für die Akteursgruppen der Angehörigen, bürgerschaftlich Engagierten und Pflegedienste separat betrachtet. So sind aus Sicht der Angehörigen insbesondere Kooperation und eine familiäre Atmosphäre relevant. Die bürgerschaftlich Engagierten erachten Flexibilität als besonders wichtig – die Kategorie „Flexibilität" wird überhaupt nur von bürgerschaftlich Engagierten angesprochen, wohingegen aus der Warte der Pflegedienste die Anerkennung das ausschlaggebende Kriterium darstellt. Letzteres ist erklärbar mit der Perspektive hauptamtlich tätiger Mitarbeiterinnen und Mitarbeiter, die es für unabdingbar erachten, dass Tätigkeiten, die den ihren mehr oder weniger ähnlich sind, honoriert und wertgeschätzt werden. Ebenso nachvollziehbar ist die Bedeutung der Flexibilität für die bürgerschaftlich Engagierten selbst, deren Engagement sich mit anderweitigen Verpflichtungen (familiär, beruflich, privat) vereinbaren lassen muss. Dass die Angehörigen auf Kooperation und familiäre Atmosphäre Wert legen, ergibt sich aus deren Perspektive, derzufolge die ambulant betreute Wohngemeinschaft eine Art Familienersatz darstellt, in der sie als Angehörige vertrauensvoll mit den quasi neu hinzugekommenen Familienmitgliedern zusammenwirken möchten.

Zusammenfassend lässt sich somit festhalten, dass gesamthaft insbesondere Kooperation, Anerkennung und familiäre Atmosphäre von den Interviewpartnerinnen und -partnern als hilfreiche Bedingungen für bürgerschaftliches Engagement in ambulant betreuten Wohngemeinschaften gesehen werden. Sie konstituieren zusammen mehr als 50 % aller genannten Aspekte. Für die bürgerschaftlich Engagierten selbst spricht der Grad der Flexibilität (inhaltlich und organisatorisch), den sie im Rahmen ihrer Tätigkeit genießen, die größte Rolle.

Erschwerende Rahmenbedingungen

Tabelle 24 enthält einen Überblick über die in den Interviews genannten erschwerenden Kontextfaktoren bürgerschaftlichen Engagements in ambulant betreuten Wohngemeinschaften. Sie wurden gleich den hilfreichen Kontextfaktoren zu Kategorien gruppiert. Der Tabelle sind ebenfalls die Häufigkeiten der Nennung der jeweiligen Kategorien sowie der einzelnen subsumierten Faktoren zu entnehmen.

Kategorien	Häufig-keit	Subsumierte Faktoren
Organisation	7	Fehlende Anbindung, Ämterhäufungen, fehlende Kontinuität, unterschiedliche Vorgehensweisen, keine festen schriftlichen Regeln, starre Vorgaben, unklare Kompetenzen
Zeit- und Rollenkonflikte	6	Eigene Zeitressourcen (2), unrealistische Zeiteinschätzung, eigene berufliche Tätigkeit, private Konstellation (2)
Räumliche Distanz	5	Räumliche Distanz, lange Anfahrtszeit (3), Angewiesensein auf Auto
Konflikte	4	Persönliche Differenzen (2), Dissonanzen, Differenzen der Akteure
Komplexität	2	Unübersichtlichkeit, fehlender Überblick

Tabelle 24: Faktoren und Kategorien erschwerender Rahmenbedingungen

Das Ergebnis dieser Auswertung zeigt, dass über alle Interviewtengruppen und ambulant betreuten Wohngemeinschaften hinweg das schwerwiegendste Hemmnis für bürgerschaftliches Engagement in ambulant betreuten Wohngemeinschaften in einer unzureichenden Organisation gesehen wird. Ebenfalls relevant sind Zeit- und Rollenkonflikte, räumliche Distanz und Konflikte. Von minderer Bedeutung ist die hohe Komplexität. Schaut man abermals differenzierter auf die Verteilung der Kategorien in den Interviewtengruppen und den einzelnen ambulant betreuten Wohngemeinschaften, so zeigt sich das in Tabelle 25 dargestellte Bild.

	WOGE A	WOGE B	WOGE C	Gesamt
Angehörige	Komplexität (1) Räumliche Distanz (1) Zeit-/Rollen-konflikte (1)	Zeit-/Rollen-konflikte (1)	Konflikte (2) Organisation (1)	Konflikte (2) Zeit-/Rollen-konflikte (2) Komplexität (1) Organisation (1) Räumliche Distanz (1)
Bürger-schaftlich Engagierte	Zeit-/Rollen-konflikte (3) Organisation (2)	Räumliche Distanz (1) Zeit-/Rollen-konflikte (1)	Konflikte (1) Räumliche Distanz (1)	Zeit-/Rollen-konflikte (4) Organisation (2) Räumliche Distanz (2) Konflikte (1)
Pflege-dienste	Organisation (2) Komplexität (1)	Räumliche Distanz (2)	Organisation (2) Konflikte (1)	Organisation (4) Räumliche Distanz (2) Komplexität (1) Konflikte (1)
Gesamt	Organisation (4) Zeit-/Rollen-konflikte (4) Komplexität (2) Räumliche Distanz (1)	Räumliche Distanz (3) Zeit-/Rollen-konflikte (2)	Konflikte (4) Organisation (3) Räumliche Distanz (1)	Organisation (7) Zeit-/Rollen-konflikte (6) Räumliche Distanz (5) Konflikte (4) Komplexität (2)

Tabelle 25: Erschwerende Rahmenbedingungen für bürgerschaftliches Engagement

Obschon einige Kategorien weitgehend gleichmäßig über die ambulant betreuten Wohngemeinschaften und Interviewtengruppen streuen, sind auch hier Muster zu erkennen. Betrachtet man die summierten Nennungen für die einzelnen ambulant betreuten Wohngemeinschaften, so ist zu erkennen, dass in WOGE A neben Organisationsaspekten insbesondere Zeit- und Rollen-konflikte als Hemmfaktoren angeführt werden. Dieses Cluster ist dadurch erklärbar, dass die von bürgerschaftlich Engagierten initiierte WOGE A durch wenige, über die Maßen engagierte Frauen ins Leben gerufen und bis heute geprägt wird. In WOGE B wird überdurchschnittlich häufig auf die räumliche Distanz verwiesen. Die WOGE B ist im ländlichen Raum situiert und schlecht an den öffentlichen Nahverkehr angebunden. Besonders auffäl-lig ist, dass persönliche Konflikte als negative Rahmenbedingungen für bür-gerschaftliches Engagement ausschließlich in WOGE C genannt werden. Dies weist darauf hin, dass in WOGE C nicht nur organisatorische Unge-reimtheiten, sondern darüber hinaus persönliche Konflikte bürgerschaftli-ches Engagement behindern.

Vergleicht man die summierten Nennungen für die verschiedenen Ak-teursgruppen über alle ambulant betreuten Wohngemeinschaften hinweg, sind nur wenig Auffälligkeiten erkennbar. Zu beobachten ist, dass Zeit- und Rollenkonflikte ausschließlich von Angehörigen und bürgerschaftlich Enga-gierten angeführt werden. Die Vertreterinnen und Vertreter der Pflege-dienste nehmen diese nicht wahr. Für sie stehen Ungereimtheiten der Orga-nisation im Vordergrund. Dieser Befund ist dadurch erklärbar, dass Angehö-rige und bürgerschaftlich Engagierte in der Praxis häufig unter konfligieren-den Rollenanforderungen (Familie, Beruf, Engagement) leiden. Für die hauptamtlichen Mitarbeiterinnen und Mitarbeiter hingegen sind Schnittstel-lenprobleme der Arbeitsteilung relevanter. Erstaunlich ist allerdings, dass letztere die Dilemmata-Situationen zwischen Familie, Beruf und Engage-ment, in die ihre bürgerschaftlich engagierten Mitstreiterinnen und Mitstrei-ter gelegentlich geraten, gar nicht wahrnehmen.

Zusammenfassend lässt sich somit festhalten, dass gesamthaft insbeson-dere Organisationsdefizite sowie Zeit- und Rollenkonflikte von den Inter-viewpartnerinnen und -partnern als erschwerende Bedingungen für bürger-schaftliches Engagement in ambulant betreuten Wohngemeinschaften be-trachtet werden. Sie konstituieren zusammen mehr als 50 % aller genannten Aspekte. Für die bürgerschaftlich Engagierten selbst stellen die begrenzten

Zeitressourcen und konfligierende Rollenerwartungen das größte Hemmnis dar.

7.3.7 Zugangswege

Im Rahmen der Untersuchung von Spezifika bürgerschaftlichen Engagements in ambulant betreuten Wohngemeinschaften ist das Augenmerk natürlich auch auf die Entstehungsbedingungen konkreten Engagements oder anders ausgedrückt auf die Zugangswege der bürgerschaftlich Engagierten in die ambulant betreuten Wohngemeinschaften zu richten. Zu diesem Zweck wurden alle Angehörigen und bürgerschaftlich Engagierten befragt, wie ihr jeweiliges Engagement in der ambulant betreuten Wohngemeinschaft konkret zustande kam. Die Vertreterinnen und Vertreter der Pflegedienste sollten Zugangswege zu bürgerschaftlichem Engagement wiederum aus ihrer Beobachterperspektive schildern. Zur Auswertung wurden die einzelnen Nennungen wiederum, entsprechend den in Abschnitt 5.2.3.2 skizzierten inhaltsanalytischen Verfahren, zu Kategorien verdichtet.

Tabelle 26 gibt einen Überblick über die von den Interviewpartnerinnen und -partnern vorgebrachten Zugangswege zum Engagement in ambulant betreuten Wohngemeinschaften auf dem Niveau der gebildeten Kategorien. In den Zellen der Matrix sind jeweils die von den Interviewpartnerinnen und -partnern einer Akteursgruppe (Zeilen) in einer untersuchten ambulant betreuten Wohngemeinschaft (Spalten) angesprochenen Kategorie von Zugangswegen gelistet. Die Zahl in Klammer hinter der Kategorie gibt an, wie häufig diese genannt wurde. Den Spalten- respektive Zeilensummen sind die Ergebnisse für alle Interviewpartnerinnen und -partner einer WOGE (Spalte) respektive aller Mitglieder einer Akteursgruppe (Zeilen) zu entnehmen. Das Gesamtergebnis über alle Interviewpartnerinnen und -partner in allen untersuchten ambulant betreuten Wohngemeinschaften befindet sich in der Schnittstelle von Summenzeile und -spalte.

	WOGE A	WOGE B	WOGE C	Gesamt
Angehörige	Betroffenheit (3) Berufliche Soziali- sation (1) Infokanal (1) Persönlicher Kon- takt (1) Überzeugung (1)	Betroffenheit (3) Berufliche Soziali- sation (1)	Betroffenheit (3) Infokanal (1) Überzeugung (1)	Betroffenheit (9) Berufliche Soziali- sation (2) Infokanal (2) Überzeugung (2) Persönlicher Kon- takt (1)
Bürger- schaftlich Engagierte	Persönlicher Kon- takt (3) Berufliche Soziali- sation (2) Betroffenheit (2) Überzeugung (2) Infokanal (1)	Berufliche Soziali- sation (3) Persönlicher Kon- takt (2)	Persönlicher Kon- takt (1) Betroffenheit (1) Überzeugung (1)	Persönlicher Kon- takt (6) Berufliche Soziali- sation (5) Betroffenheit (3) Überzeugung (3) Infokanal (1)
Pflege- dienste	Infokanal (1) Persönlicher Kon- takt (1)	Infokanal (1) Persönlicher Kon- takt (1)	Infokanal (1) Persönlicher Kon- takt (1)	Infokanal (3) Persönlicher Kon- takt (3)
Gesamt	Betroffenheit (5) Persönlicher Kon- takt (5) Berufliche Soziali- sation (3) Infokanal (3) Überzeugung (3)	Berufliche Soziali- sation (4) Betroffenheit (3) Persönlicher Kon- takt (3) Infokanal (1)	Betroffenheit (4) Infokanal (2) Persönlicher Kon- takt (2) Überzeugung (2)	Betroffenheit (12) Persönlicher Kon- takt (10) Berufliche Soziali- sation (7) Infokanal (6) Überzeugung (5)

Tabelle 26: Zugangswege zu bürgerschaftliches Engagement
in den ambulant betreuten Wohngemeinschaften

Die wichtigsten Zugangswege bestehen dieser Auswertung zufolge in persönlicher Betroffenheit und in persönlichen Kontakten. Von Bedeutung, wenngleich nachgeordneter, sind berufliche Sozialisation, offizielle Informationskanäle und Überzeugtheit von der Wohnform.

Sieht man sich die summierten Nennungen für die Akteursgruppen über alle ambulant betreuten Wohngemeinschaften genauer an, so ist zu erkennen, dass Angehörige die eigene, persönliche Betroffenheit als wichtigsten Auslöser nennen. Gemeint ist, dass der Kontakt mit der ambulant betreuten Wohngemeinschaft dadurch zustande kommt, dass ein Familienmitglied in diese einzieht, respektive dass aufgrund einer (demenziellen) Erkrankung eine geeignete Wohnform für dieses Familienmitglied gesucht wird und man infolgedessen auf die ambulant betreute Wohngemeinschaft stößt. Die Nennung weiterer Aspekte durch die Angehörigen dürfte eher aus genereller Sicht, denn in Bezug auf den eigenen Zugang, erfolgt sein. Im Unterschied dazu führen die bürgerschaftlich Engagierten persönliche Kontakte und die eigene berufliche Sozialisation als entscheidende Zugangswege an. Betroffenheit und Überzeugung rangieren dahinter, von minderer Bedeutung sind die offiziellen Ansprachekanäle. Letztere werden von den Mitarbeiterinnen und Mitarbeitern der Pflegedienste am häufigsten genannt und damit in ihrer Bedeutung überschätzt. Die Vertreterinnen und Vertreter der Pflegedienste erkennen allerdings auch die Relevanz persönlicher Kontakte.

Vergleicht man die summierten Nennungen für die drei ambulant betreuten Wohngemeinschaften miteinander, fällt auf, dass WOGE A mit insgesamt 19 Nennungen in fünf Kategorien bzw. zehn Nennungen in fünf Kategorien durch die bürgerschaftlich Engagierten selbst, die größte und vielfältigste Palette an Zugangswegen aufweist. Erklärt werden kann dies damit, dass die bürgerschaftlich initiierte WOGE A das bürgerschaftliche Engagement am stärksten in ihrem Leitbild verinnerlicht und in ihren Betrieb integriert hat. In WOGE A wird auch eindeutig am häufigsten die persönliche Überzeugung von der Wohnform angesprochen. Letztere wird in WOGE B gar nicht genannt. Hier spielen persönliche Kontakte und die vorhergehende berufliche Sozialisation der bürgerschaftlich Engagierten eine größere Rolle. Dass die berufliche Sozialisation ausgerechnet in der von einem Pflegedienst initiierten ambulant betreuten Wohngemeinschaft besonders relevant ist, lässt sich damit begründen, dass beruflich bedingte Kontakte bestehen und die berufliche Expertise besonders wertgeschätzt wird. In WOGE C wiederum tritt das Argument der beruflichen Sozialisation nicht auf. Dies spricht dafür, dass das Engagement hier vornehmlich von Personen ohne größere Vorerfahrungen getragen wird. Unter Umständen liegen darin die festgestellten, persönlichen und organisatorischen Defizite begründet.

Im Rahmen der Interviews konnten Erkenntnisse über die Zugangswege zum bürgerschaftlichen Engagement in ambulant betreuten Wohngemeinschaften gewonnen werden. Im Fokus stehen dabei die bürgerschaftlich Engagierten im engeren Sinne und nicht die Angehörigen. Deren Zugang erfolgt gewöhnlich über die Aufnahme eines Familienmitgliedes in die ambulant betreute Wohngemeinschaft.

Was die bürgerschaftlich Engagierten im engeren Sinne betrifft, so lässt sich zusammenfassend feststellen, dass die Wahrscheinlichkeit, sich bürgerschaftlich in einer ambulant betreuten Wohngemeinschaft zu betätigen, dann besonders hoch ist, wenn man erstens beruflich im sozialen Bereich tätig ist oder war und zweitens jemanden kennt, der mit der ambulant betreuten Wohngemeinschaft verbunden ist. Die offiziellen Informationskanäle, auf die insbesondere die Pflegedienste aus ihrer professionellen Perspektive setzen, werden hingegen von den bürgerschaftlich Engagierten selbst kaum wahrgenommen.

7.3.8 Motivation

Zum Verständnis der Motivation bürgerschaftlich Engagierter, sowohl die Aufnahme von, als auch den Verbleib in Tätigkeiten in und für ambulant betreute(n) Wohngemeinschaften betreffend, wurden die Interviewpartnerinnen und -partner nach den Beweggründen für bürgerschaftliches Engagement in ambulant betreuten Wohngemeinschaften befragt. Dabei wurden Angehörige und bürgerschaftlich Engagierte gebeten, ihre eigenen Motivlagen zu schildern. Die Vertreterinnen und Vertreter der Pflegedienste sollten wiederum ihre Einschätzung der Motive bürgerschaftlich Engagierter aus ihrer Beobachterperspektive wiedergeben. Um die Ausführungen im Rahmen der Auswertung zu konsolidieren, wurden auch hier entsprechend der in Punkt 5.2.3.2 skizzierten Methodik Kategorien gebildet. Tabelle 27 enthält einen Überblick über die von den Interviewpartnerinnen und -partnern vorgebrachten Motive für bürgerschaftliches Engagement in ambulant betreuten Wohngemeinschaften und deren Gruppierung zu Kategorien sowie die Häufigkeit der Nennung der jeweiligen Kategorien. Die Zahl in Klammer hinter den einzelnen subsumierten Motiven gibt an, wie häufig das einzelne Motiv genannt wurde. Wenn keine Zahl angegeben ist, wurde das konkrete Motiv lediglich einmal genannt.

Kategorien	Häufig-keit	Subsumierte Motive
Betroffenheit	12	Persönliche Betroffenheit (9), eigene Betroffen-heit (2), Kennen von Mieterinnen und Mietern (1)
Mitgestaltung	5	Mitgestalten der Zukunft, Mitgestalten eigenes Altern, Hoffnung für eigenes Altern, Auseinan-dersetzung mit eigenem Alter, Unzufriedenheit mit stationären Angeboten
Notwendigkeit	5	Vorhandener Bedarf, WOGE würde nicht funkti-onieren, gesellschaftliche Notwendigkeit, Sinn-haftigkeit (2)
Verpflichtung	5	Verpflichtung (2), Verantwortung, Wiedergutma-chung, Respekt vor Lebensleistung, Vorbild der Angehörigen
Persönliches Bedürfnis	4	Lebensmotiv helfen, Gutes tun, helfen wollen (2)
Persönliche Teilhabe	4	Teilhabe am Leben, Dasein für Angehörige, Le-bensform für gesamte Familie, Angehörige nicht abstellen
Anerkennung	3	Anerkennung (2), Austausch
Kompetenzen	3	Berufliche Erfahrung, Einbringen von Ressour-cen, vorhandene Kompetenzen
Selbstverständlichkeit	3	Selbstverständlichkeit (3)
Beruflicher Nutzen	2	Lernen für Beruf, Suche einer beruflichen Per-spektive
Freude	2	Freude, Spaß

Tabelle 27: Kategorien von Motiven für bürgerschaftliches Engagement

Aus Tabelle 27 ist ersichtlich, dass über alle Interviewtengruppen und am-bulant betreuten Wohngemeinschaften hinweg Betroffenheit die mit Ab-stand stärkste Motivlage darstellt. Alle anderen Motive rangieren in der Ge-samtbetrachtung annähernd gleichauf dahinter. Dabei handelt es sich um Mitgestaltung, Notwendigkeit, Verpflichtung, persönliches Bedürfnis, per-sönliche Teilhabe, Anerkennung, Kompetenzen, Selbstverständlichkeit, be-ruflicher Nutzen und Freude.

Tabelle 28 gibt die Verteilung der Kategorien in den interviewten Ak-teursgruppen und den einzelnen ambulant betreuten Wohngemeinschaften wieder. Der Aufbau der Tabelle stellt sich analog der Tabellen 23, 25 und 26 dar. Die einzelnen Zellen der Tabelle enthalten die von einer Akteursgruppe (Zeilen) in einer untersuchten ambulant betreuten Wohngemeinschaft (Spalten) in den Interviews angesprochenen Motivkategorien mit Häufigkeiten. Gesamtergebnisse für die Akteursgruppen respektive ambulant betreuten Wohngemeinschaften sind den Summenzeilen bzw. -spalten zu entnehmen.

	WOGE A	WOGE B	WOGE C	Gesamt
Angehörige	Pers. Teilhabe (4)	Betroffenheit (3)	Betroffenheit (3)	Betroffenheit (9)
	Betroffenheit (3)	Verpflichtung (3)	Selbstverständ-	Pers. Teilhabe (4)
	Anerkennung (1)		lichkeit (2)	Verpflichtung (4)
	Notwendigkeit (1)			Selbstverständ-
	Verpflichtung (1)			lichkeit (2)
				Anerkennung (1)
				Notwendigkeit (1)
Bürger-	Notwendigkeit (3)	Mitgestaltung (1)	Freude (1)	Notwendigkeit (4)
schaftlich	Mitgestaltung (2)	Notwendigkeit (1)	Pers. Bedürfnis (1)	Mitgestaltung (3)
Engagierte	Anerkennung (1)	Pers. Bedürfnis (1)		Freude (2)
	Berufl. Nutzen (1)	Verpflichtung (1)		Pers. Bedürfnis (2)
	Betroffenheit (1)			Anerkennung (1)
	Freude (1)			Berufl. Nutzen (1)
	Kompetenzen (1)			Betroffenheit (1)
	Selbstverständ-			Kompetenzen (1)
	lichkeit (1)			Selbstverständ-
				lichkeit (1)
				Verpflichtung (1)
Pflege-	Betroffenheit (2)	Pers. Bedürfnis (1)	Mitgestaltung (1)	Betroffenheit (2)
dienste	Kompetenzen (2)			Kompetenzen (2)
	Anerkennung (1)			Mitgestaltung (2)
	Berufl. Nutzen (1)			Pers. Bedürfnis (2)
	Mitgestaltung (1)			Anerkennung (1)
	Pers. Bedürfnis (1)			Berufl. Nutzen (1)
Gesamt	Betroffenheit (6)	Verpflichtung (4)	Betroffenheit (3)	Betroffenheit (12)
	Notwendigkeit (4)	Betroffenheit (3)	Selbstverständ-	Mitgestaltung (5)
	Pers. Teilhabe (4)	Pers. Bedürfnis (2)	lichkeit (2)	Notwendigkeit (5)
	Anerkennung (3)	Mitgestaltung (1)	Freude (1)	Verpflichtung (5)
	Kompetenzen (3)	Notwendigkeit (1)	Mitgestaltung (1)	Pers. Bedürfnis (4)
	Mitgestaltung (3)		Pers. Bedürfnis (1)	Pers. Teilhabe (4)
	Beruflicher Nut-			Anerkennung (3)
	zen (2)			Kompetenzen (3)
	Freude (1)			Selbstverständ-
	Pers. Bedürfnis (1)			lichkeit (3)
	Selbstverständ-			Berufl. Nutzen (2)
	lichkeit (1)			Freude (2)
	Verpflichtung (1)			

Tabelle 28: Motive für bürgerschaftliches Engagement

Im Vergleich der Akteursgruppen sind deutliche Unterschiede in Bezug auf die Motive für bürgerschaftliches Engagement zu erkennen. Bei den Angehörigen wird mit Abstand die Betroffenheit (gemeint ist, dass ein unmittelbarer Angehöriger in der ambulant betreuten Wohngemeinschaft lebt) am häufigsten genannt. Von Bedeutung sind ferner der Wunsch nach persönlicher Teilhabe und ein Gefühl der Verpflichtung. Im Unterschied dazu treten bei den bürgerschaftlich Engagierten zwei andere Motivlagen in den Vordergrund. Dabei handelt es sich um die Einsicht in die Notwendigkeit bürgerschaftlichen Engagements und um den Willen, mitgestaltend (auch im Hinblick auf das eigene Altern) tätig zu werden. Betroffenheit, Teilhabe und Verpflichtung spielen in der Gruppe der bürgerschaftlich Engagierten kaum eine Rolle. Aus Tabelle 28 geht ferner anschaulich hervor, dass die Motivlagen bürgerschaftlich Engagierter insgesamt vielfältiger und diverser ausgeprägt sind als die von Angehörigen. Während von den bürgerschaftlich Engagierten zehn verschiedene Motivkategorien angesprochen wurden, adressierten die interviewten Angehörigen lediglich sechs. Die Sichtweise der Vertreterinnen und Vertreter der Pflegedienste liefert in diesem Fall keine weiteren Erkenntnisse.

Betrachtet man die summierten Nennungen für die drei beforschten ambulant betreuten Wohngemeinschaften, so fällt auf, dass es die bürgerschaftlich initiierte und geprägte WOGE A ist, die in besonderem Maße zur Reichhaltigkeit und Diversität des Gesamtbildes beiträgt. In WOGE A werden alle (insgesamt elf) der in der Gesamtaufstellung enthaltenen Motivkategorien von den Interviewten angeführt, in WOGE B und in WOGE C jeweils lediglich fünf. Im Vordergrund stehen in WOGE A (neben der Betroffenheit der Angehörigen) die Einsicht in die Notwendigkeit und der Wunsch nach Teilhabe. In WOGE B ist die dominante Motivlage eher ein Gefühl der Verpflichtung, das aber vornehmlich durch die Antworten der Angehörigen zustande kommt. In WOGE C tritt von der Betroffenheit der Angehörigen abgesehen, keine Motivlage besonders hervor.

Zusammenfassend belegen die Ergebnisse, dass das Engagement von Angehörigen und bürgerschaftlich Engagierten in ambulant betreuten Wohngemeinschaften aus unterschiedlichen Motivlagen heraus erfolgt. Sind es bei den Angehörigen vornehmlich Betroffenheit, Verpflichtung und der Wunsch nach Teilhabe, also Motive, die eng mit der Tatsache zusammenhängen, dass ein Familienmitglied in dieser ambulant betreuten Wohngemeinschaft lebt, so sind es bei den bürgerschaftlich Engagierten eher die generelle Einsicht in die Notwendigkeit sowie der Wunsch, sinnvolle Strukturen mitzugestalten, die deren Engagement antreiben. Die Analyse zeigt ferner, dass bürgerschaftliches Engagement in ambulant betreuten Wohngemeinschaften vor allem dann gedeiht, wenn es, wie in der von bürgerschaftlich initiierten und geprägten WOGE A, offen ist für eine Vielzahl unterschiedlicher Personen, die sich aus ganz unterschiedlichen Motiven heraus einbringen möchten. Wie erwähnt, sind in WOGE A insgesamt 26 Personen bürgerschaftlich tätig.

7.3.9 Anerkennungskultur

Im Zusammenhang mit den Motiven ist auch eine genauere Untersuchung der Anerkennungskulturen in Bezug auf bürgerschaftliches Engagement in ambulant betreuten Wohngemeinschaften angezeigt. Zum einen kann die Aussicht auf Anerkennung selbst ein Motiv darstellen. Wie die Ausführungen in Punkt 7.3.8 gezeigt haben, ist dies allerdings von untergeordneter Bedeutung (siehe Tabelle 27). Zum anderen ist davon auszugehen, dass der Erhalt von Anerkennung andere Motivlagen stabilisiert. Aufgrund dessen wurden die Interviewpartnerinnen und -partner über den Erhalt und die Form der Anerkennung bürgerschaftlichen Engagements in ambulant betreuten Wohngemeinschaften befragt.

Erhalt von Anerkennung

Im Rahmen der Interviews wurden die Angehörigen und bürgerschaftlich Engagierten gefragt, ob sie eine Anerkennung für ihr bürgerschaftliches Engagement erhalten. Die Antworten der Interviewpartnerinnen und -partner wurden in diesem Fall binär codiert (ja/nein). Mehrfachnennungen waren aufgrund der Fragestellung nicht möglich. Jede Person wurde eindeutig einer Kategorie zugeordnet. Trotz des expliziten Hinweises auf die Möglichkeit nichtmonetärer Anerkennung (siehe Interviewleitfaden im Anhang) identifizierten nicht alle Gesprächspartnerinnen und -partner diese als solche. Sie antworteten also zunächst mit „nein", berichteten dann aber von erfahrener Wertschätzung, Einladungen zu Festen etc. In diesen Fällen wur-

de die Antwort im Rahmen der Auswertung dennoch der Kategorie „ja" zugeordnet.

Tabelle 29 gibt einen Überblick über die Ergebnisse. In den Zellen sind
die Ergebnisse für die Interviewpartnerinnen und -partner der Akteursgruppen (Zeilen) in den untersuchten ambulant betreuten Wohngemeinschaften
(Spalten) zu sehen. Den Summenzeilen respektive -spalten sind die Ergebnisse für die gesamte Akteursgruppe (Zeilen) respektive die gesamte ambulant betreute Wohngemeinschaft (Spalten) zu entnehmen. Insgesamt waren
neun Angehörige und neun bürgerschaftlich Engagierte (vgl. 7.1) interviewt
worden.

	WOGE A	WOGE B	WOGE C	Gesamt
Angehörige	Ja: 1 Nein: 2	Ja: 0 Nein: 3	Ja: 2 Nein: 1	Ja: 3 Nein: 6
Bürgerschaft- lich Engagierte	Ja: 4 Nein: 0	Ja: 3 Nein: 0	Ja: 2 Nein: 0	Ja: 9 Nein: 0
Gesamt	Ja: 5 Nein: 2	Ja: 3 Nein: 3	Ja: 4 Nein: 1	Ja: 12 Nein: 6

Tabelle 29: Anerkennung des eigenen Engagements

Die Ergebnisse zeigen, dass alle bürgerschaftlich Engagierten in allen beforschten ambulant betreuten Wohngemeinschaften eine Anerkennung ihres
Engagements (ja=9, nein=0) erfahren. Bemerkenswert ist, dass wirklich alle
bürgerschaftlich Engagierten angeben, für ihr Engagement Anerkennung zu
erhalten, obgleich nur in WOGE B das bürgerschaftliche Engagement immer mit einer Aufwandsentschädigung honoriert wird, während dies in
WOGE A nicht und in WOGE C nur teilweise der Fall ist. Im Unterschied
dazu empfinden Angehörige ihr Engagement mehrheitlich als nicht anerkannt (ja=3, nein=6).

Anerkennungsformen
Um die Antworten der in den ambulant betreuten Wohngemeinschaften interviewten Angehörigen und bürgerschaftlich Engagierten zu den Formen

der Anerkennung im Rahmen der Auswertung zu systematisieren, wurden wiederum gemäß der in 5.2.3.2 skizzierten Methodik Kategorien gebildet.

Tabelle 30 gibt die von den Interviewpartnerinnen und -partnern geschilderten Anerkennungsformen auf dem Niveau der gebildeten Kategorien samt Häufigkeit ihrer Erwähnung wieder. In den Zellen der Tabelle finden sich die Kategorien, die von den Akteursgruppen (Zeilen) in den ambulant betreuten Wohngemeinschaften (Spalten) angesprochen wurden, mit Häufigkeiten. In den Summenzeilen respektive -spalten sind die Ergebnisse für die Akteursgruppen bzw. ambulant betreuten Wohngemeinschaften gesamthaft angegeben.

	WOGE A	WOGE B	WOGE C	Gesamt
Angehörige	Geschenke (3) Wertschätzung (3) Finanzielle Aspekte (2) Feste (1) Gelingen (1) Qualifizierung (1)	Qualifizierung (1) Wertschätzung (1)	Wertschätzung (3) Gelingen (1) Qualifizierung (1)	Wertschätzung (7) Geschenke (3) Qualifizierung (3) Finanzielle Aspekte (2) Gelingen (2) Feste (1)
Bürgerschaftlich Engagierte	Feste (4) Finanzielle Aspekte (4) Geschenke (4) Qualifizierung (2) Wertschätzung (2) Gelingen (1)	Finanzielle Aspekte (3) Qualifizierung (3) Teamzugehörigkeit (3) Geschenke (2)	Feste (2) Wertschätzung (2) Finanzielle Aspekte (1) Qualifizierung (1)	Finanzielle Aspekte (8) Feste (6) Geschenke (6) Qualifizierung (6) Wertschätzung (4) Teamzugehörigkeit (3) Gelingen (1)
Gesamt	Geschenke (7) Finanzielle Aspekte (6) Feste (5) Wertschätzung (5) Qualifizierung (3) Gelingen (2)	Qualifizierung (4) Finanzielle Aspekte (3) Teamzugehörigkeit (3) Geschenke (2) Wertschätzung (1)	Wertschätzung (5) Feste (2) Qualifizierung (2) Finanzielle Aspekte (1) Gelingen (1)	Wertschätzung (11) Finanzielle Aspekte (10) Qualifizierung (9) Geschenke (9) Feste (7) Gelingen (3) Teamzugehörigkeit (3)

Tabelle 30: Formen der Anerkennung des Engagements

Der Tabelle ist zu entnehmen, dass die von der Gesamtheit aller Interview-partnerinnen und -partner am häufigsten genannte Form der Anerkennung in erfahrener Wertschätzung (intern und extern) besteht. Ebenfalls häufig genannt werden finanzielle Aspekte, Angebote zur Qualifizierung, Geschenke und Aufmerksamkeiten sowie die Teilnahme an Festen. Teamzugehörigkeit sowie die intrinsische Befriedigung aus der Beobachtung des Gelingens werden weniger häufig als Formen der Anerkennung erwähnt.

Vergleicht man die Ergebnisse für die Angehörigen und die bürger-schaftlich Engagierten, so treten deutliche Unterschiede zu Tage. Angehörige erfahren Anerkennung überwiegend in Form von Wertschätzung, während diese in der Wahrnehmung der bürgerschaftlich Engagierten keine überragende Bedeutung hat. Sie erfahren Anerkennung insbesondere in Form von finanziellen Aspekten, Qualifizierung, Geschenken und Einladungen zu gemeinsamen Festen.

Auch zwischen den beforschten ambulant betreuten Wohngemeinschaften treten Unterschiede auf. In WOGE A stehen die Anerkennungsformen Geschenke, finanzielle Aspekte, gemeinsame Feste und Wertschätzung annähernd gleichauf im Vordergrund, in WOGE B sind es Qualifizierung, finanzielle Aspekte und die Teamzugehörigkeit. In WOGE C dominiert eindeutig die Anerkennungsform der Wertschätzung.

Zusammenfassend sind insbesondere die Interdependenzen zwischen den Ergebnissen zum Anerkennungserhalt und zur Anerkennungsform aufschlussreich. Angehörige geben mehrheitlich an, keine Anerkennung zu erfahren. Hinsichtlich der Form dominiert die Wertschätzung. Bürgerschaftlich Engagierte geben mehrheitlich an, Anerkennung zu erhalten. Bei der Form dominieren konkrete Manifestationen. Dies lässt den Schluss zu, dass (a) ideelle Anerkennung weniger als solche wahrgenommen wird als manifeste und (b) dass Engagement von Angehörigen im Unterschied zu dem von bürgerschaftlich Engagierten für selbstverständlich erachtet wird und deshalb keine explizite Anerkennung erfährt. Das erklärt nicht zuletzt auch die Variationen zwischen den beforschten ambulant betreuten Wohngemeinschaften. In WOGE A, die von breitem bürgerschaftlichen Engagement getragen wird, stehen konkrete Anerkennungsformen im Vordergrund. In

WOGE C, die maßgeblich auf Angehörigenengagement basiert, dominieren ideelle Anerkennungsformen.

Ergänzend wurden die Vertreterinnen und Vertreter der Pflegedienste nach ihrer Einschätzung befragt, wie bürgerschaftlich Engagierte an die ambulant betreute Wohngemeinschaft gebunden werden können. Diese Frage zielte auf die Anerkennungskultur aus der Beobachterperspektive. Aus Sicht der Pflegedienste bestehen die wesentlichen Anerkennungsformen in Wertschätzung, gemeinsamen Festen und sozialen Aktivitäten sowie in dem Bemühen, die bürgerschaftlich Engagierten als vollwertige Mitglieder ins Team einzubinden. Diese Einschätzung teilen die Pflegedienstvertreterinnen und -vertreter in allen drei beforschten ambulant betreuten Wohngemeinschaften. Auffällig ist jedoch, dass finanzielle Aspekte, Qualifizierungsmöglichkeiten sowie kleine Geschenke nicht genannt werden. Dies offenbart eine Diskrepanz zwischen der Sichtweise der Pflegedienste und den eigenen Angaben der bürgerschaftlich Engagierten.

7.3.10 Problemsituationen und Bewältigungsstrategien

Ethisch schwierige Entscheidungen
Die Mehrheit der interviewten Angehörigen und bürgerschaftlich Engagierten in den drei beforschten ambulant betreuten Wohngemeinschaften stand noch nie vor ethisch schwierigen Entscheidungen im Zusammenhang mit ihrem Engagement. Auf die Frage „Sind Sie schon einmal vor einer schwierigen ethischen Entscheidung gestanden?" antworteten zehn Personen mit nein und acht Personen mit ja. Einen Überblick über die Antwortverteilung gibt Tabelle 31. Den Zellen sind die Ergebnisse für die Interviewpartnerinnen und -partner (N=18) der Akteursgruppen (Zeilen) in den ambulant betreuten Wohngemeinschaften (Spalten) zu entnehmen. Die Summenzeilen respektive -spalten geben die Ergebnisse für die Akteursgruppe (Zeilen) respektive die ambulant betreute Wohngemeinschaft (Spalte) an.

	WOGE A	WOGE B	WOGE C	Gesamt
Angehörige	Ja: 2 Nein: 1	Ja: 0 Nein: 3	Ja: 2 Nein: 1	Ja: 4 Nein: 5
Bürgerschaftlich Engagierte	Ja: 3 Nein: 1	Ja: 1 Nein: 2	Ja: 0 Nein: 2	Ja: 4 Nein: 5
Gesamt	Ja: 5 Nein: 2	Ja: 1 Nein: 5	Ja: 2 Nein: 3	Ja: 8 Nein: 10

Tabelle 31: Ethisch schwierige Entscheidungen der bürgerschaftlich Engagierten

Die Ergebnisse zeigen, dass die Mehrheit der Interviewten sich keiner ethisch schwierigen Entscheidungen im Kontext ihres Engagements bewusst ist (ja=8, nein=10). Dies gilt für Angehörige, wie für bürgerschaftlich Engagierte in gleicher Weise (jeweils ja=4, nein=5). Unterschiede treten allerdings zwischen den ambulant betreuten Wohngemeinschaften zu Tage. Während in WOGE A die Mehrheit der interviewten Personen über ethisch schwierige Entscheidungen berichtet (ja=5, nein=2), ist dies in den anderen beiden ambulant betreuten Wohngemeinschaften nicht der Fall. Die Konfrontation mit ethischen Herausforderungen in WOGE A wird von Angehörigen (ja=2, nein=1) und bürgerschaftlich Engagierten (ja=3, nein=1) gleichermaßen geschildert.

Inhaltlich beziehen sich die ethischen Konflikte der bürgerschaftlich Engagierten in WOGE A vor allem auf das unternehmerische Risiko in der Gründungsphase. Die Interviewten schildern die Situation wie folgt: „Schwierig habe ich aber vor allem in der Bau- und Startphase der Wohngruppe die hohe Verantwortung und den Druck vieler Entscheidungen im Vorstand erlebt. Die vorher in der Vereinsarbeit geteilte Verantwortung und das miteinander Entscheiden war in dieser Zeit wenig bis gar nicht möglich und das hat zu Spannungen unter den aktiven Vereinsmitgliedern geführt" (1, 322-326). Eine andere Person drückt das so aus: „Was passiert jetzt, wenn wir mit der Idee baden gehen? Die Verantwortung und auch die Summe, die wir bewegt haben, Geld das wir an sich gar nicht hatten [...] das war ja auch noch mal so eine heiße Geschichte" (5, 385-388). Die ethischen Probleme der Angehörigen in WOGE A betreffen hingegen primär persönliche Schwierigkeiten im Umgang mit einzelnen Mieterinnen und Mietern:

„In der WOGE sind es eher die Schwierigkeiten im Umgang mit den Bewohnern. Wenn man da mit einer bestimmten Person ein bisschen Schwierigkeiten hat, dann ist es nicht so einfach" (4, 154-156).

In WOGE B benennt als Einzige die bürgerschaftlich engagierte Moderatorin ethische Problemlagen. Inhaltlich nimmt sie auf den Umgang mit Todesfällen und die Auswahl neuer Mieterinnen und Mieter Bezug: „Also was nicht so einfach ist, mit den Angehörigen zu diskutieren, was wir auch immer wieder auf die lange Bank geschoben haben, ist die Frage, wie gehen wir damit um, wenn jemand in der WG verstirbt [...] oder auch Fragen wie jetzt: Nehmen wir einen so stark behinderten jüngeren Menschen in der WG auf?" (10, 320-324).

In WOGE C berichten zwei Angehörige über ethisch schwierige Entscheidungen. Inhaltlich betrifft dies im einen Fall die Entscheidung, das eigene Engagement fortzuführen. „Es stellte sich die Frage: Mache ich jetzt weiter und wie sieht das jetzt aus?" (19, 273-274). Der andere Fall betrifft den Umgang mit Medikamentengaben, insbesondere die Verabreichung von Beruhigungsmitteln.

Zusammenfassend lässt sich feststellen, dass Angehörige und bürgerschaftlich Engagierte ihr Engagement in ambulant betreuten Wohngemeinschaften mehrheitlich als nicht mit ethischen Problemen behaftet erleben. Dies scheint gleichwohl von dem in der ambulant betreuten Wohngemeinschaft vorherrschenden Grad der Reflexion des eigenen Handelns beeinflusst zu sein, da einzelne ambulant betreute Wohngemeinschaften diesbezüglich vom Mehrheitsbild abweichen, ohne dass hierfür objektive Tatbestände als dahinterliegende Ursachen auszumachen wären. Inhaltlich sind keine konsistenten Cluster ethischer Herausforderungen feststellbar, sieht man von der als risikoreich empfundenen Gründung der WOGE A durch eine bürgerschaftliche Initiative ab.

Belastungssituationen und Bewältigungsstrategien
Um die mit bürgerschaftlichem Engagement in ambulant betreuten Wohngemeinschaften einhergehenden Belastungen für die Engagierten besser zu verstehen, wurden die Angehörigen und bürgerschaftlich Engagierten in den Interviews über ethische Konflikte hinaus auch nach Situationen befragt, die sie als besonders belastend empfinden und in denen sie an persönliche

Grenzen stoßen. Ebenfalls erfragt wurden Bewältigungsstrategien in solchen Situationen. Von allen interviewten Angehörigen und bürgerschaftlich Engagierten (N=18) gaben elf an, solche Situationen bereits durchlebt zu haben respektive zu durchleben, sieben Interviewte sind bislang noch nicht an ihre Grenzen gestoßen. Eine deutliche Mehrheit ist also mit besonderen Belastungen durch bürgerschaftliches Engagement vertraut. Dabei zeigen sich qualitativ keine gravierenden Unterschiede zwischen den Akteursgruppen (Angehörige: ja=6, nein=3; bürgerschaftlich Engagierte: ja=5, nein=4) und den beforschten ambulant betreuten Wohngemeinschaften (WOGE A: ja=4, nein=3; WOGE B: ja=3, nein=2; WOGE C: ja=4, nein=1). Zur inhaltlichen Analyse der im Rahmen der „ja"-Antworten (N=11) genannten belastenden Situationen sowie der durch die Interviewten jeweils angeführten Bewältigungsstrategien, wurden die Textpassagen auf Kernaussagen reduziert (siehe 5.2.3.2, Tabelle 7). Auf eine Kategorienbildung wurde mangels Masse und zum Erhalt der Spezifika der Information in diesem Fall verzichtet. Tabelle 32 enthält die von den elf Interviewten genannten Belastungssituationen (a-k) sowie die jeweiligen Bewältigungsstrategien auf dem Niveau der Kernaussagen. Die Zellenzuordnung gibt über die Zugehörigkeit zu Akteursgruppen und ambulant betreuten Wohngemeinschaften Auskunft.

	WOGE A	WOGE B	WOGE C
Angehörige	(a) Physische und psychische Belastung → Ablenken durch Musik, Lesen, Fernsehen	(e) Belastung durch Konflikte mit anderen Akteuren → Kommunizieren, Aufeinander zugehen (f) Belastung durch private Situation → Spaziergänge, Familie	(h) Ineffiziente Diskussionen → Austausch mit Bekannten und Angehörigen (i) Psychische Belastung → Austausch mit Familie, Kolleginnen bzw. Kollegen (j) Zeitliche und psychische Belastung → Austausch mit Selbsthilfegrupe und Mitgliedern des Vereins
Bürgerschaftlich Engagierte	(b) Zeitliche Belastung → Mehr gegenseitige Unterstützung im Verein (c) Intensive Vereinsarbeit → Ergebnis im Blick haben → Familiärer Rückhalt (d) Intensive Vereinsarbeit → Pause, kurzzeitiger Ausstieg → Mehr gegenseitige Unterstützung im Verein	(g) Ineffiziente Diskussionen → Vertrauen aufbauen → Rückendeckung holen und Koalitionen bilden	(k) Zeitliche und psychische Belastung → Kommunikation

Tabelle 32: Belastungssituationen und Bewältigungsstrategien

Auf Basis dieser inhaltsanalytischen Auswertung lassen sich drei Cluster von Belastungssituationen identifizieren. Das erste Cluster betrifft die allgemeine zeitliche, physische und psychische Belastung durch die Tätigkeit in der ambulant betreuten Wohngemeinschaft (a, f, i, j, k). Das zweite Cluster bezieht sich auf konfliktbedingten Stress (e, g, h). Das dritte Cluster steht im Zusammenhang mit der hohen Verantwortung im Rahmen der Vereinsarbeit (b, c, d). Die zeitliche, physische und psychische Belastung betrifft vor allem die Gruppe der Angehörigen. Es ist insofern nicht verwunderlich, dass dies in Cluster vermehrt in der von Angehörigen initiierten und getragenen WOGE C auftritt. Unter der hohen Verantwortung im Rahmen der Vereinsarbeit leiden insbesondere die bürgerschaftlich Engagierten, die die WOGE A ins Leben gerufen haben und weiter prägen. Konfliktinduzierter Stress scheint vermehrt in der durch einen Pflegedienst initiierten WOGE B vorzuherrschen und betrifft Angehörige und bürgerschaftlich Engagierte gleichermaßen. Die Bewältigungsstrategien der Akteure bestehen im Wesentlichen im Austausch mit Externen, dem Suchen und Finden interner Unterstützung sowie in sehr persönlichen Strategien (z.B. Spaziergänge, Musik). Spezifische Bewältigungsmuster für Akteursgruppen, ambulant betreute Wohngemeinschaften oder Belastungssituationen sind nicht erkennbar. Vielmehr scheint die jeweilige Coping Strategie höchst individuell ausgeprägt zu sein.

Zusammenfassend lässt sich feststellen, dass Angehörige und bürgerschaftlich Engagierte in allen drei untersuchten ambulant betreuten Wohngemeinschaften ihr Engagement mehrheitlich als gelegentlich grenzwertige Belastung empfinden. Die Ursachen sind bei Angehörigen primär die Knappheit an Zeit, Kraft und Nerven, bei bürgerschaftlich Engagierten das Übermaß an Verantwortung. Sie variieren auch zwischen den einzelnen ambulant betreuten Wohngemeinschaften und stehen wohl in Zusammenhang mit der jeweils maßgeblichen Akteursgruppe. Die Coping Strategien der Akteure sind hingegen höchst individuell und weisen keine spezifischen Muster auf. Mit den aus dem Engagement in ambulant betreuten Wohngemeinschaften resultierenden Belastungen zurechtzukommen, scheint, anders ausgedrückt, den Einzelnen überlassen zu bleiben. Institutionelle Unterstützungsarrangements wurden zumindest in den Interviews nicht genannt.

7.4 Ergebnisse vor dem Hintergrund des Sektorenmodells

Wie in Kapitel „5.1 Fragestellungen" erläutert, wurden im Rahmen der multiperspektivisch qualitativen Interviews auch Fragen gestellt, die aus dem theoretischen Bezugsrahmen des Sektorenmodells moderner Wohlfahrtsproduktion abgeleitet wurden. Sie zielen darauf ab, die Besonderheiten des wohlfahrtspluralistischen Zusammenwirkens der verschiedenen Akteure und Institutionen im Spezialfall ambulant betreuter Wohngemeinschaften zu analysieren und zu verstehen. Die Fragen gliedern sich im Wesentlichen in drei Bereiche: Zum einen wurde erhoben, welche Akteure, aus welchen Sektoren, mit welchen Aufgaben in ambulant betreuten Wohngemeinschäften tätig sind und wie sich deren Zusammenarbeit gestaltet (vgl. 7.4.1). Ausgehend von der Annahme unterschiedlicher Zentralwerte dieser Akteure waren Auswahlprozesse (vgl. 7.4.2) und Anbindungsstrukturen respektive Abstimmungsprozesse (vgl. 7.4.3) von Interesse, da davon auszugehen ist, dass diese Werte Auswahlentscheidungen leiten und es der Abstimmung bedarf, um Übereinkünfte zu erzielen. Ebenfalls aus dem theoretischen Bezugsrahmen abgeleitet, wurde die Funktionslogik bürgerschaftlichen Engagements in ambulant betreuten Wohngemeinschaften genauer untersucht. Diesem Zwecke dienten vor allem die Betrachtungen der Bewertung von Ansätzen (vgl. 7.4.4) sowie Nutzen des bürgerschaftlichen Engagements (vgl. 7.4.5).

7.4.1 Akteure, Aufgaben und Zusammenarbeit

Zunächst wurden die Interviewpartnerinnen und -partner nach den in der ambulant betreuten Wohngemeinschaft mitwirkenden Akteuren sowie deren grundlegende Aufgaben befragt. Im Anschluss sollten sie die Bedeutung der jeweiligen Akteure einschätzen und zur Quantität und Qualität der Zusammenarbeit zwischen den Akteuren Stellung nehmen.

Akteure und Aufgaben
Pflegedienste, Angehörige und bürgerschaftlich Engagierte wurden von nahezu allen Interviewpartnerinnen und -partnern in allen untersuchten ambulant betreuten Wohngemeinschaften als mitwirkende Akteure angeführt. Dies steht im Einklang mit den theoretischen Ausführungen zur Grundstruktur ambulant betreuter Wohngemeinschaften (vgl. 3.2), im Rahmen derer diese drei Akteursgruppen neben den Mieterinnen und Mietern selbst (sowie gegebenenfalls den Vermieterinnen und Vermietern bzw. Moderatorinnen und Moderatoren) als zentrale, für den Betrieb und die Qualität ambulant betreuter Wohngemeinschaften notwendige Mitwirkende identifiziert wurden.

Pflegedienste übernehmen in allen drei ambulant betreuten Wohngemeinschaften Aufgaben der Pflege, der Alltagsbegleitung und der Hauswirtschaft. Bezüglich letzterer sind Unterschiede im wahrgenommenen Aufga-
benumfang zwischen den einzelnen ambulant betreuten Wohngemeinschaften feststellbar. Sie sind abhängig von den von Angehörigen bzw. bürgerschaftlich Engagierten in diesem Aufgabenbereich zur Verfügung gestellten
Leistungen.

Angehörige übernehmen in allen drei ambulant betreuten Wohngemeinschaften die Funktion der Auftraggeber- und Verantwortungsgemeinschaft.
Im Rahmen dieser Funktion beauftragen sie beispielsweise den Pflegedienst
und schaffen Rahmenbedingungen für das Zusammenleben der Mieterinnen
und Mieter. Zusätzlich übernehmen sie Aufgaben im Bereich der unmittelbaren Unterstützung der Mieterinnen und Mieter (z.B. Anreichen von Essen,
Spaziergänge etc.). Bezüglich letzterer sind Unterschiede zwischen den untersuchten ambulant betreuten Wohngemeinschaften zu beobachten. Während die Übernahme operativer Aufgaben in WOGE A konzeptionell verankert ist und dienstplanrelevant erfolgt, sind diese Leistungen in WOGE B
und WOGE C on-top und freiwillig. Insgesamt überwiegen in Bezug auf die
Mitwirkung der Angehörigen die Gemeinsamkeiten zwischen den drei ambulant betreuten Wohngemeinschaften. Unterschiede sind eher marginal und
betreffen Einzelaufgaben, wie z.B. das Führen einer Haushaltskasse durch
die Angehörigen, das in WOGE B, nicht aber in WOGE A und WOGE C
erfolgt.

Bürgerschaftlich Engagierte nehmen in allen drei beforschten ambulant
betreuten Wohngemeinschaften konkrete, mieterbezogene Betreuungsaufgaben wahr, wie z.B. Vorlesen oder Begleitung bei Spaziergängen etc. Allerdings sind in Bezug auf die Aufgaben bürgerschaftlich Engagierter auch
weitreichende Unterschiede zwischen den drei untersuchten ambulant betreuten Wohngemeinschaften festzustellen. Nicht mieterbezogene, hauswirtschaftliche Aufgaben werden von bürgerschaftlich Engagierten nur in
WOGE A und WOGE C wahrgenommen. In WOGE B werden diese, sofern
sie nicht von Angehörigen respektive dem Pflegedienst erledigt werden, an
einen Hausmeister gegen Bezahlung ausgelagert. Ferner ist in WOGE B
auch keine Mitwirkung bürgerschaftlich Engagierter in strategischen, organisatorischen sowie politischen Aufgabenbereichen vorhanden, die in

WOGE A und WOGE C im Rahmen der Vereinsmitgliedschaft wahrgenommen wird. Das hängt damit zusammen, dass in der von einem Pflegedienst gegründeten WOGE B keine Vereinsstrukturen zur gemeinschaftlichen Vertretung von Mieterinnen- und Mieterinteressen etabliert sind. An deren Stelle tritt in WOGE B eine Moderatorin, die in einem dynamischen Prozess die Interessen der Mieterinnen und Mieter moderiert. Die Moderatorin kann den theoretischen Ausführungen folgend (vgl. Abbildung 3) als separater Akteur definiert werden. Da ihre Tätigkeit in WOGE B aber auf bürgerschaftlichem Engagement gründet, kann sie auch der Akteursgruppe der bürgerschaftlich Engagierten zugeordnet werden, was in dieser Arbeit erfolgt. In dem Fall stellt ihre Rolle und Funktion eine Besonderheit und einen Unterschied in Bezug auf das Aufgabenspektrum bürgerschaftlich Engagierter in den anderen beiden ambulant betreuten Wohngemeinschaften dar.

Vereine nehmen in WOGE A und WOGE C die Aufgabe eines Generalmieters wahr. Sowohl die Funktion (Generalmieter) als auch der Akteur (Verein) sind in WOGE B, die mit Einzelmietverträgen zwischen Vermieterinnen bzw. Vermietern und Mieterinnen bzw. Mietern arbeitet, nicht vorhanden. Was anderweitige Aufgaben der Vereine (Aufbauarbeit, Umsetzung, Öffentlichkeitsarbeit, Fundraising etc.) betrifft, sind keine nennenswerten Unterschiede zwischen WOGE A und WOGE C feststellbar. Das bedeutet, dass der von Angehörigen gegründete Verein in WOGE C die gleichen Aufgaben wie der von bürgerschaftlich Engagierten gegründeten Verein in WOGE A wahrnimmt.

Vermieterinnen und Vermieter als Akteure werden nur in WOGE A angeführt. In diesem Fall handelt es sich ebenfalls um eine bürgerschaftlich geprägte GmbH. Im Gegensatz finden Vermieterinnen und Vermieter, obgleich natürlich vorhanden, in den Interviews in WOGE B und WOGE C keine Erwähnung als an der ambulant betreuten Wohngemeinschaft mitwirkende Akteure.

Sonstige Akteure, wie z.B. Ärztinnen und Ärzte, Kindergarten, Pfarreien etc. werden ebenfalls nur von den Interviewpartnerinnen und -partnern in WOGE A genannt. Dies steht im Einklang mit der hohen Bedeutung des bürgerschaftlichen Engagements in der Konzeption und Philosophie von WOGE A.

Bedeutung der Akteure

Um die Bedeutung der Akteure besser zu verstehen, wurden Interviewpartnerinnen und -partner befragt, wer aus ihrer Sicht die wichtigsten Mitwirkenden an der ambulant betreuten Wohngemeinschaft seien. Die Ergebnisse
sind in Tabelle 33 dargestellt. Aufgeführt ist die genaue Akteursgruppe
(terminologisch standardisiert) sowie die Häufigkeit ihrer Nennung (in
Klammer dahinter). Mehrfachnennungen waren möglich. Den Zellen sind
die Ergebnisse für die Interviewpartnerinnen und -partner der jeweiligen
Akteursgruppe (Zeile) in der jeweiligen ambulant betreuten Wohngemeinschaft (Spalte) zu entnehmen. Zeilen-, Spalten- und Tabellensummen beinhalten die Ergebnisse für Akteursgruppen, ambulant betreute Wohngemeinschaften respektive alle Interviewten gesamthaft.

	WOGE A	WOGE B	WOGE C	Gesamt
Angehörige	Pflegedienst (3) Verein (2) Angehörige (1)	Pflegedienst (3)	Angehörige (2) Miteinander (1)	Pflegedienst (6) Angehörige (3) Verein (2) Miteinander (1)
Bürger-schaftlich Engagierte	Pflegedienst (2) Angehörige (1) Miteinander (1)	Pflegedienst (2) Miteinander (1)	Mieterinnen und Mieter (1) Miteinander (1)	Pflegedienst (4) Miteinander (3) Angehörige (1) Mieterinnen und Mieter (1)
Pflege-dienste	Miteinander (1)	Pflegedienst (1)	Angehörige (1) Miteinander (1)	Miteinander (2) Angehörige (1) Pflegedienst (1)
Gesamt	Pflegedienst (5) Verein (2) Angehörige (2) Miteinander (2)	Pflegedienst (6) Miteinander (1)	Angehörige (3) Miteinander (3) Mieterinnen und Mieter (1)	Pflegedienst (11) Miteinander (6) Angehörige (5) Verein (2) Mieterinnen und Mieter (1)

Tabelle 33: Einschätzung der Relevanz der Akteure

Tabelle 33 zeigt, dass über alle ambulant betreuten Wohngemeinschaften
und Akteursgruppen hinweg der Pflegedienst als wichtigster Akteur genannt
wird, gefolgt vom „Miteinander" – eine Bezeichnung, die gewählt wurde,
wenn die Interviewpartnerinnen und -partner die Gemeinschaft aller Betei-

ligten als wichtigsten Akteur anführten. Dahinter folgen Angehörige, Verein sowie Mieterinnen und Mieter. Interessanterweise wird die Akteursgruppe der bürgerschaftlich Engagierten in keinem Interview als wichtigster Mitwirkender genannt. Gleichwohl sind bürgerschaftlich Engagierte sowohl im „Miteinander" als auch im „Verein" inkludiert.

Zwischen den beforschten ambulant betreuten Wohngemeinschaften treten allerdings deutliche Unterschiede zutage. Während in WOGE A und WOGE B mit Abstand am häufigsten der Pflegedienst als wichtigster Akteur genannt wird, findet er in WOGE C überhaupt keine Erwähnung. Dort nehmen die Angehörigen bzw. die Gemeinschaft der Mitwirkenden die herausragenden Positionen ein.

Vergleicht man die Ergebnisse der einzelnen Akteursgruppen gesamthaft, so befinden sich Angehörige und bürgerschaftlich Engagierte im Einklang und sehen jeweils im Pflegedienst den wichtigsten Akteur in der ambulant betreuten Wohngemeinschaft. Lediglich die Vertretungen der Pflegedienste selbst nennen in vornehmer Zurückhaltung die Gemeinschaft als Schlüsselakteur. Im Detail sind aber innerhalb der Akteursgruppen teilweise gravierende Abweichungen von diesem Gesamtbild zu beobachten: In WOGE A und WOGE B sehen die Angehörigen den Pflegedienst als den entscheidenden Akteur an. In WOGE C nennen sich die Angehörigen selbst als wichtigsten Akteur. Die bürgerschaftlich Engagierten verweisen in WOGE A und WOGE B auf den Pflegedienst als wichtigsten Akteur. In WOGE C ist die Einschätzung uneinheitlich. Die Interviewten der Pflegedienste nennen in WOGE A die Gemeinschaft und in WOGE B sich selbst als ausschlaggebende Akteure. In WOGE C ist das Bild wiederum uneinheitlich. Dies offenbart, dass in Bezug auf die Einschätzung der Bedeutung der mitwirkenden Akteure, WOGE C eine Sonderposition einnimmt. Dort wird nicht nur gesamthaft, sondern auch durch die einzelnen Akteursgruppen und sogar durch die Pflegedienstvertreterinnen und -vertreter selbst die Bedeutung der Pflegedienste deutlich niedriger bewertet als in WOGE A und WOGE B.

Zusammenfassend lässt sich feststellen, dass die Ergebnisse zur Einschätzung der Relevanz der beteiligten Akteure zumindest teilweise in Einklang mit Gründungsimpuls, Tradition, Kultur und Philosophie der jeweiligen ambulant betreuten Wohngemeinschaft stehen. So wird in der durch einen Pflegedienst gegründeten und maßgeblich geprägten WOGE B, über alle Akteursgruppen hinweg, der Pflegedienst als wichtigste Akteursgruppe betrachtet. In der von Angehörigen initiierten WOGE C nehmen die Angehörigen bzw. die Gemeinschaft aller Akteure die herausragende Position ein. Lediglich WOGE A, die von bürgerschaftlich Engagierten gegründet wurde, durchbricht dieses Muster. Hier wird nicht die Gründungsgruppe, sondern der Pflegedienst als wichtigster Akteur benannt.

Qualität der Zusammenarbeit

In einem weiteren Fragenkomplex wurde die Zusammenarbeit der unterschiedlichen Akteure in den ambulant betreuten Wohngemeinschaften in den Mittelpunkt gerückt. Auf die Frage, wie denn die Zusammenarbeit in der ambulant betreuten Wohngemeinschaft beurteilt wurde, ergab sich über alle ambulant betreuten Wohngemeinschaften und Akteursgruppen hinweg eine insgesamt weitgehend positive Einschätzung.

Im Vergleich der untersuchten ambulant betreuten Wohngemeinschaften zeigt sich allerdings eine graduelle Abstufung der positiven Beurteilung von WOGE A über WOGE B nach WOGE C. In WOGE A wird die Zusammenarbeit als sehr gut bzw. erstaunlich gut bewertet: „die Zusammenarbeit läuft sehr gut" (1, 114) bzw. „die Zusammenarbeit funktioniert eigentlich erstaunlich gut" (7, 108). Ein ähnliches Bild ergibt sich für WOGE B, wobei hier vereinzelt persönlichkeitsbedingte Dissonanzen unter den Angehörigen beschrieben werden: „mit einigen Angehörigen ist es etwas schwierig" (13, 59-60) bzw. „ich denke mal es läuft gut […] es sind immer welche dabei, die ein bisschen quer schießen oder die […] Quertreiber sind" (14, 45-47). Darüber hinaus werden Spannungen mit dem Pflegedienst angedeutet: „Probleme treten schon mal auf zwischen Angehörigen und Pflegedienst […], dass also Begleitkräfte Dinge, die festgelegt wurden, nicht so umsetzen" (10, 175-176). Ebenfalls überwiegend positiv wird die Zusammenarbeit in WOGE C beurteilt, wenngleich mit deutlicheren Einschränkungen. So berichtet eine Angehörige: „auch wenn es mal Ärger gibt, ist es gut, denn das reinigt die Luft" (19, 105-106). Vor allem bezüglich der Aushandlung von Zuständigkeiten kommt es in WOGE C scheinbar regelmäßig zu Konflikten: „wir haben immer mal wieder Auseinandersetzungen, […] weil die Vorstellungen der drei Säulen unterschiedlich sind" (19, 73-75).

Vergleicht man die Ergebnisse für die einzelnen Akteursgruppen über alle ambulant betreuten Wohngemeinschaften hinweg, fällt auf, dass die Interviewten aus den Reihen der Pflegedienste die Zusammenarbeit jeweils am positivsten beschreiben. Die interviewten Angehörigen tragen insbesondere in WOGE B und WOGE C die oben beschriebenen Defizite vor. Die Aussagen der bürgerschaftlich Engagierten aus WOGE B und WOGE C weisen darauf hin, dass diesen Personen die Beurteilung der Zusammenarbeit eher schwer fällt. Dies dürfte mit der im Vergleich mit WOGE A weniger zentralen Einbindung bürgerschaftlich Engagierter in WOGE B und WOGE C zusammenhängen. So führt eine bürgerschaftlich Engagierte aus: „Das kann ich nicht beurteilen. Ich kann nur sagen, dass ich keine Probleme habe und gut aufgenommen werde" (8, 65-66). Eine andere bürgerschaftlich Engagierte äußert: „Ich kann es noch nicht wirklich beurteilen. Es sind nur Sprengsel, die ich mitbekomme" (21, 88). Zusammenfassend lässt sich somit festhalten, dass die Zusammenarbeit von Pflegediensten, Angehörigen und bürgerschaftlich Engagierten von den Interviewpartnerinnen und -partnern überwiegend positiv beurteilt wird. Am positivsten fällt die Beurteilung der WOGE A aus, ebenfalls positiv aber mit kleinen Einschränkungen in WOGE B und WOGE C. Für die Abweichungen dürfen neben objektiv vorhandenen persönlichkeitsbedingten Disharmonien (WOGE B) und strukturellen Defiziten (WOGE C) vermutlich auch unterschiedliche Erwartungshaltungen von Pflegediensten, Angehörigen und bürgerschaftlich Engagierten an die Zusammenarbeit in den ambulant betreuten Wohngemeinschaften verantwortlich sein.

Quantität der Zusammenarbeit

Die Frage nach der Quantität der Kooperationsbeziehungen („Mit wem haben Sie am meisten zu tun?") wurde wie folgt ausgewertet: Zunächst wurden alle in den Interviews angesprochenen Kontakte identifiziert und der Einteilung in Akteursgruppen (Angehörige, Pflegedienste, bürgerschaftlich Engagierte) folgend summiert. Lautete die Auskunft in einem Interview „mit allen", wurde allen Akteursgruppen ein Kontakt zugerechnet. Da unterschiedlich viele Vertreterinnen und Vertreter der Akteursgruppen (Angehörige=9, bürgerschaftlich Engagierte=9, Pflegedienste=4) interviewt wurden, war ein Vergleich der absoluten Häufigkeiten nicht sinnvoll. Stattdessen wurde die Häufigkeit, mit der eine Akteursgruppe in den Interviews als Kooperationspartner genannt wurde, durch die Anzahl der Interviewten je Akteursgruppe dividiert. Auf diese Weise erhält man die relative Häufigkeit, mit der eine Akteursgruppe durch eine andere Akteursgruppe als Kooperationspartner angegeben wurde. Die nachfolgende grafische Auswertung (Abbildung 9) enthält die relativen Häufigkeiten, mit denen eine Akteursgruppe durch eine andere Akteursgruppe als Kooperationspartner genannt wurde sowie die relative Häufigkeit der wechselseitigen Nennung. Dies wird an einem Beispiel verdeutlicht: Die interviewten Angehörigen nennen mit einer relativen Häufigkeit von 0,66 den Pflegedienst als Kooperationspartner, die interviewten Pflegedienstvertreterinnen und -vertreter nennen mit einer relativen Häufigkeit von 0,50 Angehörige als Kooperationspartner. Die relative Häufigkeit der wechselseitigen Nennung liegt bei 0,58. Der Bezug einer Akteursgruppe zu sich selbst drückt aus, dass (und mit welcher relativen Häufigkeit) Interviewte der Akteursgruppe Vertretungen der gleichen Akteursgruppe als Kooperationspartner benannt wurden. Die als Kooperationspartner in den Interviews ebenfalls genannte Gruppe der Mieterinnen und Mieter wurde in der grafischen Darstellung nicht berücksichtigt, da keine Mieterin bzw. kein Mieter interviewt wurde und somit die Reziprozität der Netzwerkanalyse nicht gegeben gewesen wäre.

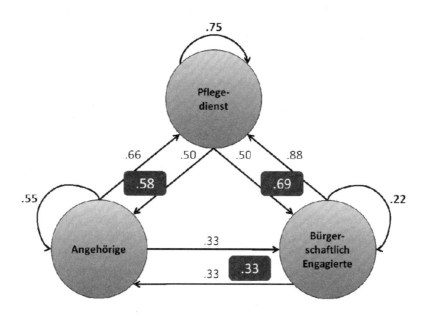

Abbildung 9: Interaktionsnetzwerk der drei beforschten
ambulant betreuten Wohngemeinschaften

Die erläuterte Auswertung der Quantität der Kooperationsbeziehungen fördert ein erstaunliches Ergebnis zutage: Über alle ambulant betreuten Wohngemeinschaften hinweg besteht die höchste Interaktionsdichte (relative Häufigkeit der wechselseitigen Nennung als Kooperationspartner) zwischen
Pflegediensten und bürgerschaftlich Engagierten (0,69), gefolgt von der Kooperation zwischen Pflegediensten und Angehörigen (0,58). Die geringste
Interaktionsdichte wurde zwischen der Gruppe der Angehörigen und der der
bürgerschaftlich Engagierten errechnet (0,33). Im Einzelnen werden die
Pflegedienste dabei stärker von den anderen beiden Akteursgruppen adressiert (0,88 für bürgerschaftlich Engagierte und 0,66 für Angehörige), als
dass sie aktiv auf diese beiden Gruppen zugehen (jeweils 0,5). Nennenswert
ist ebenfalls, dass die interne Interaktion innerhalb der Pflegedienste und

Angehörigen deutlich höher ausfällt (0,75 für Pflegedienste und 0,55 für Angehörige), als die der Gruppe der bürgerschaftlich Engagierten (0,22).

Daraus lässt sich schließen, dass in ambulant betreuten Wohngemeinschaften Pflegedienste, trotz der Auftraggeberfunktion der Angehörigen, eine sehr zentrale Rolle spielen. Sowohl die Einzelbetrachtung der drei ambulant betreuten Wohngemeinschaften als auch die Gesamtdarstellung (vgl. Abbildung 9) belegen, dass in den untersuchten drei ambulant betreuten Wohngemeinschaften der Pflegedienst den Hauptansprechpartner für die bürgerschaftlich Engagierten darstellt. Dies hängt vermutlich damit zusammen, dass den Pflegediensten über ihre Alltagsbegleitungsfunktion die Hoheit über die Alltagsorganisation zufällt, in welche typischerweise die bürgerschaftlich Engagierten mit ihren Aktivitäten eingebunden werden müssen.

Auf die Nachfrage, mit welchem Personenkreis bzw. welcher Akteursgruppe besonders gerne zusammengearbeitet wird, beteuern alle Interviewten über alle untersuchten ambulant betreuten Wohngemeinschaften und Akteursgruppen hinweg, dass diesbezüglich keine generellen Präferenzen vorherrschen und die Zusammenarbeit mit allen beteiligten Akteursgruppen als gleichermaßen gut zu bewerten ist. Vereinzelte Sondernennungen werden mit individuellen Vorlieben oder Vertrautheiten mit Personen oder Tätigkeiten begründet.

Die Ursachen für die gute akteursgruppen- bzw. sektorenübergreifende Kooperation werden teilweise unterschiedlich gesehen. In den Interviews mit den Vertreterinnen und Vertretern der Pflegedienste dominiert die Sichtweise, dass die gute Zusammenarbeit auf dem von allen Akteursgruppen geteilten Grundverständnis von Funktion und Zweck der ambulant betreuten Wohngemeinschaft gründet. Eine Mitarbeiterin eines Pflegedienstes beschreibt das so: „Ich finde alle wichtig und lege Wert auf eine gute Zusammenarbeit. Das macht es auch aus, dass sich alle eingebunden fühlen und am gleichen Strang ziehen" (2, 61-63). Für die befragten bürgerschaftlich Engagierten in den drei untersuchten ambulant betreuten Wohngemeinschaften spielt dieses gemeinsame Grundverständnis keine explizite Rolle. Sie nennen vornehmlich persönliche Beziehungsaspekte, die ein positives Arbeitsklima ermöglichen. So berichtet eine bürgerschaftlich Engagierte über die Zusammenarbeit mit einer bestimmten Mitarbeiterin des Pflegedienstes: „da klappt es am besten mit den Terminen" (8, 67). Ein geteiltes Bild ergibt sich, wenn man die Antworten der Gruppe der Angehörigen betrachtet. Sie nehmen einerseits auf das gemeinsame Grundverständnis sowie auf harmonische Arbeits- und Teambeziehungen Bezug, verweisen aber andererseits auch auf persönliche Dispositionen und auf effiziente Konfliktlösungs- und Abstimmungsmechanismen als Grundlage guter, sektorenübergreifender Kooperation. Systematische Unterschiede zwischen den untersuchten ambulant betreuten Wohngemeinschaften in der Einschätzung der Ursachen guter Kooperationen sind nicht festzustellen.

Zusammenfassend lässt sich feststellen, dass im Hinblick auf die Quantität akteursgruppen- bzw. sektorenübergreifender Kooperationsbeziehungen, den Pflegediensten in den untersuchten ambulant betreuten Wohngemeinschaften eine zentrale Rolle zukommt. Dies hat offensichtlich weniger mit individuellen Vorlieben bzw. einer besonderen Qualität der Kooperationen zu tun, sondern resultiert vielmehr aus deren funktionaler Bedeutung für den Alltagsbetrieb der ambulant betreuten Wohngemeinschaften. Das Gelingen sektorenübergreifender Kooperationen ist in der Sicht der Interviewpartnerinnen und -partner insbesondere vom Vorhandensein eines gemeinsamen Grundverständnisses bezüglich Zweck und Funktion der ambulant betreuten Wohngemeinschaft abhängig.

7.4.2 Auswahlprozesse der bürgerschaftlich Engagierten

Auswahl der bürgerschaftlich Engagierten
Um das Zusammenwirken der verschiedenen Akteursgruppen in ambulant betreuten Wohngemeinschaften besser zu verstehen, wurden die Interviewpartnerinnen und -partner danach befragt, wer in der ambulant betreuten Wohngemeinschaft über die Auswahl bzw. Aufnahme bürgerschaftlich Engagierter entscheide und nach welchen Kriterien darüber entschieden werde.

Im Hinblick auf die Entscheidungskompetenz offenbaren die Interviews deutliche Unterschiede zwischen den untersuchten ambulant betreuten Wohngemeinschaften.

In WOGE A obliegt die Auswahl bürgerschaftlich Engagierter dem Verein bzw. speziell einer bzw. einem für diesen Aufgabenbereich vorgesehenen Delegierten. Diese bzw. dieser fungiert als Ansprechpartnerin bzw.

als Ansprechpartner, lädt zu Informationsveranstaltungen und Treffen ein, wird aber auch von Interessierten angesprochen. Eine Auswahl in dem Sinne, dass Interessierte auch abgelehnt bzw. zurückgewiesen werden, erfolgt nicht. Vielmehr werden Engagementwillige durch Gespräche, Treffen oder Probetage schrittweise an die Aufgaben herangeführt. Erstaunlicherweise sind Angehörige in WOGE A kaum in den Prozess eingebunden. Eine Angehörige wirkt aber im Vorstand des Vereins mit, worüber der Einbezug der Angehörigen in die Engagiertenauswahl letztlich formal gewährleistet ist. WOGE A hat auf diese Weise 26 bürgerschaftlich engagierte Personen gewinnen können, was vor allem auf das aktive Zugehen und die offenen Zugangswege zurückgeführt wird. Von den 26 bürgerschaftlich Engagierten in WOGE A sind zwölf zugleich im Verein aktiv, der insgesamt 32 Mitglieder umfasst.

In WOGE B ist der Pflegedienst für die Auswahl der bürgerschaftlich Engagierten zuständig. Der Prozess gestaltet sich in der Regel so, dass bekannte und erfahrene Personen vom Pflegedienst angesprochen werden. Dies mündet nach einer Rückkoppelung mit den Angehörigen meist in ein bürgerschaftliches Engagement. In WOGE B sind zum Erhebungszeitpunkt insgesamt fünf Personen bürgerschaftlich engagiert und erhalten eine Aufwandsentschädigung in Höhe von fünf Euro pro Stunde.

In WOGE C wird der Prozess der Auswahl bürgerschaftlich Engagierter von den Interviewpartnerinnen und -partnern zum Teil recht unterschiedlich beschrieben. Der Mehrheitsmeinung folgend dürfte er sich so darstellen, dass Ansprache, Einladung und Vorschlag über den Verein erfolgen. Dieser Vorschlag muss vor Realisierung mit der Angehörigensprecherin bzw. dem Angehörigensprecher rückgekoppelt werden, womit die Letztentscheidung (so sieht dies die Pflegedienstvertretung) bei den Angehörigen liegt. Wer diese Entscheidungsfunktion konkret ausübt – genannt werden Angehörigensprecherin bzw. Angehörigensprecher, aber auch Arbeitskreis- und Drei-Säulen-Treffen – konnte nicht abschließend geklärt werden. Zudem scheint es in der Praxis auch möglich zu sein, dass am Verein vorbei, neue bürgerschaftlich Engagierte durch die Angehörigensprecherin bzw. den Angehörigensprecher kontaktiert werden. Der Pflegedienst schließlich sieht sich auch selbst involviert und sagt: „die Freiwilligen werden von den Angehörigen im Zusammenhang mit mir und den anderen Mitarbeitern ausgewählt" (17,

133-134). Diese Variante findet in den anderen Interviews keine Erwähnung. Zum Erhebungszeitpunkt fanden auf diese Weise zehn bürgerschaftlich Engagierte ihren Weg in die WOGE C. Der Verein verfügt über 30 Mitglieder, von denen aber lediglich ein Mitglied zugleich bürgerschaftlich in der WOGE C tätig ist.

Zusammenfassend bringen diese Ergebnisse zum Ausdruck, dass die Entscheidungskompetenz über die Aufnahme bürgerschaftlich Engagierter in den untersuchten ambulant betreuten Wohngemeinschaften bei den jeweiligen Initiatorinnen und Initiatoren angesiedelt ist: in WOGE A beim Verein, in WOGE B beim Pflegedienst und in WOGE C bei den Angehörigen. Die hohe Anzahl bürgerschaftlich Engagierter in WOGE A ist offensichtlich auf den hohen Bekanntheitsgrad, die Offenheit und die aktive Ansprache zurückzuführen. Dass WOGE C demgegenüber nur ein Drittel der bürgerschaftlich Engagierten aufweist, dürfte mit den teilweise unklaren und komplizierten Entscheidungsstrukturen bezüglich der Aufnahme bürgerschaftlich Engagierter zusammenhängen.

Auswahlkriterien

Bezüglich der Frage, nach welchen Kriterien bürgerschaftlich Engagierte ausgewählt werden, zeigen die Interviews, dass in keiner der untersuchten ambulant betreuten Wohngemeinschaften ein expliziter Kriterienkatalog vorhanden ist bzw. angelegt wird. Im Verbund mit dem Ergebnis, dass in keiner der drei ambulant betreuten Wohngemeinschaften eine Auswahl im engeren Sinne erfolgt, ist dies konsequent und wird von den Interviewten auch nicht als problematisch erachtet. Eine interviewte Person beschreibt das so: „Sie müssen keine bestimmten Kriterien erfüllen. Wer zuerst mal Lust hat, da schaut man einfach" (19, 224-225). Gleichwohl lässt sich den Interviews auch entnehmen, dass Erfahrung und Vertrautheit mit dem Krankheitsbild wertgeschätzt werden. Ferner wird auf die Ernsthaftigkeit des Interesses und auf Kontinuität des bürgerschaftlichen Engagements geachtet. Dies gilt für alle drei ambulant betreuten Wohngemeinschaften in gleichem Maße.

Unterschiede zwischen den beforschten ambulant betreuten Wohngemeinschaften bestehen darin, dass in WOGE A systematisch eine Hospitationsphase erfolgt, nach deren Abschluss unter Einbezug aller Beteiligten ein Fazit gezogen und das bürgerschaftliche Engagement zielgerichtet integriert wird. Eine Abweisung einer engagementwilligen Person ist allerdings bislang noch nicht erfolgt. In WOGE B gibt es keinen derartigen Hospitationsprozess. Die Aufnahmeentscheidung liegt beim Pflegedienst, der, über die genannten Kriterien hinaus, auf Lebensalter, Reife und Einfühlungsvermögen Wert legt. Die Pflegedienstleiterin beschreibt dies wie folgt: „Es müssten schon etwas ältere, gestandene Leute sein, wo wir auch etwas davon haben, die nicht gleich wieder weg gehen" (9, 124-126). Über die genannten Gemeinsamkeiten hinaus wird bei WOGE C angeführt: „es braucht eine gewisse Grundschwingung" (20, 148). Auch hier wurde allerdings noch niemand abgewiesen, der sich bürgerschaftlich engagieren wollte.

Zusammenfassend lässt sich festhalten, dass bei der Auswahl bzw. Aufnahme bürgerschaftlich Engagierter in keiner der drei untersuchten ambulant betreuten Wohngemeinschaften explizite Kriterien angelegt werden. Implizit wird überall auf Erfahrung, Seriosität und Kontinuität geachtet. Ein Einfluss unterschiedlicher Zentralwerte der Akteursgruppen bzw. Sektoren im Rahmen von Auswahl- bzw. Aufnahmeentscheidungen ist somit nicht feststellbar.

7.4.3 Anbindungsstrukturen und Abstimmungsprozesse bürgerschaftlichen Engagements

Die Frage nach den Anbindungsstrukturen und Abstimmungsprozessen bürgerschaftlichen Engagements leitet sich von der Annahme ab, dass das Zusammenwirken von Akteuren unterschiedlicher Sektoren, im Rahmen der wohlfahrtspluralistischen Produktion ambulant betreuter Wohngemeinschaften, geeigneter institutioneller Arrangements (Strukturen und Prozesse) bedarf, um die unterschiedlichen Zentralwerte, Funktionslogiken und Systemimperative zu überbrücken.

Anbindungsstrukturen
Unter Anbindungsstrukturen sollen im Folgenden institutionalisierte, strukturelle Arrangements verstanden werden (z.B. Gremien, Ausschüsse, regelmäßige Treffen, Sitzungen, Meetings etc.), die eine Plattform für die Abstimmung und den Ausgleich unterschiedlicher Zentralwerte, Funk-

tionslogiken und Systemimperative bieten. Vor diesem Hintergrund waren die Interviewpartnerinnen und -partner gebeten worden, die in den jeweiligen ambulant betreuten Wohngemeinschaften existenten Anbindungsstrukturen Angehöriger und bürgerschaftlich Engagierter zu benennen und zu erläutern.

Zur Auswertung wurden zunächst alle genannten Anbindungsstrukturen zusammengetragen. In einem zweiten Schritt wurden diese entsprechend der Akteure bzw. Akteursgruppen, die sie verbinden, geclustert. Da die institutionellen Arrangements variieren, wurde die Auswertung für alle untersuchten ambulant betreuten Wohngemeinschaften getrennt durchgeführt. Die in den ambulant betreuten Wohngemeinschaften vorgefundenen Anbindungsstrukturen Angehöriger und bürgerschaftlich Engagierter sind in Tabelle 34 im Überblick geclustert und nach den durch sie verbundenen Akteuren bzw. Akteursgruppen dargestellt. Zur besseren Vergleichbarkeit sind die Befunde für die drei untersuchten ambulant betreuten Wohngemeinschaften nebeneinander in den Spalten der Tabelle abgebildet.

WOGE A	WOGE B	WOGE C
	Angehörige – INTERN	
Regelmäßiges Treffen (6-wöchentlich)	Regelmäßiges Treffen (12-wöchentlich mit Moderatorin)	Regelmäßiges Treffen (4-wöchentlich)
Abstimmung bei Bedarf (zusätzlich)		
	Angehörige UND Verein	
Repräsentation über ein Vorstandsmitglied		Angehörigensprecher ist Vereinsmitglied (jährliche Mitgliederversammlung)
	Bürgerschaftlich Engagierte – INTERN	
BE-WOGE-Treffen: Treffen aller in der WOGE tätigen bürgerschaftlich Engagierten (quartalsweise)	Ehrenamtstreffen: Treffen aller in der WOGE tätigen bürgerschaftlich Engagierten mit Sozialpädagogin des Pflegedienstes (monatlich)	BE-Treffen: Treffen aller in der WOGE tätigen bürgerschaftlich Engagierten (jährlich)
WOGE-Forum: Treffen aller bürgerschaftlich Engagierten aus Verein und WOGE (quartalsweise)		
Abstimmung der drei bürgerschaftlich tätigen Vorstandsfrauen (bei Bedarf bzw. zusätzlich)		
	Bürgerschaftlich Engagierte UND Verein	
Mitgliederversammlung: Treffen der bürgerschaftlich Engagierten, die zugleich Vereinsmitglieder sind und alle Fördermitglieder (jährlich)		Vorstandssitzungen: einzelne bürgerschaftlich Engagierte werden zu Vorstandssitzungen eingeladen (fallweise)
	Angehörige UND bürgerschaftlich Engagierte UND Verein UND Pflegedienst	
„Zwischenhalt": Treffen aller Akteure (jährlich)		Dreier-Treffen: Treffen von Vertretungen der drei Säulen (6-wöchentlich)
		Drei-Säulen-Treffen: Treffen aller Akteure ohne in WOGE tätigen bürgerschaftlich Engagierten (quartalsweise)

Tabelle 34: Anbindungsformen Angehöriger und bürgerschaftlich Engagierter

Die Ergebnisse zeigen, dass in allen drei ambulant betreuten Wohngemeinschaften regelmäßige Treffen der Angehörigen („Angehörigengremium") institutionalisiert sind. Unterschiede bestehen lediglich im zeitlichen Rhythmus (WOGE C: monatlich, WOGE A: sechswöchentlich, WOGE B: zwölfwöchentlich). Dieser gibt Aufschluss über Form und Intensität, in der die Arbeitgeberfunktion durch das jeweilige Angehörigengremium wahrgenommen wird. Ein weiterer Unterschied besteht darin, dass in WOGE B die Treffen von einer externen Moderatorin geleitet werden.

Die Anbindung der Angehörigen an den Verein betrifft nur WOGE A und WOGE C, da in WOGE B kein Verein vorhanden ist. In WOGE A sind die Angehörigen durch ein Mitglied im Vorstand des Vereins repräsentiert. In WOGE C nimmt der Angehörigensprecher als Vereinsmitglied an den jährlichen Mitgliederversammlungen teil. Dies offenbart erstaunlicherweise eine höhere institutionelle Einflussmöglichkeit der Angehörigen in der von bürgerschaftlich Engagierten initiierten WOGE A als in der von Angehörigen initiierten WOGE C.

Ebenfalls in allen drei untersuchten ambulant betreuten Wohngemeinschaften sind regelmäßige Treffen der in den ambulant betreuten Wohngemeinschaften tätigen bürgerschaftlich Engagierten institutionalisiert. Unterschiede bestehen wiederum im zeitlichen Rhythmus. Die bürgerschaftlich Engagierten in WOGE B treffen sich monatlich mit der Sozialpädagogin des Pflegedienstes. Die Treffen in WOGE A finden quartalsweise statt, die Treffen in WOGE C jährlich. In WOGE A findet darüber hinaus einmal im Quartal ein Treffen der in der ambulant betreuten Wohngemeinschaft und der im Verein tätigen bürgerschaftlich Engagierten, das sogenannte WOGE-Forum, statt. Ferner erfolgt eine bedarfsweise Abstimmung der drei bürgerschaftlich engagierten Vorstandsfrauen des Vereins.

Die Anbindung der bürgerschaftlich Engagierten an den Verein betrifft wiederum nur WOGE A und WOGE C, da in WOGE B kein Verein vorhanden ist. Sie erfolgt in WOGE A über die jährliche Mitgliederversammlung, an der auch die bürgerschaftlich Engagierten, die Vereinsmitglieder sind, teilnehmen. Während in WOGE A viele der bürgerschaftlich Engagierten zugleich Vereinsmitglieder sind und hierüber Einfluss ausüben, wirken in WOGE C fast keine operativ tätigen bürgerschaftlich Engagierten im Verein mit. Der Vorstand des Vereins lädt stattdessen einzelne bürgerschaftlich Engagierte fallweise zu Vorstandssitzungen ein. In WOGE A existieren vielschichtige Anbindungsstrukturen. Sie werden gelebt und geschätzt. Sie betreffen nicht nur die Integration der operativ tätigen bürgerschaftlich Engagierten untereinander, sondern auch deren Vernetzung mit den anderen beteiligten Gruppen. Die Integration der bürgerschaftlich Engagierten in den Verein funktioniert deshalb besonders gut, weil eine hohe Überlappung von bürgerschaftlicher Aktivität und Vereinsmitgliedschaft gegeben ist.

In WOGE A und WOGE C ist darüber hinaus eine, für alle in der ambulant betreuten Wohngemeinschaft tätigen Akteure bzw. Akteursgruppen (Angehörige, Verein, Pflegedienst, bürgerschaftlich Engagierte), umfassende Abstimmung institutionell geregelt. In WOGE A findet einmal jährlich ein Treffen aller involvierten Akteure statt. Es trägt den Titel „Zwischenhalt" und wird von mehreren Interviewten als besonders wertvoll eingeschätzt. In WOGE C finden im Sechs-Wochen-Rhythmus Treffen von Vertreterinnen bzw. Vertretern der drei Säulen (Angehörige, Verein, Pflegedienst) statt. Im Quartalsrhythmus treffen sich alle beteiligten Personen der drei Säulen. Bemerkenswert ist allerdings, dass die unmittelbar in der WOGE C tätigen bürgerschaftlich Engagierten hierzu nicht eingeladen sind. Nicht zuletzt wegen der Exklusion der operativ tätigen bürgerschaftlich Engagierten werden die vorhandenen Anbindungsstrukturen in WOGE C von mehreren Interviewten aber eher kritisch betrachtet.

Zusammenfassend lässt sich festhalten, dass in allen drei beforschten ambulant betreuten Wohngemeinschaften regelmäßige Treffen der Angehörigen untereinander sowie der bürgerschaftlich Engagierten untereinander institutionalisiert sind.

Die akteursgruppenübergreifende Verbindung der Angehörigen mit den bürgerschaftlich Engagierten sowie mit dem Verein und Pflegedienst erfolgt unterschiedlich systematisch und unterschiedlich intensiv. Sie ist in WOGE B kaum vorhanden. In WOGE C sind die akteursübergreifenden Integrationsmechanismen als unsystematisch und unvollständig zu bezeichnen. Die bürgerschaftlich Engagierten zerfallen in WOGE C quasi in zwei Gruppen: die operativ in der WOGE C tätigen bürgerschaftlich Engagierten einerseits und die im Verein aktiven andererseits. Insbesondere die operativ Tätigen werden kaum integriert, weder untereinander, noch mit anderen Akteuren bzw. Akteursgruppen (Verein, Angehörige, Pflegedienst). Als Gründe hierfür klingen in den Interviews organisatorische Defizite sowie ein allzu starres Säulen-Denken an. Die mangelnde Einbindung mag aber darüber hinaus auch etwas über die Wertschätzung dieses Personenkreises zum Ausdruck bringen.

Abstimmungsprozesse

Über die strukturelle Anbindung der bürgerschaftlich Engagierten durch entsprechende Gremien und Treffen hinaus, sind in jeder der drei untersuchten ambulant betreuten Wohngemeinschaft Abstimmungsprozesse etabliert, die eine konkrete Koordination der Tätigkeiten von Angehörigen und bürgerschaftlich Engagierten ermöglichen sollen.

Die diesbezüglich im Rahmen der Interviews erhaltenen Informationen werden im Folgenden unterschieden nach unmittelbaren, operativen Tätigkeiten in der ambulant betreuten Wohngemeinschaft und übergreifenden, konzeptionellen Tätigkeiten für die ambulant betreute Wohngemeinschaft sowie unterteilt nach Angehörigen und bürgerschaftlich Engagierten (vgl. 7.3.2).

Unmittelbare, operative Tätigkeiten von Angehörigen sind in WOGE A teilweise dienstplanrelevant. Das heißt, dass Angehörige Aufgaben übernehmen, die andernfalls die Alltagsbegleiterinnen und -begleiter wahrnehmen müssten. Angehörige sind zum dienstplanrelevanten Engagement im Umfang von 20 Stunden pro Monat verpflichtet. Diese dienstplanrelevanten Angehörigeneinsätze werden im Dienstplan erfasst. Zuständig dafür ist eine Vertretung des Vereins. Die Planung erfolgt in Absprache mit dem Pflegedienst. Angehörigenengagement außerhalb des Dienstplans (z.B. Besuche, Kuchen backen) wird individuell unterschiedlich koordiniert. Teilweise tragen sich die Angehörigen in den Freiwilligenkalender ein, teilweise nicht. In WOGE B und in WOGE C wird Angehörigenengagement ausschließlich außerhalb des Dienstplans erbracht. Es wird in beiden ambulant betreuten Wohngemeinschaften nicht (systematisch) abgestimmt bzw. koordiniert, sondern obliegt dem Ermessen der einzelnen Angehörigen. In WOGE B stimmen sich die involvierten Personen im Einzelfall ab, wenn Mieterinnen oder Mieter von Angehörigen und bürgerschaftlich Engagierten zugleich betreut werden.

Übergreifende, konzeptionelle Tätigkeiten von Angehörigen für die ambulant betreute Wohngemeinschaft betreffen primär die Funktion der Angehörigenvertretung. In allen der drei untersuchten ambulant betreuten Wohngemeinschaften ist eine Angehörigensprecherin bzw. ein Angehörigensprecher aktiv, die bzw. der von den Angehörigen der Mieterinnen und Mieter bestimmt wird. Sie bzw. er koordiniert die Angehörigeninteressen mit dem Pflegedienst, dem Verein (nur WOGE A und WOGE C) und der Moderatorin (nur WOGE B) und stimmt ihre bzw. seine Tätigkeit fallweise mit den involvierten Akteuren ab.

Unmittelbare, operative Tätigkeiten bürgerschaftlich Engagierter finden in allen drei beforschten ambulant betreuten Wohngemeinschaften statt. Regelmäßige Aktivitäten (z.B. gemeinsames Singen, Spaziergänge) werden in WOGE A vorab in den sogenannten Freiwilligenkalender eingetragen: „Die Freiwilligen organisieren das eigentlich selbst" (7, 396). In WOGE B werden sie mit Vertreterinnen und Vertretern des Pflegedienstes fallweise abgestimmt und in WOGE C mit der Hauswirtschaftsleitung des Pflegedienstes und bzw. oder den Angehörigen abgestimmt und in den sogenannten WOGE-Kalender eingetragen. Sporadische Aktivitäten bürgerschaftlich Engagierter (z.B. Bügeln) werden in WOGE A aus Effizienzgründen unmittelbar mit den Alltagsbegleiterinnen und -begleitern des Pflegedienstes abgesprochen. In WOGE B sind derlei Aktivitäten nicht vorhanden. In WOGE C werden sie, wie die regelmäßigen Aktivitäten, abgestimmt und in den WOGE-Kalender eingetragen.

Übergreifende, konzeptionelle Tätigkeiten bürgerschaftlich Engagierter für die ambulant betreute Wohngemeinschaft betreffen in WOGE A und WOGE C primär die Vereinsarbeit. Sie werden fallweise persönlich zwischen den Beteiligten bzw. im Rahmen der entsprechenden Vereinsgremien, in WOGE C überdies im „Drei-Säulen-Treffen" und im „Dreier-Treffen", abgestimmt. Übergreifende, konzeptionelle Tätigkeiten durch bürgerschaftlich Engagierte für die WOGE B werden ausschließlich im Rahmen der Moderation erbracht. Die Moderatorin koordiniert ihre Einsätze mit den Angehörigen und fallweise mit dem Pflegedienst.

Zusammenfassend lässt sich festhalten, dass die Tätigkeiten bürgerschaftlich Engagierter in den untersuchten ambulant betreuten Wohngemeinschaften stärker abgestimmt und koordiniert werden als die von Angehörigen. Systematische Abstimmungsprozesse von Angehörigenengagement sind lediglich in WOGE A aufgrund der dortigen Dienstplanrelevanz feststellbar. Die Abstimmung der Aufgaben bürgerschaftlich Engagierter erfolgt in den drei ambulant betreuten Wohngemeinschaften recht unterschiedlich, wobei auffällt, dass in WOGE B und WOGE C Pflegedienste und Angehörige stärker in die Abstimmung involviert sind als in WOGE A, wo die Koordination vornehmlich zwischen den bürgerschaftlich Engagierten erfolgt.

In einer Gesamtbetrachtung zeigt sich, dass die einem zivilgesellschaftlichen Leitbild folgende WOGE A die dichtesten und vielschichtigsten Anbindungsstrukturen und Abstimmungsprozesse aufweist. Dies erscheint vor dem Hintergrund des massiven bürgerschaftlichen Engagements (26 bürgerschaftlich Engagierte) sinnvoll und notwendig. Sowohl die Zahlen als auch die Aussagen in den Interviews weisen darauf hin, dass die etablierten Strukturen und Prozesse funktionieren und nicht durch übermäßige Komplexität und Bürokratie das bürgerschaftliche Engagement hemmen. Die von einem Pflegedienst initiierte WOGE B weist deutlich einfachere Anbindungsstrukturen und Abstimmungsprozesse auf. Bürgerschaftliches Engagement ist hier allerdings auch weitaus weniger stark und vielfältig ausgeprägt (sechs bürgerschaftlich Engagierte), so dass davon ausgegangen werden kann, dass die vorhandenen Strukturen den funktionalen Erfordernissen gerecht werden. In der von Angehörigen initiierten WOGE C werden in den Interviews sowohl in Bezug auf Strukturen als auch Prozesse Defizite moniert. Sie reichen von der unklaren Abspracheregelung bzw. der fehlenden inhaltlichen Abstimmung der operativen Tätigkeiten von bürgerschaftlich Engagierten in der WOGE C bis hin zu Nichtberücksichtigung dieser Personengruppe in den entsprechenden Gremien. Es ist zu vermuten, dass diese organisatorischen Ungereimtheiten eine stärkere Integration bürgerschaftlich Engagierter in die ambulant betreute Wohngemeinschaft erschweren. Derzeit sind rund zehn Personen dort bürgerschaftlich tätig.

7.4.4 Bewertung von Ansätzen

Um mögliche Divergenzen in der Einschätzung bürgerschaftlichen Engagements durch die in der ambulant betreuten Wohngemeinschaft kooperierenden Akteure aus den unterschiedlichen Sektoren – mit unterschiedlichen Zentralwerten, Funktionslogiken und Systemimperativen – aufzudecken, wurde in den Interviews nach einer generellen Bewertung sowie nach besonderes bewährten Ansätzen, aber auch Verbesserungspotenzialen, bürgerschaftlichen Engagements gefragt.

Bewertung des bürgerschaftlichen Engagements
Zur Auswertung der Antworten auf die Frage nach der Bewertung bürgerschaftlichen Engagements wurden die Interviewaussagen wieder, gemäß der in 5.2.3.3 aufgezeigten Methode, inhaltsanalytisch zu Kategorien zusammengefasst. Die angesprochenen Kategorien betreffen die Einschätzung, dass (a) bürgerschaftliches Engagement eine Bereicherung für die Mieterinnen und Mieter darstellt, (b) die hauptamtlichen Akteure entlastet, (c) für die ambulant betreute Wohngemeinschaft von existenzieller Bedeutung ist und (d) sich durch Offenheit auszeichnet bzw. zu Offenheit führt.

Über alle ambulant betreuten Wohngemeinschaften und Akteursgruppen hinweg, wird bürgerschaftliches Engagement primär in Bezug auf (a) Bereicherung sowie (b) Entlastung für wichtig erachtet. Die (a) Bereicherung betreffend wird argumentiert, dass ohne bürgerschaftliches Engagement viele Angebote finanziell nicht darstellbar wären. Eine Interviewpartnerin äußert: „Das wäre sonst, wenn alles bezahlt werden müsste, in diesem Umfang nicht möglich" (17, 160-161). Im Hinblick auf (b) Entlastung heißt es: „Es ist eine große Entlastung, wenn da noch jemand ist, der Zeit für die Menschen hat. Dann hat der Pflegedienst auch Zeit für Menschen, wo gerade keiner ist, Zeit für eine Massage, für ein Gespräch, für das, was gerade gebraucht wird" (18, 143-145).

Vergleicht man die Einschätzung der Interviewtengruppen untereinander, so zeigt sich, dass der Aspekt (a) Bereicherung von allen Gruppen gleichermaßen erwähnt wird. Der Aspekt (b) Entlastung wird insbesondere von den interviewten Personen des Pflegedienstes angesprochen. Angehörige adressieren ihn kaum.

Im Vergleich der untersuchten ambulant betreuten Wohngemeinschaften fällt auf, dass auch hier Einigkeit über den Punkt (a) Bereicherung besteht. Während in WOGE B der Aspekt (b) Entlastung im Vordergrund steht, spielt er in WOGE A und WOGE C allerdings nur eine untergeordnete Rolle. In WOGE A wird bürgerschaftliches Engagement darüber hinausgehend als (c) existenziell beurteilt: „Ich denke, ohne dieses Engagement wäre die WOGE nicht in der Art zu halten, das muss man klar sehen" (3, 187-188). Ferner wird hier (d) die Offenheit des bürgerschaftlichen Engagements bzw. durch bürgerschaftliches Engagement besonders geschätzt. Dies gilt sowohl mit Blick auf die Inhalte als auch in Bezug auf die vielen engagementwilligen Personen.

Zusammenfassend lässt sich feststellen, dass dem bürgerschaftlichen Engagement Bedeutung primär in Bezug auf die Bereicherung des Lebens in der ambulant betreuten Wohngemeinschaft sowie in Bezug auf die Entlastung der übrigen in der Wohngemeinschaft mitwirkenden Akteure zugeschrieben wird. Diese Bewertung variiert zwischen den Akteursgruppen und ambulant betreuten Wohngemeinschaften nur geringfügig. Insbesondere die Pflegedienste schätzen den Entlastungsbeitrag als vorrangig ein.

Bewährte Ansätze

Auf die Frage nach besonders bewährten Ansätzen im Bereich bürgerschaftlichen Engagements in den ambulant betreuten Wohngemeinschaften wurden von den Interviewpartnerinnen und -partnern teilweise inhaltliche Aspekte, teilweise aber auch Rahmenbedingungen vorgetragen.

Zur Auswertung wurden die in den Interviews angesprochenen Ansätze, wiederum analog der in Punkt 5.2.3.2 beschriebenen Methodik, kategorisiert. Tabelle 35 gibt die von den Interviewpartnerinnen und -partnern als bewährt beurteilten Ansätze auf dem Niveau der gebildeten Kategorien samt Häufigkeit ihrer Erwähnung wieder. In den Zellen der Tabelle finden sich die Kategorien, die von den Akteursgruppen (Zeilen) in den ambulant betreuten Wohngemeinschaften (Spalten) genannt wurden, mit Häufigkeiten (Klammer). In den Summenzeilen bzw. -spalten sind die Ergebnisse für die Akteursgruppen bzw. ambulant betreuten Wohngemeinschaften insgesamt aufsummiert.

	WOGE A	WOGE B	WOGE C	Gesamt
Angehörige	Einzelbetreuung (1) Kontaktdichte (1) Vielfalt (1)	Kontaktdichte (2) Vielfalt (2) Entlastung (1)	Organisation (3) Einzelbetreuung (1) Vielfalt (1)	Vielfalt (4) Organisation (3) Kontaktdichte (3) Einzelbetreuung (2) Entlastung (1)
Bürger-schaftlich Engagierte	Einzelbetreuung (2) Organisation (2) Vielfalt (1)	Vielfalt (2) Einzelbetreuung (1)	Kontaktdichte (2) Organisation (1) Vielfalt (1)	Vielfalt (4) Einzelbetreuung (3) Organisation (3) Kontaktdichte (2)
Pflege-dienste	Einzelbetreuung (1)	Einzelbetreuung (1)	Einzelbetreuung (1) Entlastung (1)	Einzelbetreuung (3) Entlastung (1)
Gesamt	Einzelbetreuung (4) Organisation (2) Vielfalt (2) Kontaktdichte (1)	Vielfalt (4) Einzelbetreuung (2) Kontaktdichte (2) Entlastung (1)	Organisation (4) Einzelbetreuung (2) Kontaktdichte (2) Vielfalt (2) Entlastung (1)	Einzelbetreuung (8) Vielfalt (8) Organisation (6) Kontaktdichte (5) Entlastung (2)

Tabelle 35: Bewährte Ansätze bürgerschaftlichen Engagements

Die Ergebnisse zeigen, dass über alle ambulant betreuten Wohngemein-schaften und Akteursgruppen hinweg, inhaltlich insbesondere die Einrich-tung von Einzelbetreuungen sowie die Vielfalt an Angeboten durch bürger-schaftliches Engagement als bewährte Ansätze betrachtet werden. „Das Beste ist die Vielschichtigkeit" (20, 125), führt eine Interviewpartnerin aus. In Bezug auf die Rahmenbedingungen beschreiben die Interviewpartnerin-nen und -partner, dass sich eine stabile Organisation im Hinblick auf die Nachhaltigkeit bürgerschaftlichen Engagements bewährt. „Gute Ansätze und das bürgerschaftliche Engagement brauchen einen festen Rahmen. Die ehrenamtliche Mitarbeit muss ein Stück organisiert sein" (19, 189-190). Auch hohe Kontaktdichte von Angehörigen und bürgerschaftlich Engagier-ten mit Mieterinnen und Mietern sowie der Angehörigen und bürgerschaft-lich Engagierten untereinander wird mehrfach als bewährter Ansatz er-wähnt.

Im Vergleich der ambulant betreuten Wohngemeinschaften fällt auf, dass Einzelbetreuung, Vielfalt und Kontaktdichte in allen drei ambulant betreuten Wohngemeinschaften ähnlich stark thematisiert werden. Nur beim Thema Organisation herrschen Unterschiede vor. Dieses wird vor allem von Interviewpartnerinnen und -partnern der WOGE C – und in etwas minderem Maße – der WOGE A vorgebracht. In WOGE A wird diesbezüglich eine feste Ansprechpartnerin bzw. ein -partner für wertvoll erachtet: „Dann ist total wichtig, einen Ansprechpartner zu haben, dass Interessierte und auch Engagierte wissen, an wen können sie sich wenden [...] da haben wir aus dem Verein jemanden gefunden, der das auch ausgesprochen gut kann und auch den beruflichen Hintergrund hat und auch in der Begleitung der Ehrenamtlichen gut wirkt" (1, 226-229). In WOGE A hat man überdies gute Erfahrungen mit einer sukzessiven Integration bürgerschaftlich Engagierter gemacht. Analog dazu legt man in WOGE C Wert auf eine maßvolle Entwicklung, damit die familiäre Atmosphäre erhalten bleibt.

Vergleicht man die Einschätzung bewährter Ansätze durch die Akteursgruppen miteinander, fällt ein hoher Übereinstimmungsgrad zwischen Angehörigen und bürgerschaftlich Engagierten auf. Beide Gruppen heben in fast identischer Weise auf Vielfalt, Organisation, Einzelbetreuung und Kontaktdichte ab. Die Pflegedienstvertreterinnen und -vertreter hingegen haben fast ausschließlich die Einzelbetreuung im Visier.

Zusammenfassend lässt sich festhalten, dass sich in den Augen der Interviewten vor allem das Zulassen bzw. Fördern von Vielfalt des bürgerschaftlichen Engagements bzw. durch bürgerschaftliches Engagement bewährt hat. Darin, wie auch im Hinblick auf die Vorteile einer hohen Kontaktdichte sowie einer stabilen Organisation, sind sich insbesondere Angehörige und bürgerschaftlich Engagierte einig. Vielfältiges bürgerschaftliches Engagement stellt sicher, dass „viel Lebendigkeit" (1, 207) in der ambulant betreuten Wohngemeinschaft herrscht. Nur dadurch kann den individuellen Bedürfnislagen der Mieterinnen und Mieter Rechnung getragen und eine Quasi-Normalität der Lebensführung hergestellt werden. In der Tatsache, dass Vielfalt von den Pflegedienstvertreterinnen und -vertretern nicht erwähnt wird, schimmert die auf Effizienz zielende Funktionslogik dieses Sektors durch. Die durch bürgerschaftliches Engagement ermöglichte individuelle

Betreuung der Mieterinnen und Mieter wird von allen Akteursgruppen positiv beurteilt.

Weitere Optimierungen

Im Hinblick auf Verbesserungspotenziale dominieren über alle ambulant betreuten Wohngemeinschaften und Akteursgruppen hinweg vor allem zwei Themen in den Interviews: (a) der weitere Ausbau des bürgerschaftlichen Engagements sowie (b) die Optimierung seiner Organisation und Strukturen.

Die ambulant betreuten Wohngemeinschaften unterscheiden sich im Hinblick darauf nur in Nuancen. Beim Ausbau des bürgerschaftlichen Engagements beziehen sich die Interviewpartnerinnen und -partner in WOGE B und WOGE C vor allem auf eine stärkere Einbringung der Angehörigen. Eine Interviewpartnerin beschreibt das so: „Aus meiner Sicht gibt es Verbesserungen in dergestalt, dass sich die Angehörigen stärker einbringen. Sie sind zwar oft da, aber sehen sich dann selbst als Besucher [...] es soll ja ihr Zuhause sein" (9, 155-157). Dies ist bei WOGE A nicht der Fall. Hier sind die Angehörigen per Konzept zur Mitarbeit verpflichtet. Dennoch wird auch in WOGE A der Ausbau des bürgerschaftlichen Engagements von allen Interviewtengruppen genannt. Allerdings bezieht er sich hier stärker auf Quartier und Nachbarschaft: „was schön wäre ist, wenn zum Beispiel aus der direkten Nachbarschaft ein bisschen mehr Kontakt wäre [...] da wäre es toll, wenn jetzt jemand sagt, ich gehe mittwochs auch auf den Markt und nehme da gerne jemanden mit" (7, 196-200). Die Verbesserung der Organisation und Koordination bürgerschaftlichen Engagements wird insbesondere in WOGE C aber auch in WOGE A thematisiert. Die Aussagen vermitteln den Eindruck, dass in WOGE C teilweise erst noch grundlegende Strukturen zu schaffen sind. In WOGE A scheint es mehr um eine Optimierung bereits vorhandener Strukturen hin zu noch höherer Verbindlichkeit zu gehen. Eine Interviewpartnerin aus WOGE A meint hierzu: „Bürgerschaftliches Engagement ist nicht immer sehr verbindlich [...] man will die Leute nicht vergrätzen, dass man sagt, Du musst jetzt aber, sondern es ist die Freiwilligkeit, die im Vordergrund steht. Aber es braucht immer auch verbindliche Strukturen drum herum" (5, 208-211). In WOGE B wird die Optimierung der Organisation nur am Rande erwähnt.

Im Vergleich der Akteursgruppen fällt lediglich auf, dass der Ausbau des bürgerschaftlichen Engagements vor allem von den Vertreterinnen und Vertretern der Pflegedienste adressiert wird. Dabei dürfte insbesondere auch die Entlastungsfunktion, die bei der Einschätzung bürgerschaftlichen Engagements von dieser Akteursgruppe vorrangig genannt wurde, als Motiv im Hintergrund stehen. Die Verbesserung der Organisation und Koordination bürgerschaftlichen Engagements wird von den bürgerschaftlich Engagierten selbst stärker genannt. Dazu meint eine Interviewpartnerin: „Weiter verbessert werden könnte die Koordination und Organisation des Helfens" (19, 197). Weitere auffällige Unterschiede sind nicht erkennbar.

Zusammenfassend lässt sich festhalten, dass Optimierungsmöglichkeiten insbesondere im Ausbau und der Organisation des bürgerschaftlichen Engagements gesehen werden. Während die Pflegedienste stärker den Ausbau betonen, ist für die bürgerschaftlich Engagierten selbst die Organisationsoptimierung dringlicher. Zwischen den ambulant betreuten Wohngemeinschaften sind lediglich graduelle Unterschiede in Bezug auf die Einschätzung der Optimierungsmöglichkeiten und -notwendigkeiten feststellbar. Sie hängen vom jeweiligen Entwicklungs- bzw. Ausbaustand des bürgerschaftlichen Engagements in der ambulant betreuten Wohngemeinschaft ab.

7.4.5 Nutzen des bürgerschaftlichen Engagements

Im weiteren Verlauf der Interviews wurden die Interviewpartnerinnen und -partner danach befragt, wie sie den Nutzen des bürgerschaftlichen Engagements wahrnehmen bzw. erleben. Dabei wurde unterschieden zwischen einerseits dem Nutzen für die Befragten selbst (diese Frage wurde nur Angehörigen und bürgerschaftlich Engagierten gestellt) und dem Nutzen für die ambulant betreute Wohngemeinschaft andererseits (diese Frage wurde allen Interviewpartnerinnen und -partnern gestellt). Diese Fragen nach der Nutzenwahrnehmung sollten ebenfalls eventuell vorhandene und wirksame Unterschiede in den Zentralwerten, Funktionslogiken und Systemimperativen der Akteure der verschiedenen Sektoren der Wohlfahrtsproduktion offenlegen.

Nutzen für Angehörige und bürgerschaftlich Engagierte
In Bezug auf den selbst erfahrenen Nutzen steht an erster Stelle das befriedigende Gefühl, Gutes getan bzw. bewirkt und geholfen zu haben. Darin besteht der primäre, von allen interviewten Personen in allen beforschten ambulant betreuten Wohngemeinschaften gleichermaßen wahrgenommene (Angehörige wie bürgerschaftlich Engagierte), individuelle Nutzen. Ausgedrückt wird das in Statements, wie: „Eigentlich tut man damit für sich selbst etwas" (13, 158-159) oder „da habe ich ein ganz geflügeltes Wort: wenn es dir ganz mies geht, dann gehe in die Woge! Dann gehst Du einfach dort rein und trinkst einen Kaffee und dann in 99 % geht man wieder mit positiveren Gefühlen raus" (5, 319-321) oder „das ist so mein ganz privater und persönlicher Gewinn, dass ich sehe, da ist uns etwas geglückt, was uns allen und natürlich insbesondere meinem Vater wohltut" (7, 332-334). Weitere Nutzenerfahrungen werden in Anerkennung, Spaß an der Tätigkeit, persönlichem Lernen, im Erleben von Gemeinschaft sowie in der Vorsorge für das eigene Altern gesehen. Diese werden allerdings nur vereinzelt angeführt und weisen kaum Verteilungsunterschiede zwischen den ambulant betreuten Wohngemeinschaften bzw. den Interviewtengruppen auf. Bestenfalls lässt sich erkennen, dass in WOGE A die Schilderung der Nutzenerfahrung vielfältiger ausfällt.

Zusammenfassend lässt sich festhalten, dass Angehörige und bürgerschaftlich Engagierte in Bezug auf den Nutzen, den sie selbst aus ihrem Engagement ziehen, unisono und überdeutlich auf die intrinsische Befriedigung abheben. Nutzen aus extrinsischen Belohnungen spielt eine sehr untergeordnete Rolle (z.B. Anerkennung) bzw. wird überhaupt nicht angeführt (z.B. Aufwandsentschädigung).

Nutzen für ambulant betreute Wohngemeinschaften
Zum Nutzen bürgerschaftlichen Engagements für die ambulant betreuten Wohngemeinschaften wurden in den Interviews viele Aspekte genannt. Um die Ausführungen im Rahmen der Auswertung zu komprimieren, wurden gemäß der in 5.2.3.2 skizzierten Vorgehensweise Kategorien gebildet. So wurden beispielsweise die Aspekte: Erleichterung der Abläufe, mehr Effektivität, Prägung von Strukturen, Funktionieren der Haushaltskasse, gutes Ge-

lingen sowie Verlässlichkeit in der Kategorie „Organisation" zusammengefasst.

Tabelle 36 gibt einen Überblick über die von den Interviewpartnerinnen
und -partnern angeführten Nutzenaspekte bürgerschaftlichen Engagements
für die ambulant betreuten Wohngemeinschaften und deren Zusammenfassung zu Kategorien sowie die Häufigkeiten der Nennung der jeweiligen Kategorien. Die Zahlen in Klammern hinter den subsumierten Aspekten geben
an, wie häufig der einzelne Aspekt genannt wurde. Ist keine Zahl angegeben, wurde der Aspekt nur einmal erwähnt.

Kategorien	Häufig-keit	Subsumierte Aspekte
Bereicherung	13	Bereicherung (5), mehr Leben, bunteres Leben, erweitertes Angebot, individuelle Betreuung, Integration Hospizgedanke, Kapazitäten für Freizeitgestaltung, Integration Biografieansatz, mehr Qualität
Familiäre Atmosphäre	12	Familiäre Atmosphäre (3), Geborgenheit (2), Wohlfühlen (2), gut aufgehoben sein (3), gutes Gefühl, positiv für Mutter
Entlastung	10	Entlastung Hauptamtlicher (6), Arbeitserleichte-rung Hauptamtlicher , mehr Zeit für Hauptamtli-che, Unterstützung guter Betreuung, praktische Hilfe
Organisation	6	Erleichterung Abläufe, mehr Effektivität, Prä-gung von Strukturen, Funktionieren der Haus-haltskasse, gutes Gelingen, Verlässlichkeit
Außenwirkung	4	Außenkontakte, positives Außenbild, Weitergabe Begeisterung, Gestaltung Gesellschaft
Existenzerfordernis	4	Existenzerfordernis (4)
Finanzieller Nutzen	2	Finanzielle Vorteile, Finanzierbarkeit

Tabelle 36: Kategorien des Nutzens bürgerschaftlichen Engagements
für die ambulant betreuten Wohngemeinschaften

Tabelle 36 verdeutlicht, dass über alle untersuchten ambulant betreuten
Wohngemeinschaften und Interviewtengruppen hinweg der Nutzen bürgerschaftlichen Engagements am häufigsten darin gesehen wird, dass es das

Leben in der ambulant betreuten Wohngemeinschaft bereichert, indem es vielfältige Angebote ermöglicht, die anders nicht realisierbar wären. Dahinter folgen der Beitrag zu einer guten, familiären Atmosphäre sowie die Entlastung der hauptamtlich Tätigen. Mit etwas Abstand, was die Häufigkeit der Nennungen betrifft, wird angeführt, dass bürgerschaftliches Engagement der Organisation des Wohngemeinschaftsbetriebes nütze und eine positive Außenwirkung entfalte. Schließlich wird noch argumentiert, dass bürgerschaftliches Engagement die Existenz der ambulant betreuten Wohngemeinschaft sichere und finanzielle Vorteile erbrächte. Die beiden letzten Kategorien werden allerdings nur vereinzelt genannt.

Tabelle 37 gibt einen Überblick über die Verteilung der Kategorien. In den Zellen der Tabelle sind wiederum die von den Interviewten einer Akteursgruppe (Zeilen) in einer ambulant betreuten Wohngemeinschaft (Spalten) adressierten Kategorien (Tabelle 36 folgend) enthalten. Die Zahl in Klammer drückt die Häufigkeit der Nennung aus. Den Zeilen- bzw. Spaltensummen sind die genannten Nutzenkategorien und Häufigkeiten für die jeweilige Akteursgruppe bzw. WOGE zu entnehmen. Bei genauer Betrachtung der Verteilung erkennt man interessante Unterschiede.

	WOGE A	WOGE B	WOGE C	Gesamt
Angehörige	Familiäre Atmosphäre (2)	Familiäre Atmosphäre (4)	Bereicherung (4)	Familiäre Atmosphäre (9)
	Außenwirkung (1)	Bereicherung (1)	Familiäre Atmosphäre (3)	Bereicherung (5)
	Entlastung (1)	Organisation (1)	Existenzerfordernis (2)	Außenwirkung (2)
	Organisation (1)		Außenwirkung (1)	Entlastung (2)
			Entlastung (1)	Existenzerfordernis (2)
				Organisation (2)
Bürgerschaftlich Engagierte	Existenzerfordernis (2)	Familiäre Atmosphäre (2)	Entlastung (3)	Entlastung (5)
	Organisation (2)	Bereicherung (1)	Außenwirkung (1)	Organisation (4)
	Außenwirkung (1)	Entlastung (1)	Familiäre Atmosphäre (1)	Familiäre Atmosphäre (3)
	Bereicherung (1)	Organisation (1)	Organisation (1)	Außenwirkung (2)
	Entlastung (1)			Bereicherung (2)
	Finanzieller Nutzen (1)			Existenzerfordernis (2)
				Finanzieller Nutzen (1)
Pflegedienste	Bereicherung (2)	Bereicherung (2)	Bereicherung (2)	Bereicherung (6)
	Entlastung (1)	Entlastung (1)	Entlastung (1)	Entlastung (3)
			Finanzieller Nutzen (1)	Finanzieller Nutzen (1)
Gesamt	Bereicherung (3)	Familiäre Atmosphäre (6)	Bereicherung (6)	Bereicherung (13)
	Entlastung (3)	Bereicherung (4)	Entlastung (5)	Familiäre Atmosphäre (12)
	Organisation (3)	Entlastung (2)	Familiäre Atmosphäre (4)	Entlastung (10)
	Außenwirkung (2)	Organisation (2)	Außenwirkung (2)	Organisation (6)
	Existenzerfordernis (2)		Existenzerfordernis (2)	Außenwirkung (4)
	Familiäre Atmosphäre (2)		Finanzieller Nutzen (1)	Existenzerfordernis (4)
	Finanzieller Nutzen (1)		Organisation (1)	Finanzieller Nutzen (2)

Tabelle 37: Nutzen des bürgerschaftlichen Engagements
für die ambulant betreuten Wohngemeinschaften

Vergleicht man die summierten Nennungen der drei Akteursgruppen, so zeigt sich, dass jeweils eine andere Nutzenkategorie dominiert. Angehörige sehen den Nutzen bürgerschaftlichen Engagements vorrangig in der Gestaltung einer guten, familiären Atmosphäre in der ambulant betreuten Wohngemeinschaft. Für die bürgerschaftlich Engagierten ist dies nachrangig. In ihren Augen leisten sie mit ihrer Tätigkeit vor allem einen Beitrag zur Entlastung der Hauptamtlichen und zum Funktionieren der Organisation. In der Perspektive der Pflegedienste besteht der Hauptnutzen des bürgerschaftlichen Engagements hingegen in der Bereicherung des Lebens der ambulant betreuten Wohngemeinschaft. Diese Differenzen lassen sich mit Rückgriff auf die Selbstverständnisse der Akteure der unterschiedlichen Sektoren der Wohlfahrtsproduktion erklären. Angehörige (primäre Netze) attestieren dem bürgerschaftlichen Engagement einen zum eigenen Systemimperativ komplementären Beitrag zum familiären Zusammenhalt. Nicht so einfach zu erklären, sind die dominierenden Nutzeneinschätzungen von bürgerschaftlich Engagierten und Pflegediensten. Sie gründen scheinbar auf einem Konkurrenzdenken bzw. einer Substitutionsannahme. Während bürgerschaftlich Engagierte den Nutzen ihrer Tätigkeit für die ambulant betreute Wohngemeinschaft als zentral und essentiell verstehen, in dem sie die Hauptamtlichen entlasten und zur reibungslosen Organisation beitragen, schätzen die Pflegedienste den Beitrag bürgerschaftlichen Engagements eher als peripher, als „nice-to-have"-Bereicherung ein. Darin könnte sich ein Konkurrenzdenken offenbaren, das dem Systemimperativ Profit geschuldet ist.

Der Vergleich der Ergebnisse für die drei ambulant betreuten Wohngemeinschaften ergibt kein klares Bild. Die Bereicherung des Wohngemeinschaftslebens wird in allen drei ambulant betreuten Wohngemeinschaften an prominenter Stelle genannt. Der Beitrag zur familiären Atmosphäre wird in WOGE B und WOGE C häufiger erwähnt als in der WOGE A. Das Argument Entlastung tritt in WOGE A und WOGE C häufiger auf als in der von einem Pflegedienst initiierten WOGE B. Diese Befunde stützen die Interpretation im vorhergehenden Abschnitt. Ferner fällt auf, dass in WOGE A die Nutzeneinschätzungen diverser und breiter verteilt sind als in WOGE B und in WOGE B. Dieses Ergebnis passt zu dem engeren und traditionelleren Verständnis bürgerschaftlichen Engagements in WOGE B und WOGE C im Vergleich zu WOGE A (vgl. 7.5).

Zusammenfassend lässt sich festhalten, dass der Nutzen bürgerschaftlichen Engagements für ambulant betreute Wohngemeinschaften von den Interviewten vor allem in der Bereicherung des Wohngemeinschaftlebens, der Herstellung einer familiären Atmosphäre sowie der Entlastung der hauptamtlichen Akteure gesehen wird. Insbesondere für die Gruppe der Angehörigen steht dieses Ergebnis in Einklang mit der unter 7.2 festgestellten Einschätzung der Besonderheiten ambulant betreuter Wohngemeinschaften. Anders ausgedrückt: vor allem der Beitrag der bürgerschaftlich Engagierten macht eine ambulant betreute Wohngemeinschaft in den Augen der Angehörigen zu etwas Besonderem. Obgleich die primären Nutzeneffekte bürgerschaftlichen Engagements von allen Akteursgruppen adressiert wurden, überwiegt doch in jeder Akteursgruppe ein anderer Aspekt. Diese Abweichung lässt sich, wie gezeigt, auf die sektorale Verankerung der Akteursgruppen zurückführen.

Gelingen der ambulant betreuten Wohngemeinschaft ohne
bürgerschaftliches Engagement
Um die wahrgenommene Relevanz des Nutzens bürgerschaftlichen Engagements für ambulant betreute Wohngemeinschaften durch die Interviewpartnerinnen und -partner zu ermessen, wurde ferner gefragt, ob aus ihrer Sicht, die ambulant betreute Wohngemeinschaft auch ohne bürgerschaftliches Engagement gelingen könne.

Die teilweise recht ausführlichen Antworten der Interviewten wurden zur Auswertung in diesem Fall wieder binär (ja/nein) codiert und jede Person eindeutig einer Kategorie zugeordnet. Nur wenn die interviewten Personen explizit angaben, diese Frage nicht beurteilen zu können, wurde die Kategorie „keine Beurteilung" gewählt. Tabelle 38 gibt einen nach Akteursgruppen (Zeilen) und untersuchten ambulant betreuten Wohngemeinschaften (Spalten) differenzierenden Überblick über die Ergebnisse.

	WOGE A	WOGE B	WOGE C	Gesamt
Angehörige	Ja: 2 Nein: 1 Keine Beurteilung: 0	Ja: 2 Nein: 1 Keine Beurteilung: 0	Ja: 0 Nein: 3 Keine Beurteilung: 0	Ja: 4 Nein: 5 Keine Beurteilung: 0
Bürger-schaftlich Engagierte	Ja: 2 Nein: 1 Keine Beurteilung: 1	Ja: 2 Nein: 0 Keine Beurteilung: 1	Ja: 1 Nein: 1 Keine Beurteilung: 0	Ja: 5 Nein: 2 Keine Beurteilung: 2
Pflegedienste	Ja: 1 Nein: 0 Keine Beurteilung: 0	Ja: 1 Nein: 0 Keine Beurteilung: 0	Ja: 1 Nein: 1 Keine Beurteilung: 0	Ja: 3 Nein: 1 Keine Beurteilung: 0
Gesamt	Ja: 5 Nein: 2 Keine Beurteilung: 1	Ja: 5 Nein: 1 Keine Beurteilung: 1	Ja: 2 Nein: 5 Keine Beurteilung: 0	Ja: 12 Nein: 8 Keine Beurteilung: 2

Tabelle 38: Gelingen der ambulant betreuten Wohngemeinschaft
ohne bürgerschaftliches Engagement

Die Ergebnisse zeigen, dass eine knappe Mehrheit (ja=12) aller Interviewpartnerinnen und -partner (N=22) die Meinung vertritt, dass die ambulant betreute Wohngemeinschaft grundsätzlich auch ohne bürgerschaftliches Engagement funktionieren würde (ja=12). Eine knappe Minderheit (nein=8) ist der Auffassung, dass dies nicht der Fall sei. Zwei Interviewpartnerinnen und -partner wagen dies nicht zu beurteilen. Diese Einschätzung variiert allerdings zwischen den ambulant betreuten Wohngemeinschaften. Erstaunlicherweise herrscht in der von bürgerschaftlichem Engagement getragenen WOGE A mehrheitlich die Meinung vor, dass es auch ohne bürgerschaftliches Engagement ginge (5=ja, 2=nein, 1=nicht zu beurteilen). Dies gilt analog für die pflegedienstinitiierte WOGE B (5=ja, 1=nein, 1=nicht zu beurteilen). Lediglich in der von Angehörigen gegründeten WOGE C ist das Meinungsbild umgekehrt (2=ja, 5=nein). Das ist auch deshalb bemerkenswert, weil hier die größten organisatorische Defizite in Bezug auf die Anbindung und Abstimmung bürgerschaftlichen Engagements festgestellt wurden (vgl. 7.4.3).

Vergleicht man die Ergebnisse für die Akteursgruppen, so zeigt sich, dass lediglich die Gruppe der Angehörigen (4=ja, 5=nein) mehrheitlich davon ausgeht, dass bürgerschaftliches Engagement in ambulant betreuten Wohngemeinschaften unabdingbar ist. Sowohl die Pflegedienstvertreterinnen und -vertreter (3=ja, 1=nein) als auch die Gruppe der bürgerschaftlich Engagierten selbst (5=ja, 2=nein, 2=keine Beurteilung) sehen bürgerschaftliches Engagement im Zweifel als verzichtbar an. In der Zusammenschau mit den Ergebnissen zum Nutzenbeitrag bürgerschaftlichen Engagements ergeben diese Befunde Sinn. Ohne bürgerschaftliches Engagement sehen Angehörige die familiäre Atmosphäre in Gefahr, die für sie ein unverzichtbares Element der ambulant betreuten Wohngemeinschaft konstituiert. Ohne bürgerschaftliches Engagement sehen bürgerschaftlich Engagierte die Hauptamtlichen weniger entlastet, was aber durch einen höheren Personaleinsatz grundsätzlich kompensiert werden kann. Ohne bürgerschaftliches Engagement erwarten Pflegedienste schließlich, dass die ambulant betreute Wohngemeinschaft zwar weniger bunt aber nicht in ihren Grundfesten erschüttert wäre.

Bewältigbare Konsequenzen des Wegfalls bürgerschaftlichen Engagements
Zusätzlich zur Frage, ob eine ambulant betreute Wohngemeinschaft auch ohne bürgerschaftliches Engagement vorstellbar wäre, wurden die Interviewpartnerinnen und -partner nach den Konsequenzen des Wegfalls bürgerschaftlichen Engagements aus ihrer Sicht befragt. Diesbezüglich macht es Sinn, die Antworten getrennt für diejenigen auszuwerten, die sich eine ambulant betreute Wohngemeinschaft potenziell auch ohne bürgerschaftliches Engagement vorstellen können und für diejenigen, die bürgerschaftliches Engagement für unverzichtbar halten. Die Konsequenzen des Wegfalls müssen logischerweise im ersten Fall für bewältigbar, im zweiten für nicht bewältigbar erachtet werden.

Die Interviewpartnerinnen und -partner (N=12), die der Meinung sind, dass eine ambulant betreute Wohngemeinschaft grundsätzlich auch ohne bürgerschaftliches Engagement funktionieren könnte, sehen gleichwohl, dass ein Wegfall bürgerschaftlichen Engagements weitreichende Konsequenzen hätte.

Die geschilderten Konsequenzen wurden abermals, der in 5.2.3.3 erläuterten Methode folgend, zu Kategorien verdichtet. Tabelle 39 gibt die in den Interviews angesprochenen (bewältigbaren) Konsequenzen des Wegfalls bürgerschaftlichen Engagements auf dem Niveau der gebildeten Kategorien samt Häufigkeit ihrer Erwähnung wieder. Die Tabelle erlaubt wieder einen differenzierten Blick auf die Ergebnisse für die einzelnen Akteursgruppen (Zeilen) und ambulant betreuten Wohngemeinschaften (Spalten).

	WOGE A	WOGE B	WOGE C	Gesamt
Angehörige	Familiäre Atmosphäre (2) Entlastung (2) Vielfalt (2)	Vielfalt (2) Entlastung (1)		Vielfalt (4) Entlastung (3) Familiäre Atmosphäre (2)
Bürgerschaftlich Engagierte	Familiäre Atmosphäre (2) Teilhabe (1) Transparenz (1) Vielfalt (1)	Entlastung (2) Familiäre Atmosphäre (1)	Familiäre Atmosphäre (2)	Familiäre Atmosphäre (5) Entlastung (2) Teilhabe (1) Transparenz (1) Vielfalt (1)
Pflegedienste	Vielfalt (1)	Vielfalt (1)	Vielfalt (1)	Vielfalt (3)
Gesamt	Familiäre Atmosphäre (4) Vielfalt (4) Entlastung (2) Teilhabe (1) Transparenz (1)	Entlastung (3) Vielfalt (3) Familiäre Atmosphäre (1)	Familiäre Atmosphäre (2) Vielfalt (1)	Vielfalt (8) Familiäre Atmosphäre (7) Entlastung (5) Teilhabe (1) Transparenz (1)

Tabelle 39: Bewältigbare Konsequenzen fehlenden bürgerschaftlichen Engagements

Die Ergebnisse zeigen, dass aus Sicht aller Interviewten (die eine ambulant betreute Wohngemeinschaft ohne bürgerschaftliches Engagement für denkbar halten), das Leben in den ambulant betreuten Wohngemeinschaften ohne bürgerschaftliches Engagement ein anderes wäre. Darin sind sich alle interviewten Personen einig. Die wesentlichsten Konsequenzen bestünden darin, dass das Leben in der ambulant betreuten Wohngemeinschaft weniger vielfältig wäre, die familiäre Atmosphäre weniger familiär und die hauptamtlich Tätigen weniger entlastet würden. Damit werden exakt die Aspekte angesprochen, die weiter oben als wichtigste Nutzeneffekte bürgerschaftlichen Engagements herausgearbeitet werden konnten.

Im Vergleich der Ergebnisse für die Akteursgruppen zeigt sich, dass sowohl Angehörige als auch Pflegedienste den Hauptverlust bei einem Wegfall bürgerschaftlichen Engagements in geringerer Vielfalt ausmachen, während bürgerschaftlich Engagierte die familiäre Atmosphäre gefährdet sehen. Dies tangiert jeweils nicht die Zentralwerte der eigenen Sektoren. Vermutlich wird deshalb der Wegfall als bewältigbar bewertet.

Systematische Unterschiede zwischen den ambulant betreuten Wohngemeinschaften sind kaum auszumachen. In WOGE A und WOGE C stehen der Verlust an familiärer Atmosphäre sowie das Minus an Vielfalt im Vordergrund. In WOGE B wird stärker auf die zusätzliche Belastung der Hauptamtlichen bei einem Wegfall bürgerschaftlichen Engagements verwiesen.

Nichtbewältigbare Konsequenzen des Wegfalls bürgerschaftlichen Engagements

Die Interviewpartnerinnen und -partner (N=8), die der Meinung sind, dass ambulant betreute Wohngemeinschaften ohne bürgerschaftliches Engagement nicht funktionieren könnten, argumentieren inhaltlich grundsätzlich ähnlich, kommen jedoch anscheinend zu anderen Bewertungen.

Tabelle 40 enthält die in den Interviews genannten (nicht bewältigbaren) Konsequenzen des Wegfalls bürgerschaftlichen Engagements auf dem Niveau der gebildeten Kategorien inklusive der Häufigkeit ihres Auftretens. Die Kategorien entsprechen denjenigen der bewältigbaren Konsequenzen, da die inhaltsanalytische Zusammenfassung für beide Auswertungen gemeinsam erfolgte. Der Aufbau der Tabelle 40 entspricht dem der Tabelle 39.

	WOGE A	WOGE B	WOGE C	Gesamt
Angehörige	Familiäre Atmosphäre (1)	Entlastung (1)	Vielfalt (3)	Vielfalt (3)
			Familiäre Atmosphäre (1)	Familiäre Atmosphäre (2)
			Existenzerfordernis (1)	Entlastung (1)
				Existenzerfordernis (1)
Bürgerschaftlich Engagierte	Existenzerfordernis (1)		Existenzerfordernis (1)	Existenzerfordernis (2)
			Vielfalt (1)	Vielfalt (1)
Pflegedienst			Existenzerfordernis (1)	Existenzerfordernis (1)
Gesamt	Familiäre Atmosphäre (1)	Entlastung (1)	Vielfalt (4)	Existenzerfordernis (4)
	Existenzerfordernis (1)		Existenzerfordernis (3)	Vielfalt (4)
			Familiäre Atmosphäre (1)	Familiäre Atmosphäre (2)
				Entlastung (1)

Tabelle 40: Nichtbewältigbare Konsequenzen fehlenden bürgerschaftlichen Engagements

Die Ergebnisse zeigen, dass die Interviewten (die eine ambulant betreute Wohngemeinschaft ohne bürgerschaftliches Engagement nicht für vorstellbar halten) die negativen Konsequenzen ebenfalls primär in geringer Vielfalt und weniger familiärer Atmosphäre ausmachen. Im Unterschied zu den interviewten Personen, die sich ein Fortbestehen der ambulant betreuten Wohngemeinschaften auch ohne bürgerschaftliches Engagement vorstellen können (vgl. Tabelle 39), sind sie jedoch der Ansicht, dass diese Konsequenzen den Charakter und die Funktionsweise der ambulant betreuten Wohngemeinschaften so erheblich verändern würden, dass es sich nicht mehr um die gleiche Wohnform handelte. Zusätzlich wird von diesem Personenkreis argumentiert, dass der Wegfall bürgerschaftlichen Engagements die Existenz der ambulant betreuten Wohngemeinschaften rechtlich, finanziell und organisatorisch gefährden würde (Existenzerfordernis).

Ein Vergleich der Ergebnisse für die Akteursgruppen bzw. ambulant betreuten Wohngemeinschaften erscheint an dieser Stelle nicht sinnvoll, da einzelne ambulant betreute Wohngemeinschaften (WOGE B) und Akteursgruppen (Pflegedienste) teilweise nur durch eine interviewte Person vertreten sind. Darauf basierende Aussagen wären deshalb keinesfalls „repräsentativ".

Zusammenfassend lässt sich festhalten, dass die Konsequenzen des Wegfalls bürgerschaftlichen Engagements von allen Interviewten (N=22) inhaltlich ähnlich eingeschätzt werden. Der Unterschied zwischen denjenigen, die sich eine ambulant betreute Wohngemeinschaft ohne bürgerschaftliches Engagement vorstellen können (N=12) und denjenigen, die dies nicht können (N=18), besteht vornehmlich darin, dass die zweite Gruppe die Konsequenzen in ihrer Tragweite (rechtlich, finanziell, organisatorisch) anders bewertet. In Bezug auf die Gruppe derjenigen, die eine ambulant betreute Wohngemeinschaft ohne bürgerschaftliches Engagement für möglich erachtet, fällt ferner auf, dass diese Personen die negativen Effekte des Wegfalls bürgerschaftlichen Engagements auf die Zentralwerte des eigenen Sektors für geringer halten als auf die anderen Sektoren. So betrifft den Pflegedienst beispielsweise eine geringere Vielfalt des Lebens in der ambulant betreuten Wohngemeinschaft nicht in seinen Grundfesten.

7.5 Ergebnisse zum grundlegenden Verständnis bürgerschaftlichen Engagements

Die Auswertung der abschließenden Frage „Was verstehen Sie unter bürgerschaftlichem Engagement?" gestaltete sich schwierig. Verständlicherweise wurden von den Interviewpartnerinnen und -partnern keine druckreifen Definitionen vorgetragen. Vielmehr wurden verschiedene, aus der jeweils individuellen Perspektive elementare Merkmale bürgerschaftlichen Engagements angesprochen. Deshalb wurden in einem ersten Auswertungsschritt wiederum die genannten Merkmale, gemäß der in 5.2.3.2 erläuterten Vorgehensweise, zu Kategorien zusammengeführt. Eine Übersicht über die gebildeten Kategorien sowie deren Erläuterung und beispielhafte Zitate aus den Interviews enthält Tabelle 41.

Kategorie	Erläuterung	Zitate
Altruistisches Helfen	Handeln, das primär an den Bedürfnissen Anderer orientiert ist, die durch Einbringung eigener Ressourcen befriedigt werden	➔ „Menschen, die ein soziales Ziel haben, die ein soziales Denken haben." (3, 308) ➔ „[...] dass man diesen letzten Lebensweg [...] so angenehm wie möglich macht." (9, 91-92) ➔ „[...] im Interesse derjenigen, die sonst durch das Netz fallen würden." (10, 353-354) ➔ „[...] etwas für Andere tun." (11, 194) ➔ „[...] sich mit den Bewohnern beschäftigen und sich einbringen, wo es nötig ist." (12, 150)
Austausch	Handeln, das im Bewusstsein von Gegenleistungen erfolgt. Diese können immaterieller Art sein oder sich an der Vorstellung orientieren, selbst später Adressat des Handelns zu sein	➔ „Das ist ein Engagement, das ein gegenseitiges Geben und Nehmen ist. Ich bringe etwas ein, aber ich bekomme auch etwas zurück." (2, 87-88) ➔ „Ich mache das jetzt und später in 20 Jahren macht das jemand für mich." (2, 94-95) ➔ „Mach das so, wie du selber gerne versorgt werden möchtest." (9, 92-93) ➔ „Man hofft ja manchmal, wenn man im Alter vielleicht selber auch so ist, dass es dann auch welche gibt, die sich einbringen und dass ich davon profitieren könnte." (11, 194-196) ➔ „Ich tue etwas Gutes und das kommt auch wieder zurück" (14, 197)
Gemeinwohlorientierung	Handeln, das sich am Gemeinwohl orientiert, der Allgemeinheit dient und die Qualität des Zusammenlebens erhöht	➔ „Aufgaben wahrzunehmen, die das Leben lebenswerter machen..." (6, 233) ➔ „[...] das ist ein Teil meiner Zeit, meiner Fähigkeiten, die ich einbringe, um ein menschenwürdiges Zusammenleben mit hoher Lebensqualität zu ermöglichen." (7, 419-420) ➔ „[...] etwas für die Allgemeinheit tun." (8, 229)
Substitut staatlicher Leistungen	Handeln, das im Bewusstsein erfolgt, dort einzuspringen, wo Staat oder andere gesellschaftliche Subsysteme versagen	➔ „[...] weil der Staat Leistungen gegenüber seinen Bürgern nicht erbringt, die notwendig sind." (10, 348) ➔ „Das Schlimme ist, dass gesellschaftliche Arbeit funktioniert und weil sie funktioniert, kann der Staat sich immer mehr zurückziehen." (10, 348,350) ➔ „[...] dass ich dort helfe oder etwas ändere, wo staatliche Hilfe versagt oder nicht vorhanden ist." (19, 302)
Verzicht	Handeln, das eigene Bedürfnisse zurückstellt und im Bewusstsein geschieht, dass keine Gegenleistung zu erwarten ist	➔ „[...] dass es Bürger gibt, die sich ohne Ansehen ihrer eigenen Bedürfnisse auf die Bedürfnisse Anderer einlassen und zwar mit wenig Entgelt." (3, 306-307) ➔ „[...] dass ich irgendwo helfen kann, also ohne Bezahlung." (4, 172) ➔ „[...] auch mal zuzufassen ohne Entgelt." (13, 194-195)

Kategorie	Erläuterung	Zitate
Zivilgesell-schaftliche Verantwortung	Handeln, das im Bewusstsein der Verantwortung des Einzelnen für die Gemeinschaft und orientiert an zivilge-sellschaftlichen Werten erfolgt	➔ „Wichtige gesellschaftliche Aufgaben gemeinsam mit anderen Bürgerinnen und Bürgern selbst in die Hand zu nehmen und nicht alles vom Staat zu erwarten, ebenso wenig wie alles dem Staat zu überlassen, mitverantworten und mitentschei-den." (1, 348-350) ➔ „Man setzt sich für irgendetwas ein, das man selbst für wichtig findet." (5, 418-419) ➔ „[...] dass man wirklich sich als Teil begreift von der Gesellschaft und begreift, dass die nur funkti-oniert, wenn man sich auch für die Gesellschaft engagiert, egal was man macht" (20, 210-211) ➔ „[...] ein vielfältiges Einbringen an ganz verschie-denen Stellen des Alltaglebens, des sozialen, po-litischen, gesellschaftlichen Lebens." (21, 285-286)

Tabelle 41: Kategorien der Definitionen bürgerschaftlichen Engagements

In einem zweiten Auswertungsschritt wurde die Häufigkeit und Verteilung der angesprochenen Merkmale erfasst. Tabelle 42 gibt die von den Inter-viewpartnerinnen und -partnern aufgeführten Wesenszüge bürgerschaftli-chen Engagements auf dem Niveau der gebildeten Kategorien (vgl. Tabelle 41) samt Häufigkeit der Erwähnung wieder. Die Tabelle ermöglicht einen differenzierten Blick auf die Ergebnisse für einzelne Akteursgruppen (Zei-len) und untersuchte ambulant betreute Wohngemeinschaften (Spalten). Die Zahlen geben wieder an, wie häufig die in einzelnen Kategorien adressiert wurden.

	WOGE A	WOGE B	WOGE C	Gesamt
Angehörige	Altruistisches Helfen (3)	Altruistisches Helfen (4)	Altruistisches Helfen (1)	Altruistisches Helfen (8)
	Verzicht (3)	Austausch (1)	Substitut staatl. Leistungen (1)	Verzicht (4)
	Gemeinwohl-orientierung (1)	Verzicht (1)	Zivilgesellschaftl. Verantwortung (1)	Austausch (1)
				Gemeinwohl-orientierung (1)
				Substitut staatl. Leistungen (1)
				Zivilgesellschaftliche Verantwortung (1)
Bürger-schaftlich Engagierte	Zivilgesellschaftl. Verantwortung (4)	Altruistisches Helfen (3)	Zivilgesellschaftl. Verantwortung (2)	Zivilgesellschaftl. Verantwortung (6)
	Gemeinwohl-orientierung (2)	Austausch (2)		Altruistisches Helfen (3)
		Substitut staatl. Leistungen (2)		Austausch (2)
				Gemeinwohl-orientierung (2)
				Substitut staatl. Leistungen (2)
Pflege-dienste	Austausch (2)	Altruistisches Handeln (2)	Verzicht (1)	Austausch (4)
	Zivilgesellschaftl. Verantwortung (2)	Austausch (2)		Altruistisches Helfen (2)
	Substitut staatl. Leistungen (1)	Verzicht (1)		Verzicht (2)
				Zivilgesellschaftl. Verantwortung (2)
				Substitut staatl. Leistungen (1)
Gesamt	Zivilgesellschaftl. Verantwortung (6)	Altruistisches Helfen (9)	Zivilgesellschaftl. Verantwortung (3)	Altruistisches Helfen (13)
	Altruistisches Helfen (3)	Austausch (5)	Altruistisches Helfen (1)	Zivilgesellschaftl. Verantwortung (9)
	Gemeinwohl-orientierung (3)	Substitut staatl. Leistungen (2)	Substitut staatl. Leistungen (1)	Austausch (7)
	Verzicht (3)	Verzicht (2)	Verzicht (1)	Verzicht (6)
	Austausch (2)			Substitut staatl. Leistungen (4)
	Substitut staatl. Leistungen (1)			Gemeinwohl-orientierung (3)

Tabelle 42: Verteilung der Kategorien der Definitionen bürgerschaftlichen Engagements

Die Befunde zeigen, dass über alle Akteursgruppen und ambulant betreuten Wohngemeinschaften hinweg, am häufigsten Merkmale ins Feld geführt werden, die der Kategorie „altruistisches Helfen" zuzuordnen sind. Auf den weiteren Plätzen folgen Aussagen, die in die Rubriken „zivilgesellschaftliche Verantwortung" bzw. „Austausch" fallen. Etwas seltener werden Merkmale aus den Kategorien „Verzicht", „Substitut staatlicher Leistungen" bzw. „Gemeinwohlorientierung" genannt.

Vergleicht man zunächst die Ergebnisse für die untersuchten ambulant betreuten Wohngemeinschaften, so fällt auf, dass sowohl in der bürgerschaftlich geprägten WOGE A als auch in der von Angehörigen gegründeten WOGE C Merkmale aus dem Bereich „zivilgesellschaftliche Verantwortung" dominieren, während diese in der durch einen Pflegedienst maßgeblich geprägten WOGE B überhaupt keine Erwähnung finden. Stattdessen werden dort vor allem Aspekte aus der Rubrik „altruistisches Helfen" angesprochen.

Auch der Vergleich der Ergebnisse für die verschiedenen Akteursgruppen ist aufschlussreich. Während Angehörige mit deutlichem Abstand am häufigsten auf die Kategorie „altruistisches Helfen" Bezug nehmen, rekurrieren bürgerschaftlich Engagierte am häufigsten auf „zivilgesellschaftliche Verantwortung". Bei den Vertreterinnen und Vertretern der Pflegedienste heben sich Bedeutungsmerkmale aus der Rubrik „Austausch" von der Menge ab.

Zusammenfassend zeigt die Auswertung dieser Frage, dass unter den Interviewpartnerinnen und -partnern kein einheitliches Verständnis bürgerschaftlichen Engagements vorherrscht. Gleichwohl sind Muster zu erkennen. Für Angehörige steht das Helfen im Vordergrund, für bürgerschaftlich Engagierte die Verantwortung des Einzelnen für die Gesellschaft und für Pflegedienste, dass man für sein Engagement etwas zurückbekommt. Ferner ist in den von bürgerschaftlich Engagierten (WOGE A) und Angehörigen (WOGE C) initiierten und getragenen ambulant betreuten Wohngemeinschaften die zivilgesellschaftliche Bedeutung des bürgerschaftlichen Engagements stärker verbreitet als in der von einem Pflegedienst initiierten und getragenen WOGE B. In diesen Auffassungen offenbaren sich noch einmal überdeutlich die zugrundeliegenden Systemimperative der jeweiligen Sektoren der Wohlfahrtsproduktion, wie die nachfolgende Tabelle 43 zeigt. Sie prägen das Verständnis und den Umgang mit bürgerschaftlichem Engagement, nicht nur, aber auch in ambulant betreuten Wohngemeinschaften.

Akteursgruppe	Sektor	Systemimperativ	Verständnis bürgerschaftlichen Engagements
Angehörige	primäre Netze	Zusammenhalt	Altruistisches Helfen
Bürgerschaftlich Engagierte	Assoziationen	Verständigung	Zivilgesellschaftliche Verantwortung
Pflegedienste	Markt	Profit	Austausch

Tabelle 43: Zentralwerte und Verständnisse bürgerschaftlichen Engagements

7.6 Zusammenfassung

Für einen besseren Überblick über alle Ergebnisse im Zusammenhang wurden die im Kapitel 7.1 bis 7.5 detailliert ausgeführten Resultate noch einmal verdichtet und zusammengefasst. Die Zusammenfassung in tabellarischer Form ist Tabelle 44 zu entnehmen. Die Tabelle enthält sowohl die Ergebnisse für das gesamte Interviewsample als auch getrennt nach ambulant betreuten Wohngemeinschaften und Akteursgruppen. Dabei wurden jeweils nur die dominierenden Konzepte aufgenommen. Details sind den Einzelauswertungen zu entnehmen.

		ALLE	WOGE A	WOGE B	WOGE C	Angehörige	Bürgerschaftlich Engagierte	Pflegedienste
Gründungsimpuls			Bürgerschaftlich Engagierte	Pflegedienst	Angehörige			
Besonderheiten der WOGE		Familiäre Atmosphäre	Familiäre Atmosphäre	Familiäre Atmosphäre Individuelle Betreuung	Familiäre Atmosphäre Individuelle Betreuung	Familiäre Atmosphäre	Familiäre Atmosphäre	Individuelle Betreuung
Umfang in h/w des Engagements		8,4	9,2 (AN+BE)	5,9 (AN+BE)	10,2 (AN+BE)	11,9	4,8	
Dauer in Jahren des Engagements		3,6	4,3 (AN+BE)	2,3 (AN+BE)	4,2 (AN+BE)	3,7	3,6	
Anzahl diverser Tätigkeiten	Operative	36	25	17	23			
	Konzeptionelle	20	16	9	9			
	Gesamt	56	41	26	32			
Strukturmerkmale	Dienstplanrelevanz	mehrheitlich nein	ja (AN)	nein	nein			
	Aufwandsentschädigung (BE)	mehrheitlich ja	ja/nein	ja	ja/nein			
	Mitwirkung BE in Betreuung	ja	ja	ja	ja			
	Mitwirkung BE in Hauswirtschaft	mehrheitlich ja	ja	nein	ja			
	Mitwirkung BE in Konzeption	mehrheitlich ja	ja	nein	ja			
	BE Moderatorin	mehrheitlich nein	nein	ja	nein			
	Generalmieter	mehrheitlich Verein	Verein		Verein			
	Anzahl in WOGE tätiger BE	ø 14	26	6	10			

		ALLE	WOGE A	WOGE B	WOGE C	Angehörige	Bürgerschaftlich Engagierte	Pflegedienste
Präferenzen bezüglich Engagement		Betreuung	Betreuung	Betreuung	Betreuung	Betreuung	Betreuung	
Veränderung	Generell	ja=15 (N=18)	ja	ja/nein	ja/nein	ja	ja/nein	ja/nein
	Ursachen	Organisationsentwicklung	Organisationsentwicklung	Organisationsentwicklung Persönliche Situation	Individuelles Lernen	Organisationsentwicklung	Organisationsentwicklung Individuelles Lernen	
Geschlechterverteilung		überwiegend weiblich	überwiegend weiblich	ausschließl. weiblich	ausgeglichen	überwiegend weiblich	überwiegend weiblich	
Rahmenbedingungen	Hilfreich	Kooperation	Anerkennung Kooperation	Familiäre Atmosphäre	Organisation	Familiäre Atmosphäre Kooperation	Flexibilität	Anerkennung
	Hemmend	Organisation	Organisation Zeit-/Rollenkonflikte	Räumliche Distanz	Konflikte	Konflikte Zeit-/Rollenkonflikte	Zeit-/Rollenkonflikte	Organisation
Zugangswege zum BE		Betroffenheit	Betroffenheit Persönlicher Kontakt	Berufliche Sozialisation	Betroffenheit	Betroffenheit	Persönlicher Kontakt	Infokanal Persönlicher Kontakt
Motivation		Betroffenheit	Betroffenheit	Verpflichtung	Betroffenheit	Betroffenheit	Notwendigkeit	uneinheitlich
Anerkennungskultur	Anerkennung	ja=12/nein=6	ja=5/nein=2	ja=3/nein=3	ja=4/nein=1	ja=3/nein=6	ja=9/nein=0	
	Praktizierte Anerkennungsform	Wertschätzung	Geschenke	Qualifizierung	Wertschätzung	Wertschätzung	Finanzielle Aspekte	
Ethisch schwierige Entscheidungen	Menge	ja=44%	ja=62%	ja=14%	ja=28%	ja=44%	ja=44%	
	Art		Unternehmerisches Risiko	uneinheitlich	uneinheitlich	uneinheitlich	uneinheitlich	
Belastung		Überforderung	Verantwortung	Konflikte	Überforderung	Überforderung Verantwortung	Verantwortung	

		ALLE	WOGE A	WOGE B	WOGE C	Angehörige	Bürgerschaftlich Engagierte	Pflegedienste
Einschätzung wichtigste Akteursgruppe		Pflegedienst	Pflegedienst	Pflegedienst	Angehörige	Pflegedienst	Gemeinschaft	uneinheitlich
Zusammenarbeit der Akteure	Qualität	gut	sehr gut	gut	befriedigend	Defizite	kein Urteil möglich	positiv
	Quantität	Pflegedienst				Pflegedienst	Pflegedienst	Pflegedienst
Auswahl BE	Wer wählt aus	Initiator	Verein	Pflegedienst	Angehörige			
	Auswahlkriterien	nein	nein (Hospitation)	nein	nein			
Anbindungsstrukturen	Angehörigentreffen	ja	6-wöchentlich	12-wöchentlich	4-wöchentlich			
	BE-Treffen	ja	8-wöchentlich	4-wöchentlich	jährlich			
	Angehörige & Verein		Repräsentation im VS		Teilnahme an MV			
	BE & Verein		Teilnahme an MV		Ladung zu VS			
	Angehörige & Verein & Pflegedienst		jährlich		6-wöchentlich (ohne BE)			
Abstimmungsprozesse	Angehörige (nicht dienstplanrelevant)	nein	nein	nein	nein			
	BE	ja (uneinheitlich)	Kalender	mit Pflegedienst	mit Angehörigen & Pflegedienst & Kalender			

		ALLE	WOGE A	WOGE B	WOGE C	Angehörige	Bürgerschaftlich Engagierte	Pflegedienste
Bewertung	Generell	Bereicherung	Bereicherung	Entlastung	Bereicherung	Bereicherung	Bereicherung	Entlastung
	Bewährte Ansätze	Einzelbetreuung Vielfalt	Einzelbetreuung	Vielfalt	Organisation	Vielfalt	Vielfalt	Einzelbetreuung
	Optimierung	Ausbau	Ausbau	Ausbau	Organisation	Ausbau	Organisation	Ausbau
	Eigennutzen	Befriedigung	Befriedigung	Befriedigung	Befriedigung	Befriedigung	Befriedigung	Bereicherung
	Nutzen WOGE	Bereicherung	Bereicherung Entlastung Organisation	Familiäre Atmosphäre	Bereicherung	Familiäre Atmosphäre	Entlastung	
Nutzen	Grundsätzlich ohne BE vorstellbar	ja=12/nein=8	ja	ja	nein	ja	ja	ja
	Bewältigbare Konsequenzen	Vielfalt	Familiäre Atmosphäre Vielfalt	Entlastung Vielfalt	Familiäre Atmosphäre	Vielfalt	Familiäre Atmosphäre	Vielfalt
	Nichtbewältigbare Konsequenzen	Existenz Vielfalt	Familiäre Atmosphäre Existenz	Entlastung	Vielfalt	Vielfalt	Existenz	Existenz
Definition BE		Altruistisches Helfen	Zivilgesellschaftliche Verantwortung	Altruistisches Helfen	Zivilgesellschaftliche Verantwortung	Altruistisches Helfen	Zivilgesellschaftliche Verantwortung	Austausch

Tabelle 44: Zusammenfassender Überblick über die Ergebnisse

Fasst man alle geführten Interviews in den drei ambulant betreuten Wohngemeinschaften zusammen, so ergibt sich folgendes Bild: Die Besonderheit der Wohnform wird mehrheitlich in ihrer familiären Atmosphäre gesehen. Der Umfang des Engagements von Angehörigen und bürgerschaftlich Engagierten beträgt im Schnitt 8,4 Stunden pro Woche. Angehörige und bürgerschaftlich Engagierte sind im Mittel seit 3,6 Jahren in den ambulant betreuten Wohngemeinschaften aktiv. Sie betätigen sich im Rahmen operativer Aufgaben in den ambulant betreuten Wohngemeinschaften und übernehmen konzeptionelle Aufgaben für die ambulant betreuten Wohngemeinschaften. Operative Aufgaben überwiegen in der Gesamtbetrachtung. Die Tätigkeit von Angehörigen und bürgerschaftlich Engagierten in ambulant betreuten Wohngemeinschaften ist mehrheitlich nicht dienstplanrelevant. Die meisten bürgerschaftlich Engagierten erhalten eine Aufwandsentschädigung für ihre Tätigkeit. Bürgerschaftlich Engagierte und Angehörige in den ambulant betreuten Wohngemeinschaften wirken immer im Rahmen der Betreuung von Mieterinnen und Mietern mit und übernehmen häufig auch hauswirtschaftliche Aufgaben. Das Vorhandensein einer Moderatorin ist eher die Ausnahme. Im Mittel sind 14 bürgerschaftlich Engagierte in den ambulant betreuten Wohngemeinschaften tätig. Ihre Präferenz bezüglich ihres Engagements liegt überwiegend bei der Betreuung der Mieterinnen und Mieter. Bürgerschaftliches Engagement in ambulant betreuten Wohngemeinschaften verändert sich mit der Entwicklung der Organisation der ambulant betreuten Wohngemeinschaften und ist überwiegend weiblich geprägt. Als hilfreiche Rahmenbedingung für bürgerschaftliches Engagement wird die gute Kooperation zwischen allen Beteiligten geschätzt. Hemmend wirkt sich eine unzureichende Organisation aus. Was die Zugangswege zum bürgerschaftlichen Engagement von Angehörigen und bürgerschaftlich Engagierten betrifft, steht die persönliche Betroffenheit im Vordergrund. Die Motivation von Angehörigen und bürgerschaftlich Engagierten, sich in ambulant betreuten Wohngemeinschaften zu betätigen, hängt häufig mit der persönlichen Betroffenheit zusammen. Die Mehrheit der Angehörigen und bürgerschaftlich Engagierten erfährt für ihre Tätigkeit Anerkennung, vornehmlich in Form von Wertschätzung. Knapp die Hälfte der Angehörigen und bürgerschaftlich Engagierten stehen im Rahmen ihres bürgerschaftlichen Engagements gelegentlich vor (ethisch) schwierigen Entscheidungen, die unterschiedliche Ursachen haben können. Viele bürgerschaftlich Engagierte und Angehörige durchleben im Laufe ihrer Tätigkeit Überforderungssituationen. Von allen Interviewten wird der Pflegedienst in den ambulant betreuten Wohngemeinschaften als wichtigste Akteursgruppe erachtet, mit der die anderen Akteursgruppen am häufigsten interagieren. Generell wird die Zusammenarbeit der Akteure als gut eingeschätzt. Bürgerschaftlich Engagierte werden in der Regel von den Initiatorinnen und Initiatoren ausgewählt. Definierte Auswahlkriterien sind durchgängig nicht vorhanden. In ambulant betreuten Wohngemeinschaften sind typischer Weise Treffen von Angehörigen sowie von bürgerschaftlich Engagierten untereinander institutionalisiert. Die akteursgruppenübergreifenden Anbindungsstrukturen variieren. Die Tätigkeit von Angehörigen in ambulant betreuten Wohngemeinschaften ist durchgängig nicht abgestimmt, sondern den persönlichen Möglichkeiten und Umständen überlassen. Die Tätigkeit von bürgerschaftlich Engagierten wird hingegen (in unterschiedlicher Form) vorab abgestimmt. Die Interviewten bewerten bürgerschaftliches Engagement in erster Linie als eine Bereicherung des Lebens in den ambulant betreuten Wohngemeinschaften. Sie sehen insbesondere in der Einzelbetreuung und in der Vielfalt des bürgerschaftlichen Engagements bewährte Ansätze und wünschen den weiteren Ausbau des bürgerschaftlichen Engagements. Der Nutzen bürgerschaftlichen Engagements wird persönlich in der eigenen Befriedigung gesehen, der Nutzen für die ambulant betreuten Wohngemeinschaften primär in der Bereicherung des Lebens in den ambulant betreuten Wohngemeinschaften. Mehrheitlich können sich die Interviewpartnerinnen und -partner vorstellen, dass ambulant betreuten Wohngemeinschaften auch ohne bürgerschaftliches Engagement funktionieren. Die Konsequenzen fehlenden bürgerschaftlichen Engagements werden primär in einer eingeschränkten Vielfalt ausgemacht. Die Minderheit derjenigen, die sich ambulant betreute Wohngemeinschaften ohne bürgerschaftliches Engagement nicht vorstellen können, beurteilt diese Konsequenz allerdings existenzgefährdend. Bei der Perspektive auf bürgerschaftliches Engagement im Allgemeinen dominiert das Thema des altruistischen Helfens.

8. Zentrale Ergebnisse und Schlussfolgerungen

Ziel dieser Arbeit ist es, die Bedeutung des bürgerschaftlichen Engagements in und für ambulant betreute Wohngemeinschaften zu untersuchen. Dazu wurde nach einer kurzen Darstellung relevanter Kontextfaktoren die Wohnform ambulant betreuter Wohngemeinschaften umfassend charakterisiert. Als Theoriegrundlagen wurden die Konzepte des Wohlfahrtspluralismus und der Zivilgesellschaft erörtert, zudem wurde eine Bestandsaufnahme bürgerschaftlichen Engagements in Deutschland vorgenommen. Im Rahmen der empirischen Analysen wurden drei ambulant betreute Wohngemeinschaften untersucht. Dem Prozess der qualitativen Sozialforschung folgend, münden die theoretischen und empirischen Analyseergebnisse in die Formulierung zentraler Ergebnisse und Schlussfolgerungen zum bürgerschaftlichen Engagement in ambulant betreuten Wohngemeinschaften. Diese Ergebnisse und Schlussfolgerungen können künftigen Forschungsarbeiten und Weiterentwicklungen als Ansatzpunkte dienen.

Im Folgenden werden insgesamt vier zentrale Ergebnisse zum bürgerschaftlichen Engagement in ambulant betreuten Wohngemeinschaften dargestellt, die sich aus der Synopse empirischer und theoretischer Befunde ergeben. Sie werden expliziert, mit Bezugnahme auf die empirischen Auswertungen begründet, in der Literatur verankert und mithilfe der Erkenntnisse aus der Gruppendiskussion mit Expertinnen und Experten validiert. Abschließend werden Schlussfolgerungen abgeleitet.

8.1 Frauen aus affinen Milieus und Berufsfeldern dominieren bürgerschaftliches Engagement in ambulant betreuten Wohngemeinschaften für ältere Menschen

Explikation
Die Bereitschaft bürgerschaftlich Engagierter, sich in ambulant betreuten Wohngemeinschaften zu betätigen, korreliert mit persönlicher Erfahrung in der Begleitung unterstützungsbedürftiger Menschen, sozio-kultureller Einstellung und Geschlecht. Angehörige, die sich über ihr Angehörigenengagement hinaus in ambulant betreuten Wohngemeinschaften einbringen,

wachsen, wie die empirischen Befunde zeigen (vgl. 7.3), sukzessive in diese Rolle. Ausgangspunkt ist stets die persönliche Betroffenheit durch Aufnahme eines Familienmitglieds sowie der Wunsch nach weiterer Teilhabe an dessen Leben. Da dieses Phänomen keiner spezifischen Erläuterung bedarf, bezieht sich das vorliegende Ergebnis primär auf das Zustandekommen des Engagements bürgerschaftlich Engagierter im engeren Sinne, das heißt auf deren Zugangswege, Motivlagen und persönliche Merkmale. Es besagt, dass die Wahrscheinlichkeit, sich in ambulant betreuten Wohngemeinschaften zu engagieren, dann besonders hoch ist, wenn eine berufliche Sozialisation im sozialen Bereich vorliegt und/oder persönliche Kontakte zu Personen bestehen, die mit ambulant betreuten Wohngemeinschaften verbunden sind. Anders ausgedrückt: Persönliche Kontakte und einschlägige berufliche Sozialisation begünstigen den Zugang zu bürgerschaftlichem Engagement in ambulant betreuten Wohngemeinschaften. Das Ergebnis besagt ferner, dass die Motivation zu bürgerschaftlichem Engagement in ambulant betreuten Wohngemeinschaften primär aus intrinsischen Motiven heraus erfolgt, das heißt von grundlegender Gemeinwohlorientierung und Mitgestaltungswillen getragen wird. Es besagt schließlich, dass es insbesondere Frauen sind, die sich in ambulant betreuten Wohngemeinschaften bürgerschaftlich engagieren.

Empirische Fundierung

Dieses Ergebnis basiert auf den Befunden der empirischen Untersuchung zum Zugang zu bürgerschaftlichem Engagement in ambulant betreuten Wohngemeinschaften (vgl. 7.3.7): Dass bei der Gruppe der Angehörigen die persönliche Betroffenheit den wichtigsten Auslöser darstellt, ist naheliegend. Bei der Gruppe der bürgerschaftlich Engagierten stellen persönliche Kontakte und die eigene berufliche Sozialisation die mit Abstand wichtigsten Faktoren für das Zustandekommen bürgerschaftlichen Engagements dar. Sie werden von den interviewten bürgerschaftlich Engagierten doppelt so häufig angeführt wie die Aspekte Betroffenheit und Überzeugung. Die Relevanz persönlicher Kontakte zeigt sich ebenfalls darin, dass WOGE A mit 26 Personen mit Abstand die meisten bürgerschaftlich Engagierten aufweist und mit insgesamt 18 Nennungen überdies die größte und vielfältigste Palette an Zugangswegen. Dies lässt auf einen kontaktvermittelten Multipli-

katoreneffekt schließen, dergestalt, dass desto mehr bürgerschaftlich Engagierte gewonnen werden können, je mehr Personen in der ambulant betreuten Wohngemeinschaft tätig sind.

Das Ergebnis bezieht sich ferner auf die Befunde der empirischen Untersuchung zur Motivation Angehöriger und bürgerschaftlich Engagierter. Hier
offenbart sich die persönliche Betroffenheit mit zwölf Nennungen als das
mit Abstand stärkste Motiv (vgl. Tabelle 27). Ein differenzierter Blick zeigt
allerdings, dass dieses Resultat beinahe ausschließlich durch Nennungen
von Angehörigen zustande kommt (vgl. Tabelle 28). Für sie stellen Betroffenheit, der Wunsch nach persönlicher Teilhabe am Leben des Angehörigen
sowie das Gefühl der Verpflichtung starke Motive dar. Von den interviewten bürgerschaftlich Engagierten wird Betroffenheit hingegen lediglich einmal genannt. Für sie stehen die Überzeugung von der Notwendigkeit bzw.
Sinnhaftigkeit des Engagements und das Motiv, mitgestaltend tätig zu werden, im Vordergrund. Des Weiteren spielen die Freude an der Tätigkeit sowie die persönliche Bedürfnisbefriedigung eine Rolle. Konkrete Nutzener-
wartungen durch Anerkennung bzw. berufliche Vorteile werden lediglich
vereinzelt angesprochen. Aufschlussreich sind ferner die Befunde zur Anerkennung des bürgerschaftlichen Engagements (vgl. 7.3.9). Während alle
bürgerschaftlich Engagierten eine Anerkennung ihres Engagements (ja=9,
nein=0) erfahren, sehen Angehörige ihr Engagement mehrheitlich als nicht
anerkannt an (ja=3, nein=6). Dieser Unterschied ist mit der dominierenden
Form der Anerkennung für die jeweiligen Akteursgruppen zu erklären.
Während bei den Angehörigen Anerkennung eher ideell in Form von Wertschätzung praktiziert und erfahren wird, überwiegen bei den bürgerschaftlich Engagierten konkrete Manifestationen, wie finanzielle Vorteile, Qualifizierung, Geschenke und Einladungen zu gemeinsamen Festen. Dies lässt
den Schluss zu, dass ideelle Anerkennung offensichtlich weniger stark
wahrgenommen wird als materielle. Nichtsdestotrotz muss das Verhältnis
von Motivation und Anerkennung differenziert betrachtet werden. Zwar
nehmen bürgerschaftlich Engagierte die Anerkennung in materieller Form
wahr, gleichwohl wird sie weder als wichtiges Motiv genannt (vgl. 7.3.8)
noch als wesentlicher Nutzen (vgl. 7.4.5). Das bedeutet nicht, dass auf Anerkennung verzichtet werden kann, es belegt aber, dass die Motivation der
bürgerschaftlich Engagierten nicht aus dem Streben nach Anerkennung re-

sultiert, sondern vielmehr auf Gemeinwohlorientierung und Mitgestaltungswillen basiert.

Das Ergebnis stützt sich schließlich auch auf die festgestellten Ge-
schlechterrollen im Rahmen des bürgerschaftlichen Engagements in ambulant betreuten Wohngemeinschaften. Die empirischen Befunde zeigen, dass
die Frauendominanz für die Gruppe der Angehörigen in gleichem Maße gilt
wie für die Gruppe der bürgerschaftlich Engagierten. In allen drei beforschten ambulant betreuten Wohngemeinschaften sind es überwiegend Frauen,
die sich bürgerschaftlich engagieren. In WOGE B sind ausschließlich
Frauen engagiert, in WOGE A ebenfalls, mit Ausnahme eines „angehörigen
Mannes", der sich über die Angehörigenrolle hinaus einbringt. In WOGE C
sind mehrere Männer involviert. Die Tätigkeitsbereiche der männlichen Engagierten erstrecken sich allerdings auf Koordinations- (WOGE A) bzw.
Sprecher- und Vereinsfunktionen (WOGE C), das heißt Leitungs- und Managementaufgaben, während die unmittelbaren operativen Aufgaben in den
ambulant betreuten Wohngemeinschaften ausschließlich von Frauen wahrgenommen werden.

Theoretische Verankerung

Das vorgestellte Ergebnis steht im Einklang mit den Befunden der Fachliteratur. Die Bedeutung persönlicher Kontakte und einschlägiger beruflicher
Sozialisation für den Zugang zum bürgerschaftlichen Engagement spiegelt
sich auch in den Ergebnissen des Freiwilligensurveys (vgl. BMFSFJ 2010)
wider. Dort wird festgestellt, dass zur Gewinnung von bürgerschaftlich Engagierten die traditionellen Kanäle, wie z.B. Mundpropaganda im Familien-,
Verwandtschafts-, Freundes- und Bekanntennetzwerk, auch in einer modernen Gesellschaft von großer Bedeutung sind. So kommt „die große Mehrheit
der freiwilligen Tätigkeiten dadurch zustande, dass Menschen im Rahmen
von Organisationen und Institutionen von leitenden Personen auf die Übernahme einer Tätigkeit hin angesprochen werden" (BMFSFJ 2010, S. 64f).
Der Freiwilligensurvey konstatiert auch einen Zusammenhang zwischen
(derzeitigem oder früherem) Beruf und dem bürgerschaftlichen Engagement.
Dies gilt insbesondere für bürgerschaftliches Engagement im sozialen
(2009: 32 %) und im Gesundheitsbereich (2009: 39 %). Berufsnähe ist vor
allem dann bedeutsam, wenn den bürgerschaftlich Engagierten ein hohes

Maß an Fachwissen bei der Ausübung ihrer Tätigkeit abverlangt wird (vgl. BMFSFJ 2010, S. 264). Zudem gilt, dass die Nähe zum Beruf mit zunehmendem Alter der bürgerschaftlich Engagierten relevanter wird. Besonders häufig ist bürgerschaftliches Engagement von Rentnerinnen und Rentnern mit ihren früheren Berufen verknüpft (vgl. BMFSFJ 2010, S. 266). Angesichts des Durchschnittsalters der in den ambulant betreuten Wohngemeinschaften engagierten Personen (Angehörige=66 Jahre, bürgerschaftlich Engagierte=57 Jahre, bezogen auf das Durchschnittsalter der interviewten Personen), wundert es nicht, dass sich dieser Zusammenhang auch in den vorliegenden empirischen Befunden abbildet.

Auch zu den Motiven bürgerschaftlich Engagierter finden sich in der Fachliteratur Bezüge. Das vorliegende Ergebnis korrespondiert mit der Annahme unterschiedlicher Funktionslogiken und Zentralwerte der Sektoren primäre Netze bzw. Assoziationen (vgl. Abbildung 5) in der Theorie des Wohlfahrtspluralismus (vgl. Klie, Roß 2007, S. 71ff). Bei den Angehörigen (primäre Netze) dominiert mit Betroffenheit, Teilhabe und Verpflichtung die auf Zugehörigkeit und Pflicht basierende Funktionslogik sowie der Systemimperativ Zusammenhalt. Die Motive der bürgerschaftlich Engagierten spiegeln demgegenüber den Zentralwert des dritten Sektors, Solidarität bzw. Aktivität, wider. Die Relevanz der sozio-kulturellen Einstellung, genauer von Gemeinwohlorientierung und Mitgestaltungswillen, als Motiv bürgerschaftlichen Engagements korrespondiert mit den Ergebnissen des Freiwilligensurveys (vgl. BMFSFJ 2010). Das Bedürfnis, etwas für die Gesellschaft zu tun bzw. sie zumindest im Kleinen mitzugestalten, wird dort als wesentliche Triebfeder bürgerschaftlichen Engagements erachtet (vgl. BMFSFJ 2010, S. 115ff). Wie die empirischen Befunde der hier vorliegenden Arbeit zeigen, sind die Motive bürgerschaftlich Engagierter im Einzelnen durchaus vielfältig (vgl. Tabelle 28). Das kann unter anderem damit erklärt werden, dass dem bürgerschaftlichen Engagement unterschiedliche Motivationstypen zugrunde liegen. Der Freiwilligensurvey unterscheidet diesbezüglich den gemeinwohlorientierten Typus (in den vorliegenden empirischen Befunden: Notwendigkeit und Mitgestaltung) vom geselligkeitsorientieren Typus (in den vorliegenden empirischen Befunden: Freude und persönliche Bedürfnisbefriedigung) und vom interessensorientierten Typus (in den vorliegenden empirischen Befunden: beruflicher Nutzen und Anerkennung), (vgl.

BMFSFJ 2010, S. 122ff). Alle Typen sind in ambulant betreuten Wohngemeinschaften anzutreffen, der gemeinwohlorientierte Typus am häufigsten. Jähnert (2011) zufolge weisen unterschiedliche gesellschaftliche Milieus unterschiedliche Affinitäten für bürgerschaftliches Engagement auf, die auf unterschiedlichen Motiven basieren. Insbesondere die „neuen Mittel- und Oberschichten" bestehend aus „liberal-intellektuellem", „sozialökologischem", „adaptiv-pragmatischem" und „expeditivem" Milieu sowie dem Milieu der „Performer" sprechen auf selbstbestimmtes, teilhabe- und gemeinwohlbezogenes bürgerschaftliches Engagement an (vgl. Jähnert 2011, S. 2f). Sie sind das Reservoir, aus dem ambulant betreute Wohngemeinschaften schöpfen.

Der in dem Ergebnis enthaltene Genderaspekt wird ebenfalls durch die Fachliteratur gestützt. Der Freiwilligensurvey (vgl. BMFSFJ 2010, S. 167ff) zeigt zwar, dass in der Gesamtbetrachtung Männer (mit einem Anteil von 40 %) stärker als Frauen (mit einem Anteil von 32 %) bürgerschaftlich engagiert sind. Dies gilt aber nicht für bürgerschaftliches Engagement im sozialen Bereich. Hier dominiert das Frauenengagement (vgl. BMFSFJ 2010, S. 170). Ferner zeigt der Freiwilligensurvey, dass die Geschlechter auch auf den verschiedenen Ebenen des Engagements unterschiedliche vertreten sind: „Frauen arbeiten mehr am Menschen und Männer mehr an der Sache" (BMFSFJ 2010, S. 167). Daraus ergibt sich eine geringere Vertretung von Frauen in Leitungspositionen, selbst in den Bereichen, die vom bürgerschaftlichen Engagement von Frauen bestimmt werden (vgl. Wegleitner, Heimerl 2010, S. 214). Der Freiwilligensurvey beschreibt die Situation wie folgt: „Der mehr oder weniger freiwilligen traditionellen Arbeitsteilung der Geschlechter im Privaten, in der Gesellschaft und im Beruf setzt auch die Zivilgesellschaft kein Alternativmodell entgegen" (BMFSFJ 2010, S. 167). Mit den Erkenntnissen der Genderforschung im Bereich Altenarbeit und Palliative Care befindet sich das Ergebnis ebenfalls in Einklang. Reitinger und Beyer (2010) folgend ist sowohl die Bewohnerschaft von Alten- und Pflegeeinrichtungen als auch deren Betreuung in erster Linie weiblich geprägt (vgl. Reitinger, Beyer 2010, S. 9). Wegleitner und Heimerl (2010) stellen fest: „Häusliche Pflege wird sowohl informell als auch professionell überwiegend von Frauen geleistet" (Wegleitner, Heimerl 2010, S. 211). Für stationäre Pflegeeinrichtungen kommt Reitinger (2010) zu dem Schluss:

„Sowohl die Personen, die in stationären Altenpflegeeinrichtungen leben, als auch die professionell Pflegenden und Betreuenden sowie Angehörige, die zu Besuch kommen, sind vor allem weiblich" (Reitinger 2010, S. 301). Durch die Ergebnisse der vorliegenden Arbeit können diese Erkenntnisse nun auch für bürgerschaftliches Engagement in ambulant betreuten Wohngemeinschaften empirisch belegt werden. Ferner trifft die Feststellung auch auf die Mieterinnen und Mieter sowie die professionell Pflegenden in ambulant betreuten Wohngemeinschaften zu, was allerdings nicht im Fokus der Forschung stand. Ob der Befund nun mit gesellschaftlich abgewerteten, spezifisch weiblichen Kompetenzen (vgl. Reitinger, Beyer 2010, S. 13f) und/oder mit geschlechtsspezifischer Arbeitsteilung (vgl. Reitinger, Beyer 2010, S. 15) zusammenhängt, kann an dieser Stelle aufgrund der anders gelagerten Zielsetzung der Untersuchung nicht abschließend beantwortet werden. Festzuhalten bleibt jedoch, dass bürgerschaftliches Engagement in ambulant betreuten Wohngemeinschaften primär von Frauen geleistet wird, sei es als Angehörige oder als bürgerschaftlich Engagierte.

Validierung anhand der Gruppendiskussion
Die Validierung des Ergebnisses im Rahmen der Gruppendiskussion mit Expertinnen und Experten erbrachte eine weitgehende Bestätigung. Die Expertinnen und Experten sehen bürgerschaftliches Engagement in ambulant betreuten Wohngemeinschaften als „rare und seltene Pflanze" (GI 11) an, die aber unbedingt gefördert und aufgebaut werden müsse (vgl. GI 246f). Sie unterscheiden zwischen dem bürgerschaftlichen Engagement von Angehörigen, die sich über ihre Angehörigenrolle hinaus für die gesamte Gruppe engagieren und bürgerschaftlich Engagierten im engeren Sinne (vgl. GI 106ff). Das Engagement Ersterer wird im Vergleich als umfangreicher bewertet, das der bürgerschaftlich Engagierten spiele eher eine „marginale Rolle" (GI 15). Der Zugang von Angehörigen zum bürgerschaftlichen Engagement wird als „schleichender Übergang" (GI 109) betrachtet, bei dem Angehörige aus dem Bezug zum eigenen Familienmitglied heraus in das Engagement für die gesamte ambulant betreute Wohngemeinschaft hineinwachsen (vgl. GI 122f). Die Annahme, dass insbesondere einschlägige berufliche Sozialisation und persönliche Kontakte den Zugang zum bürgerschaftlichen Engagement begünstigen, wird von den Expertinnen und Ex-

perten bestätigt. Sowohl der berufliche Hintergrund (vgl. GI 90) wird für relevant erachtet als auch die Erfahrung „in der Organisation sozialpolitischer Prozesse" (GI 152). Die Relevanz von Kontakten zeige sich in der Metamorphose vom Angehörigen zum bürgerschaftlich Engagierten und auch in der Tatsache, dass bürgerschaftliches Engagement „nur über den Kontakt zu einem einzelnen Bewohner und zu einem einzelnen Angehörigen" (GI 62-63) zustande käme, also quasi eine „Einladung zumindest eines Angehörigen" (GI 60) voraussetze. Die im Ergebnis angesprochene Bedeutung der sozio-kulturellen Einstellung als Motivationshintergrund wird von allen Expertinnen und Experten bestätigt. Sie spezifizieren vor ihrem Erfahrungshintergrund, dass Gemeinwohlorientierung und Mitgestaltungswille sowohl aus einer christlichen Orientierung (vgl. GI 138-140) resultieren können, als auch aus einer links-alternativen sozialpolitischen Grundeinstellung (vgl. GI 147-154) oder einer bildungsbürgerlichen Herkunft (vgl. GI 163-165). Dies deckt sich mit den in der Literatur beschriebenen Milieureservoirs für bürgerschaftliches Engagement in ambulant betreuten Wohngemeinschaften (vgl. Jähnert 2011, S. 2f). Der Gender-Bias wird ebenfalls überwiegend bestätigt (vgl. GI 91, 166). Lediglich eine Expertin schränkt ein, dass aus ihrer Perspektive auch viele Männer und Söhne im Anschluss an die Angehörigenfunktion bürgerschaftlich in ambulant betreuten Wohngemeinschaften tätig bleiben (vgl. GI 141-144). Dabei dürfte es sich aber um einen singulären Eindruck handeln, der weder durch die Genderforschung noch durch die empirischen Ergebnisse dieser Arbeit bestätigt werden. Insofern kann das Ergebnis 1 abschließend als von den Expertinnen und Experten validiert betrachtet werden.

Schlussfolgerungen

Im Hinblick auf die weitere Entwicklung und Verbreitung ambulant betreuter Wohngemeinschaften, die bürgerschaftliches Engagement zur Sicherstellung der Qualität beinhalten, weist das hier vorliegende Ergebnis auf die Gefahr hin, dass diese alternative Wohnform auf mittlere Sicht insbesondere in einschlägigen Milieus gedeihen und damit ein Nischendasein fristen könnte. Um dieser Gefahr entgegenzuwirken, erscheint es vor dem Hintergrund der Forschungsergebnisse nicht ausreichend, nur Frauen mittleren Alters, mit einschlägiger beruflicher Vorerfahrung, persönlich zu kontaktieren und für die Übernahme unmittelbarer Betreuungsaufgaben in ambulant betreuten Wohngemeinschaften zu gewinnen. Eine solche Empfehlung würde sich zu sehr am Status Quo orientieren. Um ambulant betreute Wohngemeinschaften mit bürgerschaftlichem Engagement in die „Mitte der Gesellschaft" zu holen, muss zusätzlich daran gearbeitet werden, die Bereitschaft zu bürgerschaftlichem Engagement in ambulant betreuten Wohngemeinschaften in anderen, als den bereits affinen Milieus zu steigern.

Einen Ansatzpunkt hierfür liefert das Konzept der „Caring Community". Es fordert, dass sich die Mitglieder der Gesellschaft am Gedanken einer fürsorgenden Gemeinschaft orientieren. Die Aktualität dieses sozialpolitischen Konzeptes lässt sich unter anderem daran ablesen, dass Ende 2012 die Sachverständigenkommission zum Siebten Altenbericht der Bundesregierung zu diesem Thema einberufen wurde (vgl. BMFSFJ 2012). Eine „Caring Community" setzt auf gelebte Verbundenheit und Solidarität. Das Konzept geht davon aus, dass es insbesondere in kleinräumigen, lokalen Strukturen gelingen kann, nachbarschaftliche Netzwerke und zivilgesellschaftliches Engagement zu mobilisieren. Der erforderliche Bewusstseinswandel soll sich prozesshaft entwickeln und durch vielfältige Öffentlichkeitsarbeit unterstützt werden. Für die Entwicklung ambulant betreuter Wohngemeinschaften bedeutet dies, dass bei deren Etablierung insbesondere auf eine enge Einbindung in lokale Strukturen zu achten ist, in denen gelebte nachbarschaftliche Solidarität als Motivhintergrund für bürgerschaftliches Engagement stärker wirkt als milieubasierte Affinität.

Ferner kann der Zugang zum bürgerschaftlichen Engagement für neue Personengruppen dadurch geöffnet werden, dass spezifische Tätigkeitsfelder identifiziert und aktiv vermarktet werden. Ein Beispiel hierfür ist das „Musikpatenprojekt" (GI 85) in Hamburg. Im Rahmen des „Musikpatenprojekts" werden Menschen mit einer besonderen Vorliebe für Musik qualifiziert, um in ambulant betreuten Wohngemeinschaften Musikprojekte anzubieten. Der Ansatzpunkt zur Erschließung neuer Zielgruppen für bürgerschaftliches Engagement in ambulant betreuten Wohngemeinschaften ist in diesem Fall die Tätigkeit als solches, ungeachtet der konkreten Umgebung in der sie ausgeübt wird. Das Spektrum an Tätigkeiten ist dabei offen und keineswegs auf Musik beschränkt.

Ferner sollte darauf hingewirkt werden, künftig auch verstärkt Männer für bürgerschaftliches Engagement in ambulant betreuten Wohngemeinschaften zu gewinnen. Dabei ist zum einen an die „Auslobung" handwerklicher bzw. managerialer Aufgabenbereiche zu denken, die auf traditionellen Rollenverständnissen aufbauen kann. In diesem Zusammenhang kann auch eine Öffentlichkeitsarbeit helfen, die es schafft, ambulant betreute Wohngemeinschaften breiteren Bevölkerungsschichten bekannt zu machen. Darüber hinaus wäre zu überlegen, wie die traditionellen Rollenverständnisse überwunden und Männer motiviert werden können, sich in „Frauendomänen" zu betätigen. Dazu gilt es, sozialpolitische Strategien und Anreizsysteme zu konzipieren, die einen entsprechenden Bewusstseinswandel begünstigen.

Alle hier genannten Ansatzpunkte verfolgen gemeinsam eine Strategie: breite gesellschaftliche Schichten für bürgerschaftliches Engagement in ambulant betreuten Wohngemeinschaften zu erschließen, um dadurch die Lebensqualität älterer Menschen zu steigern, die Wohnform gesellschaftlich breiter zu verankern und einer dauerhaften Nischenexistenz entgegen zu wirken.

8.2 Die Weichen für bürgerschaftliches Engagement in ambulant betreuten Wohngemeinschaften für ältere Menschen werden bereits bei der Gründung gestellt

Explikation

Der Gründungsimpuls hat Einfluss auf die Ausformung bürgerschaftlichen Engagements in ambulant betreuten Wohngemeinschaften. Das vorliegende Ergebnis bezieht sich auf die Institutionalisierung bürgerschaftlichen Engagements in ambulant betreuten Wohngemeinschaften. Es besagt, dass ein Zusammenhang besteht zwischen dem Sektor der Wohlfahrtsproduktion, aus dem heraus die ambulant betreute Wohngemeinschaft gegründet wird und der Verankerung von bürgerschaftlichem Engagement in Konzept und Praxis. Je nachdem, aus welchem Sektor heraus der Gründungsimpuls für eine ambulant betreute Wohngemeinschaft erfolgt, wird bürgerschaftliches Engagement in Konzeption und Leitbild der ambulant betreuten Wohngemeinschaft unterschiedlich betont und im alltäglichen Betrieb unterschiedlich gelebt. Ambulant betreute Wohngemeinschaften mit bürgerschaftlichem Gründungsimpuls weisen tendenziell eine starke Betonung bürgerschaftlichen Engagements in Konzept und Praxis auf. Ambulant betreute Wohngemeinschaften, die auf Angehörigeninitiativen hin entstehen, fokussieren den bürgerschaftlichen Gedanken in Konzept und Praxis weniger stark. Ambulant betreute Wohngemeinschaften, die von Pflegediensten gegründet werden, haben bürgerschaftliches Engagement konzeptionell kaum verankert, weisen aber dennoch im Betrieb – wenngleich rudimentär – bürgerschaftliches Engagement auf.

Empirische Fundierung

Das Ergebnis basiert primär auf den Befunden der empirischen Untersuchung. Ambulant betreute Wohngemeinschaften können grundsätzlich durch Akteure aus allen Sektoren der Wohlfahrtsproduktion gegründet werden. Staatliche Gründungen sind nicht bekannt. In der Regel werden ambulant betreute Wohngemeinschaften von bürgerschaftlichen Initiativen (dritter Sektor), Angehörigeninitiativen (informeller Sektor) oder Pflegediensten (Markt) gegründet (vgl. 4.3). In der empirischen Untersuchung wurde jeweils ein Beispiel für die unterschiedlichen Gründungsimpulse betrachtet. Ungeachtet des Sektors aus dem der Gründungsimpuls stammt, ist in allen untersuchten ambulant betreuten Wohngemeinschaften bürgerschaftliches Engagement vorhanden. Allerdings unterscheiden sich die drei ambulant betreuten Wohngemeinschaften in Bezug auf die explizite Verankerung bürgerschaftlichen Engagements in Konzept und Leitbild sowie Menge, Umfang und Bandbreite des realisierten bürgerschaftlichen Engagements. Die untersuchte WOGE A wurde von bürgerschaftlich Engagierten (Assoziationen/dritter Sektor) initiiert und steht deshalb in besonderer Weise für die Verantwortungs- und Mitgestaltungsbereitschaft der Bürgerinnen und Bürger. Gemäß nichtveröffentlichtem Konzept ist die Beteiligung Angehöriger und freiwillig Engagierter nach dem Leitsatz der „geteilten Verantwortung" integraler Bestandteil der WOGE A. In der auf Initiative eines ambulanten Pflegedienstes (Markt) entstandenen WOGE B tauchen die Begriffe bürgerschaftliches, freiwilliges oder ehrenamtliches Engagement im Konzept nicht explizit auf. Der Fokus liegt auf der Entlastung von Familien, der Aufrechterhaltung der Selbstbestimmtheit sowie dem Zusammenwirken von Mieterinnen und Mietern, Angehörigen und Betreuungs- und Pflegeteam. Gleichwohl findet bürgerschaftliches Engagement durch Helferinnen und Helfer statt, die an den ambulanten Pflegedienst angebunden sind und im Rahmen von zusätzlichen Betreuungsleistungen (§§ 45 SGB XI) entschädigt werden. WOGE C wurde durch Angehörige (primäre Netze/informeller Sektor) initiiert. Hier findet bürgerschaftliches Engagement im Pflege- und Betreuungskonzept am Rande Erwähnung. Das Konzept fokussiert die Entlastung pflegender Angehöriger und die selbstbestimmte Alternative zur Unterbringung im Heim. Allerdings ist in der Konstruktion dieser WOGE ein Verein als „dritte Säule" neben Angehörigen und Pflegedienst institutionalisiert, der als Generalmieter auftritt, übergreifende konzeptionelle Aufgaben wahrnimmt und aus bürgerschaftlich engagierten Mitgliedern besteht. Der Ursprung der Gründungsimpulse beeinflusst allerdings nicht nur die Verankerung bürgerschaftlichen Engagements in Konzept und Leitbild, sondern auch Menge, Umfang und Bandbreite des realisierten bürgerschaftlichen Engagements. So lässt sich empirisch beobachten, dass in WOGE A etwa 26, in WOGE C etwa zehn und in WOGE B etwa sechs bürgerschaftlich Engagierte tätig sind. In Bezug auf den von den interviewten Personen geschilderten Umfang des Engagements sind gleichlaufende Unterschiede festzustellen. Er beträgt in WOGE C im Durchschnitt etwa zehn Stunden pro Woche, in WOGE A etwa neun Stunden und in WOGE B etwa sechs Stunden. Da bei diesen Zahlen nicht zwischen dem Engagement von Angehörigen und bürgerschaftlich Engagierten differenziert wurde, kommt die hohe Zahl für WOGE C dadurch zustande, dass diese auf einem überdurchschnittlich hohen Angehörigenengagement basiert. Mit Blick auf die Bandbreite der unterschiedlichen Tätigkeiten bürgerschaftlich Engagierter in den drei ambulant betreuten Wohngemeinschaften ergibt sich ein analoges Bild. In WOGE A wurde von den Interviewpartnerinnen und -partnern die höchste Anzahl unterschiedlicher Tätigkeiten sowohl operativer als auch konzeptioneller Art genannt. WOGE C folgt dahinter, das Schlusslicht bildet WOGE B. Insofern lässt sich, was die Verankerung bürgerschaftlichen Engagements in den Konzepten und seine Umsetzung in der Praxis betrifft, ein Ranking erstellen: am stärksten verankert ist bürgerschaftliches Engagement in WOGE A, am Rande erwähnt ist es in WOGE C und keine Erwähnung findet es in WOGE B. Die Gründungsimpulse für die beiden Wohngemeinschaften, in denen bürgerschaftliches Engagement konzeptionell integriert ist, entstammen den Sektoren Assoziationen/dritter Sektor (WOGE A) und primäre Netze/informeller Sektor (WOGE C). Zwischen diesen beiden Sektoren gibt es hohe Überlappungen, die sich empirisch unter anderem darin bemerkbar machen, dass Angehörige im Falle ambulant betreuter Wohngemeinschaften zum Teil in der Rolle von Angehörigen, zum Teil in der von bürgerschaftlich Engagierten agieren.

Theoretische Verankerung
Für das vorliegende Ergebnis lassen sich Erklärungsmuster in der Literatur finden. Klie und Schuhmacher (vgl. Klie, Schuhmacher 2009) gehen grundsätzlich davon aus, dass je nachdem, wo die Initiative zur Gründung ambulant betreuter Wohngemeinschaften lag, unterschiedliche, konzeptionell dominierende Handlungslogiken und Handlungsmuster entstehen (vgl. Klie, Schuhmacher 2009, S. 15). Vergleichende Langzeitstudien über den Zusammenhang zwischen Gründungsimpuls und langfristiger Handlungslogik ambulant betreuter Wohngemeinschaften liegen zwar noch nicht vor. Erste Forschungsergebnisse weisen aber darauf hin, dass „mit wachsender Betriebsdauer der Einfluss der institutionellen Logik schwächer wird und eine Angleichung stattfindet zwischen institutionell zwar unterschiedlichen, konzeptionell aber ähnlichen Wohngruppen" (Klie, Schuhmacher 2009, S. 15). Die Autoren machen dies am Engagement von Angehörigen fest und beobachten, dass sich das Angehörigenengagement in ambulant betreuten Wohngemeinschaften, die durch Angehörige gegründet wurden und solchen, die durch Pflegedienste gegründet wurden, im Zeitverlauf annähert, da es im ersten Fall sinkt und im zweiten Fall steigt. Inwieweit die Ergebnisse tragfähig und übertragbar sind, müssen die weitere Entwicklung und weitere Studien zeigen (vgl. Klie, Schuhmacher 2009, S. 128). Die zeitpunktbezogene Betrachtung im Rahmen der hier vorliegenden Studie lässt keine Aussagen über Entwicklungsverläufe zu. Allerdings zeigt sich ein deutlicher Zusammenhang zwischen Gründungsimpuls und konzeptioneller Verankerung sowie praktischer Umsetzung bürgerschaftlichen Engagements. Dieser ist auf die dominierende Handlungslogik des jeweiligen Sektors der Wohlfahrtsproduktion zurückzuführen, was erklärt, dass zwischen den ambulant betreu-

ten Wohngemeinschaften mit bürgerschaftlichem Gründungsimpuls bzw. aus Angehörigeninitiative größere Ähnlichkeiten in Bezug auf die Verankerung bürgerschaftlichen Engagements existieren, als mit Gründungen aus dem Sektor Markt. Wie mehrfach betont, sind es häufig identische Personen, die in unterschiedlichen Rollen in beiden Sektoren agieren (vgl. Klie, Roß 2007). Den Einfluss des Gründungsimpulses auf die konzeptionelle und praktische Ausprägung bürgerschaftlichen Engagements kann der Theorieansatz des Institutionalismus (Scott 2007) erhellen. Diesem zufolge sind Strukturen und Operationsweisen von Organisationen abhängig von Normen, Erwartungen und Leitbildern. Geht man davon aus, dass jeweils unterschiedliche Gruppen (Angehörige, bürgerschaftliche Initiativen bzw. Pflegedienste) diese Erwartungen und Leitbilder in der Anfangsphase auf Basis unterschiedlicher Zentralwerte formulieren, wird klar, weshalb bürgerschaftliches Engagement in den Leitbildern und Konzepten der drei beforschten ambulant betreuten Wohngemeinschaften einen unterschiedlichen Stellenwert einnimmt. Über die in Leitbildern institutionalisierten Erwartungen beeinflusst der „Prinzipal" (in diesem Fall: Gründer) das Handeln seiner „Agenten" (in diesem Fall: in den ambulant betreuten Wohngemeinschaften tätige Personen) im Zeitverlauf (vgl. Scott 2007). Ein weiterer Erklärungsansatz für den Einfluss des Gründungsimpulses auf die Umsetzung bürgerschaftlichen Engagements in ambulant betreuten Wohngemeinschaften besteht darin, Konzeptionen und Leitbilder als Kristallisationsformen einer spezifischen Organisationskultur zu betrachten. Darunter werden in der Managementlehre „die von den Mitgliedern einer Unternehmung [Organisation] geteilten Annahmen und grundlegenden Überzeugungen, die ihre gewohnte Art zu denken, zu fühlen und zu handeln prägen und für die Organisation insgesamt typisch sind" (Stähle 1994, S. 471) verstanden. Dies erklärt, weshalb die Betonung des bürgerschaftlichen Engagements nicht nur in den Konzepten und Leitbildern der untersuchten ambulant betreuten Wohngemeinschaften unterschiedlich ausfällt, sondern auch in deren Praxis. Da die beteiligten Akteure auf Basis gemeinsamer Grundüberzeugungen, die sich in den Konzepten widerspiegeln, handeln und entscheiden, kommt es zu unterschiedlichen Mengen, Umfängen und Bandbreiten bürgerschaftlichen Engagements in der Praxis der ambulant betreuten Wohngemeinschaften.

Validierung anhand der Gruppendiskussion

Auch dieses Ergebnis wurde im Rahmen der Gruppendiskussion mit Expertinnen und Experten bestätigt. Allerdings sah sich nur eine Expertin explizit in der Lage, von ihrem Beobachtungsstandpunkt aus, ambulant betreute Wohngemeinschaften mit den genannten, unterschiedlichen Gründungsimpulsen zu vergleichen und Bezüge zur Verankerung des bürgerschaftlichen Engagements herzustellen. Sie stimmte dem Ergebnis vollumfänglich und ausdrücklich zu: „Das kann ich schon sehr klar unterschreiben" (GI 304) und hatte sogar noch weitere Beispiele für den Zusammenhang parat (vgl. GI 307). Die andere Expertin und der Experte konnten zu dem Ergebnis im engeren Sinne keine Aussage machen, da aufgrund regionaler Unterschiede, in ihrem Wirkungskreis keine oder kaum andere, als von Pflegediensten initiierte ambulant betreute Wohngemeinschaften anzutreffen sind: „Der Gründungsimpuls geht hier nicht von Angehörigen oder bürgerschaftlich Engagierten aus" (GI 326-327). „Es gibt in […] nicht eine einzige Wohngemeinschaft, die wirklich von Bürgern initiiert ist" (GI 353-354). Von dieser Expertin und dem Experten wurde aber darauf hingewiesen, dass es auch innerhalb der Kategorie der „pflegedienstinitiierten Wohngemeinschaften riesengroße Unterschiede" (GI 377) gibt. So gäbe es sehr profitorientierte Pflegedienste, die eine ambulant betreute Wohngemeinschaft ausschließlich als Geschäftsmodell verstehen und „den Einfluss von bürgerschaftlich Engagierten oder Angehörigen möglichst raushalten wollen" (GI 362-363) und solche, die Angehörigenbeteiligung und bürgerschaftliches Engagement gutheißen oder sogar unterstützen (vgl. GI 361-362). Eine Systematik sei hierbei kaum zu erkennen, vielmehr hänge es von den verantwortlichen Personen ab, wie offen diese bürgerschaftlichem Engagement gegenüber stehen (vgl. GI 405-406). Zusammenfassend kann dieses Ergebnis somit ebenfalls als durch die Expertinnen- und Expertensicht validiert gelten. Zugleich geben die Expertinnen und Experten eine Stoßrichtung für anschließende Untersuchungen vor, die darin besteht, sich eingehender mit intra-sektoraler Diversität von Funktionslogiken und Zentralwerten, insbesondere im Sektor Markt, in Bezug auf die Akzeptanz und Integration bürgerschaftlichen Engagements zu beschäftigen.

Schlussfolgerungen

Die vorliegende Arbeit konnte theoretisch und empirisch belegen, dass bürgerschaftlichem Engagement in ambulant betreuten Wohngemeinschaften eine zentrale Rolle in Bezug auf die Herstellung von Normalität und Gemeinwesenbezug zukommt, die Inklusion bürgerschaftlichen Engagements somit ein integrales Qualitätsmerkmal dieser Wohnform darstellt. Sie konnte ferner nachweisen, dass bürgerschaftliches Engagement in ambulant betreuten Wohngemeinschaften, die aus bürgerschaftlicher bzw. Angehörigeninitiative heraus gegründet werden, besonders gedeiht. Gleichzeitig zeigt aber die Praxis, dass Neugründungen ambulant betreuter Wohngemeinschaften derzeit insbesondere durch Pflegedienste initiiert werden. Für die künftige Entwicklung ambulant betreuter Wohngemeinschaften folgt daraus, dass ein wesentliches Qualitätsmerkmal, die Integration bürgerschaftlichen Engagements, Gefahr läuft, nicht genügend berücksichtigt zu werden. Dadurch kann die Qualität der Wohnform als Ganzes Schaden nehmen. Um dieser Entwicklung entgegen zu wirken, sind mehrere Ansatzpunkte vorstellbar.

Zum einen sollte insbesondere die Gründung ambulant betreuter Wohngemeinschaften durch Initiativen bürgerschaftlich Engagierter bzw. Angehöriger gefördert bzw. angereizt werden. Dies kann sowohl durch die Bereitstellung finanzieller Mittel über spezifische Förderprogramme von Bund, Ländern, Kommunen oder Stiftungen als auch über die Zurverfügungstellung fachlichen Know-Hows durch spezielle Fach- und Beratungsstellen erfolgen.

Zum anderen sollte darauf hingewirkt werden, dass ambulant betreute Wohngemeinschaften, die im Regime von Pflegediensten entstehen, in ausreichendem Maße bürgerschaftliches Engagement integrieren. Durch die Bereitstellung von Leitfäden zur Gründung und Musterkonzepten sowie Fachberatung durch übergreifende Akteure (z.B. Alzheimer Gesellschaft, KDA, Länderministerien, länderspezifische Koordinationsstellen) könnte sichergestellt werden, dass dem bürgerschaftlichen Engagement in ambulant betreuten Wohngemeinschaften eine gebührende Rolle beigemessen wird.

Ferner zeigt die Praxis, dass der Aufbau von ambulant betreuten Wohngemeinschaften komplex und zeitaufwendig ist. So berichtet eine Expertin von einer Vorlaufzeit von sechs bis acht Jahren (vgl. GI 29). Dies erschwert die Gründung durch bürgerschaftlich Engagierte oder Angehörige erheblich.

Es ist deshalb zu überlegen, ob weitere Akteure künftig die Gründung ambulant betreuter Wohngemeinschaften verantworten könnten. Dabei ist insbesondere an Initiativen zu denken, denen eine hohe Affinität zu bürgerschaftlichem Engagement unterstellt werden kann und die über verlässliche, fachliche und zeitliche Ressourcen verfügen. Vor diesem Hintergrund rücken insbesondere Kommunen und/oder Wohnungsunternehmen in den Blick. Kommunen haben ein Interesse, adäquate Betreuungssettings für ältere Menschen vor Ort vorzuhalten, damit diese bei wachsendem Betreuungsbedarf den angestammten Wohnort nicht verlassen müssen. Häufig stehen in Kommunen auch entsprechende (leer stehende) Immobilien in der Ortsmitte zur Verfügung, die für ambulant betreute Wohngemeinschaften genutzt werden können. Zudem verfügen Kommunen aufgrund ihrer Neutralität über gute Voraussetzungen, alle wichtigen Akteure miteinander zu vernetzen. Ähnliches gilt für Wohnungsunternehmen. Auch für Wohnungsunternehmen kann es von Interesse sein, ihre langjährigen Mieterinnen und Mieter durch einen Umzug in eine ambulant betreute Wohngemeinschaft nicht zu verlieren und ihnen im Bedarfsfall eine Alternative anbieten zu können. Gerade in Ballungsräumen, wie München, Stuttgart oder Hamburg, ist es schwierig, geeigneten und bezahlbaren Wohnraum für eine ambulant betreute Wohngemeinschaft zu finden. Eine weitere interessante Option stellen die Gründungsinitiativen in Form von Genossenschaften dar. Die Genossenschaftsidee kann auf eine reiche Tradition zurückblicken und entspricht zugleich dem Zeitgeist. Sie ermöglicht es, breite Schichten der Bürgerschaft anzusprechen und für die Idee der ambulant betreuten Wohngemeinschaft zu gewinnen. Die Genossenschaftslösung involviert Hilfe auf Gegenseitigkeit und bringt damit eine neue Qualität der Bürgerbeteiligung in ambulant betreute Wohngemeinschaften ein. Eine genossenschaftlich, solidarisch getragene ambulant betreute Wohngemeinschaft ist ein bewusstes Signal aus der Bürgerschaft und steht für die Überzeugung der Bürgerinnen und Bürger bezüglich dieser Wohn- und Betreuungsform. Unter diesen Vorzeichen ist anzunehmen, dass nicht nur Akzeptanzprobleme ausgeräumt werden, sondern das Miteinander der Akteure und die Integration von bürgerschaftlichem Engagement besonders gut gelingen können.

Die hier geschilderten Ansatzpunkte dienen dem Zweck, den weiteren Verlauf der Entwicklung und Verbreitung ambulant betreuter Wohngemeinschaften dahingehend zu steuern, dass das Qualitätsmerkmal „bürgerschaftliches Engagement" erhalten bleibt: durch Förderung von Gründungsinitiativen, in denen bürgerschaftliches Engagement „naturwüchsig gedeiht", durch Einwirken auf Gründungsinitiativen, in denen bürgerschaftliches Engagement Gefahr läuft, nicht genügend berücksichtigt zu werden sowie durch Stimulation neuer Gründungsakteure.

8.3 Informelle Führungsrollen gefährden die Autonomie der älteren Menschen in ambulant betreuten Wohngemeinschaften

Explikation

Im Rahmen der Wohlfahrtsmixtur in ambulant betreuten Wohngemeinschaften entstehen informale Führungsrollen, die aufgabenbezogen variieren. Gemäß der Konstruktionslogik ambulant betreuter Wohngemeinschaften (vgl. 3) liegt die Führung bzw. oberste Entscheidungskompetenz in allen Angelegenheiten stets bei der Gemeinschaft der Mieterinnen und Mieter bzw. im Fall von krankheitsbedingten Einschränkungen bei deren Angehörigen oder gesetzlichen Betreuerinnen und Betreuern. Diese Gemeinschaft wird auch als Auftraggebergemeinschaft bzw. als Angehörigengremium bezeichnet. Sie bestimmt über alle Aspekte im Zusammenhang mit der ambulant betreuten Wohngemeinschaft, wie z.B. Art und Umfang der gewünschten Pflegeleistungen, Organisation und Ablauf des Alltags, Aufnahme neuer Mieterinnen und Mieter sowie Einbindung von bürgerschaftlich Engagierten. Darin realisiert sich das Definitionsprinzip der Selbstbestimmung (vgl. 3.4.1). Diese Konstruktion gilt definitionsgemäß für alle ambulant betreuten Wohngemeinschaften und konnte auch in den beforschten Wohngemeinschaften nachgewiesen werden. Das vorliegende Ergebnis besagt nun, dass, im Schatten dieser formalen Organisation und unabhängig vom Sektor des Gründungsimpulses, sich informale Führungsrollen herausbilden, die aufgabenbezogen variieren. Sie drücken sich beispielsweise darin aus, dass Pflegedienste eine informale Führungsfunktion im Hinblick auf die Alltagsorganisation wahrnehmen, während den Initiatorinnen und Initiatoren eine zentrale Rolle bei der Gewinnung bürgerschaftlich Engagierter zukommt.

Empirische Fundierung

Das Ergebnis ist abgeleitet von den Resultaten der empirischen Untersuchung: Gesamthaft wird in den untersuchten ambulant betreuten Wohngemeinschaften und durch die Akteursgruppen der in der Wohngemeinschaft tätige Pflegedienst als wichtigste Akteursgruppe eingeschätzt (vgl. Tabelle 33). Blickt man auf die Resultate der quantitativen Analyse der Zusammenarbeit, so erhellt sich der Zusammenhang. Über alle ambulant betreuten Wohngemeinschaften hinweg ist der Pflegedienst die am häufigsten adressierte Anlaufstelle (vgl. Abbildung 9). Die häufigste Kooperation findet zwischen bürgerschaftlich Engagierten und Pflegediensten statt. Ebenfalls häufig interagieren Angehörige und Pflegedienste. Pflegedienste sind kontinuierlich in den ambulant betreuten Wohngemeinschaften präsent, während sowohl Angehörige als auch bürgerschaftlich Engagierte nur „sporadisch" anwesend sind. Dadurch kommt dem Pflegedienst die Funktion eines Bindegliedes zwischen den anderen Akteursgruppen zu. Kommunikation bzw. Abstimmung von Tätigkeiten verläuft häufig mit bzw. über den Pflegedienst. Den Pflegediensten wächst daher, aufgrund ihrer permanenten Präsenz im Rahmen der Alltagsbegleitung, in Kombination mit ihrer fachlichen Kompetenz in Bezug auf Pflege und Betreuung, eine informale Führungsrolle bei der Alltagsorganisation zu. Die Zusammenarbeit mit dem Pflegedienst wird von den Beteiligten in den untersuchten ambulant betreuten Wohngemeinschaften als sehr gut bzw. gut beurteilt und die informale Führungsfunktion zur effizienten und effektiven Alltagsorganisation genutzt. Kontrastierend hierzu ergab die empirische Untersuchung (vgl. 7.4.2), dass die Gewinnung bürgerschaftlich Engagierter vorwiegend durch die Initiatorinnen und Initiatoren der ambulant betreuten Wohngemeinschaften erfolgt. In der von bürgerschaftlich Engagierten initiierten WOGE A obliegt die Akquise dem Verein bzw. einem für diesen Aufgabenbereich vorgesehenen Delegierten. In der von einem Pflegedienst initiierten WOGE B ist der Pflegedienst Ansprechpartner für neue bürgerschaftlich Engagierte. In der von Angehörigen initiierten WOGE C werden neue bürgerschaftlich Engagierte sowohl durch den Verein als auch durch die Angehörigensprecherin bzw. den -sprecher kontaktiert. In allen drei Fällen findet gleichwohl eine formale Rückkoppelung mit den Angehörigen respektive deren Sprecherinnen bzw.

Sprecher statt, wodurch die formale Entscheidungskompetenz des Auftraggebergremiums gewahrt bleibt. Bemerkenswert ist jedoch, dass, anders als bei der Alltagsorganisation, nicht den Pflegediensten die Führungsrolle in Bezug auf die Gewinnung und Integration bürgerschaftlich Engagierter zukommt, sondern den Initiatorinnen und Initiatoren. Dies hängt vermutlich mit deren einflussreicher Position zusammen, die aus der Entwicklung und Umsetzung des jeweiligen Konzeptes resultiert (vgl. Ergebnis 2). In Ergebnis 2 wurde gezeigt, dass der Gründungsimpuls die Verankerung bürgerschaftlichen Engagements im Konzept und seine Umsetzung im Betrieb maßgeblich beeinflusst. Wie jetzt zu sehen ist, erstreckt sich dieser Einfluss auch auf die Gewinnung bürgerschaftlich Engagierter. Deshalb wird in WOGE A bürgerschaftliches Engagement primär durch den von bürgerschaftlich Engagierten getragenen Verein initiiert, in WOGE B primär durch den Pflegedienst und in der von Angehörigen initiierten WOGE C überwiegend durch Angehörige.

Theoretische Verankerung

Für die in diesem Ergebnis angesprochenen Phänomene finden sich Erklärungsmuster in der organisationstheoretischen Fachliteratur. Dort wird zwischen formalen und informalen Organisationsstrukturen unterschieden (vgl. Schreyögg 1996, S. 14). Wurden informale Kommunikationswege und Hierarchien früher in der Regel als Störfaktor betrachtet, ist die Sichtweise heute eine andere. Man geht davon aus, dass informale Strukturen in der Lage sind, „die Einseitigkeit der formalen Organisation zu kompensieren, in dem sie andere als die offiziellen, gleichwohl aber für den Systemerfolg bedeutsame Zwecke erfüllen" (Schreyögg 1996, S. 15). Informale Strukturen können einen wichtigen, funktionalen Beitrag zur Erreichung des Organisationszweckes leisten. Sie entstehen eigendynamisch, spontan und werden von niemandem geplant (vgl. Schreyögg 1996, S. 16). Insbesondere die informale Führungsrolle der Pflegedienste im Rahmen der Alltagsorganisation lässt sich in diesem Sinne als funktional sinnvolle, wenngleich eigendynamische und formal nicht vorgesehene Ordnungsbildung interpretieren. In Bezug auf die informale Führungsrolle der Initiatorinnen und Initiatoren bei der Gewinnung bürgerschaftlich Engagierter ist vermutlich überdies die Tatsache maßgeblich, dass den Initiatorinnen und Initiatoren durch ihre Rolle als „Gründermütter" und „Gründerväter" eine Art „Spiritus-Rector-Funktion" zukommt und sie, über ihre Rolle in der Institutionalisierungsphase, Weichen stellen für die Entwicklung der ambulant betreuten Wohngemeinschaft (vgl. Scott 2007). Ferner kann davon ausgegangen werden, dass durch die Gründungshistorie den Initiatorinnen und Initiatoren in der Außenwahrnehmung eine Art Repräsentationsfunktion zufällt, die sie zur Anlaufstelle für bürgerschaftlich Engagierte prädestiniert. Problematisch am Entstehen funktional zweckmäßiger, informaler Führungsrollen ist, dass sie die Autonomie der Mieterinnen und Mieter faktisch unterminieren. Wird mit den Bedürfnissen der Betroffenen nicht achtsam umgegangen, besteht das Risiko „in eine paternalistische oder maternalistische Fürsorge abzurutschen" (Heimerl et al. 2012, S. 409). Die formale Selbstbestimmung, sprich die Autonomie der Mieterinnen und Mieter, wird dann zugunsten effizienter und effektiver Abläufe eingeschränkt.

Validierung anhand der Gruppendiskussion
Die Validierung dieses Ergebnisses in der Gruppendiskussion mit Expertinnen und Experten förderte ein gemischtes Bild zutage. Einerseits bestätigten die Diskussionsteilnehmerinnen und -teilnehmer die informale Führungsrolle der Pflegedienste in Bezug auf die Alltagsorganisation: „Ja, eindeutig, das finde ich auch gar nicht problematisch, weil wenn es wirklich darum geht, wie wird denn gekocht und zu welchen Zeiten wird gegessen, das können die Mitarbeiter des Pflegedienstes tatsächlich am besten beurteilen" (GI 601-603). Diese Führungsrolle wird als naheliegend und funktional sinnvoll betrachtet und nicht als problematisch angesehen, solange sie sich auf konkrete, operative Aspekte der Alltagsorganisation beschränkt. Grundsätzliche Entscheidungen der Alltagsorganisation, wie z.B. Art der Ernährung, müssten jedoch der Auftraggebergemeinschaft vorbehalten bleiben (vgl. GI 603-608). Eine Gefahr wird darin gesehen, dass Pflegedienste aufgrund ihrer dauerhaften Präsenz „eine große Deutungsmacht über das Geschehen erhalten" (GI 641-642) und sich eine Art Trägerfunktion anmaßen könnten, die nicht mit den Konstruktionsprinzipien ambulant betreuter Wohngemeinschaften vereinbar ist. Andererseits frappiert das Ergebnis der informalen Führung der Initiatorinnen und Initiatoren bei der Gewinnung bürgerschaftlich Engagierter zunächst die Mehrheit der Expertinnen und Experten: „Das

muss doch auf Einladung derjenigen geschehen, die dort leben" (GI 507-508). Eine andere Expertin drückt das wie folgt aus: „Ich meine, darüber kann niemand anders entscheiden als die Angehörigen oder die älteren Menschen, die da drin wohnen" (GI 523-524). Zu berücksichtigen ist jedoch, dass lediglich eine Expertin in ihrem Verantwortungsbereich mit ambulant betreuten Wohngemeinschaften unterschiedlicher Gründungsinitiativen zu tun hat. Sie ist mit aktiven Rekrutierungsstrategien vertraut, die vornehmlich durch die Initiatorinnen und Initiatoren betrieben werden (vgl. GI 544-545). Im Verlauf der Gruppendiskussion führt auch ein anderer Experte in Bezug auf pflegedienstinitiierte ambulant betreute Wohngemeinschaften aus, dass diese „eigene Strukturen haben, Freiwillige zu akquirieren, die kommen dann wirklich zum Vorlesen, zum Spazierengehen, die hat der Pflegedienst angeworben" (GI 535-537). Zusammenfassend ergibt sich damit folgendes Ergebnis: Die Existenz informaler Führungsrollen, die nicht im Konstruktionsprinzip ambulant betreuter Wohngemeinschaften vorgesehen sind, wird bestätigt. Im Einzelnen werden auch die beiden in dem Ergebnis angesprochenen Beispiele, nämlich die informale Führung der Pflegedienste bei der Alltagsorganisation sowie die informale Führung der Initiatorinnen und Initiatoren bei der Rekrutierung von bürgerschaftlich Engagierten anerkannt. In beiden Fällen wird zugleich auf Gefahren hingewiesen, die sich durch die Existenz einer derartigen „Schattenorganisation" für die Autonomie der Mieterinnen und Mieter in ambulant betreuten Wohngemeinschaften ergeben. Insofern kann auch Ergebnis 3 abschließend durch die Interviews mit den Expertinnen und Experten als weitgehend bestätigt betrachtet werden.

Schlussfolgerungen

Das vorliegende Ergebnis impliziert einen grundlegenden Konflikt, den es auszubalancieren gilt. Einerseits liegt gemäß Konstruktionslogik ambulant betreuter Wohngemeinschaften die oberste Entscheidungskompetenz in allen Angelegenheiten stets bei der Gemeinschaft der Mieterinnen und Mieter bzw. deren Angehörigen oder gesetzlichen Betreuerinnen und Betreuern. Dabei handelt es sich um einen fundamentalen Grundsatz, der diese Wohnform von anderen Einrichtungen der Altenhilfe abgrenzt. Andererseits konnte in dieser Arbeit nachgewiesen werden, dass dieser Grundsatz in der Praxis gelegentlich durch informale Führungsrollen konterkariert wird. Diese informalen Führungsrollen dienen gleichwohl der funktionalen Effizienz sowie der Qualität der Prozesse. In den untersuchten ambulant betreuten Wohngemeinschaften überwiegen nach Meinung aller Interviewten die funktionalen und qualitativen Vorteile. Dies ist jedoch keineswegs zwingend. Daher sollten in Bezug auf die weitere Entwicklung ambulant betreuter Wohngemeinschaften, Vorkehrungen getroffen werden, die sicherstellen, dass informale Führungsrollen nur insoweit entstehen können, als sie die Autonomie der jeweils anderen Akteure und insbesondere der Mieterinnen und Mieter nicht einschränken. Dadurch soll verhindert werden, dass ambulant betreute Wohngemeinschaften „heimlich" zu „stationären Einrichtungen mit abgespeckten gesetzlichen Vorgaben" mutieren.

Zu diesem Zweck scheint es ratsam, dass insbesondere den Angehörigen bzw. Betreuerinnen und Betreuern, durch einschlägige Schulungs- und Beratungsmaßnahmen, ausreichend Unterstützung zukommt, die es ihnen ermöglicht, ihrer Auftraggeberfunktion gerecht zu werden. Dieses Empowerment der Angehörigen ist grundsätzlich sinnvoll und wichtig, auch wenn die verteilte Führung in ambulant betreuten Wohngemeinschaften vor dem Hintergrund operativer Erfordernisse im Einzelfall durchaus gerechtfertigt ist. Auch die Praxis zeigt, dass gelebte Selbstverantwortung in ambulant betreuten Wohngemeinschaften insbesondere dann gut funktioniert, wenn Angehörige in ihrer Rolle gestärkt werden (vgl. GI 334-336). Neben dem Empowerment der Angehörigen ist es sinnvoll, auch die Pflege- und Betreuungsdienste sowie die bürgerschaftlich Engagierten in ihren jeweiligen Rollen zu stärken. Die Umsetzung des wohlfahrtspluralistischen Ansatzes und die gewünschte Selbstverantwortung ambulant betreuter Wohngemeinschaften erfordert eine hohe Fachlichkeit von allen beteiligten Akteuren. Im Kern geht es darum, für alle Akteure Handlungssicherheit in Bezug auf ihre Rolle in ambulant betreuten Wohngemeinschaften zu schaffen. Qualifikationsangebote für diese Personengruppen sollten deshalb ebenfalls ausgeweitet und über staatliche oder kommunale Programme refinanziert werden.

Ferner kann durch die Integration von Moderatorinnen und Moderatoren dem Entstehen dysfunktionaler Führungsrollen entgegengewirkt werden. Praktische Erfahrungen haben bereits gezeigt, dass sich eine fachlich kompetente und neutrale Moderation sowohl in Bezug auf die Inbetriebnahme einer ambulant betreuten Wohngemeinschaft als auch hinsichtlich der Begleitung Angehöriger – insbesondere in der Gründungsphase und zum Aufbau des Angehörigengremiums – als sinnvoll erweist (vgl. StMAS 2008, S. 18). Den Moderatorinnen und Moderatoren kommt dabei einerseits die Aufgabe der Stärkung der Angehörigen zu. Andererseits können sie im Sinne einer neutralen „Schiedsstelle" mögliche Fehlentwicklungen kritisch verfolgen und thematisieren. Die Förderung der Integration von Moderatorinnen und Moderatoren in die Struktur ambulant betreuter Wohngemeinschaften kann durch spezielle Schulungsangebote sowie Finanzierungsmöglichkeiten erfolgen. Aus Bayern ist bekannt, dass im Rahmen der Förderrichtlinie „Neues Seniorenwohnen" (SeniWoF) die Kosten für eine Moderation übernommen werden (vgl. StMAS 2008, S. 30). Alternativ könnten ambulant betreute Wohngemeinschaften mit einer erhöhten Fördersumme unterstützt werden, wenn sie eine neutrale Moderation einbinden. In Hamburg werden gezielt bürgerschaftlich engagierte Personen geworben und zu sogenannten „WG-Moderatorinnen und WG-Moderatoren" (GI 48) geschult, um die Angehörigen in der Aufbauzeit von ambulant betreuten Wohngemeinschaften zu unterstützen und ihre Interessen gegenüber Vermieterinnen und Vermietern sowie Pflege- und Betreuungsdiensten zu stärken. Sie arbeiten mindestens ein halbes Jahr vor Bezug regelmäßig mit den entstehenden Angehörigengruppen zusammen (vgl. GI 49-52).

Die hier vorgestellten Ansätze, Empowerment aller Mitwirkenden, insbesondere der Angehörigen sowie Integration neutraler Moderationsrollen dienen dem Zweck, ein Gleichgewicht der Kräfte der mitwirkenden Akteure bei der wohlfahrtspluralistischen Produktion der ambulant betreuten Wohngemeinschaften sicher zu stellen und damit ein entscheidendes Qualitätskriterium dieser Wohnform zu gewährleisten.

8.4 Eine verständigungsorientierte Kommunikation überbrückt die Sektorengrenzen in ambulant betreuten Wohngemeinschaften für ältere Menschen

Explikation
Eine regelmäßige und verständigungsorientierte Abstimmung der im Rahmen der Wohlfahrtsmixtur in ambulant betreuten Wohngemeinschaften in-

volvierten Akteure fördert die sektorenüberschreitende Zusammenarbeit zum Wohl der älteren Menschen in ambulant betreuten Wohngemeinschaften. Ambulant betreute Wohngemeinschaften markieren einen Sozialraum, in dem qua Definition Akteure unterschiedlicher Sektoren an dem gemeinsamen Ziel der optimalen Betreuung und Versorgung älterer Menschen mit Unterstützungsbedarf zusammenarbeiten. Die Integration bürgerschaftlich Engagierter ist dabei als wichtiges Element zu betrachten, das zur Herstellung von Normalität und Gemeinwesenbezug (vgl. 3.4) und damit zur Qualitätssicherung dieser Wohnform unabdingbar ist. Das vorliegende Ergebnis geht davon aus, dass die sektorenübergreifende Zusammenarbeit zum Wohle der älteren Menschen in ambulant betreuten Wohngemeinschaften und insbesondere die erfolgreiche Integration bürgerschaftlichen Engagements vor allem dann gelingt, wenn eine regelmäßige und verständigungsorientierte Abstimmung, unter Beteiligung aller Akteure, praktiziert wird.

Empirische Fundierung
Ambulant betreute Wohngemeinschaften sind im Hinblick auf Organisation und Planungssicherheit an einer inhaltlichen und zeitlichen Stabilität bürgerschaftlichen Engagements interessiert. Bürgerschaftlich Engagierte hingegen streben nach einem Höchstmaß an Flexibilität bezüglich ihres Engagements, um Zeit- bzw. Rollenkonflikte, die als am stärksten hemmende Rahmenbedingungen empfunden werden, zu umgehen (vgl. 7.3.6). Diese Interessensdivergenz stellt hohe Anforderungen an die Organisation und Koordination des bürgerschaftlichen Engagements in ambulant betreuten Wohngemeinschaften. Den empirischen Ergebnissen zufolge wird diesen Anforderungen insbesondere mit differenzierten Abstimmungsstrukturen und -prozessen Rechnung getragen. In allen beforschten ambulant betreuten Wohngemeinschaften sind Treffen der Angehörigen einerseits sowie der bürgerschaftlich Engagierten andererseits institutionalisiert. Dienstbesprechungen der Pflegedienstmitarbeiterinnen und -mitarbeiter wurden nicht erfasst, sind aber ebenfalls anzunehmen. Die zeitlichen Rhythmen dieser akteursgruppeninternen Besprechungen variieren stark. Mit Ausnahme von WOGE B finden auch akteursgruppenübergreifende Treffen von Angehörigen, bürgerschaftlich Engagierten und Pflegediensten statt. Die konkrete Abstimmung operativen bürgerschaftlichen Engagements erfolgt unterschiedlich. Werden in

WOGE A geplante Aktivitäten der bürgerschaftlich Engagierten in einen Kalender eingetragen, sind sie in WOGE B mit dem Pflegedienst abzustimmen und in WOGE C mit Angehörigen und/oder Pflegedienst zu vereinbaren und/oder in einen Kalender einzutragen. Führt man die einzelnen Erkenntnisse zusammen, so zeigt sich, dass insbesondere regelmäßige interne Besprechungsrunden sowie die Inklusion der bürgerschaftlich Engagierten in Abstimmungsrunden mit Angehörigen und Pflegediensten eine effiziente Koordination bürgerschaftlichen Engagements in ambulant betreuten Wohngemeinschaften sicherstellen (vgl. 7.4.3). Finden diese Abstimmungsrunden zu selten, unregelmäßig oder ohne die betroffenen bürgerschaftlich Engagierten statt, ergeben sich organisatorische Konfliktpotenziale, die nicht oder nur unzureichend über Regelungen anderer Art aufgefangen werden können. Die unmittelbaren, verständigungsorientierten Abstimmungsmechanismen erscheinen überdies besser geeignet, sowohl den Flexibilitätserfordernissen der bürgerschaftlich Engagierten als auch den Kontinuitätsinteressen der ambulant betreuten Wohngemeinschaften gerecht zu werden.

Theoretische Verankerung
Dieses Ergebnis steht im Einklang mit Annahmen der Theorie des Wohlfahrtspluralismus zur Koproduktion sozialer Wohlfahrtsleistungen. In ambulant betreuten Wohngemeinschaften treffen mit Angehörigen (primäre Netze/informeller Sektor), Pflegediensten (Markt) und bürgerschaftlich Engagierten (Assoziationen/dritter Sektor) Akteure unterschiedlicher Sektoren aufeinander, um im Rahmen gesetzlicher Grundlagen (Staat) optimale Lebensräume für ältere Menschen mit Unterstützungsbedarf zu gestalten. Ihre sektorale Herkunft bedingt, dass sie grundsätzlich unterschiedlichen Funktionslogiken, Zentralwerten und Systemimperativen verpflichtet sind, woraus sich Konfliktpotenziale ergeben. Zur gemeinsamen Wohlfahrtsproduktion müssen die teilweise konkurrierenden Handlungslogiken miteinander verschränkt bzw. ausbalanciert werden. „Dabei spielt das Paradigma der Koproduktion eine zentrale, das je eigene Rollenverständnis und den eigenen Beitrag steuernde Bedeutung. [...] Die Akteure handeln in dem Bewusstsein, sich gegenseitig zu ergänzen, aufeinander verwiesen zu sein und jeweils ihren spezifischen Beitrag zur Begleitung und Pflege von Menschen mit Demenz leisten zu können. Nicht die anordnende Pflegedienstleitung,

sondern die fachlich kompetente Gestaltung und Aushandlung stehen im Vordergrund" (Klie, Roß 2007, S. 89). Zu diesem Zweck müssen auf der Organisationsebene der Dienste und Einrichtungen, in diesem Falle der ambulant betreuten Wohngemeinschaft, Bewältigungsmechanismen, beispielsweise hybride Organisationsstrukturen, entwickelt werden, die derartige Abstimmungs- und Aushandlungsprozesse ermöglichen (vgl. Klie, Roß 2007, S. 74). Die empirischen Befunde dieser Arbeit weisen darauf hin, dass diesbezüglich regelmäßige, dichte und persönliche Abstimmungen unter Inklusion aller in der ambulant betreuten Wohngemeinschaft involvierten Akteure besonders zielführend sind. Es handelt sich dabei gewissermaßen um „organisationale Zwischenräume [...], die nicht von hierarchischen Beziehungen getragen" (Heimerl et al. 2012, S. 414) sind, aber eine Voraussetzung für partizipative Aushandlungs- und Entscheidungsprozesse darstellen. Zweifellos sind derartige Abstimmungsprozesse zeitintensiv, „anspruchsvoll und kompliziert" (Klie, Roß 2007, S. 90), aber sie ermöglichen, „dass das Arrangement [...] von allen Beteiligten in einer demokratischen, transparenten und konsensorientierten Prozedur ausgehandelt" (Klie, Roß 2007, S. 102) wird. Das Ausbalancieren und Zusammenführen unterschiedlicher Funktionen und Sichtweisen ist in ambulant betreuten Wohngemeinschaften besonders wichtig, weil der vierte Ko-Produzent, der Staat, diesen mehr Entscheidungs- und Gestaltungsräume lässt, als Einrichtungen der stationären Altenhilfe. Diese Räume können durch informale Führungsstrukturen (vgl. Ergebnis 3) oder durch partizipative Entscheidungs- und Problemlösungsprozesse ausgefüllt werden. Das erfolgreiche Gelingen der im Rahmen der Koproduktion erforderlichen Aushandlungsprozesse setzt darüber hinaus das Vorhandensein einer „Vertrauenskultur" (Klie, Roß 2007, S. 84) voraus sowie den Respekt vor den Funktionslogiken der jeweils anderen Mit-Produzenten. Die empirischen Befunde legen nahe, dass diesbezüglich eine Art selbstverstärkender Zusammenhang zur regelmäßigen, dichten, persönlichen, verständigungsorientierten, alle Akteure einbeziehenden Abstimmung, die am Wohle der älteren Menschen orientiert ist, besteht. In einer von gegenseitigen Vertrauen und Respekt der Akteure getragenen ambulant betreuten Wohngemeinschaft, die effiziente Abstimmungsstrukturen und -prozesse aufweist, entsteht dann eine „Community", in der die Akteure ihre sektorale

Herkunft zwar nicht abstreifen, in der jedoch im Zweifel das Wohl der älteren Menschen Vorrang vor der Funktionslogik der Sektoren hat.

Validierung anhand der Gruppendiskussion

Im Rahmen der Gruppendiskussion mit den Expertinnen und Experten wurde dieses Ergebnis bestätigt und ergänzt. Alle Expertinnen und Experten weisen darauf hin, dass die Entwicklung derartiger Abstimmungsstrukturen und -prozesse wichtig, aber schwierig, da höchst anspruchsvoll sei: „Das kann ich nun wieder voll und ganz unterschreiben [...] aber das ist mit sehr viel Aufwand verbunden" (GI 745-751). Die Expertinnen und Experten berichten über Beispiele und Ansatzpunkte in ihren Einblicksbereichen. Insbesondere die systematische und regelmäßige Einbeziehung aller Mitwirkenden sei „ein ganz schwieriges Unterfangen" (GI 753), das nicht allzu häufig gelinge. Lediglich ein Experte berichtet über ein regelmäßig, einmal im Quartal, stattfindendes Treffen: „Das ist unser sektorenübergreifendes Gremium [...] das passiert alle drei Monate und das funktioniert auch gut [...] die Zusammensetzung unseres Gremiums ist immer: Sozialarbeit, Mitarbeiter des Pflegeteams, Vermieter und Angehörige" (GI 785-795). Ferner berichten die Expertinnen und Experten sowohl von intra-sektoralen Treffen und Abstimmungsprozessen als auch von wohngemeinschaftsübergreifenden Abstimmungsrunden: „Darüber hinaus gibt es dann die Sonderforen, wo wir dann die Angehörigen, die Vermieter usw. noch einmal zu einem Thema zusammenrufen" (GI 764-765). Eine interessante Ergänzung des Ergebnisses ergibt sich über die Aussage eines Experten, der beschreibt, dass je emanzipierter das in einer Wohngemeinschaft eingesetzte Team des Pflegedienstes von seinem Arbeitgeber agiert, desto besser die Zusammenarbeit mit Angehörigen und bürgerschaftlich Engagierten gelänge: „Wir haben die Erfahrung gemacht, wenn ein Team vergleichsweise autonom ist, selbst die Beziehung gestaltet zu den Angehörigen und bürgerschaftlich Engagierten, dann funktioniert das gut [...]. Selbstbewusste Teams, die auch selbst ihre Rolle da gefunden haben und die selbst auch im Rahmen ihrer Kompetenzen ihre Entscheidungen treffen und ihre Beziehungen aufnehmen, die sind Gold wert" (GI 871-977). Bezogen auf die theoretische Diskussion bedeutet dies, dass je unabhängiger von den Funktionslogiken ihrer Sektoren sich die einzelnen Akteure in der ambulant betreuten Wohngemeinschaft begegnen, umso besser gelingt die Entwicklung einer wohngemeinschaftsinternen „Community". Das Ergebnis 4 kann daher durch die Interviews mit den Expertinnen und Experten ebenfalls als validiert betrachtet werden.

Schlussfolgerungen

Das vorliegende Forschungsergebnis weist empirisch wie theoretisch nach, dass partnerschaftliche, konsensorientierte Abstimmungs- und Kooperationsmechanismen „auf gleicher Augenhöhe" zwischen Angehörigen, Pflegediensten und bürgerschaftlich Engagierten sinnvoll und notwendig sind, um die mitwirkenden Akteure der unterschiedlichen Sektoren zu integrieren und Konflikte konstruktiv zu bearbeiten. Derartige Kooperationsstrukturen dienen aber nicht nur der qualitätsgesicherten Integration aller beteiligten Akteure im Allgemeinen, sondern tragen im Besonderen auch zur Zufriedenheit, Loyalität und Identifikation der bürgerschaftlich Engagierten bei. Die Realisierung solcher Strukturen ist jedoch aufwändig, schwierig und damit unwahrscheinlich. Hemmnisse bestehen beispielsweise darin, dass die Mitarbeitenden der Betreuungs- und Pflegedienste aufgrund ihres Schichtdienstes und der beruflichen Gesamtanforderungen einer systematischen und regelmäßigen Abstimmung aller Akteure skeptisch gegenüberstehen. Auch bei Angehörigen ist es schwierig, aufgrund weiterer Verpflichtungen gegenüber Arbeitgebern bzw. eigenen Familien, Zeitfenster für derartige Treffen zu definieren. Die bürgerschaftlich Engagierten in ambulant betreuten Wohngemeinschaften stellen in der Regel eine sehr heterogene Gruppe mit unterschiedlichen Biografien und Tätigkeitsfeldern dar, so dass sich auch hier eine systematische Abstimmung als schwierig erweist. Im Hinblick auf die weitere Entwicklung ambulant betreuter Wohngemeinschaften darf jedoch das Entstehen der erforderlichen Abstimmungsstrukturen und einer sektorenumspannenden „Wohngemeinschafts-Community" nicht dem Zufall überlassen bleiben, sondern muss durch systematische Angebote und Steuerung gefördert und damit wahrscheinlicher gemacht werden.

Zu denken ist dabei zunächst an die Sensibilisierung aller Akteure für die Sinnhaftigkeit und Notwendigkeit regelmäßiger und verständigungsorientierter Abstimmung, die den Arbeitsalltag erleichtert und Konfliktlagen, die in der wohlfahrtspluralistischen Zusammensetzung angelegt sind, meistern hilft. Ratsam ist es, in den ambulant betreuten Wohngemeinschaften klare

Verantwortlichkeiten für Organisation und Durchführung derartiger Abstimmungsrunden sowie hilfreiche Rahmenbedingungen, wie z.B. Freistellung der hauptamtlichen Mitarbeiterinnen und Mitarbeiter, zu schaffen. Nicht zuletzt kann im Einzelfall über „Teambuilding-Maßnahmen" nachgedacht werden, die in Wirtschaftsunternehmen bereits allgemein üblich sind, um die Entstehung von „Communities" zu forcieren.

In Ergänzung dazu erscheint es sinnvoll, wohngemeinschaftsübergreifende Foren einzurichten, die als Austauschplattform für die Akteure der unterschiedlichen Sektoren dienen. Diese Foren können regionalspezifisch angeboten und von einer entsprechenden Netzwerkstelle, wie z.B. Kommune, Alzheimer Gesellschaft oder Koordinationsstelle, veranstaltet werden. Aus Freiburg, aber auch anderen Orten, sind derartige Netzwerktreffen bereits bekannt. Diese gilt es auszubauen, damit allen Akteuren ambulant betreuter Wohngemeinschaften übergreifende Austauschmöglichkeiten zur Verfügung stehen.

Eine weitere Möglichkeit zur Förderung der sektorenübergreifenden Zusammenarbeit stellen gemeinsame Lernplattformen dar. Sowohl wohngemeinschaftsintern als auch -übergreifend können hierbei aktuelle Themen, wie z.B. Neuerungen für ambulant betreute Wohngemeinschaften durch das PNG, aufgegriffen werden. Das gemeinsame Lernen fördert nicht nur die fachliche Qualifikation, sondern ermöglicht den Blick „über den eigenen Tellerrand" und das Knüpfen neuer Beziehungen. Klar ist, dass auch diese Ansätze der finanziellen und organisatorischen Unterstützung seitens Staat, Kommunen oder Koordinationsstellen bedürfen.

Die regelmäßige und verständigungsorientierte Abstimmung der im Rahmen der Wohlfahrtsmixtur in ambulant betreuten Wohngemeinschaften involvierten Akteure fördert ihre sektorenübergreifende Zusammenarbeit zum Wohle der älteren Menschen. Sie ist notwendig, möglich, aber unwahrscheinlich. Die hier vorgestellten Ansätze – Sensibilisierung, Foren und Lernplattformen – sollen dazu beitragen, ihr Entstehen zu begünstigen.

9. Zusammenfassung, Limitationen und Schlussbemerkungen

Das Ziel dieser Arbeit war es, Erkenntnisse über Bedeutung und Einflussfaktoren bürgerschaftlichen Engagements in ambulant betreuten Wohngemeinschaften zu gewinnen und damit eine Forschungslücke in Bezug auf eine zunehmend wichtige Wohnform für ältere Menschen mit Unterstützungsbedarf zu schließen.

Zu diesem Zweck wurde im Anschluss an die Darstellung demografischer und gesellschaftspolitischer Kontextfaktoren (Kapitel 2) die Wohnform ambulant betreuter Wohngemeinschaften für ältere Menschen umfassend beschrieben und erörtert (Kapitel 3). Mit den Konzepten des Wohlfahrtspluralismus und der Zivilgesellschaft wurden wichtige theoretische Grundlagen des bürgerschaftlichen Engagements vorgestellt sowie generelle empirische Befunde zum Status Quo bürgerschaftlichen Engagements referiert (Kapitel 4). Im empirischen Teil der Studie wurden drei ambulant betreute Wohngemeinschaften für ältere Menschen mit Unterstützungsbedarf in Bezug auf die Integration bürgerschaftlichen Engagements untersucht. Das Untersuchungsdesign wurde erläutert (Kapitel 5), die beforschten ambulant betreuten Wohngemeinschaften wurden vorgestellt (Kapitel 6) und die Ergebnisse der multiperspektivisch qualitativen Interviews geschildert und interpretiert (Kapitel 7). Aus der Zusammenschau der empirischen Ergebnisse und der theoretischen Grundlagen konnten vier zentrale Ergebnisse zu den Einflussfaktoren bürgerschaftlichen Engagements in ambulant betreuten Wohngemeinschaften gewonnen und im Rahmen einer Gruppendiskussion mit Expertinnen und Experten validiert werden (Kapitel 8). Die Ergebnisse besagen im Wesentlichen, dass

- Frauen aus affinen Milieus und Berufsfeldern bürgerschaftliches Engagement in ambulant betreuten Wohngemeinschaften dominieren,
- die Weichen für bürgerschaftliches Engagement in ambulant betreuten Wohngemeinschaften bereits bei der Gründung gestellt werden,
- informelle Führungsrollen die Autonomie älterer Menschen in ambulant betreuten Wohngemeinschaften gefährden und
- eine verständigungsorientierte Kommunikation die Sektorengrenzen in ambulant betreuten Wohngemeinschaften überbrückt.

In den Erkenntnissen über den Zugang zu bürgerschaftlichem Engagement in ambulant betreuten Wohngemeinschaften werden die Befunde des Freiwilligensurveys bestätigt. Sie stehen ferner im Einklang mit den Ergebnissen der Genderforschung für die Altenarbeit. In Bezug auf die Motivation bürgerschaftlichen Engagements in ambulant betreuten Wohngemeinschaften zeigt sich die Tragfähigkeit der normativen Annahmen der Theorie der Zivilgesellschaft insofern, als die Motive bürgerschaftlichen Engagements den Willen nach Mitverantwortung und Mitgestaltung widerspiegeln. Diese sozio-kulturelle Einstellung ist in den Milieus der „neuen Mittel- und Oberschicht" besonders ausgeprägt. Das Ergebnis zur Bedeutung des Gründungsimpulses verweist auf die Relevanz der Zentralwerte der verschiedenen Sektoren gesellschaftlicher Wohlfahrtsproduktion in Bezug auf den Stellenwert bürgerschaftlichen Engagements. Ihr Einfluss wird allerdings durch das Entstehen funktional sinnvoller, aufgabenbezogen variierender, informaler Führungsrollen teilweise konterkariert. Insgesamt belegen die Ergebnisse die Annahme der Koproduktion gesellschaftlicher Wohlfahrt gemäß der Theorie des Wohlfahrtspluralismus. Sie weisen darauf hin, dass Koproduktion hohe Voraussetzungen an die Kooperation der beteiligten Akteure stellt, die durch eine verständigungsorientierte und vertrauensvolle Abstimmung der Ko-Produzenten gelöst werden können. Die Theoriegrundlagen haben sich insofern als erklärungsträchtig für die empirischen Ergebnisse erwiesen.

Die Limitationen der vorliegenden Studie beziehen sich primär auf die empirische Untersuchung. Im Rahmen des Untersuchungsdesigns wurden bewusst ambulant betreute Wohngemeinschaften mit bürgerschaftlichem Engagement ausgewählt, da angenommen wurde, dass genau diese geeignete Untersuchungsobjekte darstellen, um Erkenntnisse über bürgerschaftliches Engagement in ambulant betreuten Wohngemeinschaften zu gewinnen. Ausgeblendet wurde damit die Frage, ob auch ambulant betreute Wohngemeinschaften ohne bürgerschaftliches Engagement die Grundprinzipien der Selbstbestimmung, Normalität, Versorgungssicherheit und des Gemeinwesenbezugs (vgl. 3.4) erfüllen. Ferner hätten die generierten Ergebnisse stärker abgesichert werden können, wenn mehr als drei ambulant betreute Wohngemeinschaften in die empirische Untersuchung einbezogen worden wären. Aufgrund des anspruchsvollen, qualitativen Forschungsdesigns, das maßgeblich auf multiperspektivische Interviews setzte, hätte dies jedoch den zur Verfügung stehenden Rahmen gesprengt. Insgesamt wurden in den drei beforschten ambulant betreuten Wohngemeinschaften 22 Interviews geführt. Das Interviewsample beinhaltete insgesamt neun bürgerschaftlich engagierte Personen. Rückblickend muss festgestellt werden, dass eine noch stärkere Adressierung bürgerschaftlich Engagierter in den beforschten ambulant betreuten Wohngemeinschaften zu einer Absicherung der Ergebnisse hätte führen können. Dies war jedoch limitiert durch die Vorauswahl der interviewten Personen seitens der Kontaktpersonen (Initiatorinnen und Initiatoren) sowie durch organisatorische Rahmenbedingungen, die darin bestanden, dass bürgerschaftlich Engagierte aufgrund von Zeit- und Rollenkonflikten nur teilweise für ausführliche Interviews, während der Präsenz der Forscherin vor Ort, zur Verfügung stehen konnten. Insbesondere im Fall von WOGE C waren die Aussagen in den Interviews, wie im Ergebnisteil der Arbeit berichtet, teilweise widersprüchlich. Hier wäre der Einsatz zusätzlicher Forschungsmethoden, wie beispielsweise teilnehmender Beobachtung, zielführend gewesen. Diese war jedoch seitens der ambulant betreuten Wohngemeinschaft nicht erwünscht. Im Rahmen der empirischen Untersuchung wurden keine Interviews mit den Mieterinnen und Mietern der ambulant betreuten Wohngemeinschaften selbst geführt. Damit fehlt eine wichtige Perspektive, die für ein vollständiges Bild der Zusammenhänge erforderlich gewesen wäre. Aufgrund der Rückmeldungen der Ansprechpartnerinnen und -partner sowie aus forschungsethischen Überlegungen heraus war dies jedoch nicht anders möglich. Schließlich ist an dieser Stelle noch einmal darauf hinzuweisen, dass sich die Erkenntnisse der Arbeit – durchaus bewusst – ausschließlich auf ambulant betreute Wohngemeinschaften für ältere Menschen mit Unterstützungsbedarf beziehen. Inwieweit sie auf andere Formen ambulant betreuter Wohngemeinschaften, wie z.B. für heimbeatmete Personen oder Wachkomapatientinnen und -patienten, übertragbar sind, muss offen bleiben.

Im Hinblick auf an diese Untersuchung andockende Forschungsarbeiten sind insbesondere drei Fortführungsmöglichkeiten naheliegend: Zum Ersten wäre es aufschlussreich, die drei ambulant betreuten Wohngemeinschaften in einem zeitlichen Abstand von drei bis fünf Jahren erneut zu untersuchen.

Auf diese Weise könnte festgestellt werden, wie sich die unterschiedlichen Ausprägungsformen bürgerschaftlichen Engagements in ambulant betreuten Wohngemeinschaften im Zeitverlauf weiter entwickeln. Dadurch wären Schlussfolgerungen über die Einflussfaktoren der Entwicklung bürgerschaftlichen Engagements in ambulant betreuten Wohngemeinschaften möglich. Zum Zweiten bietet sich im Anschluss an ein exploratives Untersuchungsdesign stets die Überführung in einen quantitativ-testenden Forschungsansatz an. Die im Rahmen dieser Arbeit formulierten Ergebnisse sollten eine geeignete Grundlage für die Ableitung eines quantitativen Erhebungsinstrumentes darstellen, durch das die vorliegenden Ergebnisse an einer großen Zahl ambulant betreuter Wohngemeinschaften überprüft werden können. Zum Dritten könnte der Forschungsfokus dahingehend erweitert werden, dass die Rolle der Angehörigen einerseits und die der Pflegedienste andererseits im Hinblick auf konkrete Ausgestaltungen ambulant betreuter Wohngemeinschaften stärker in den Blick genommen werden.

Schlussfolgerungen aus den Ergebnissen dieser Arbeit für die Weiterentwicklung ambulant betreuter Wohngemeinschaften zur Steuerung dieser Entwicklung wurden im Rahmen von Kapitel 8 ausführlich referiert. Abschließend sollen daher noch einige allgemeine Aspekte aufgegriffen werden, die mir für die Zukunft ambulant betreuter Wohngemeinschaften relevant erscheinen.

Die strukturellen und demografischen Veränderungen unserer Gesellschaft (vgl. Kapitel 2) machen es dringend erforderlich, drohenden systematischen Ausschlüssen bestimmter Personengruppen (z.B. ältere Menschen ohne Angehörige) von ambulant betreuten Wohngemeinschaften entgegenzuwirken. Patenlösungen stellen eine Möglichkeit dar, die Vertretung dieser Menschen im Angehörigengremium zu gewährleisten. Damit ändert sich jedoch die Ko-Produzenten-Konstellation, was zu neuen Herausforderungen führen kann. In jedem Fall werden neue Konzepte der Teilhabe und Vertretung entstehen müssen, wenn selbstverantwortliche ambulant betreute Wohngemeinschaften allen älteren Menschen offen stehen sollen.

Über die konkreten Aufgaben bürgerschaftlich Engagierter in ambulant betreuten Wohngemeinschaften hinaus ist hervorzuheben, dass bürgerschaftliches Engagement durch seine eigene, besondere Qualität zur Steigerung der Lebensqualität älterer Menschen in ambulant betreuten Wohngemeinschaften beiträgt. Bürgerschaftliches Engagement ist Ausdruck einer humanitären Haltung und Gemeinwohlorientierung. Es zeugt von der Bereitschaft der Gesellschaftsmitglieder, ihr Lebensumfeld aktiv zu gestalten. Gerade die institutionelle Unabhängigkeit der bürgerschaftlich Engagierten ermöglicht einen besonderen Blick auf die Dinge. Bürgerschaftliches Engagement kann ausgleichend wirken, zur Normalität beitragen und institutionellen Tendenzen der Überregulierung entgegenwirken.

Ambulant betreute Wohngemeinschaften stehen für eine neue Teilhabekultur und ein neues Altersbild. Die Mieterinnen und Mieter werden nicht (nur) als Pflege- oder Betreuungsfall gesehen, sondern haben eine aktive Stimme als Arbeitgeber. Sie gestalten ihre ambulant betreute Wohngemeinschaft mit und prägen diese durch ihre Gewohnheiten und biografischen Hintergründe. Angehörige sind nicht nur Besucherinnen und Besucher, sondern wirken ebenfalls aktiv mit. Im Sinne einer nachbarschaftlichen Sorgebereitschaft kommt ferner der Integration von bürgerschaftlich Engagierten große Bedeutung zu. Vor diesem Hintergrund erscheinen ambulant betreute Wohngemeinschaften, die ihre Qualität in einem intelligenten Wohlfahrtsmix entfalten, besonders zukunftsfähig im Hinblick auf tiefgreifende, gesellschaftliche Veränderungen und die daraus resultierenden Modernisierungsnotwendigkeiten von Wohn- und Betreuungsformen für ältere Menschen.

Der qualitätsgesicherte Auf- und Ausbau ambulant betreuter Wohngemeinschaften fordert die Übernahme von Verantwortung durch neue Akteure sowie eine veränderte Haltung bestehender Akteure. Wohnungsunternehmen sind gefordert, geeignete Immobilien bereit zu stellen. Wirtschaftsunternehmen können durch „Corporate Volunteering-Ansätze" zivilgesellschaftliches Engagement als organisatorisches Selbstverständlichkeit etablieren. Pflegedienste müssen mehr als bisher mit hoher Fachlichkeit die Autonomie ambulant betreuter Wohngemeinschaften unterstützen. Der Staat schließlich muss weiter durch gesetzliche Rahmenbedingungen und finanzielle Förderungen die Etablierung ambulant betreuter Wohngemeinschaften begünstigen.

Gerade wegen der immensen Bedeutung des bürgerschaftlichen Engagements für die Gesellschaft ist auch Achtsamkeit geboten. Bürgerschaftliches Engagement „darf nicht benutzt und instrumentalisiert werden, etwa um Leistungsgrenzen des Sozialstaates zu kompensieren. Es darf nicht zur Pflicht gemacht werden" (Klie 2012, S. 6). Wohlfahrtsproduktion muss vielmehr von Anfang an als Partnerschaft und Gemeinschaftsaufgabe gesehen werden. Dazu bedarf es einer neuen Beteiligungskultur. „Zivilgesellschaftliches Engagement muss Teil der Erfahrungswelt aller Menschen werden und unsere Kultur sich so verändern, dass Engagement oder ein Ehrenamt selbstverständlich zum Leben dazugehört. [...] Gelebte Solidarität ist das Rückgrat der Demokratie und des gesellschaftlichen Zusammenhalts – eine Schlüsselressource für die Zukunft unserer Gesellschaft" (Mohn 2012, S. 58).

Literatur

Abgeordnetenhaus Berlin (2007): Kleine Anfrage der Abgeordneten J. Villbrandt zu Wohngemeinschaften mit Demenz. Drucksache 16/10847. Berlin.

Adloff Frank (2005): Zivilgesellschaft. Theorie und politische Praxis. Frankfurt.

Alzheimer-Gesellschaft Brandenburg e.V. (2005): Ambulante Betreuung von Menschen mit Demenz in Wohngemeinschaften. Leitfaden zur Struktur- und Prozessqualität. Potsdam.

Alzheimer-Gesellschaft Brandenburg e.V. (2006): Ambulante Betreuung von Menschen mit Demenz in Wohngemeinschaften. Leitfaden zur Struktur- und Prozessqualität. Potsdam.

Anheier Helmut K., Toepler Stefan (2001): Bürgerschaftliches Engagement zur Stärkung der Zivilgesellschaft im internationalen Vergleich. Gutachten für die Enquete-Kommission „Zukunft des Bürgerschaftlichen Engagements" (KDrs. Nr. 14/153). London/Baltimore.

Arbeitsgruppe für Sozialplanung und Altersforschung (Afa) (2003): Rothenfußer Wohngemeinschaft. Wohngemeinschaft für verwirrte ältere seelisch behinderte Menschen in München. Abschlussbericht. München.

Atteslander Peter (2000): Methoden der empirischen Sozialforschung, 9. Auflage. Berlin.

Aufschwungalt (2006): Modellprojekte im Rahmen des Pflegeleistungs-Ergänzungsgesetzes in Bayern: „Haus Louise von Marillac". Ambulante Wohngemeinschaft für Demenzbetroffene Kleinostheim. Zwischenbericht 2006. (Fachlich-wissenschaftliche Begleitung des StMAS sowie der Arbeitsgemeinschaft der Pflegekassenverbände in Bayern). München.

Aufschwungalt (2007): Modellprojekte zum Pflegeleistungs-Ergänzungsgesetzes in Bayern: Ambulant betreute Wohngemeinschaft für Demenzkranke. „Ambulante Wohngemeinschaft für Menschen mit Demenz" des Förderkreises Steigerwald in Obersteinbach. Abschlussbericht 2007. (Fachlich-wissenschaftliche Begleitung des StMAS sowie der Arbeitsgemeinschaft der Pflegekassenverbände in Bayern). München.

Baltes Paul, Mittelstraß Jürgen, Staudinger Ursula (1994): Altern und Alter. Ein interdisziplinärer Studientext zur Gerontologie. Berlin.

Bayerisches Landesamt für Statistik und Datenverarbeitung (2013): Pressemitteilung. Die Anzahl der ambulant betreuten Wohngemeinschaften in Bayern ist erneut gestiegen. München.

Bayerisches Staatsministerium für Arbeit und Sozialordnung, Familie und Frauen (Hrsg.) (2008): Praxisleitfaden für die Qualitätssicherung in ambulant betreuten Wohngemeinschaften. München.

Beauvoir Simone de (2000): Das Alter. Hamburg.

Benz Arthur (2004): Governance – Modebegriff oder nützliches sozialwissenschaftliches Konzept? In: Benz Arthur (Hrsg.). Governance – Regieren in komplexen Regelsystemen. Wiesbaden. S. 11-28.

Berlin-Institut (2011): Demenz-Report. Wie sich die Regionen in Deutschland, Österreich und der Schweiz auf die Alterung der Gesellschaft vorbereiten können. Berlin.

Berlin-Institut (2011a): Die demografische Lage der Nation. Was freiwilliges Engagement für die Regionen leistet. Berlin.

Bertelsmann Stiftung, Kuratorium Deutsche Altershilfe (Hrsg.) (2003): Leben und Wohnen im Alter. Neue Wohnkonzepte. Bestandsanalyse. Band 1. Köln.

Bertelsmann Stiftung, Kuratorium Deutsche Altershilfe (Hrsg.) (2004): Leben und Wohnen im Alter. Neue Quartiersbezogene Wohnkonzepte. Expertenworkshop. Band 3. Köln.

Bertelsmann Stiftung, Kuratorium Deutsche Altershilfe (Hrsg.) (2004a): Leben und Wohnen im Alter. Betreute Wohngruppen – Pilotstudie. Band 4. Köln.

Bertelsmann Stiftung, Kuratorium Deutsche Altershilfe (Hrsg.) (2004b): Leben und Wohnen im Alter. Betreute Wohngruppen: Fallbeispiele und Adressliste. Band 5. Köln.

Bertelsmann Stiftung, Kuratorium Deutsche Altershilfe (Hrsg.) (2006): Leben und Wohnen im Alter. Ambulant betreute Wohngruppen. Arbeitshilfe für Initiatoren. Band 6. Köln.

Bertelsmann Stiftung (2012): Themenreport „Pflege 2030". Was ist zu erwarten – was ist zu tun? Vorabdruck. Gütersloh.

Blinkert Baldo, Klie Thomas (2004): Solidarität in Gefahr. Pflegebereitschaft und Pflegebedarfsentwicklung im demografischen und sozialen Wandel. Hannover.

Bundesarbeitsgemeinschaft der Freien Wohlfahrtspflege (2012): Übersicht zu den Gesetzgebungsverfahren der Länder zum Heimrecht. www.bagfw-qualitaet.de/gesetze-vertraege (27.07.2012).

Bundesministerium für Familie, Senioren, Frauen und Jugend (1998): Zweiter Altenbericht. Wohnen im Alter. Bonn.

Bundesministerium für Familie, Senioren, Frauen und Jugend (2002): Ambulant betreute Wohngemeinschaften für demenziell erkrankte Menschen. Berlin.

Bundesministerium für Familie, Senioren, Frauen und Jugend (2005): Freiwilliges Engagement in Deutschland 1999-2004. Ergebnisse der repräsentativen Trenderhebung zu Ehrenamt, Freiwilligenarbeit und bürgerschaftlichem Engagement. Vorgelegt von TNS Infratest Sozialforschung. München.

Bundesministerium für Familie, Senioren, Frauen und Jugend (2005a): Freiwilliges Engagement in Deutschland 1999-2004. Kurzfassung. Ergebnisse der repräsentativen Trenderhebung zu Ehrenamt, Freiwilligenarbeit und bürgerschaftlichem Engagement. Vorgelegt von TNS Infratest Sozialforschung. München.

Bundesministerium für Familie, Senioren, Frauen und Jugend, Kuratorium Deutsche Altershilfe (2006): Wohnen im Alter. Strukturen und Herausforderungen für kommunales Handeln. Ergebnisse einer bundeweiten Befragung der Landkreise und kreisfreien Städte. Berlin.

Bundesministerium für Familie, Senioren, Frauen und Jugend (2009): Charta der Rechte hilfe- und pflegebedürftiger Menschen. Berlin.

Bundesministerium für Familie, Senioren, Frauen und Jugend (2010): Hauptbericht des Freiwilligensurveys 2009, Zivilgesellschaft, soziales Kapital und freiwilliges Engagement in Deutschland 1999-2004-2009. Vorgelegt von TNS Infratest Sozialforschung. München.

Bundesministerium für Familie, Senioren, Frauen und Jugend (2010): Sechster Bericht zur Lage der älteren Generation in der Bundesrepublik Deutschland. Altersbilder in der Gesellschaft. Berlin.

Bundesministerium für Familie, Senioren, Frauen und Jugend (2012): Kristina Schröder beruft Sachverständigenkommission zum Siebten Altenbericht der Bundesregierung. Berlin. www.bmfsfj.de/BMFSFJ/aelteremenschen,did=193510.html (21.01.2013).

Bundesministerium für Gesundheit (Hrsg.) (2000): BMG Modellprojekte. Eine Dokumentation zur Verbesserung der Situation Pflegebedürftiger. Band 8. Köln.

Bundesministerium für Gesundheit (2008): Zahlen und Fakten zur Pflegeversicherung (05/08). Berlin. www.bmg.bund.de (17.12.2008).

Daneke Sigrid (2000): Angehörigenarbeit. Quedlinburg.

Dettbarn-Reggentin Jürgen, Reggentin Heike (2005): Ambulant versorgte Wohngruppen demenziell Erkrankter im Modellprojekt Schönholzer Heide. In: Deutsche Alzheimer Gesellschaft (2005 (Hrsg.): Keine Zeit zu verlieren! Referate auf dem 4. Kongress der Deutschen Alzheimer Gesellschaft. Berlin. S. 105-115.

Dettbarn-Reggentin Jürgen, Reggentin Heike (2006): Demenzkranke in Wohngruppen betreuen und fördern. Ein Praxisleitfaden. Stuttgart.

Deutsche Alzheimer Gesellschaft (2008): Informationsblatt 1. Das Wichtigste. Die Epidemiologie der Demenz. Verfasser: Horst Bickel. Berlin. www.deutsche-alzheimer.de/fileadmin/alz/pdf/factsheets/FactSheet01.pdf (03.12.2008).

Deutsche Alzheimer Gesellschaft (2006): Informationsblatt 13. Das Wichtigste. Ambulant betreute Wohngemeinschaften für Demenzkranke. Verfasser: Hans-Jürgen Freter. Berlin. www.deutsche-alzheimer.de/fileadmin /alz/pdf/factsheets/FactSheet13.pdf (02.04.2009).

Deutscher Bundestag (2002): Bericht der Enquete-Kommission „Zukunft des Bürgerschaftlichen Engagements". Bürgerschaftliches Engagement: auf dem Weg in eine zukunftsfähige Bürgergesellschaft. Drucksache 14/8900, Berlin.

Deutsches Institut für Normung e.V. (Hrsg.) (2007): Wegweiser Wohnen im Alter. Berlin. Wien. Zürich.

Deutsches Zentrum für Altersfragen (Hrsg.) (2007): Report Altersdaten GeroStat. Haushalte, familiale Lebensformen und Wohnsituation älterer Menschen. Heft 02/2007. Dezember.

Dietz Berthold (2004): Soziale Sicherungssysteme. In: Frevel Bernhard (Hrsg.): Herausforderung demografischer Wandel. Wiesbaden. S. 192-207.

Dörner Klaus (2007): Leben und sterben, wo ich hingehöre. Neumünster.

Dörner Klaus (2008): Positionspapier zur Heimgesetznovellierung. In: Norddeutsches Journal. Juli 2008. S. 2-3.

Ernst Veronika (2002): Das Krankenheim Sonnweid in Wetzikon, Schweiz. In: Klie Thomas (Hrsg.): Wohngruppen für Menschen mit Demenz. Hannover. S. 159-169.

Evangelische Fachhochschule Freiburg (2006): Netzwerk Wohngruppen für Menschen mit Demenz – Das Freiburger Modell. Freiburg.

Evers Adalbert (1992): Megatrends im Wohlfahrtsmix. Soziale Dienstleistungen zwischen Deregulierung und Neugestaltung. In: Blätter der Wohlfahrtspflege 139. S. 3-7.

Evers Adalbert, Olk Thomas (1996): Wohlfahrtspluralismus – Analytische und normativ-politische Dimensionen eines Leitbegriffs. In: Evers Adalbert, Olk Thomas (Hrsg.). Wohlfahrtspluralismus. Vom Wohlfahrtsstaat zur Wohlfahrtsgesellschaft. Opladen. S. 9-60.

Evers Adalbert, Rauch Ulrich, Stitz Uta (2002): Von öffentlichen Einrichtungen zu sozialen Unternehmen. Hybride Organisationsformen im Bereich sozialer Dienstleistungen. Berlin.

Evers Adalbert (2004): Sektor und Spannungsfeld. Zur Politik und Theorie des Dritten Sektor. Diskussionspapiere zum Nonprofit-Sektor. Nr. 27. Berlin. www.aktive-buergerschaft.de (09.03.2009).

Evers Adalbert, Heinze Rolf G. (Hrsg.) (2008): Sozialpolitik: Gefahren der Ökonomisierung und Chancen der Entgrenzung. Wiesbaden.

Fachstelle für ambulant betreute Wohngemeinschaften (2008): Informationsblatt für potentielle MieterInnen bzw. deren gesetzliche VertreterInnen. „Erwartungen und Anforderungen an die WG-Bewohner bzw. deren gesetzliche VertreterInnen zur Sicherung der Selbstbestimmtheit der ambulant betreuten Wohngemeinschaft. Projektträger: aufschwungalt. München. www.ambulant-betreute-wohngemeinschaften.de (10.12.2008).

Fischer Thomas, Worch Andreas, Nordheim Johanna, Wulff Ines, Gräske Johannes, Meye Sandra, Wolf-Ostermann Karin (2011): Ambulant betreute Wohngemeinschaften für alte, pflegebedürftige Menschen – Merkmale, Entwicklung und Einflussfaktoren. In: Pflege. Band 24. Heft 2. S. 97-109.

Flick Uwe (2002): Qualitative Sozialforschung. Eine Einführung. Reinbek bei Hamburg. 6. Auflage.

Freie und Hansestadt Hamburg (Hrsg.) (2007): Ambulant betreute Wohngemeinschaften für Menschen mit Demenz. Ein Leitfaden für Angehörige. Hamburg.

Generali Zukunftsfonds (2012) (Hrsg.): Generali Altersstudie 2013. Wie ältere Menschen leben, denken und sich engagieren. Frankfurt.

Gennrich Rolf (2006): So wenig Heim wie möglich. In: Altenheim. Heft 12. S. 16-18.

Gensicke Thomas, Klages Helmut (1998): Bürgerschaftliches Engagement 1997. In: Meulemann, Heiner (Hrsg.): Werte und nationale Identität im vereinten Deutschland. Opladen. S. 177-193.

Goffmann Erving (1973): Asyle. Über die soziale Situation psychiatrischer Patienten und anderer Insassen. Frankfurt.

Gräske Johannes, Wulff Ines, Fischer Thomas, Meye Sandra, Worch Andreas, Wolf-Ostermann Karin (2011): Ambulant betreute Wohngemeinschaften für ältere, pflegebedürftige Menschen – Unterstützung von Angehörigen und Ehrenamtlichen. In: Pflegezeitschrift. 64. Jahrgang. Heft 11. S. 664-669.

Gräske Johannes, Meyer Saskia, Worch Andreas, Wolf-Ostermann Karin (2011a): Lebensqualität von Menschen mit Demenz in ambulant betreuten Wohngemeinschaften – Erste Ergebnisse der WGQual-Studie. In: Praxis Klinische Verhaltensmedizin und Rehabilitation. Heft 89. Seite 126-136.

Hastedt Ingrid (2006): Wohngemeinschaften auf dem Prüfstand. In: Altenheim. Heft 2. S. 42-46.

Harper Sarah (2003): Changing Families as European Societies Age. In: European Journal of Sociology. Volume 44. Issue 2. August 2003. S. 155-184.

Heeg Sibylle, Bäuerle Katharina (2006): Demenzwohngruppen und bauliches Milieu. Beispiele für Umbau und Innenraumgestaltung. Stuttgart.

Heimaufsicht Berlin (2013): Mündliche Auskunft des Leiters der Heimaufsicht in Berlin, Landesamt für Gesundheit und Soziales. Stand: 31.01.2013.

Heimerl Katharina, Heller Andreas, Wegleitner Klaus, Wenzel Claudia (2012): Organisationsethik und Palliative Care – partizipative Konzepte. In: Rosenbrock, Rolf, Hartung Susanne (Hrsg.): Partizipation und Gesundheit. Bern. S. 408-417.

Hermanns Harry (2003): Interviewen als Tätigkeit. In: Flick Uwe, von Kardoff Ernst, Steinke Ines (Hrsg.): Qualitative Forschung. Reinbek bei Hamburg. 2. Auflage. S. 360-368.

Hirsch Rolf D. (Hrsg.) (1997): Gewalt gegen alte Menschen. Bonner Schriftenreihe Gewalt im Alter. Frankfurt.

Hoff Andreas (2006): Intergenerative Familienbeziehungen im Wandel. In: Tesch-Römer Clemens, Engstler Heribert, Wurm Susanne (Hrsg.): Altwerden in Deutschland. 1. Auflage. S. 231-287.

Höpflinger Francois (2004): Traditionelles und neues Wohnen im Alter. Age Report 2004. Zürich.

Hopf Christel (2003): Qualitative Interviews – ein Überblick. In: Flick Uwe, von Kardoff Ernst, Steinke Ines (Hrsg.): Qualitative Forschung. Reinbek bei Hamburg. 2. Auflage. S. 349-359.

Hopf Christel (2003a): Qualitative Forschung im Kontext. In: Flick Uwe, von Kardoff Ernst, Steinke Ines (Hrsg.): Qualitative Forschung. Reinbek bei Hamburg. 2. Auflage. S. 588-600.

Ilte Donald (2008): Die Nachfolgeregelungen der Länder zum Heimgesetz – ein vorweggenommener Nachruf. In: Pro Alter. 40. Jahrgang. Heft 4. S. 40-45.

Jähnert Hannes (2011): 36 % der Deutschen brauchen neue Wege zum freiwilligen Engagement. http://hannes-jaehnert.de (Stand 15.08.2012).

Jick Todd D. (1983): Mixing Qualitative and Quantitative Methods. Triangulation in Action. In: John van Maanen (Hrsg.). Qualitative Methodology. London, Thousand Oaks, New Delhi. S. 135-148.

Klein Ansgar (2002): Presseinformation 13.06.2002 (Langfassung). Engagementpolitik als Demokratiepolitik. Reformpolitische Perspektiven für Politik und Bürgergesellschaft. 13 Thesen und 13 politische Antworten. Berlin.

Klein Ansgar (2007): Bürgerschaftliches Engagement und Zivilgesellschaft. Anmerkungen zum begrifflichen Hintergrund und zur reformpolitischen Diskussion. In: Sprengel Rainer (Hrsg.): Philanthropie und Zivilgesellschaft. Frankfurt am Main. S. 197-229.

Klie Thomas (Hrsg.) (2002): Wohngruppen für Menschen mit Demenz. Hannover.

Klie Thomas (2005a): Konzeptionelle und rechtliche Varianten der Versorgung von Menschen mit Demenz zwischen ambulant und stationär. In: Zeitschrift für Gerontologie und Geriatrie. Band 38. Heft 2. S. 122-127.

Klie Thomas (2005b): Wohnen und Leben mit Demenz. In: Zeitschrift für Gerontologie und Geriatrie. Band 38. Heft 2. S. 83-84.

Klie Thomas, Roß Paul-Stefan (2005): Wie viel Bürger darf's denn sein!? In: Archiv für Wissenschaft und Praxis der sozialen Arbeit. Nr. 36. S. 20-43.

Klie Thomas (2006): Ambulante Wohngruppen im Schatten des Rechts. In: Häusliche Pflege. Heft 12. S. 38-40.

Klie Thomas (2006a): Welfare Mix und ältere Menschen. In: Deutscher Verein für öffentliche und private Fürsorge e.V. (Hrsg.). Deutscher Fürsorgetag. Dokumentation. Mut zur sozialen Verantwortung! Vom 3.-5. Mai 2006 in Düsseldorf. Berlin. S. 321-328. www.dft.deutscher-verein. de/download/DFT_2006_Doku20070123.pdf (25.06.2009).

Klie Thomas (2006b): Chancen und Risiken des Welfare-Mix. Vortrag im Rahmen des Workshops „Bürgerschaftliches Engagement im Welfare Mix – Möglichkeiten und Chancen" des Deutschen Fürsorgetages zum Thema

„Mut zur sozialen Verantwortung" am 04.05.2006 in Düsseldorf. Unveröffentlichtes Manuskript.

Klie Thomas (2006c): Freiburger Memorandum. In: Netzwerk Wohngruppen für Demenz (Hrsg.). Dementi 7/2006. Freiburg. S. 3-5.

Klie Thomas, Pfundstein Thomas, Schuhmacher Birgit, Goll Kerstin, Hils Andreas, Strauch Markus (2006): Netzwerk Wohngruppen für Menschen mit Demenz – Das Freiburger Modell. Beteiligung von Angehörigen und Bürgern an Aufgaben der Betreuung und Alltagsgestaltung. Bericht an den Projektträger: Bundesministerium für Gesundheit; Bundesministerium für Familie, Senioren, Frauen und Jugend. Evangelische Fachhochschule, Arbeitsschwerpunkt Gerontologie und Pflege. Freiburg.

Klie Thomas (2007): Engagementpotentiale im Pflegebereich. In: Forschungsjournal Neue Soziale Bewegungen. Jahrgang 20, 2/2007. Berlin. S. 72-85.

Klie Thomas, Roß Paul-Stefan (2007): WelfareMix: Sozialpolitische Neuorientierung zwischen Beschwörung und Strategie. In: Klie Thomas, Roß Paul-Stefan (Hrsg.). Sozialarbeitswissenschaft und angewandte Forschung in der Sozialen Arbeit. Festschrift für Konrad Maier. Freiburg. S. 67-108.

Klie Thomas, Schuhmacher Birgit (2009): Wohngruppen in geteilter Verantwortung für Menschen mit Demenz. Forschungsbericht. Das Freiburger Modell. Berlin.

Klie Thomas (2012): Engagement ist bunt. Alte und neue Formen der Solidarität zwischen den Generationen. In: KWA Journal. Nr. 4. S. 6.

Klingbeil Darren (2009): Menschen unabhängig von Pflege machen. In: Häusliche Pflege. Heft 6. S. 50-53.

Koordinationsstelle Wohnen zu Hause (2009): Konzepte, Initiativen und Visionen fürs Alter. Broschüre der Koordinationsstelle. München.

Kremer-Preiß Ursula, Stolarz Holger (2003): Wohngemeinschaften mit Betreuung. In: Pro Alter. Heft 2. S. 6-9.

Kremer-Preis Ursula (2012): Wohnatlas – Darstellung der vielfältigen Aktivitäten in den Bundesländern. Vortrag anlässlich eines „Workshops mit Vertretungen der Länder und des Bundes zur Erstellung des Wohnatlas" am 15.11.2012 in Köln. Unveröffentlichtes Manuskript.

Kromrey Helmut (2000): Empirische Sozialforschung. 9. Auflage. Opladen.

Kruse Andreas (1990): Kompetenz im Alter in ihren Bezügen zur objektiven und subjektiven Lebenssituation (Habilitationsschrift). Heidelberg.

Kuratorium Deutsche Altershilfe (Hrsg.) (2006): Wohnen im Alter. Strukturen und Herausforderungen für kommunales Handeln. Köln.

Kremer-Preiß Ursula (2006): Betreute Wohngemeinschaften für alte Menschen. Konzepte und Probleme bei der Umsetzung. In: Blätter der Wohlfahrtspflege. 1/2006. S.9-10.

Kreuz Dieter (2005): Zur Situation der stationären Pflege und der Pflegeeinrichtungen in Deutschland. In: Wüstenrot Stiftung (Hrsg.): Wohnen im Alter. Stuttgart und Zürich. S. 115-139.

Kruse Andreas (2007): Was stimmt? Alter. Die wichtigsten Antworten. Freiburg.

Lamnek Siegfried (2005): Qualitative Sozialforschung. Lehrbuch. Weinheim, Basel. 4. Auflage.

Lehr Ursula (1987): Psychologie des Alterns. Heidelberg.

Lehr Ursula (1989): Kompetenz im Alter – Beiträge aus gerontologischer Forschung und Praxis. In: Rott Christoph/Oswald Frank (Hrsg.): Kompetenz im Alter. Vaduz. S. 1-14.

Lehr Ursula (2005): Älterwerden in Zeiten des demografischen Wandels – eine Herausforderung. In: Förderverein Dementenbetreuung Holle e.v. (Hrsg.): Menschen mit Demenz und die Heime von Morgen – Möglichkeiten und Grenzen der Versorgung. 8. Holler Runde. 09.02.2005. S. 4-15.

Loos Peter, Schäffer Burkhard (2001): Das Gruppendiskussionsverfahren. Opladen.

Mayring Philipp (2001): Kombination und Integration qualitativer und quantitativer Analyse. In: Forum: Qualitative Sozialforschung. Volume 2. No. 1, Art. 6. www.qualitative-research.net/fqs (20.04.2012).

Mayring Philipp (2002): Einführung in die qualitative Sozialforschung. 5. Auflage. Weinheim.

Mayring Philipp (2003): Qualitative Inhaltsanalyse. In: Flick Uwe, von Kardoff Ernst, Steinke Ines (Hrsg.): Qualitative Forschung. Reinbek bei Hamburg. 2. Auflage. S. 468-474.

Mayring Philipp (2008): Qualitative Inhaltsanalyse. Grundlagen und Techniken. Weinheim und Basel. 10. Auflage.

Mayring Philipp (2008a): Neuere Entwicklungen in der qualitativen Forschung und der Qualitativen Inhaltsanalyse. In: Mayring Philipp, Gläser-Zikuda Michaela (Hrsg.) (2008a): Die Praxis der Qualitativen Inhaltsanalyse. Weinheim. 2. Auflage.

Mayring Philipp (2010): Design. In: Mey Günter, Mruck Katja (Hrsg.): Handbuch Qualitative Forschung in der Psychologie. Wiesbaden. S. 225-237.

Mätzke Norbert (2004): Daheim statt im Heim. Ambulant betreute Wohngemeinschaften alter Menschen. In. Blätter der Wohlfahrtspflege. Nr. 5. S. 187-190.

Meuser Michael, Nagel Ulrike (1991): ExpertInneninterviews – vielfach erprobt, wenig bedacht. In: Garz Detlef, Kraimer Klaus (Hrsg.): Qualitativ-empirische Sozialforschung. Opladen. S. 441-471.

Ministerium für Arbeit, Gesundheit und Soziales des Landes Nordrhein-Westfalen (2007): Neue Wohnprojekte für ältere Menschen. Gemeinschaftliches Wohnen in Nordrhein-Westfalen. Beispiele und Wege zur Umsetzung. Düsseldorf.

Mohn Brigitte (2012): Die Zivilgesellschaft geht uns alle an! In: Change. Nr. 3. S. 58.

Mollenkopf Heidrun, Oswald Frank, Wahl Hans-Werner (2006): Wohnen und Wohnumwelt. In: Oswald Wolf, Lehr Ursula, Sieber Cornel, Kornhuber Johannes (Hrsg.): Gerontologie. Stuttgart. S. 398-402.

Miles Matthew B., Huberman A. Michael (1994): Qualitative Data Analysis. A Sourcebook of new Methods. Newbury Park.

Netzwerk: Soziales neu gestalten (Hrsg.) (2009): Zukunft Quartier – Lebensräume zum Älterwerden. Band 2: Eine neue Architektur des Sozialen – Sechs Fallstudien zum Welfare Mix. Gütersloh.

Niederfranke Annette (1989): Kompetenzerhaltung im Ruhestand. In: Rott Christoph/Oswald Frank (Hrsg.): Kompetenz im Alter. Vaduz. S. 207-230.

Olbrich Erhard (1987): Kompetenz im Alter. In: Zeitschrift für Gerontologie. Nr. 20. S. 319-330.

Olbrich Erhard (1992): Das Kompetenzmodell des Alterns. In: Dettbarn-Reggentin, Reggentin Heike, Jürgen (Hrsg.). Neue Wege in der Bildung Älterer. Freiburg. S. 53-61.

Olk Thomas (2001): Sozialstaat und Bürgergesellschaft. In: Heinze, Rolf G./ Olk, Thomas (Hrsg.): Bürgergesellschaft in Deutschland. Bestandsaufnahme und Perspektiven, Opladen. S. 29-68.

Olk Thomas (2009): Engagementpolitik mit der Zivilgesellschaft. In: Bundesnetzwerk Bürgerschaftliches Engagement (Hrsg.): Nationales Forum für Engagement und Partizipation. Erster Zwischenbericht. Berlin. S. 9-11.

Oswald Frank (2002): Wohnbedingungen und Wohnbedürfnisse im Alter. In: Bundesministerium für Familie, Senioren, Frauen und Jugend (Hrsg.): Mobilität und gesellschaftliche Partizipation im Alter. Band 230. Stuttgart. S. 97-115.

Pawletko Klaus (2008): Willkommener Verbraucherschutz oder das Ende der geteilten Verantwortung? Vortrag anlässlich der Fachtagung „Zwischen Ordnungsrecht und sozialer Aufmerksamkeit" am 25.06.2008 in Hamburg. Unveröffentlichtes Manuskript.

Pawletko Klaus (2008a): Ambulant betreute WGs: Zwischen „Mini-Heim" und Nachbarschaftsprojekt. Vortrag anlässlich der Fachtagung „Ambulant betreute Wohngemeinschaften in Bayern" am 08.10.2008 in München. Unveröffentlichtes Manuskript.

Pick Peter (2004): Pflegeversicherung und Demographie. In: MDK-Forum. Heft 4. 8. Jahrgang. Dezember 2004. S. 10-14.

Pleschberger Sabine, Reitinger Elisabeth, Schumann Felix (2007): Sterben in alternativen Wohnformen. Explorative Studie bei neuen ambulanten Wohnformen für Menschen mit demenziellen Erkrankungen. Projektbericht. Wien: IFF Palliative Care und OrganisationsEthik.

Reder Ulrike (2002): Wohngruppen. In: Hallauer Johannes, Kurz Alexander (Hrsg.): Weißbuch Demenz. Versorgungssituation relevanter Demenzerkrankung in Deutschland. Stuttgart. S. 78-81.

Reitinger Elisabeth (2010): Gender: Care und palliative Kultur in Organisationen der Altenhilfe. In: Reitinger Elisabeth, Beyer Sigrid (Hrsg.): Geschlechterspezifische Hospiz- und Palliativkultur in der Altenhilfe. Frankfurt. S. 299-314.

Reitinger Elisabeth, Beyer Sigrid (Hrsg.) (2010): Geschlechterspezifische Hospiz- und Palliativkultur in der Altenhilfe. Frankfurt.

Reitinger Elisabeth, Pleschberger Sabine, Schumann Felix (2010): Leben und Sterben in Wohngemeinschaften für Menschen mit Demenz. Eine explorative Studie. In: Zeitschrift für Gerontologie und Geriatrie. Band 43. Heft 5. S. 285-290.

Roth Roland (2001): Die bewegte Bundesrepublik. In: Zimmer Annette, Wessels Bernhard (Hrsg.): Verbände und Demokratie in Deutschland. Opladen. S. 237-260.

Rutenkröger Anja, Kuhn Christina (2008): „Im Blick haben". Evaluationsstudie zur Pflegeoase im Seniorenzentrum Holle. Stuttgart.

Saup Winfried (1993): Alter und Umwelt. Stuttgart.

Schader Stiftung (2010): Heimrecht und gemeinschaftliche Wohn-Pflege-Formen. Selbstorganisiertes Wohnen und Pflegen ohne Heimaufsicht oder strukturell abhängiges Pflegewohnen im Schutzbereich des Heimrechts – Wo liegt die Grenze? Darmstadt.

Schaeffer Doris, Kuhlmey Doris (2012): Neue Modelle für die pflegerische Versorgung alter Menschen – Herausforderungen in der ambulanten Pflege. In: Günster Christian, Klose Joachim, Schmacke Norbert (Hrsg.):

Versorgungs-Report 2012. Schwerpunkt: Gesundheit im Alter. Stuttgart. S. 177-192.

Schaper Klaus (2008): Die soziale Sicherung alter Menschen in Deutschland. In: Thieme Frank (Hrsg.): Alter(n) in der alternden Gesellschaft. Wiesbaden. S. 115-158.

Schmäing Paul (2007): Ambulant betreute Wohngemeinschaften. Wohngemeinschaften und das SGB XI. Vortrag anlässlich der Fachtagung „Ambulant betreute Wohngemeinschaften – Welche Aufgaben haben die beteiligten Akteure bei der Sicherstellung von Qualität und Verbraucherschutz?" am 07.11.2007 in Kassel. www.wg-qualitaet.de/src/File/fachtagung_kassel paul_schmaeing__wohngemeinschaften_und_das_sgb_xi_fachtagung_ kassel__07.11.07.pdf (17.12.2008).

Schneekloth Ulrich, Wahl Hans Werner (2005): Möglichkeiten und Grenzen selbständiger Lebensführung in privaten Haushalten. Repräsentativbefunde und Vertiefungsstudien zu häuslichen Pflegearrangements, Demenz und professionellen Versorgungsangeboten. Integrierter Abschlussbericht im Auftrag des Bundesministeriums für Familie, Senioren, Frauen und Jugend. München.

Schulz-Nieswandt Frank, Köstler Ursula, Langenhorst Francis, Marks Heike (2012): Neue Wohnformen im Alter. Stuttgart.

Schwarzenau Annette (2008): Qualitätssicherung durch freiwilliges Engagement? Vortrag anlässlich der Fachtagung „Ambulant betreute Wohngemeinschaften in Bayern" am 08.10.2008 in München. Unveröffentlichtes Manuskript.

Schreyögg Georg (1996): Organisation. Wiesbaden.

Scott W. Richard (2007): Institutions and Organizations. Ideas and Interests. Los Angeles.

Stähle Wolfgang W. H. (1994): Management. München.

Statistisches Bundesamt (2007a): Pflegestatistik 2005. Pflege im Rahmen der Pflegeversicherung. Deutschlandergebnisse. Wiesbaden.

Statistisches Bundesamt (2007b): Statistisches Jahrbuch 2007. Wiesbaden.

Statistisches Bundesamt (2009): Bevölkerung Deutschlands bis 2060. 12. Koordinierte Bevölkerungsvorausberechnung. Wiesbaden.

Statistisches Bundesamt (2011): Ältere Menschen in Deutschland und der EU. Wiesbaden.

Statistisches Bundesamt (2013): Pflegestatistik 2011. Pflege im Rahmen der Pflegeversicherung. Deutschlandergebnisse. Wiesbaden.

Steiner Barbara (2006): Bewohner sehen die WG nicht als Übergangslösung. In: Häusliche Pflege. Nr. 15. S. 38-41.

Steinmann Horst, Schreyögg Georg (1997): Management. Grundlagen der Unternehmensführung. Konzepte – Funktionen – Fallstudien. 4. Auflage. Wiesbaden.

Stiftung Mitarbeit (2002): Wege zur nachhaltigen Engagementförderung. Bundestagung der Freiwilligenagenturen. In: Stiftung Mitarbeit (Hrsg.): mitarbeiten. Nr. 4.

Tews Hans Peter (1993): Neue und alte Aspekte des Strukturwandels des Alters. In: Naegele Gerhard, Tews Hans Peter (Hrsg.): Lebenslagen im Strukturwandel des Alters. Opladen. S. 15-42.

Tews Hans Peter (2005): Wohnen und Versorgung im Alter im historischen Wandel. In: Wüstenrot Stiftung (Hrsg.): Wohnen im Alter. Stuttgart und Zürich. S. 15-39.

Unger Christa (2009): Wie viel Beratung/Begleitung braucht Selbstbestimmung? Vortrag im Rahmen der Fachtagung „Ambulant betreute Wohngemeinschaften (nicht nur) für Menschen mit Demenz" des Bundesmodellprojekts „Qualitätssicherung in ambulant betreuten Wohngemeinschaften (nicht nur) für Menschen mit Demenz" am 12.09.2009 in Kassel. Unveröffentlichtes Manuskript.

Verbeek Hilde, van Rossum Erik, Zwakhalen Sandra, Kempen Gertrudis, Hamers Jan (2009): Small, homelike care environments for older people with dementia: A Literature Review. In: International Psychogeriatrics. 21 (2). S. 252-264.

Verein für Selbstbestimmtes Wohnen im Alter SWA e.V. (2006): Qualitätskriterien für ambulant betreute Wohngemeinschaften für Menschen mit Demenz – eine Orientierungs- und Entscheidungshilfe. 3. vollständig überarbeitete Auflage. Berlin.

Wahl Hans-Werner (2005): Entwicklung und Perspektiven der gerontologischen Forschung: Das Beispiel Wohnforschung. In: Zeitschrift für Gerontologie und Geriatrie. Band 38. Heft 2. S. 128-138.

Wegleitner Klaus, Heimerl Katharina (2010): Gender in der ambulanten Pflege: eine unterrepräsentierte Perspektive. In: Reitinger Elisabeth, Beyer Sigrid (Hrsg.): Geschlechterspezifische Hospiz- und Palliativkultur in der Altenhilfe. Frankfurt. S. 211-230.

Weyerer Siegfried, Schäufele Martina, Hendlmeier Ingrid (2005): Besondere und traditionelle stationäre Betreuung demenzkranker Menschen im Vergleich. In: Zeitschrift für Gerontologie und Geriatrie. Band 38. Heft 2. S. 85-94.

White Robert (1959): Motivation reconsidered. The concept of competence. In: Psychological Review. Nr. 66. S. 297-334.

Wolf-Ostermann Karin (2007): Berliner Studie zu Wohngemeinschaften für pflegebedürftige Menschen. Berlin.

Wolf-Ostermann Karin, Fischer Thomas (2010): Mit 80 in die Wohngemeinschaft – Berliner Studie zu Wohngemeinschaften für pflegebedürftige Menschen. In: Zeitschrift für Pflegewissenschaft. Heft 5. S. 261-272.

Wolf-Ostermann Karin (2011): Ambulant betreute Wohngemeinschaften für Menschen mit Pflegebedarf. In: Informationsdienst Altersfragen. Heft 03. 38. Jahrgang. S. 5-10.

Wolf-Ostermann Karin, Worch Andreas, Wulff Ines, Gräske Johannes (2011): Ambulant betreute Wohngemeinschaften für pflegebedürftige ältere Menschen – Angebots- und Nutzerstrukturen. In: Klinische Verhaltensmedizin & Rehabilitation. Heft 89.

Wolf-Ostermann Karin (2012): Neue Wohnformen und Wohngemeinschaften in der Pflege – wo stehen wir heute? Vortrag anlässlich der Fachtagung „Zwischen ambulant und stationär? Innovative Wohnformen für pflegebedürftige Menschen" am 29.11.2012 in Berlin. Unveröffentlichtes Manuskript.

Wolff Stephan (2003): Dokumenten- und Aktenanalyse. In: Flick Uwe, von Kardoff Ernst, Steinke Ines (Hrsg.): Qualitative Forschung. Reinbek bei Hamburg. 2. Auflage. S. 502-513.

Wulff Ines, Gräske Johannes, Fischer Thomas, Wolf-Ostermann Karin (2011): Versorgungsstrukturen für ältere, pflegebedürftige Menschen mit und ohne Vorliegen einer Demenzerkrankung im Vergleich zwischen ambulant betreuten Wohngemeinschaften und Spezialwohnbereichen vollstationärer Einrichtungen. In: Klinische Verhaltensmedizin & Rehabilitation. Heft 89.

Wüstenrot Stiftung (Hrsg.) (2005): Wohnen im Alter. Stuttgart und Zürich.

Wurm Susanne, Tesch-Römer Clemens (2006): Gesundheit, Hilfebedarf und Versorgung. In: Tesch-Römer Clemens, Engstler Heribert, Wurm Susanne (Hrsg.): Altwerden in Deutschland. 1. Auflage. Wiesbaden. S. 231-287.

Yin, Robert K. (2003): Case Study Research. Design and Methods. Applied Social Research Methods Series. Thousand Oaks. 3rd edition.

Zentrum für Zivilgesellschaft (2009): Unser Verständnis von Zivilgesellschaft. Freiburg. www.zentrum-zivilgesellschaft.de/Ueber%20uns/ ZivilgesellschaftSelbstverstaendnis.pdf (25.02.2009).

Zimmer Annette (2002): Dritter Sektor und Soziales Kapital. Münsteraner Diskussionspapiere zum Nonprofit-Sektor. Nr. 19. (www.dritte-sektor-forschung.de).

Zimmer Annette (2007): Vom Ehrenamt zum Bürgerschaftlichen Engagement. In: Schwalb Lilian, Walk Heike (Hrsg.): Local Governance – mehr Transparenz und Bürgernähe?. 1. Auflage. Wiesbaden. S. 95-104.

Anhang

Anlage 1 – Beschreibung Forschungsvorhaben
Kontaktaufnahme – multiperspektivisch qualitative Interviews

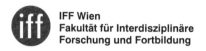

IFF Wien
Fakultät für Interdisziplinäre
Forschung und Fortbildung

Bürgerschaftliches Engagement
in ambulant betreuen Wohngemeinschaften
Dissertation im Rahmen des DoktorandInnenkollegs Palliative Care und Organisationsethik

1. Hintergrund
Viele ältere Menschen wünschen Alternativen zu der bestehenden traditionellen Versorgung im Senioren- und Pflegeheim, wenn ein Verbleib im eigenen Zuhause unmöglich erscheint. Auf der Suche nach zukunftsorientierten Wohnalternativen für hilfs- und pflegebedürftige ältere Menschen rücken seit geraumer Zeit ambulant betreute Wohngemeinschaften in den Blick. Um diese Form der kleinräumigen und gemeindenahen Versorgung von Menschen mit Pflege- und Betreuungsbedarf auf einem hohen fachpflegerischen und sozial-ethischem Niveau etablieren zu können, ist das Zusammenspiel verschiedener formaler und informaler Hilfen, Dienste und Angebote gefragt und das solidarische Miteinander unterschiedlicher, vielleicht auch neuer Akteure gefordert. Im Vordergrund steht eine neue Verantwortungsgemeinschaft zwischen Staat, Markt, primären Netzen und Zivilgesellschaft. Wichtig in diesem Zusammenhang ist zu sehen, dass mit dem bürgerschaftlichen Engagement auf der Grundlage eines zivilgesellschaftlichen Verständnisses auch eine Veränderung des Verhältnisses der Akteure einhergeht. Bürgerschaftliches Engagement in ambulant betreuten Wohngemeinschaften ist nicht nur die freiwillige und unbezahlte Übernahme vordefinierter Aufgaben, sondern auch ein Ausdruck von mehr Selbstorganisation, Eigenverantwortung und Bürgerbeteiligung.

Bislang gibt es in der Literatur zahlreiche Publikationen zu den Themenbereichen „ambulant betreute Wohngemeinschaften" und „bürgerschaftliches Engagement". Kaum in den Fokus wissenschaftlicher Betrachtungsweise ist bisher die Verbindung der beiden Themenbereiche gerückt. Ergebnisse zu generieren, ob und inwieweit bürgerschaftliches Engagement in ambulant betreuten Wohngemeinschaften Ausdruck findet und welche Bedeutung es hat, ist Anliegen der Untersuchung.

2. Zielsetzung und Fragestellung
Die Fragestellung, welchen Ausdruck bürgerschaftliches Engagement in ambulant betreuten Wohngemeinschaften für ältere Menschen mit Unterstützungsbedarf findet, steht im Vordergrund der Untersuchung. Dazu sollen unterschiedliche Aspekte differenziert betrachtet werden:
- Inwieweit ist bürgerschaftliches Engagement Thema in ambulant betreuten Wohngemeinschaften?
- Welche Motive, Formen und Rollen bürgerschaftlichen Engagements existieren in ambulant betreuten Wohngemeinschaften?

- Wer und in welchem Ausmaß engagiert sich freiwillig in ambulant betreuten Wohngemeinschaften?
- Was unterscheidet bürgerschaftliches Engagement von Frauen und Männern?
- Was verändert sich in ambulant betreuten Wohngemeinschaften durch bürgerschaftliches Engagement?
- Wie sind die „Spielregeln" des Miteinanders? Welche Funktionslogiken, Zentralwerte und Handlungslogiken liegen der Verantwortungsübernahme für ältere Bürgerinnen und Bürger zugrunde?
- Was macht die Qualität des bürgerschaftlichen Engagements in ambulant betreuten Wohngemeinschaften aus?
- Welche weiteren Engagementformen wären aus Sicht der Akteure wünschenswert?
- Mit welchen Maßnahmen und Strukturen kann bürgerschaftliches Engagement in ambulant betreuten Wohngemeinschaften gefördert werden und was ist hinderlich?

3. Methodisches Vorgehen

Da im deutschsprachigen Raum zu bürgerschaftlichem Engagement in ambulant betreuten Wohngemeinschaften bislang nur wenig theoretische Grundlagen und empirische Daten vorliegen, ist das Forschungsvorhaben als explorative Studie konzipiert, die folgende Schritte umfasst:

o Eine **vertiefende Literaturanalyse** zu den Themenbereichen Kontextfaktoren, die das Leben und Wohnen im Alter beeinflussen, ambulant betreute Wohngemeinschaften und bürgerschaftliches Engagement hat das Ziel, den aktuellen Diskussionsstand zu erfassen.

o In drei ambulant betreuten Wohngemeinschaften soll das Phänomen des bürgerschaftlichen Engagements näher betrachtet werden. Durch **multiperspektivisch qualitative Interviews** sollen Erkenntnisse zum bürgerschaftlichen Engagement in ambulant betreuten Wohngemeinschaften generiert und verschiedene Perspektiven integriert werden. Vorgesehen ist, dass in jeder ambulant betreuten Wohngemeinschaft etwa sechs bis zehn Interviews mit bürgerschaftlich Engagierten, Angehörigen, Vertreterinnen und Vertreter der Betreuungs- und Pflegedienste, Mieterinnen und Mietern sowie sonstigen relevanten Akteuren, wie z.B. Moderatorinnen oder Moderatoren, geführt werden.

4. Begutachtung:

Erstgutachterin: Prof. Dr. Katharina Heimerl
Zweitgutachter: Prof. Dr. Thomas Klie

Kontakt:

Christine Schwendner

Anlage 2 – Beschreibung Forschungsvorhaben
Interviewdurchführung – multiperspektivisch qualitative Interviews

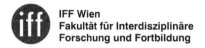

IFF Wien
Fakultät für Interdisziplinäre
Forschung und Fortbildung

Kurzbeschreibung für Interviewpartnerinnen und -partner

Seit geraumer Zeit rücken ambulant betreute Wohngemeinschaften als alternative Pflege- und Betreuungsform in den Blick. Die Besonderheit an dieser neuen Wohnform für ältere Menschen ist, dass die Mieterinnen und Mieter eine selbständige Gemeinschaft bilden, die eigenverantwortlich über ihre Angelegenheiten entscheidet. In der Praxis erfolgt die Umsetzung idealerweise in „geteilter Verantwortung" durch einen partnerschaftlichen Mix von bürgerschaftlich Engagierten, Angehörigen und Professionellen.

In meiner Dissertation, die ich an der Alpen-Adria-Universität Klagenfurt, Fakultät für Interdisziplinäre Forschung und Fortbildung, Institut für Palliative Care und Organisationsethik vorlegen möchte, beschäftige ich mich mit der Frage, welche Bedeutung bürgerschaftliches Engagement in ambulant betreuten Wohngemeinschaften konkret hat. Dabei sind Fragen von Interesse, inwieweit bürgerschaftliches Engagement Thema in ambulant betreuten Wohngemeinschaften ist, wie das Miteinander der Beteiligten gelingt, welche Motive, Formen und Rollen bürgerschaftlichen Engagements in ambulant betreuten Wohngemeinschaften existieren und was sich durch bürgerschaftliches Engagement in ambulant betreuten Wohngemeinschaften verändert.

Vor diesem Hintergrund werde ich in drei ambulant betreuten Wohngemeinschaften in Deutschland Interviews mit den älteren Menschen, bürgerschaftlich Engagierten, Angehörigen, Mitarbeiterinnen und Mitarbeitern der Pflege- und Betreuungsdienste, Vermieterinnen und Vermietern und sonstigen Beteiligten führen, um die oben genannten Fragen zu klären.

Ich bitte um Ihr Einverständnis, die Gespräche auf Band aufzeichnen und wissenschaftlich verwerten zu dürfen. In der Abschrift werden alle Namen anonymisiert.

Danke für Ihre Unterstützung!

Christine Schwendner

Anlage 3 – Erhebungsbogen soziodemografische Daten
multiperspektivisch qualitative Interviews

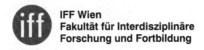 

Soziodemografische Daten

Geschlecht:

Alter:

Beruf:

Seit wann engagiert:

Wie viele Stunden pro Woche:

Anlage 4 – Interviewleitfaden Angehörige

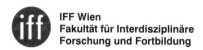

IFF Wien
Fakultät für Interdisziplinäre
Forschung und Fortbildung

Interviewleitfaden Angehörige

Informationen zu Beginn:

- *Vorstellung Person, Forschungsvorhaben, Hintergrund, Anbindung (Aushändigung Handout und Kontakt)*

- *Interviews aus unterschiedlichen Perspektiven, ca. 1 Stunde Zeit*

- *Umgang mit Anonymität (Name wird anonymisiert, Einverständnis mit Tonbandaufzeichnungen, ausschließliche Verwendung für Dissertation)*

1. Einstieg:

- Können Sie sich bitte kurz vorstellen? Wie ist Ihre Verbindung zu der ambulant betreuten Wohngemeinschaft? Haben Sie hier irgendwelche Aufgaben bzw. Funktionen?

- Können Sie mir etwas zu der ambulant betreuten Wohngemeinschaft sagen? Was ist das Besondere daran?

2. Sektorenmodell:

- Wer wirkt an dieser ambulant betreuten Wohngemeinschaft mit?
  Welche Aufgaben nehmen diese Mitwirkenden wahr (Umfang)?
  Wer sind aus Ihrer Sicht die wichtigsten Mitwirkenden und warum?

- Wie beurteilen Sie die Zusammenarbeit mit den unterschiedlichen Beteiligten (ältere Menschen, An- bzw. Zugehörige, Profis, Freiwillige, Staat)?
  Mit wem haben Sie am meisten zu tun?
  Mit wem arbeiten Sie gut oder gerne zusammen? Warum?

3. Bürgerschaftliches Engagement in der ambulant betreuten Wohngemein-schaft:

3a) falls sich Angehörige engagieren:

- Können Sie mir erzählen, wie ein typischer Einsatz (Nachmittag, Tag) läuft? Was machen Sie eigentlich genau hier?
  Wie oft und wie häufig engagieren Sie sich hier? Seit wann?
  Was machen Sie gerne, was weniger?
  Hat sich Ihr Engagement hier verändert und wenn ja, wie?

- Sehen Sie Unterschiede im Engagement von Frauen und Männern?

- Wie schätzen Sie das bürgerschaftliche Engagement insgesamt in der ambulant betreuten Wohngemeinschaft ein?
  Was sind gute Ansätze, was hat sich bewährt? Warum?
  Was könnte weiter verbessert werden?

- Was ist hilfreich und was erschwert Ihr bürgerschaftliches Engagement?

- Funktionslogik?
  Wie sind Sie dazu gekommen, sich in dieser Wohngemeinschaft zu en-gagieren?
  Wer wählt die Engagierten grundsätzlich aus, nach welchen Kriterien?
  Wie ist Ihre Anbindung (Institution/Verein, regelmäßige Treffen der Enga-gierten)?

- Zentralwert?
  Warum engagieren Sie sich?
  Was meinen Sie, welchen Nutzen hat die Wohngemeinschaft von Ihrem Engagement?
  Was haben Sie davon, dass Sie sich engagieren?
  Würde die Wohngemeinschaft auch ganz ohne bürgerschaftliches Enga-gement gelingen? Wenn ja, was wäre anders? Wenn nein, warum geht es nicht ohne?
  Erhalten Sie eine „Anerkennung" für Ihr Engagement (monetär aber auch andere Formen) und wenn ja, welche?

- Systemimperativ?
  Sind Sie als bürgerschaftlich Engagierte/r schon einmal vor einer schwie-rigen (ethischen) Entscheidung gestanden?
  Kommen Sie manchmal an Ihre Grenzen oder auch darüber hinaus? Wer oder was hilft Ihnen dann?
  Wie erfolgt die Koordination/Abstimmung des bürgerschaftlichen Enga-gements?

- Zusammenfassend in einem Satz: Was verstehen Sie unter bürgerschaftlichem Engagement? Was bedeutet für Sie bürgerschaftliches Engagement?

3b) falls sich Angehörige nicht engagieren:

- Was verstehen Sie hier unter „bürgerschaftlichem Engagement"?

- Welches bürgerschaftliche Engagement beobachten Sie hier?
  Wie würden Sie die/den typisch bürgerschaftlich Engagierte/n beschreiben?
  Was sind deren Motive?
  Wie wird man hier bürgerschaftlich Engagierte/r?
  Wer wählt die bürgerschaftlich Engagierten aus? Nach welchen Kriterien?
  Wann, wo, wie haben Sie als Angehörige/r mit bürgerschaftlich Engagierten zu tun?
  Stimmen Sie sich mit den bürgerschaftlich Engagierten ab, wenn ja, wie?
  Gibt es Konflikte oder Probleme mit den bürgerschaftlich Engagierten?

- Was hat die ambulant betreute Wohngemeinschaft davon, dass es bürgerschaftlich Engagierte gibt?
  Was sind gute Ansätze, was hat sich bewährt?
  Würde es auch ohne gehen? Warum ja bzw. nein?
  Was könnte weiter verbessert werden?

- Welche Rahmenbedingungen erleichtern bzw. erschweren bürgerschaftliches Engagement hier?
  Gibt es einen großen Wechsel an bürgerschaftlich Engagierten?
  Wie kann man bürgerschaftlich Engagierte binden?

- Sehen Sie Unterschiede im Engagement von Frauen und Männern in Ihrer ambulant betreuten Wohngemeinschaft?

4. Abschluss:

- Gibt es irgendwelche Aspekte in Bezug auf bürgerschaftliches Engagement in dieser ambulant betreuten Wohngemeinschaft, die wir bisher nicht angesprochen haben und die Sie mir noch erzählen möchten?

- Danke für Gesprächsbereitschaft!

Anlage 5 – Interviewleitfaden bürgerschaftlich Engagierte

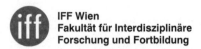

Interviewleitfaden bürgerschaftlich Engagierte

Informationen zu Beginn:

- *Vorstellung Person, Forschungsvorhaben, Hintergrund, Anbindung (Aushändigung Handout und Kontakt)*

- *Interviews aus unterschiedlichen Perspektiven, ca. 1 Stunde Zeit*

- *Umgang mit Anonymität (Name wird anonymisiert, Einverständnis mit Tonbandaufzeichnungen, ausschließliche Verwendung für Dissertation)*

1. Einstieg:

- Können Sie sich bitte kurz vorstellen? Wie ist Ihre Verbindung zu der ambulant betreuten Wohngemeinschaft? Was ist Ihre Aufgabe/Funktion?

- Können Sie mir etwas zu der ambulant betreuten Wohngemeinschaft sagen? Was ist das Besondere daran?

2. Sektorenmodell:

- Wer wirkt an dieser ambulant betreuten Wohngemeinschaft mit? Welche Aufgaben nehmen diese Mitwirkenden wahr (Umfang)? Wer sind aus Ihrer Sicht die wichtigsten Mitwirkenden und warum?

- Wie beurteilen Sie die Zusammenarbeit mit den unterschiedlichen Beteiligten (ältere Menschen, An- bzw. Zugehörige, Profis, Freiwillige, Staat)? Mit wem haben Sie am meisten zu tun? Mit wem arbeiten Sie gut oder gerne zusammen? Warum?

3. Bürgerschaftliches Engagement in der ambulant betreuten Wohngemeinschaft:

- Können Sie mir erzählen, wie ein typischer Einsatz (Nachmittag, Tag) läuft? Was machen Sie eigentlich genau hier? Wie oft und wie häufig engagieren Sie sich hier? Seit wann? Was machen Sie gerne, was weniger?

Hat sich Ihr bürgerschaftliches Engagement hier verändert und wenn ja, wie?

- Sehen Sie Unterschiede im Engagement von Frauen und Männern?

- Wie schätzen Sie das bürgerschaftliche Engagement insgesamt in der ambulant betreuten Wohngemeinschaft ein?
  Was sind gute Ansätze, was hat sich bewährt? Warum?
  Was könnte weiter verbessert werden?

- Was ist hilfreich und was erschwert Ihr bürgerschaftliches Engagement?

- Funktionslogik?
  Wie sind Sie dazu gekommen, sich in dieser Wohngemeinschaft zu engagieren?
  Wer wählt die Engagierten aus, nach welchen Kriterien?
  Wie ist Ihre Anbindung (Institution/Verein, regelmäßige Treffen der Engagierten)?

- Zentralwert?
  Warum engagieren Sie sich?
  Was meinen Sie, welchen Nutzen hat die Wohngemeinschaft von Ihrem Engagement?
  Was haben Sie davon, dass Sie sich engagieren?
  Würde die Wohngemeinschaft auch ganz ohne bürgerschaftliches Engagement gelingen? Wenn ja, was wäre anders? Wenn nein, warum geht es nicht ohne?
  Erhalten Sie eine „Anerkennung" für Ihr Engagement (monetär aber auch andere Formen) und wenn ja, welche?

- Systemimperativ?
  Sind Sie als bürgerschaftlich Engagierte/r schon einmal vor einer schwierigen (ethischen) Entscheidung gestanden?
  Kommen Sie manchmal an Ihre Grenzen oder auch darüber hinaus? Wer oder was hilft Ihnen dann?
  Wie erfolgt die Koordination/Abstimmung des bürgerschaftlichen Engagements?

- Zusammenfassend in einem Satz: Was verstehen Sie unter bürgerschaftlichem Engagement? Was bedeutet für Sie bürgerschaftliches Engagement?

4. Abschluss:

- Gibt es irgendwelche Aspekte in Bezug auf bürgerschaftliches Engagement in dieser ambulant betreuten Wohngemeinschaft, die wir bisher nicht angesprochen haben und die Sie mir noch erzählen möchten?

- Danke für Gesprächsbereitschaft!

Anlage 6 – Interviewleitfaden Moderation

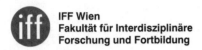

Interviewleitfaden Moderation

Informationen zu Beginn:

- *Vorstellung Person, Forschungsvorhaben, Hintergrund, Anbindung (Aushändigung Handout und Kontakt)*

- *Interviews aus unterschiedlichen Perspektiven, ca. 1 Stunde Zeit*

- *Umgang mit Anonymität (Name wird anonymisiert, Einverständnis mit Tonbandaufzeichnungen, ausschließliche Verwendung für Dissertation)*

1. **Einstieg:**

- Können Sie sich bitte kurz vorstellen? Wie ist Ihre Aufgabe/Funktion in dieser ambulant betreuten Wohngemeinschaft?

- Können Sie mir etwas zu der ambulant betreuten Wohngemeinschaft sagen? Was ist das Besondere daran?

2. **Sektorenmodell:**

- Wer wirkt an dieser ambulant betreuten Wohngemeinschaft mit?
Welche Aufgaben nehmen diese Mitwirkenden wahr (Umfang)?
Wer sind aus Ihrer Sicht die wichtigsten Mitwirkenden und warum?

- Wie beurteilen Sie die Zusammenarbeit mit bzw. zwischen den unterschiedlichen Beteiligten (ältere Menschen, An- bzw. Zugehörige, Profis, Freiwillige, Staat)?
Mit wem haben Sie am meisten zu tun?
Mit wem arbeiten Sie gut oder gerne zusammen? Warum?
Zwischen welchen Akteuren klappt die Zusammenarbeit gut?
Zwischen welchen Akteuren treten Probleme auf? Weshalb? Wie gehen Sie damit um?

3. **Bürgerschaftliches Engagement in der ambulant betreuten Wohngemeinschaft:**

3a) falls Moderation sich bürgerschaftlich engagiert:

- Können Sie mir erzählen, wie ein typischer Einsatz läuft? Was machen Sie eigentlich genau?
    Wie oft engagieren Sie sich hier? Seit wann?
    Hat sich Ihr Engagement hier verändert und wenn ja, wie?

- Sehen Sie Unterschiede im Engagement von Frauen und Männern?

- Wie schätzen Sie das bürgerschaftliche Engagement insgesamt in der ambulant betreuten Wohngemeinschaft ein?
    Was sind gute Ansätze, was hat sich bewährt? Warum?
    Was könnte weiter verbessert werden?

- Was ist hilfreich und was erschwert Ihre Moderationsaufgabe?

- Funktionslogik?
    Wie sind Sie dazu gekommen, sich in dieser Wohngemeinschaft zu engagieren?
    Wer wählt die Engagierten grundsätzlich aus, nach welchen Kriterien?
    Wie ist Ihre Anbindung (Institution/Verein, regelmäßige Treffen der Engagierten)?

- Zentralwert?
    Warum engagieren Sie sich?
    Was meinen Sie, welchen Nutzen hat die Wohngemeinschaft von Ihrem Engagement?
    Was haben Sie davon, dass Sie sich engagieren?
    Würde die Wohngemeinschaft auch ohne Ihr Engagement gelingen? Wenn ja, was wäre anders? Wenn nein, warum geht es nicht ohne?
    Erhalten Sie eine „Anerkennung" für Ihr Engagement (monetär aber auch andere Formen) und wenn ja, welche?

- Systemimperativ?
    Sind Sie als bürgerschaftlich Engagierte/r schon einmal vor einer schwierigen (ethischen) Entscheidung gestanden?
    Kommen Sie manchmal an Ihre Grenzen oder auch darüber hinaus? Wer oder was hilft Ihnen dann?
    Wie erfolgt die Koordination/Abstimmung des bürgerschaftlichen Engagements?

- Zusammenfassend in einem Satz: Was verstehen Sie unter bürgerschaftlichem Engagement? Was bedeutet für Sie bürgerschaftliches Engagement?

3b) falls Moderation <u>gewerblich</u> agiert:

- Was verstehen Sie unter „bürgerschaftlichem Engagement"?

- Welches bürgerschaftliche Engagement findet hier statt?
    Wie würden Sie die/den typisch bürgerschaftlich Engagierte/n beschreiben (Motive)?
    Wie wird man hier bürgerschaftlich Engagierte/r?
    Wer wählt die bürgerschaftlich Engagierten aus, nach welchen Kriterien?
    Wann, wo, wie haben Sie mit bürgerschaftlich Engagierten hier zu tun?

- Was hat die ambulant betreute Wohngemeinschaft davon, dass es bürgerschaftlich Engagierte gibt?
    Was sind gute Ansätze, was hat sich bewährt?
    Würde es auch ohne gehen? Warum ja bzw. nein?
    Was könnte weiter verbessert werden?

- Welche Rahmenbedingungen erleichtern bzw. erschweren bürgerschaftliches Engagement hier?
    Gibt es einen großen Wechsel an bürgerschaftlich Engagierten?
    Wie kann man bürgerschaftlich Engagierte binden?

- Sehen Sie Unterschiede im Engagement von Frauen und Männern in Ihrer ambulant betreuten Wohngemeinschaft?

4. Abschluss:

- Gibt es irgendwelche Aspekte in Bezug auf bürgerschaftliches Engagement in dieser ambulant betreuten Wohngemeinschaft, die wir bisher nicht angesprochen haben und die Sie mir noch erzählen möchten?

- Danke für Gesprächsbereitschaft!

Anlage 7 – Interviewleitfaden Pflege- und Betreuungsdienst

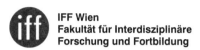 **IFF Wien**
Fakultät für Interdisziplinäre
Forschung und Fortbildung

Interviewleitfaden Pflege- und Betreuungsdienst

Informationen zu Beginn:

- *Vorstellung Person, Forschungsvorhaben, Hintergrund, Anbindung (Aushändigung Handout und Kontakt)*

- *Interviews aus unterschiedlichen Perspektiven, ca. 1 Stunde Zeit*

- *Umgang mit Anonymität (Name wird anonymisiert, Einverständnis mit Tonbandaufzeichnungen, ausschließliche Verwendung für Dissertation)*

1. Einstieg:

- Können Sie sich bitte selbst vorstellen? Was ist Ihre Aufgabe/Funktion in dieser ambulant betreuten Wohngemeinschaft?

- Können Sie mir etwas zu der ambulant betreuten Wohngemeinschaft sagen? Was ist das Besondere daran?

2. Sektorenmodell:

- Wer wirkt an dieser ambulant betreuten Wohngemeinschaft mit?
Welche Aufgaben nehmen diese Mitwirkenden wahr (Umfang)?
Wer sind aus Ihrer Sicht die wichtigsten Mitwirkenden und warum?

- Wie beurteilen Sie die Zusammenarbeit mit den unterschiedlichen Beteiligten (ältere Menschen, An- bzw. Zugehörige, Profis, Freiwillige, Staat) in Ihrer Praxis?
Mit wem haben Sie am meisten zu tun?
Mit wem arbeiten Sie gut oder gerne zusammen?
Warum?
Gibt es Abstimmungsprozesse mit anderen Beteiligten und wie funktionieren sie?

3. Bürgerschaftliches Engagement in der ambulant betreuten Wohngemein-schaft:

- Was verstehen Sie hier unter „bürgerschaftlichem Engagement"?

- Welches bürgerschaftliche Engagement findet hier statt?
  Wie würden Sie die/den typisch bürgerschaftlich Engagierte/n beschrei-ben (Motive)?
  Wie wird man hier bürgerschaftlich Engagierte/r?
  Wer wählt die bürgerschaftlich Engagierten aus, nach welchen Kriterien?
  Wann, wo, wie haben Sie mit bürgerschaftlich Engagierten hier zu tun?
  Stimmen Sie sich mit den bürgerschaftlich Engagierten ab, wenn ja, wie?

- Was hat die ambulant betreute Wohngemeinschaft davon, dass es bürgerschaft-lich Engagierte gibt?
  Was sind gute Ansätze, was hat sich bewährt?
  Würde es auch ohne gehen? Warum ja bzw. nein?
  Was könnte weiter verbessert werden?

- Welche Rahmenbedingungen erleichtern bzw. erschweren bürgerschaftliches Engagement hier?
  Haben Sie einen großen Wechsel an bürgerschaftlich Engagierten?
  Wie kann man bürgerschaftlich Engagierte binden?

- Sehen Sie Unterschiede im Engagement von Frauen und Männern in Ihrer am-bulant betreuten Wohngemeinschaft?

4. Abschluss:

- Gibt es irgendwelche Aspekte in Bezug auf bürgerschaftliches Engagement in dieser ambulant betreuten Wohngemeinschaft, die wir bisher nicht angespro-chen haben und die Sie mir noch erzählen möchten?

- Danke für Gesprächsbereitschaft!

Anlage 8 – Informed Consent
multiperspektivisch qualitative Interviews

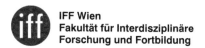

IFF Wien
Fakultät für Interdisziplinäre
Forschung und Fortbildung

ALPEN-ADRIA
UNIVERSITÄT
KLAGENFURT I WIEN GRAZ

Einverständniserklärung

Am _____ hat Frau Christine Schwendner mit mir ein Gespräch geführt, das auf Band aufgezeichnet wurde. Ich wurde vorab über das Ziel des Interviews aufgeklärt und darüber, dass das gesamte Gespräch auf Tonband aufgenommen wird. Ich wurde darüber informiert, dass bei der Abschrift des Tonbandes mein Name nicht genannt wird und die Tonbandaufnahme gelöscht wird.

Ich erkläre mich hiermit einverstanden, dass Teile des Interviews zitiert und in die wissenschaftliche Arbeit von Frau Schwendner übernommen werden dürfen.

Name:

Datum und Unterschrift:

Kontakt:

Christine Schwendner

Anlage 9 – Beschreibung Forschungsvorhaben
Gruppendiskussion mit Expertinnen und Experten

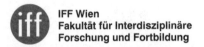

**IFF Wien
Fakultät für Interdisziplinäre
Forschung und Fortbildung**

Bürgerschaftliches Engagement
in ambulant betreuten Wohngemeinschaften
Dissertation im Rahmen des DoktorandInnenkollegs Palliative Care und Organisationsethik

1. Hintergrund

Viele ältere Menschen wünschen Alternativen zu der bestehenden traditionellen Versorgung im Senioren- und Pflegeheim, wenn ein Verbleib im eigenen Zuhause unmöglich erscheint. Auf der Suche nach zukunftsorientierten Wohnalternativen für hilfs- und pflegebedürftige ältere Menschen rücken seit geraumer Zeit ambulant betreute Wohngemeinschaften in den Blick. Um diese Form der kleinräumigen und gemeindenahen Versorgung von Menschen mit Pflege- und Betreuungsbedarf auf einem hohen fachpflegerischen und sozial-ethischem Niveau etablieren zu können, ist das Zusammenspiel verschiedener formaler und informaler Hilfen, Dienste und Angebote gefragt und das solidarische Miteinander unterschiedlicher, vielleicht auch neuer Akteure gefordert. Im Vordergrund steht eine neue Verantwortungsgemeinschaft zwischen Staat, Markt, primären Netzen und Zivilgesellschaft. Wichtig in diesem Zusammenhang ist zu sehen, dass mit dem bürgerschaftlichen Engagement auf der Grundlage eines zivilgesellschaftlichen Verständnisses auch eine Veränderung des Verhältnisses der Akteure einhergeht. Bürgerschaftliches Engagement in ambulant betreuten Wohngemeinschaften ist nicht nur die freiwillige und unbezahlte Übernahme vordefinierter Aufgaben, sondern auch ein Ausdruck von mehr Selbstorganisation, Eigenverantwortung und Bürgerbeteiligung.

Bislang gibt es in der Literatur zahlreiche Publikationen zu den Themenbereichen „ambulant betreute Wohngemeinschaften" und „bürgerschaftliches Engagement". Kaum in den Fokus wissenschaftlicher Betrachtungsweise ist bisher die Verbindung der beiden Themenbereiche gerückt. Ergebnisse zu generieren, ob und inwieweit bürgerschaftliches Engagement in ambulant betreuten Wohngemeinschaften Ausdruck findet und welche Bedeutung es hat, ist Anliegen der Untersuchung.

2. Zielsetzung und Fragestellung

Die Fragestellung, welchen Ausdruck bürgerschaftliches Engagement in ambulant betreuten Wohngemeinschaften für ältere Menschen mit Unterstützungsbedarf findet, steht im Vordergrund der Untersuchung. Mit den Expertinnen und Experten sollen die im Rahmen der multiperspektivisch qualitativen Interviews gewonnenen Ergebnisse diskutiert werden:

a. Die Bereitschaft bürgerschaftlich Engagierter, sich in ambulant betreuten Wohngemeinschaften zu betätigen, korreliert mit persönlicher Erfahrung in der Begleitung unterstützungsbedürftiger Menschen, sozio-kultureller Einstellung und Geschlecht.

b. Der Gründungsimpuls hat Einfluss auf die Ausformung bürgerschaftlichen Engagements in ambulant betreuten Wohngemeinschaften.

c. Im Rahmen der Wohlfahrtsmixtur in ambulant betreuten Wohngemeinschaften entstehen informale Führungsrollen, die aufgabenbezogen variieren.

d. Eine regelmäßige und verständigungsorientierte Abstimmung der im Rahmen der Wohlfahrtsmixtur in ambulant betreuten Wohngemeinschaften involvierten Akteure fördert die sektorenüberschreitende Zusammenarbeit zum Wohl der älteren Menschen in ambulant betreuten Wohngemeinschaften.

3. Methodisches Vorgehen

Da im deutschsprachigen Raum zu bürgerschaftlichem Engagement in ambulant betreuten Wohngemeinschaften bislang nur wenig theoretische Grundlagen und empirische Daten vorliegen, ist das Forschungsvorhaben als explorative Studie konzipiert, die folgende Schritte umfasst:

o Eine **vertiefende Literaturanalyse** zu den Themenbereichen Kontextfaktoren, die das Leben und Wohnen im Alter beeinflussen, ambulant betreute Wohngemeinschaften und bürgerschaftliches Engagement hat das Ziel, den aktuellen Diskussionsstand zu erfassen.

o In drei ambulant betreuten Wohngemeinschaften soll das Phänomen des bürgerschaftlichen Engagements näher betrachtet werden. Durch **multiperspektivisch qualitative Interviews** sollen Erkenntnisse zum bürgerschaftlichen Engagement in ambulant betreuten Wohngemeinschaften generiert und verschiedene Perspektiven integriert werden. Vorgesehen ist, dass in jeder ambulant betreuten Wohngemeinschaft etwa sechs bis zehn Interviews mit bürgerschaftlich Engagierten, Angehörigen, Vertreterinnen und Vertreter der Betreuungs- und Pflegedienste, Mieterinnen und Mietern sowie sonstigen relevanten Akteuren, wie z.B. Moderatorinnen oder Moderatoren, geführt werden.

o Mit drei **Expertinnen und Experten** aus dem Themenbereich bürgerschaftliches Engagement in ambulant betreuten Wohngemeinschaften wird eine **Gruppendiskussion** geführt, um deren fachliche Einschätzung zu erfragen und Ergebnisse zu diskutieren. Die Auswahl der Expertinnen und Experten erfolgt konsekutiv aufgrund einer Gesamtschau der relevanten Akteure in diesem Bereich.

4. Begutachtung:

Erstgutachterin: Prof. Dr. Katharina Heimerl
Zweitgutachter: Prof. Dr. Thomas Klie

Kontakt:
Christine Schwendner

Anlage 10 – Erhebungsbogen soziodemografische Daten
Gruppendiskussion mit Expertinnen und Experten

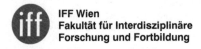 IFF Wien
Fakultät für Interdisziplinäre
Forschung und Fortbildung

 ALPEN-ADRIA
UNIVERSITÄT
KLAGENFURT I WIEN GRAZ

Soziodemografische Daten

Geschlecht:

Alter:

Beruf/Funktion:

Dauer der Zugehörigkeit in diesem Themenfeld:

Anlage 11 – Gesprächsleitfaden
Gruppendiskussion mit Expertinnen und Experten

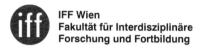 **IFF Wien**
Fakultät für Interdisziplinäre
Forschung und Fortbildung

 **ALPEN-ADRIA**
UNIVERSITÄT
KLAGENFURT I WIEN GRAZ

Gesprächsleitfaden Expertinnen und Experten

Informationen zu Beginn:

- *Vorstellung Person, Forschungsvorhaben, Hintergrund, Anbindung (Verweis auf Handout und Kontakt)*

- *Gruppendiskussion mit Expertinnen bzw. Experten, ca. 120 Minuten, Ziel: Überprüfung der gewonnenen Hypothesen*

- *Vorstellung der Forschungsfrage: Welche Bedeutung hat bürgerschaftliches Engagement in ambulant betreuten Wohngemeinschaften?*
  Konkret soll folgenden Fragen nachgegangen werden:
  - ○ *Welche Aufgaben übernehmen und welche Leistungen erfüllen bürgerschaftlich Engagierte in ambulant betreuten Wohngemeinschaften?*
  - ○ *Welche Funktion erfüllt bürgerschaftliches Engagement in ambulant betreuten Wohngemeinschaften?*

- *Rolle Forscherin: Moderatorin, nicht Mitdiskutantin*

- *Umgang mit Anonymität (Name wird anonymisiert, Einverständnis mit Tonbandaufzeichnungen, ausschließliche Verwendung für Dissertation)*

- *Kurze Vorstellungsrunde (Alter, Geschlecht, Dauer der Zugehörigkeit zum Themenfeld, Ablauf der Diskussion)*

1. Einstieg:

- Ambulant betreute Wohngemeinschaften haben sich mittlerweile als fester Bestandteil in der Versorgungslandschaft etabliert. Wie ist Ihre Einschätzung zu dem Aspekt des bürgerschaftlichen Engagements in ambulant betreuten Wohngemeinschaften?

Christine Schwendner

2. Validierung der Hypothesen:

a. Die Bereitschaft zum bürgerschaftlichen Engagement in ambulant betreuten Wohngemeinschaften korreliert mit sozio-kultureller Einstellung, Geschlecht und persönlichen Erfahrungen in der Begleitung unterstützungsbedürftiger Menschen.

In anderen Worten: typisch bürgerschaftlich Engagierte in ambulant betreuten Wohngemeinschaften sind:
   o Personen mit sozialem oder pflegerischem Berufshintergrund bzw. mit persönlichen Beziehungen
   o Menschen, die überzeugt sind von der Notwendigkeit der ambulant betreuten Wohngemeinschaft und der Vorstellung, etwas bewegen zu können
   o Szene ist überwiegend weiblich geprägt

a. Wie ist Ihre Einschätzung dazu?
b. Welche Ursachen sehen Sie für Zustimmung bzw. Abweichung?
c. Kann diese Feststellung im Hinblick auf bürgerschaftlich Engagierte in ambulant betreuten Wohngemeinschaften verallgemeinert werden?

b. Der Gründungsimpuls hat Einfluss auf die Ausformung bürgerschaftlichen Engagements in ambulant betreuten Wohngemeinschaften. In ambulant betreuten Wohngemeinschaften, die auf Initiative von Akteuren des dritten Sektors basieren, ist bürgerschaftliches Engagement konzeptionell und praktisch stärker ausgeprägt als in Gründungen aus den anderen Sektoren.

1. Deckt sich diese Annahme mit Ihrer Einschätzung? Wenn nicht, warum?
2. Warum gibt es aus Ihrer Perspektive so wenige ambulant betreute Wohngemeinschaften, die von Angehörigen bzw. bürgerschaftlich Engagierten initiiert werden?
3. Gibt es Unterschiede zur Verankerung des bürgerschaftlichen Engagements innerhalb der pflegedienstinitiierten ambulant betreuten Wohngemeinschaften?
4. Wenn ja, sind diese zufallsbedingt oder gibt es Gesetzmäßigkeiten (z.B. private und von Wohlfahrtsverbänden getragene ambulante Dienste)?

c. Im Rahmen der Wohlfahrtsmixtur in ambulant betreuten Wohngemeinschaften entstehen informale Führungsrollen, die aufgabenbezogen variieren. Grundsätzlich ist das Gremium der Selbstbestimmung (Angehörigengremium) das oberste Beschlussgremium. In der Praxis übernehmen insbesondere die Pflegedienste bei der Alltagsorganisation die informale Führung. Über die Aufnahme bürgerschaftlich Engagierter in die ambulant betreuten Wohngemeinschaften entscheiden die Initiatorinnen und Initiatoren.

1. Deckt sich diese Feststellung mit Ihren Erfahrungen?
2. Gibt es aus nach Ihrer Einschätzung noch andere informale Führungsrollen im Hinblick auf bestimmte Aufgabenstellungen? Wenn ja, welche?

   3. Ist diese Feststellung verallgemeinerbar?

   4. Wie bewerten Sie diese Ausgestaltung, ist das gut oder weniger gut?

d. Das Modell des Wohlfahrtspluralismus geht davon aus, dass unterschiedliche Akteursgruppen (Angehörige, Pflegedienst, bürgerschaftlich Engagierte) unterschiedliche Ziele und Funktionslogiken haben. Das Ergebnis aus den geführten Interviews ist, dass eine sektorenüberschreitende Zusammenarbeit und der Blick für das Ganze in ambulant betreuten Wohngemeinschaften durch eine regelmäßige und verständigungsorientierte Abstimmung der involvierten Akteure gefördert werden.

   1. Wie ist Ihre Einschätzung hierzu, deckt sich das Ergebnis mit Ihren Erfahrungen?

   2. Wenn ja: Haben Sie aus Ihrem Erfahrungsbereich entsprechende Beispiele, die das bestätigen?

   3. Was fördert Ihres Erachtens (zusätzlich) die sektorenübergreifende Zusammenarbeit?

   4. Sind diese Feststellungen verallgemeinerbar?

3. Abschluss:

• Gibt es irgendwelche Aspekte in Bezug auf bürgerschaftliches Engagement in ambulant betreuten Wohngemeinschaften, die noch offen geblieben sind bzw. Themen in diesem Zusammenhang, die noch relevant sind?

• *Danke für Gesprächsbereitschaft!*

Anlage 12 – Informed Consent
Gruppendiskussion mit Expertinnen und Experten

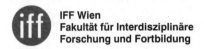

Einverständniserklärung

Am _____ hat Frau Christine Schwendner mit mir und anderen Expertinnen und Experten eine Gruppendiskussion geführt, die auf Band aufgezeichnet wurde. Ich wurde vorab über das Ziel der Gruppendiskussion aufgeklärt und darüber, dass das gesamte Gespräch auf Tonband aufgenommen wird. Ich wurde darüber informiert, dass bei der Abschrift des Tonbandes mein Name nicht genannt wird und die Tonbandaufnahme gelöscht wird.

Ich erkläre mich hiermit einverstanden, dass Teile der Gruppendiskussion zitiert und in die wissenschaftliche Arbeit von Frau Schwendner übernommen werden dürfen.

Name:

Datum und Unterschrift:

Kontakt:

Christine Schwendner

Harald Blonski (Hrsg.)

Beratung älterer Menschen

Methoden – Konzepte – Erfahrungen

294 S., 34,90 Euro
ISBN 978-3-86321-101-1

Die AutorInnen erläutern, wann und warum die Beratung älterer Menschen notwendig ist. Sie demonstrieren die Vielfalt der Möglichkeiten, eine solche Beratung anzubieten. Außerdem teilen sie ihre Erfahrungen und stellen sowohl Ansätze und Methoden vor, die sich in ihrer praktischen Arbeit bewährt haben, als auch solche, die sie in Zukunft für zielführend halten.

Bernhard Horwatitsch

Das Herz der Dings

Geschichten über das Leben mit Demenz

147 S., 16,90 Euro
ISBN 978-3-86321-149-3

Der Autor beschreibt Menschen mit Demenz, die er im Rahmen der ambulanten Pflege betreut. Entstanden sind eindrückliche, sprachlich wunderschöne Miniaturen, die ernste und heitere, überraschende und Mut machende Sichtweisen auf das Leben mit Demenz eröffnen.

Stechl, Knüvener, Lämmler, Steinhagen-Thiessen

Praxishandbuch Demenz

Erkennen – Verstehen – Behandeln

336 S., 37,80 Euro
ISBN 978-3-86321-038-0

Im Zentrum dieses Praxishandbuchs steht die Lebensqualität von PatientInnen mit Demenz. Die AutorInnen verknüpfen jahrelange Praxiserfahrung und neueste wissenschaftliche Erkenntnisse aus dem medizinischen, neurologischen, geriatrischen, pflegerischen und neuropsychologischen Bereich.

Mabuse-Verlag

Postfach 900647 b • 60446 Frankfurt am Main
Tel.: 069 – 70 79 96-16 • Fax: 069 – 70 41 52
info@mabuse-verlag.de • www.mabuse-verlag.de